清末民初文獻叢刊

顯志堂稿

（上册）

〔清〕馮桂芬 著

朝華出版社
BLOSSOM PRESS

圖書在版編目（CIP）數據

顯志堂稿 ： 全3册 / (清) 馮桂芬著. -- 北京 ： 朝華出版社, 2018.9

(清末民初文獻叢刊)

ISBN 978-7-5054-4321-1

Ⅰ. ①顯… Ⅱ. ①馮… Ⅲ. ①雜著－中國－清代 Ⅳ. ①Z429.49

中國版本圖書館CIP數據核字(2018)第173939號

顯志堂稿（全三册）

作　　者　[清]馮桂芬

選題策劃　楊麗麗　尚論聰
責任編輯　劉小磊
特約編輯　王春蕾
責任印制　張文東　陸競贏
封面設計　劉敬偉

出版發行　朝華出版社
社　　址　北京市西城區百萬莊大街24號　　郵政編碼　100037
訂購電話　（010）68996618　68996050
傳　　真　（010）88415258（發行部）
聯系版權　j-yn@163.com
網　　址　http://zhcb.cipg.org.cn
印　　刷　藝堂印刷（天津）有限公司
經　　銷　全國新華書店
開　　本　880mm × 1230mm　1/32　　字　　數　300千字
印　　張　37
版　　次　2018年9月第1版　2018年9月第1次印刷
裝　　别　精
書　　號　ISBN 978-7-5054-4321-1
定　　價　280.00元（全三册）

出版前言

中國自一八四〇年鴉片戰爭以來，傳統的農業文明在西方的堅船利炮轟擊之下徹底被顛覆，有擔當的知識分子苦苦追尋，思索社會改革的途徑。從最初的『師夷長技以制夷』到『民主制度，天下之公理』（梁啓超語），他們發現要『强國富民』，首先要『開啓民智』，衹有民衆擁有了獨立思想和批判精神，國家纔能實現真正的强大。在此後一百年的時間裏（一八四〇—一九四九），思想者們從社會變革深入到國民性的改造，用每一部作品見證着中國近代化的遞變歷程。這是一個極其重要的時代，《清末民初文獻叢刊》正是收録了這一時期的作品，大部分書籍都是早期版本，有着極高的文獻研究價值。

清末的中國經歷了『三千年來未有之大變局』（李鴻章語），大清王朝面對西方列强的艦炮，表現得驚慌失措。尤其是鴉片戰爭，使『天朝帝國萬世長存的迷信受到了致命的打擊，野蠻的、閉關自守的、與文明世界隔絶的狀態被打破了』（《馬克思恩格斯選集》）。一批士大夫知識分子，尤其是在歐美諸國擔任使臣或者游歷的知識分子最先覺醒，着眼于對西方國家的考察，進而反省本國政治制度的劣勢，可以視作『啓蒙』的端倪。如曾擔任駐英公使（兼任駐法公使）的郭嵩燾在《使西紀程》中以日記的形式記録了自己對歐西諸國的觀感，他在考察了英國的政治制度之後，發現英國政府官員收入超過三百磅者與普通老百姓一樣同等納税，他説：『此法誠善，然非民主之國，則勢有所不行。西洋所以享國長久，君民兼主國政故也。』他明確提出了『民主』，在國家的管理問題上，人民也有參與的權利。他在該書中所披露的西方政治、經濟、文化等領域優于大清帝國這一事實觸動了保守派的神經，立刻遭到保守派群起而攻之，進士何金壽彈劾他『有二心于英國，欲中國臣事之』，他家鄉湖南的民衆對他更是痛加詆毁，以至于滿城揭帖，誣蔑他『溝通洋人』，在這種群情洶洶的情况下，朝廷最後下旨將《使西紀程》毁版，從而使該書成了禁書。然而，書雖被毁版，却不能堵死民衆的傳播與閲讀的途徑，上海的《萬國公報》依舊連載該書，張佩綸曾説：『朝廷禁其書，而新聞紙接續刊刻，中外傳播如故也。』從某種意義上來説，啓蒙是時代的需要，盡管清政府發諭旨禁了該書，民衆乃至一些朝廷大員却依舊在私下閱讀，以便瞭解外部的世界。進步的社會是開放性的，任何企圖『閉關鎖國』的努力都意味着歷史的倒退，祇有開放，與整個世界文明保持同等的步伐，纔能實現真正的强國之夢。當大批知識分子走出閉鎖的國門，親歷了文明的洗禮之後，也就把啓蒙的智識帶回了中華大地。容閎的《西學東漸記》，梁啓超的《新大陸游記》，崔國因的《出使美日秘日記》等一大批作品介紹了海外諸國的政治、經濟、軍事、外交、文化。雖然這些作品在認識上仍然帶有時代的局限性，然而却是那時最爲珍貴的聲音。

另一方面，在學術上，中國文化母體内『經世致用』思想與資産階級思想相結合，也喚起了變革，以康有爲、梁啓超爲首的改良派試圖通過自上而下的革新以實現變革。康有爲的《新學僞經考》《孔子改制考》就是借經學之表論資産階級學説之裏的著作，康有爲的弟子梁啓超更是通過《新民説》一書提出國民性改造。與早期啓蒙者『師夷長技』的器物文明引進不同，梁啓超上升到形而上的精神領域，從文化心理上更加徹底地進行變革。梁氏是清朝末年到民國初年一個橋梁式的人物，被譽爲『輿論之驕子，天縱之文豪』，其影響力不但在學術領域，同時還在文學領域，他所倡導的『詩界革命』得到了譚嗣同、黄遵憲、丘逢甲等人的響應，黄遵憲的《日本雜事詩》，丘逢甲的《嶺雲海日樓詩鈔》都體現了這種主張。這一主張要求反映新的時代和新的思想，用『我手寫我口』（黄遵憲語）的方式直抒胸臆，對長期占詩壇主流的擬古主義、形式主義產生了巨大的衝擊，解放了寫作者的心靈和頭腦。

與社會變革同步的是早期對西方思想著作的翻譯，這裏面影響最大的是嚴復，他翻譯的《天演論》《社會通詮》等書直接孕育了民國一代的知識階層。魯迅、胡適等人在文章中都曾提到《天演論》對他們思想所產生的震撼。與嚴復略有不同的另一位翻譯家是林紓，他的譯作雖然參差不齊，但卻在更細膩的心靈層次對讀者產生影響，許壽裳曾回憶，他和魯迅都熱衷于林譯的小説，如《巴黎茶花女遺事》《黑奴籲天録》《迦茵小傳》等作品。

辛亥革命之後，進步社會思潮成爲主流，比之清末思想啓蒙者『求存』的追求，民國以來的知識階層深入到了更加細微的肌理，一方面呼喚社會變革，另一方面進行點滴的建設，革命并不能使所有的一切一蹴而就，在更加深廣的領域，事物的改變是由微觀而宏觀。通俗地説，比之于革命，建設的意義更大。如《中國商業史》《中國教育史》《中國倫理學史》《中國哲學史大綱》《中國小説史略》等一大批作品都是進行系統的梳理與建設的理論作品。其中，以胡適和魯迅二人的影響最大，他們的作品一紙風靡，從而成爲新文化運動的主力人物。

《清末民初文獻叢刊》收録的文獻大致上可以分爲三個階段，其中龔自珍、張之洞、魏源、郭嵩燾、薛福成等人的作品可視爲『早期啓蒙』，康有爲、梁啓超、黄遵憲、嚴復、林紓等人的作品可視爲『中期啓蒙』，胡適、魯迅、蔡元培等人的作品可視爲『晚期啓蒙』。當然，這種劃分并非嚴格意義上的，大部分啓蒙思想者隨着時代的變化，其思想在不斷進步。縱觀整個近現代史，可以發現，要求變革不是在某一個領域，由某一類人發起和完成的，而是全社會的要求。

變革，已經成爲全社會的共識。

從清末民初的文獻中，我們能够發現一種豐富性。這些作品涉及政治、經濟、軍事、教育、外交、宗教、心理、情感等方方面面，從内而外地净化着中國兩千年以來的封建積習。它不衹是對社會的改造，更是對人心靈的重塑；它首重國家社會之建設，同時亦重靈魂心智之喚醒；它是宏大的，也是微觀的；它是嚴肅莊重的，也是活潑靈動的；這些作品結構精巧，思想内容深刻，擁有濃厚的人文主義色彩，對推動社會主義建設，實現中國夢有重大意義，是近現代中國一百年來最宏富的智識與情感的寶藏。因此，整理這些文獻作品，無論是出于資料保存的目的，還是爲圖書館提供資料副本，都有不可估量的意義。

特定時代下的文獻，當它一旦形成（既指草擬，創作的完成，也指其成爲一個載體），就不可再複製了，也就意味着它將面對消亡。對于文獻資料而言，越接近歷史事件發生的時代記録，越具有研究價值。文獻本身具有不可再生性，它衹會消亡，而不會增多。盡管文獻本身的文字可以保留下來，并進行傳播，却失去了當時的時代氣息。當時的作品可能在技巧上，文字的成熟度上不及當代，但它所負載的信息，創作者的情感都反映了當時的歷史，也就是説，它具有不可替代的歷史意義。

影印的版本有三個特點，第一是擁有文獻的『原始性』；第二個特點是『未經改動的』；第三個特點是『歷史的原貌』。所謂『原始性』，也就是説，它是第一手資料，而非轉述的，回憶形成的；『未經改動的』，是指未被篡改、删節、挖補的；『歷史的原貌』是指在影印製作過程中，完全依照文獻的原來模樣……這樣製作出版的作品，無异延續了文獻的壽命。

近現代思想史上的一個最重大的思潮就是『開放』，從林則徐的『開眼看世界』到蔡元培的『兼容并包』，都是在倡導一種開放式的胸襟。而《清末民初文獻叢刊》最有魅力的部分就是『開放』這一主題，衹有融入到世界文明發展的進程中，中華文明纔能歷久彌新。

《清末民初文獻叢刊》編委會

二〇一七年四月十四日

凡例

一、《清末民初文獻叢刊》（以下簡稱『叢刊』）爲影印本，舉凡所用之底本，均爲該書之早期版本。有清末刊本，亦有民國印本。

二、《叢刊》均依底本影印，未予删改，僅代表作者個人觀點，不代表官方立場；原刊本有誤，不予校改，以保留文獻之原貌。

三、《叢刊》所用之底本，因時日久遠存在漫漶的情況，均進行了修復；底本闕文、印刷不清，均保留原貌。

四、爲讀者閲讀之便，《叢刊》中之舊底本目録未標記頁碼者，編了目次；原底本有頁碼和目録，未予重複編目。

五、爲保持文獻的原始風貌，影印本保留了原書書影（原書爲多册，則保留第一册書影）、扉頁等信息。所用底本無相應信息者，則不予妄添，以免錯訛。

目録

上册

中册

下册

顯志堂集

館侍生張之萬題

光緒二年
校邠廬刊

中允馮君景庭家傳

湘陰左宗棠譔

君諱桂芬字林一又字景庭吳縣馮氏先世由常熟遷吳遂爲吳縣人君幼穎異弱冠補縣學生員道光十二年舉於鄉二十年一甲二名進士授職編修　文宗御極大臣疏舉人才以君與林文忠同薦旋以憂歸比服闋而賊已陷金陵矣承　詔勸捐輸練鄉團事辦敘克復諸城勞晉五品銜　特旨擢中允有間之者告歸不復出也金陵師潰賊犯吳中時泰西海船鱗集滬上衆議藉以禦寇君亦謂然比和春張國樑師又敗滬益不支所望者曾侯駐皖之軍吳人耆赴皖乞援之策慮侯不遽許推君具草君爲陳危急情狀并時局利

鈍及用兵先後所宜語甚辨曾侯許之令福建延建邵道今
相國李公以水陸諸營東下李公益召淮陽豪俊與俱遂成
平吳之功吳平李公開府吳中就君諮訪郡縣利病諸時政
多取決焉如蘇松減漕額長元吳三縣減佃租舉八百數十
年歷代名公卿思爲民請命不可得積歎終古者一旦如其
意而揃雪之如沈痾之去體非遇 聖仁在上當事無所顧
慮民間呻吟疾苦奚由澈諸 殿陛也吳人兵燹餘生錮貧
及於寬政幸矣茲於常制更減除數十萬租賦永爲太平幸
民微君有言而執貽之第以赴皖請援謂君大有造於鄉邦
抑又淺矣君箸述甚富堪裨實用算學尤邃稱於時茲最其
有關國故者錄之君卒於同治十三年四月年六十有六子

二芳緝芳植有聞於時余與君同壬辰鄉舉今亦七十矣頭白臨邊久荒文字因芳緝書來求爲君家傳不獲以不文辭乃書此詔史氏

論曰士之有意用世者蓋欲行其志焉而行之有難易成之有遲速則時爲之使君於大臣論薦時遽膺重寄固宜大有設施然時會未値議論或足以害其成未可知也觀君所爲如雷霆之乘風載響霖雨之因雲灑潤也事成而神功亦斂如此語曰識時務者在於俊傑諒哉

吳為東南一大都會名山巨澤包涵環匯清淑靈秀之氣磅礴鬱積蔚為人文淵藪生其間者多魁奇傑特之士淹雅宏博之才代有傳人難更僕數也欲求貫穿羣經網羅百代明體達用卓然無愧為通儒者在

國朝必首推亭林顧氏後二百餘年而有　校邠先生焉先生稟資穎異於書無所不窺未達時即以文名顧不屑以章句自囿舉凡天文輿地兵制

刑法鹽鐵河渠錢漕食貨諸書靡不殫慮專
精務欲推究其本原洞徹其微奧隱於負撥
亂澄清之志當道聞其名一時禮幣交徵爭
相羅致林文忠公尤有國士之目先生律己綦嚴
居常不輕與人接既通籍以第二人及第官於
朝益練習於朝章典故徵文考獻有呼即鳴
於是聞譽日隆駸駸乎將大用矣旋奉太夫人諱
服闋還朝又奉封公諱先生始慨然有歸隱

之意歲庚戌淮南改行票鹽余奉制府陸公檄赴揚州籌議新章先生亦膺纂修鹽法志之聘余慕先生名垂二十年至是始識先生於揚之梅花書院相與議鹺綱利病及時事得失輒有水乳之契暇時縱論今古商訂金石文字相得益歡先生長於余二歲以兄事之是爲訂交之始余家吳興少時聞同縣之稽祖堂陸君揚華因漕案致罹大辟詢之父老皆謂我

鄰困於重賦官吏又以漕費重徭而浮徵民不聊生遂致激變余心識之泊入官歷任煩劇益知蘇松重賦之累與多湖等每至開倉巨案亦屢見疊出欲一言而不得當會制府何公下車之始訪於民隱余遂上書請奏減賦額瀝陳漕務利弊反覆數千言先生見而歎曰我蓄此願久矣今乃有同志雖然何公必勢不能用也後為叢議者所沮果如先生之言庚申後余與先

生同寓滬上過從甚密時東南徧地皆賊海角偏隅華洋雜處岌岌不可終日於是設會防局以聯中外之誼籌巨貲雇輪舟以迎安慶之師余與二三同志艱難奔走措拄危局殆無一事不與先生議先生澄慮寡言及臨大事決大疑往往慷慨激烈直任不辭故人亦樂就之也比余罷職杜門今侍郎郭公筠仙偕潘君季玉過訪將赴通海籌辦沙洲

升科謂余粗知此中利害欲得一言決行止余力陳沙洲瀕臨江海非陷於賊即以賊氛相錯請釐蓁薙事遂輟時郭公正筦江蘇糧儲因以減賦之說進潘君又從旁縷悉郭公深韙之余夏寓書潘君屬先達於先生以先生在今爵相合肥公幕府嘗奏記也越日先生過余坐未定喜形於色曰我與子平生蓄願今可償矣昨潘君携子手書

見示余留置案頭合肥公見之閱函一再勿待蘇州克復先從松江辦起他日收復蘇太各郡其辦法一如松例大為嘉許也屬余具疏稿矣後之斟酌損益得上邀朝廷曠代之恩章程悉出先生手定事具先生文集中先生歸里後余亦移家蘇州鍵户養痾絶不預門外一事先生亦非公不出故近在同城而相見非復如曩昔之密矣先生

爲文根柢六經風格雅与廬陵南豐爲近法度謹嚴不騖馳騁自有超軼絕塵之致晚益致力於算術之學冥心孤詣於西法究多創解作正段注說文積稿逾尺時推許君功臣段氏諍友洵爲篤論所居獄城市近囂築室靈巖山下疏池疊石種竹栽花建高樓手藏萬軸充滿其中先生著述之餘輒臨眺遠俯仰自得當之不啻神仙中人在

滬時篤目時艱著抗議四十篇閎係民生
國命而旁及於西人格致之學於余
曰子能直言試為我平毋隱余受讀之紬繹
至再竊歎先生抱負之宏與學術之邃亭林
所謂若果見之行事而難躋斯世於治古
之隆者此四十篇實足當之顧先生悲憫在抱
憤時嫉俗之心時流露於筆墨間於立言
不免稍激余爰書引蘧子瞭之發業之詞

黃魯直承天院記為之言先生笑而頷之後曾文正公索觀稿本擊節嘆賞同人咸促鋟版先生卒祕匿不出且以余書附抗議稿後其虛衷納善如此今嗣君申之比部培之中翰襄刻先生文集而抗議四十篇不全錄者實體先生意也余辱先生知愛訂昆弟交三十年共事之久相契之深皆申之兄弟所熟聞於過庭時者今以先生遺集請序余何敢

以不文辭謹就平日与先生交誼始末畧
次梗概著之於篇至先生學行經濟發爲
文章久已爲世宗仰必將與亭林顧氏後先
濟美輝映儒林余不敏未能闡發無俟余
言也光緒二年丙子仲冬歸安吴雲書於兩罍軒

序

自孔氏諸弟子各以其所學散處諸侯之國原遠而末分至於今益甚有曰性理之學則究性命辨義利者也有曰經世之學則策富强課農戰者也有曰經籍之學則窮訓詁考制度者也有曰載記之學則誌得失鏡古今者也有曰歷算之學則精推步測高廣者也有曰詞章之學則研聲律儷清白者也是數者各得其質之所近各行其業之所習彼此相笑而莫能通孔子曰吾道一以貫之苟不得其所以貫萬猶不給也苟有以貫之則此數者固可得而一若景庭馮先生其有以貫之乎先生於余爲同館前輩同治中余寓吳下主講紫陽先生亦主正誼講席時相過從其後先生移家本瀆距

城稍遠然歲必一再至談經史疑義又或縱言及於時事甲戌正月猶過我春在草堂而是年夏余自武林歸則已聞先生之訃矣先生既歿相國李公言于 朝建祠於其鄉俾後進之士俎豆尸祝有所矜式而先生之書亦遂次第刊刻行於時其嗣君申之培之以顯志堂稿十二卷求序於余余讀而歎曰是我所謂能貫之者也先生於學無所不通而其意則在務爲當世有用之學所著有抗議四十篇蓋漢仲長公理昌言之流方咸豐同治閒吳會可謂多故矣而於先生集中見二事焉則皆大局之所繫其一迎師於皖皖軍至而東南以次底定旋乾轉坤於是乎在其一減三吳之浮賦四百年來積重難返之弊一朝而除爲東南無疆之福而是二者

稿皆出於先生先生治經通小學故不爲浮詞尤精隸首之學能推而行之犒丈之法生焉叙庚申間事有史筆問爲小文淸而腴嗚呼豈非吾所謂有以貫之則此數者固可得而一乎先生以　廷試第二人官翰林負重望咸豐初潘文恭公以先生與林文忠同薦使先生大用於時其所設施必將赫然爲中興名臣之冠豈止於此而已哉然使後之人拜先生之祠而讀其書皆務爲有用之學則先生之澤固遠而大矣

光緒二年嘉平月侍生德淸俞樾頓首拜譔

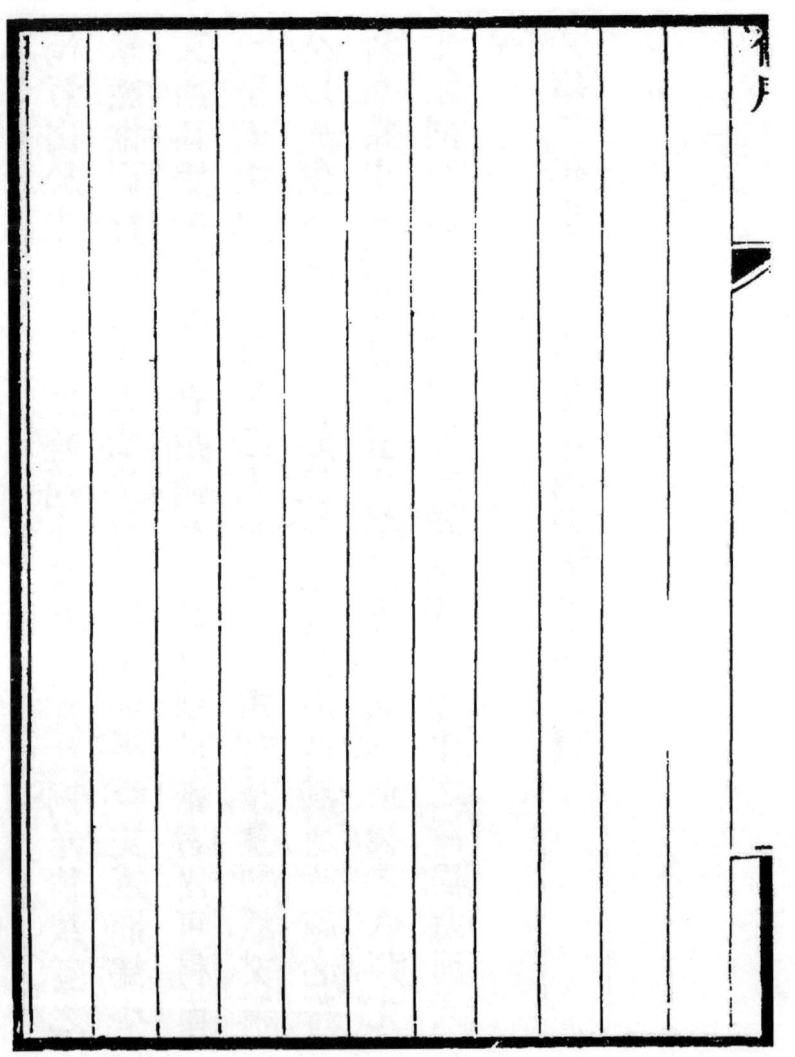

道光朝侯官林文忠公撫吳有政聲公餘之暇與紫陽正誼兩書院肄業士講求文藝鑒別人倫吾師林一溤公以學問文章受知於文忠最深有一時無兩之譽當是時吾吳漕糧幫費之重積困已久勢不得改弦而更張文忠疏請緩漕一二分或三四分與民休息歲以爲常此公爲諸生時耳熱而稔知也迨後湘鄉曾公合肥李公疏請裁減蘇松太浮糧之議實自公創之公與李公書問往復輒以道咸間三十餘年實徵冊籍稽核比較議減三分之一疏稿皆公手屬得邀俞允民困以蘇然則減漕之舉文忠導之於前公與曾李二公成之於後以此見文忠之知人公亦可謂不負知己矣公於書無所不讀經史而外天文輿地算學小學水利農田無

不精究而尤諳於歷代掌故公於文無所不長詩古文辭駢體制藝無不卓然成一家言而尤達於經世之學集中所存抗議十五篇於時政之得失風俗之盛衰言之深切著明公自謂古法有難復有易復有復之而善有復之而不善然則公之議固非執一不可通之論也公序潘功甫先生之文謂其論漕賦區田數篇尤東南民命所繫不見諸實用猶膏雨之雨於海雨於山而旱苗之不救余謂公之文亦然然如乞師減賦修學宮製禮器改建正誼書院修輯郡志諸大端皆公引疾歸里後二十年中次第成之公之澤不及於天下而猶及於鄉里後生小子得所沾匄與世之得位乘時而始行其志者其難易不且倍蓰哉大徵肄業正誼時適公主講席

重刻段氏說文注大澂與參校之役同治甲子與公次子培之芳植同領鄉薦戊辰通籍之歲又與公長子申之芳緝爲同年今距公之歿三年矣申之昆仲輯公文稿以授梓人而問序於余余因述減漕顛末與公生平用世之志書諸簡端云光緒三年春正月門下士同縣吳大澂謹序

墓志銘
東南經寇亂逾十年而後定故家文籍蕩然猶賴碩望耆儒
若伏生申公者抱遺經蓄道德後學奉爲依歸而官其土者
有大政或遇事變得所諮度焉中允馮君桂芬殆其人矣君
生有異稟幼擅文譽工制舉業及駢體中年以後乃肆力於
古文探源左國下及唐宋說經宗漢儒亦不廢宋精研小學
嘗手摹楚金說文韻譜敘而刊之喜疇人家言師事李申耆
李尚之兩先生嘗以意造定向尺及反羅經用以步田繪圖
試行於川沙又以江南清丈用部頒五尺步弓田多溢額考
會典
皇朝文獻通考及戶工事例定用舊行六尺步弓量舊田新

頒五尺步弓量新漲沙田君於學無所不窺而期於實用天下大計無日不往來於胸中其於河漕兵刑鹽錢諸政
國家條例源流洞達而持之介然少時爲某邑令記室兼治錢穀令以欠糧欲褫生員君力爭不得拂衣去客游陶文毅裕忠靖諸公幕中自未仕時已名重大江南北粵匪之陷蘇城避居滬上是時予方從曾文正公治兵皖疆今河南巡撫錢君鼎銘持書乞援陳滬城危狀及用兵先後機宜累數千言其書君所創藁文正得之感動乃定計以予率師乘輪舟東下卒解滬上之圍克蘇州文正嘗言東南大局不出君一書也予既至滬奏辟君自隨君創立會防局調和中外又設廣方言館求博通西學之才儲以濟變嘗爲予言外家破於

催科究心漕務者三十餘年周知民間苦累因力陳其弊予
於是有奏減漕糧之疏凡蘇松太減三之一常鎮減十之一
前年予奉
詔議治河事有欲挽河使南流復淮徐故道者君書來痛陳
南流之弊予於是有故道難復之疏予以非才謬膺重任敬
耆老而咨故實庶幾免愆戾焉而君遽隕喪予滋慼已君字
林一又字景亭先世諱惠者始自常熟遷蘇州郡城占籍吳
縣曾祖義謨妣王祖禮瑞妣錢考智懋妣謝君未弱冠補縣
學生員道光十二年舉人二十年一甲二名進士
授編修嘗充順天鄉試同考官廣西鄉試正考官教習庶吉
士丁母憂服闋

文宗御極用大臣薦
召見旋丁父憂服甫闋而金陵陷奉
詔勸捐團練以克復松江南匯川沙青浦嘉定上海諸城功
晉五品銜擢中允爲蜚語所中得白赴京期年復告歸
今上初元予密疏薦得
旨宣召君病不克赴以蘇松太治團善後功奏加四品卿銜
迨中原肅清東南大定追念前勞奏加三品卿銜格於部議
予續奏稱君江南耆宿講學著書卓識閎議有裨軍國
特詔賜三品銜君遂循例加級三代皆
贈一品秩同治十三年四月十三日卒於里第年六十有六
妻黃先卒

贈一品夫人子芳緝己未舉人戊辰進士員外郎銜刑部主事芳植甲子舉人五品銜內閣中書孫世澂縣學生員世灝世涑世銘世選世榮世霖曾孫澤棨女二孫女八君性恬澹登第後服官不及十年即引疾歸徜徉山水蕭然自得儉約廉靜旁無姬侍而遇事奮發勇於有爲凡蘇滬諸善堂及濬河建學積穀賑撫諸善舉條議悉出君手先後主講金陵惜陰上海敬業蘇州紫陽正誼諸書院爲後進講論學術評騭文藝書宗率更兼工篆隸四方求書者踵至研朱揮翰昕夕忘倦所箸顯志堂詩文集說文解字段註考正弧矢算術細草圖解西算新法直解校正李氏恒星圖測定咸豐紀元恒星表丈田繪圖章程使粵行紀抗議家譜兩淮鹽法志蘇州

府志各若干卷每一書成遠近學者爭快睹焉烏虖使君出
而佐天子治庶政其見於世者豈止如是而已哉芳緝將以
十三年十一月二十一日奉君喪與黄夫人合葬於吳縣二
十一都八圖鱗甲字圩北祝塢銘曰江南文獻
先帝儒臣眾望是資均賦治河運籌決勝條變晝奇舒古琳
今齡謀晦斷一身兼之不榮於祿而富於書浩博無涯我銘
藏幽君書在世其傳奚疑
賜進士出身　誥授光祿大夫　欽差大臣　太子太保
武英殿大學士兵部尚書兼都察院右都御史直隸總督一
等肅毅伯加一騎都尉世職館侍生李鴻章拜撰

祭文

於乎悲哉容城駕歸律寒黍谷星沈少微服烏鷩鳴白雉雛
曜老成云謝位協設弔帷　公學問鼎仰亭林襲綜經史與
世同心夙具殊姿丁年入覲寶劍光煌水銀崑玉術道忘飯
勉讀照棣絳帳聽宣青箱守正刻深摩堅貝工器利踐實見
精八音鐘呂翔鵾摩振雲路扶飄
金殿傳唱巖阿登
朝鳳樓手造燕京盡職鼓吹
盛明文章華
國甲辰之秋持衡廣西舉士推韓立雪得嵇孝思益懼親帷
奉養琴瑟眠牀悅適可想圓曦夕昃戚惻素衣蒙垢頓顙敬

感慈暉營墳邙岡迴軻轂輦四氣軫轉隱慼難遺習禮既竟
寂靜耽書奄熟羽閭飽餐五車從此伏處優游故土據梧惠
施杜門子布理詩河洛蹟逐商詩日晦閏策分骸別毛天元
根方面積輕重牆壁洞燭翳極足拱以彼餘務旁及形家生
克義伐消息近遐建康古鄉賢俊特出皋比列坐物省丹漆
甘儀臨海俗資鹹場領引投貢披戶散亡條陳官府識察覇
地治絲勿紛歡沛肆市會稽稅困農聚厥田歲惡虧短累萬
盈千蒸黎弱者驅逼過罪獘俶淇武歷幾百載功德裴帶流
民俠圖巨侈富阜且通有無上牒當事慮平辭約疏達
廟堂浮糧永薄藉君謹愼默動
皇仁禹稷己饑貽愛常存運禍陽九叛賊嘯起冠裳委化垣

宅傾毀駭獸惶悚匡匪滿途兵庸將寡殆甚邑孤飛馳殘敵
濟師安慶虞虢連接秦庭效命合肥節相率軍指東乃斬盜
渠俯定南中孟嘉賓充桓伊樂奏讚助機宜薪勞旦晝巧藝
交譽英法則尊橫舍受業使改語言招集知名楚才晉用作
竭要妙恃茲弗恐州縣收取杷穡頗荒植表操尺曲直畝量
猷爲蓋宙情敦曠逸牧稼磻釣退藏幸密厭賤紈綺居止木
川野岫陞眺解易談禪趙壹歌恬長卿杯屬烹萊糟薑能隨
所欲邈隸顛草漢魏碣碑畫寫渭竹露澄墨池谿雨涼飄丸
月淡映巾扇籃輶假寐說性榮鞠嘗膳捕魚佐觴詩盟驢背
祀絜黃羊羔雁競矢被育躬劭規矩必遵笙阮答調黜去靡
罷恥矜笑嚬逕姜不御誡切婦人詠駒納善宰騾給友浴銘

湯盤增畏多口抗論鉅筆豈等潛夫紙貴宇內珍賞璣珠貌
朗神仙聖慕周孔
帝曰女來璇階荷
寵制爵敢外臣好讓廉拜首致祿非矯寔謙績垂後昆羗似
岱宗淵和本色端嚴祇恭我郡舊志脩正惟石字號闕疑誰
與信的再發典索抽獲每頁鱗次笥束體雅纂新亦復罔闕
早晚暑熱枇髮觀火耳目并力鬱興兩犢騰躍二龍紫禽赤
象嗣父誠忠攝足驤霄兄睦弟勸煒焉超倫李棠任染伯也
始仕政審誅刑嫡男尹祭酒食潔馨叔更詳辨勤感戎郎翠
妍纓弁丙陛執敕福祜皆篤枝葉最煩房桐茂豫夏凊冬溫
下懸卑陋往辱並寓筵席陪侍泰嶽瞻顧自離左右而誚獨

行猶兒念母願聆紡聲邇聞步履陟園欣對謂身佳淑絢約
攸賴璧磨其釆奈何令終翦爻宿莽綿組沙封唐求張果莊
稱姑射傷懷滅意回環莫釋宮懸絃虛寥夜空廊因緣斯在
系結寸腸飫承美訓若箴傳芥槐陰時移遼遠基大淩霜搖
落貞松凋初秉蘭續魄冥漠杳如綏甯吉圭靈庶鑒諸
同治甲戌仲秋之月世愚姪陳偉頓首重次周興嗣文

祭文

維同治甲戌壬寅朔越二十二日甲子受業年家子許賡颺
哭奠於
誥授通議大夫　晉授榮祿大夫　欽加四品卿銜　晉加
三品銜詹事府中允隨帶加三級我林一夫子之靈曰嗚呼
大雲散彩小草失滋喬木委地巢禽辭枝惟公明懿經師人
師同聲一慟知與不知公之文章常在人口公之科名高於
北斗自公視之皆其所後立德立言斯爲不朽我
朝大儒首推亭林郡國利病經緯在心公抱微尙奉若南鍼
抗議萬言希古切今言之非艱行之惟力吾吳田賦沿明舊
則屢奉

恩減民困未息貢必取盈吏濟以蠹大戶小戶尤患不均高
下其手同域異畛公時在籍奉
詔戒晨去其泰甚先減算緡算賦既減徐議錮復比戶告歡
當途側目旋罷不行且興謗讟退而著書依山之麓公志未
遂公心甚長出贊戎幄旋復舊鄉堅城喋血喜動
天閶一疏得請湛恩汪洋嗚呼晝穀夜絲惟
帝之賜則壤成賦惟公之志展轉十年前跋後躓公殫其憂
入食其利近世儒業專攻決科爾雅不熟寸策或訛郎論詞
賦亦病媕婀駢四儷六遑審其他惟昔儀徵華樸兼采浙之
詁經粵之學海又若惜陰講席斯在公昔主之百川來匯惟
我吳地抑獨闕如昔盛彙彥今惟虛車言之大吏謀闢廣居

轂而弗康火急軍書洎會貞元投戈講藝噓枯振槁飛翹揚滯爰啟舊館別敞新第秦風權輿漢學根柢惟公創始樂觀厥成非公斯席孰發其英唐弓夏服各受榜棊柳商賢管禮耕袁寶璜葉昌熾久且益精昔歲癸丑連牆未覿愁賦一篇先被賞擊繼游公門疑義時晰目我舞鶴憫我退鷁張儉無家躑躅海濱公假以館息其風塵王充閱肆涸跡逆人公為延譽草檄充賓春風扇和此其身受身受者獨不如眾有上善無名入人彌久崇巒巳成餘皆培塿近纂郡志抑石追王博稽羣籍定自禮堂方命犢子來執脩羊言充校錄近侍門牆何圖哲人龍蛇遘厄屬纂未成俄焉易簀續公之書後死之責孰更如公成此完璧疇昔之日貽我尺鱗答言而外淒笛感鄰及

聞撤瑟曾不兼旬引領南望能不霑巾嗚呼在山之泉公固能淡門業蟬嫣公更無憾惟茲後生旁皇燭暗回首廿年倏忽如暫嗚呼哀哉仙龕一築逝矣難留平子後身來者其疇吳門如練燕雲若浮心香一瓣祝公千秋嗚呼哀哉尙饗

祭文

維同治十有三年歲次甲戌七月辛丑朔越二十有二日壬戌受業朱培源孫文楷徐鳳銜李文楷潘其鳳陳其錫汪銘清郁曾儒等謹以清酌庶羞之儀致祭於

誥授榮祿大夫景亭夫子大人之靈曰嗚呼岱嶽雲歸靈巖月邈造化奄流形容易杳羌維正人爲世師表壹旦成神空懷厥道翳我受業

景亭夫子蘊芥温堅川淵淑矢琴瑟睦倫魚雅友士素履恬靜內行謹美謝華啟實甘淡恥鹹典墳游翫經史御飡忘飢守默知白求元四聲詳審百家譽傳鱗潛河深光寶劍氣歘詠栝觴飛沛綺麗迺籍

魏闕欣登
皇陛鳳翔龍躍鯤飆駒起
王路驅馳廣西持節舊言韓去新體幾黜浴義建猷孤寒感
悅遐哉宗工曠乎莫即庶常云習紙墨是疲裘來回往右有
左宜廊垣陪侍政優年盛
嘉問旁燒宰臣傾聽槐庭屆彙羣僚動色鈞信克綦愊直效
職惠劭呂尹仕抗榮號忠貞石投凊廉壁立慼丁父母禮亦
必踐毀性何敢孝念每飯忠詒令名刻木奉祀達陋阮嵇外
矩虧止服滿之官
輦轂再居絜楹懼殆抽身出都解纓寫懽並迹陶疏杜門稽
古寂處畏譏俯察璣璇仰觀曦曜星象懸步極諸微眇闡索

泰遠運轉斡眺霄冥消徵洞漠殊巧草書稱聖隸字益精漢
莽唐妍鑑別渭涇八法論辨逸少藏珍臨池礫沙圖貌摹真
禍興青犢宙宇縱橫假號蒙面盤據省城鬱攸中市火烏環
鳴地赤天絳獸駭禽驚洪賊荒侈贏軍顛覆野被積盜饗逼
鞫惡凌辱刑誅老弱婦妾屠烝委骸積餓截食
帝乃命將合肥李公治兵海上匡伐張功英才雨集　君寔
佐戎羽扇指麾規畫惟從曰平巨叛在振民困稅則既更農
可使勸此蓋根本餘者枝葉以致甯康阜利福國大府具奏
下情伏聞昆黎願給鼓物非輕茲鉅手筆時賢孰能夙獎矯
盡俠弁驤騰尋捕匪覇獲首斬梟舍罪招亡聚盈綏虛男賴
秉琶女任組機密讚伯相善後因其沙浮薄糧雜黍樂適秋

晚稼納夏辰穡及幸入兩鐺烹羊飽德紡布績繰箱囊充塞
箋答甚峕條切律明威烈與宣皆慕富仁
九重特敕轗軻朝京頓穎力讓超拜貴卿高恐累丸祿繼過
寵歷階弗際
晉封增悚驪背催隱散髮息駕銀魄瞑寐滅燭竟夜蘭莊熱
退荷田飄寫宅土五畝初終祇誡執竹如意坐松養和藍染
孟勉果柰猶多辭場尊宿主席紫陽東南俊茂羅列宮牆育
姿吹植儀想禹湯藝林紛茹尺短寸長隋珠朗照聵耳矜目
早慎丹黃卒承紘讀豈務毛舉賞陟自的涂靡射談助親資
戚誰誚罔庸笑彼圓逐近移皋比吉乂斯基接武安定琵琊
分疑箋衣銘帶霜嚴露施丙章周秦嗣嫡洛伊呆煌帷幌晦

昃勿離續修郡志故事牒陳戶口攷并州縣同營邙碣釋異
桓碑對衡制煩殷簡存要收沈遺盧紈翦燕賓糟孰冠裳濟
楚晝日馨學羔雁緣引筍菜膳足音聆冬溫謙勞卑牧邇領
搖詹交推永叔得最取艮升堂訓俗趙璧操量廟遵約束水
曲巾車仙笙唱夕谿磻投釣谷岫扶策調攝詩酒耽說禪理
佳兒躬傅連牀兄弟昆貢梧岡暉盎甲歲用緜俶祜篤慶方
始二難競發豫端廟器生等無似且傷飄獨桐閨翠凋棠陰
薪落房拱慈位筵歌孔作弔祭設爵腸回萬結金殿玉樓欲
語於邑哀而不見愚識已竭所好姑阿嘗謂虞稷爽園會寓
惶惻焉特廖也心悲千文敬次尚饗

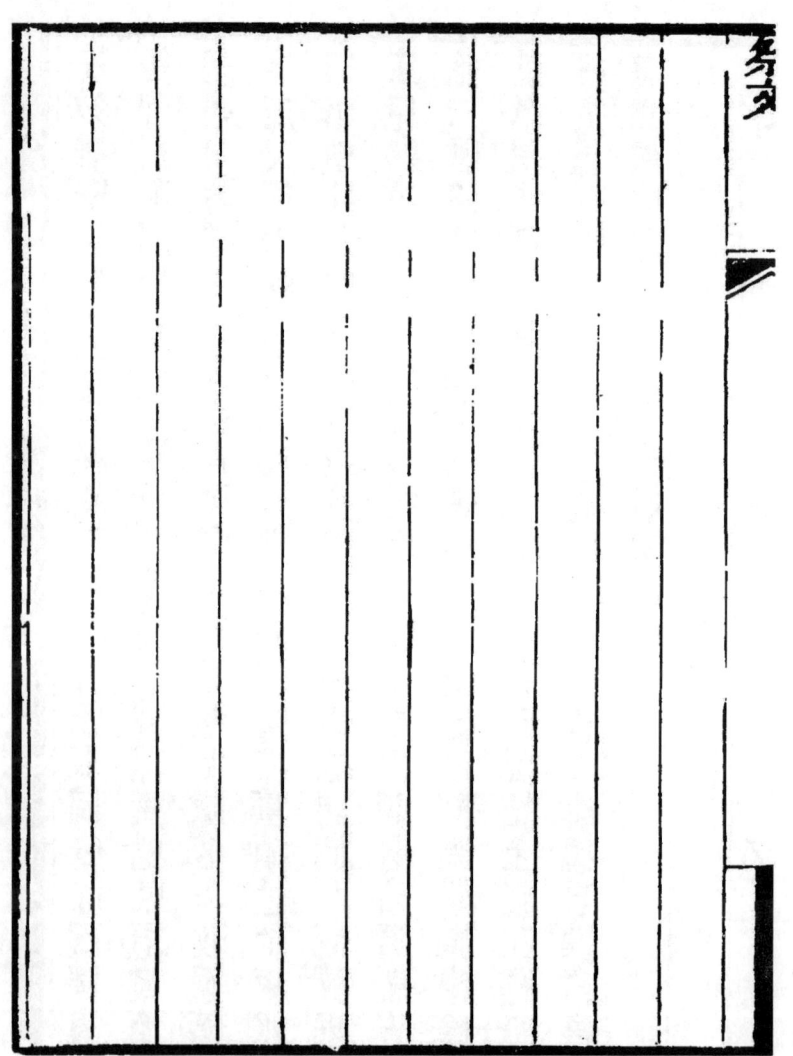

祭文

同治十三年四月十三日我

校邠夫子考終里第門人夏從鏋徐誦芬黃禮讓徐敦仁柳商賢晉禮耕王頌蔚葉昌熾等痛儒則之安仰悼耆華之永謝相與累欷攀慕撰舉規英而爲文以祭之曰嗚呼微輔虧精巖巖淪戾于何昊穹奪我模喆門從哀纏賓游慕結殂芳元亭屑涕越紼　公負茂器鏡秀呱齡文辭深瑋喤喤感韡省扉訣瑒扶搖而升清裁貴令彰組承明篤一封軺南臨萌諸洞藹犵笑竹翕蠻語陶化遐冥采謠幽峒志補虞衡材羅銑楛宜參鼎轄胡摧蔘儀雞籠開館洞霄領祠雷稱都講伏號大師投黻東山蒼生望起推籍廷章旌賁

詔旨伊誰聳昧變鮑遷蘭旣令結綬又賦歸田漢家元二稽晚驚驊妖蜺竟天燭江如晝輓芻議輸配衣居守維舌有斧斵破夏瑚𤨏白汗玉何損瑤瑜時艱曩乘鄉邑淪犇壘城青袍越溪石鼓礨地纏氛刑天干舞貔玆欲浦搽綴海壖永嘉流寓吳會衣冠刀雨迸集斗城孤懸乞師皖上惟　公草箋天戈龕定廓凊逋藉哀我黔黎流痡繼屬瘢者綿野滔夷楚矚賴　公温拯都亭饘粥蘇瘠嘘枯矜孤振獨吳地膏腴稻田孶重切里徵村懋負流冗幸　公議減歲覓秸穗爰沐
聖慈村歌缶頌我
皇四年
特恩徵召　公樂閒恬貞履閎耀湖尊擷香巖花流照半畝

之居掖誦坐嘯嗚呼　公之遭遇可通而晦感鳳一鳴敬荅
光彩韜伏明姿甘是堙曖　公之幹局方圓可施鼂策邊事
賈議河隄忠肝龜鑒抗論虹霓　公之文章雄純酣肆奔泉
萬仞下臨渴驥太華積雪時露古媚成一家言樵混斂避
公於閫行既篤且純頤親誨弟烝孝蕘倫躬冒霜霰銜恤卜
宅竇州慚藝宏農遜神　公眞智囊兼通綴術甄綜星緯侔
揣歲實按弧割圜陳槷知直隸首數窮歐巴氣懾　公望既
宿歸然靈光郡有疑事函問十商牋脩朔望贄栗相將　公
雖華顛媚學不輟稽鏡洨長履該尉律乎守甄微也毆据逸
嚌古得臧接人用拙　公勵品植遠絕奔塵臺省抗禮竿牘
無陳節韓鄴筒啖荔詞新立禎樹恥模楷皐倫　公守儉素

不渝儒服晏裘卅年郭巾一角杞菊晨餐篝燈宵讀稚川寫書紙背字錄　公性渴士禮致衿傾方欵一顧駿價爲膺車轍塞巷巾卷充庭如金就鞲如水歸瀛襄陽耆舊傳留風俗典午以還方志爰作　公綴遺聞務正踳駮剖蚌得珠升巖求璞輇材何脩得颺揚搉燦古甦今犅具津略豈意長星一旦壓脚不憖少留失聲呼饕嗚呼哀哉鄰相既輟路玦復捐京夏凡百畢悵咸酸豈況小草曾荷噓拂感切懷知痛深靡哲鄭君禮堂寫定何日靈風蕭幃音儀髣髴嗚呼哀哉欲忽人世俄然古今爵不福德壽不隨仁收華秀耀奄離形神驗思歎卬斡亡名存　公雖山卯有子軾轍鑿楹得書行振門業慰　公泉扃醊禱敬滌尚饗

請奏建專祠呈

具呈紳士翰林院侍讀銜編修潘遵祁五品銜前工部
主事蔣德馨布政使銜記名道刑部郎中潘曾瑋布政
使銜浙江甯紹台道顧文彬浙江候補道吳艾生道員
用四川潼州府知府陶文潞按察使銜江西酌補道蔣
嘉棫四品卿銜刑部主事潘馥鹽運使銜湖北候補道
潘其鈐道銜候選員外郎吳嘉椿四品銜分部行走員
外郎潘儀鳳道銜儘先選用知府程肇清等呈爲故紳
學有體用功在桑梓合詞環請具
奏捐建專祠以奬功能而式鄉里事紳等竊查蘇州府吳
縣已故紳士三品銜前詹事府右春坊右中允馮桂芬

平生力學砥行洞貫古今立身以淸介自持尤究心經
世之學一事一言務求實用以副貢生中式道光壬辰
舉人庚子一甲二名進士授編修旋補右春坊右中允
歷任淸華迭司文柄尋以疾作假歸適値庚申粵匪之
難時東南大局全恃滬瀆一隅賊氛屢逼滬城瀕危馮
紳先與紳等謀設會防局調和中外襄籌防剿繼又定
入皖乞援之策手草函稿數千言統籌時局瀝陳危急
情形與用兵先後機宜曾爵相得書感動迨
中堂統師來滬卽奏奉
諭旨辟馮紳在幕襄辦軍務兩年其一切撫剿事宜多所贊
決早在洞鑒之中先是吳中困重賦我

朝定鼎以來一革前明弊政屢次議蠲議減銀米動以數
十萬計民困大甦然糧額視他省猶數倍也經難後民
力尤苦不支馮紳留心漕務者三十餘年條議說帖裒
然成帙會同治二年江蘇辦理減賦馮紳時在
中堂幕府得從旁慫恿參議章程務以實惠及民爲主
吳民至今稱道弗衰賦額既減馮紳更與紳等議減長
元吳三縣租額於是農佃業戶咸得沾
國家浩蕩之恩又以官中清丈田畝多用部頒五尺步弓
往往田多溢額無從核實徧考會典及
皇朝文獻通考戶工兩部則例知乾隆間以各省步弓不同
定議丈量舊田仍用舊行六尺步弓惟新漲沙田用新

須五尺步弓乃與紳等　援案環請前江蘇巡撫張公樹
聲入奏部議奉
旨允准凡此數事於
國家爲大計議於江蘇爲大利告而馮紳一一資以擘畫
民間利病切實講求有所聞見卽以陳之當事紳等親
見其孳孳矻矻朝夕不遑精力爲之交瘁至若興水利
則開濬河道端士習則嚴課書院以及掩埋棲流積穀
恤嫠諸務蘇垣新復之後鄉里公事賴其經營者不可
殫述前安徽巡撫喬公松年薦馮紳以品學兼優才堪
幹濟若內而試以卿寺外而試以兩司必能卓越尋常
有所建樹嗣後

中堂在兩江兩湖直隸總督任內亦經屢次保薦雖疊
蒙
恩旨褒賞並蒙
徵召而馮紳已衰病不能赴召矣本年四月以積勞病故不
特紳等同聲惋惜合城士民亦無不傷悼紳等竊維祭
法載聖王制祀之典凡有功烈於民者則祀之我
朝定制凡在名臣忠節皆得邀
恩一體建立專祠以馮紳之品端學邃體用兼賅不獲大抒
其忠君愛國之誠而迹其規畫數大事莫不精深博大
功垂久遠即擬以名臣夫復何愧況有功於民尤合禮
經制祀之典為此合詞環叩

宮太保伯中堂俯鑒馮紳公忠贊畫有裨軍國准予援
例具
奏乞
恩捐建專祠庶幾馨香弗替上以見
朝廷獎勸之無遺廟貌聿崇下以令鄉黨謳思之有屬至
紳等不揣冒昧瀝情逕陳者以馮紳久在
中堂幕府襄辦軍務知之素深自必言之尤切也其未
經在籍具呈緣由合併聲明上呈

奏建專祠片

再據江蘇吳縣紳士翰林院侍讀銜編修潘遵祁等十二人聯名赴津呈稱三品銜原任右春坊右中允馮桂芬籍隸蘇州力學砥行洞貫古今清介自持尤究心經世之學由進士授職編修升授中允因病乞歸旋值粵匪竄陷蘇省東南大局全恃滬瀆一隅賊氛近偪屢瀕危險該紳先謀設會防局襄籌防剿繼定入皖乞援之策手草函稿數千言瀝陳危急情形與用兵先後機宜迨臣統軍來滬復襄籌軍務多所贊決吳中田賦極重兵燹之後民力不支該紳留心漕賦三十餘年條議說帖衰然成帙同治二年臣等辦理蘇屬減賦延請該紳

參議章程除絕浮費務使實惠及民又議減三縣租額
請奏定清丈田畝步弓凡此數端於
朝廷爲大政事於江蘇爲大利害該紳精心擘畫次第舉
行至若興水利端士習掩埋棲流積穀恤嫠諸務蘇垣
新復皆賴經營凡民間利病知無不言心力交瘁疊經
保薦以衰病不能赴召本年四月在籍病故不特紳等
咨嗟惋惜卽合城士民亦無不同聲傷悼因其向在臣
軍出力請奏懇
恩准於吳縣本籍捐建專祠等情前來臣查馮桂芬品端學
邃體用兼賅臣前在江蘇與之共事最久知之最深其
平日箸書精博待人接物一出至誠鄉里人士知與不

知皆呼爲馮先生而不名而其有功於地方尤在滬上
乞師蘇省減賦二事吴民至今稱道不衰既據合詞呈
請未便壅於上聞相應據情代
奏籲懇
天恩准其捐建專祠由地方官照例致祭以順輿情而資矜
式理合附片具陳伏乞
聖鑒訓示謹
奏同治十三年十二月十四日准
禮部咨祠祭司案呈内閣抄出李鴻章片奏請將右春
坊右中允馮桂芬准於本籍吴縣捐建專祠由地方官
致祭以順輿情等因同治十三年十一月十五日奉

硃批著照所請該部知道欽此

江蘇巡撫臣吳元炳謹

題爲公舉崇祀鄉賢循例詳

題事據蘇州布政使恩錫詳據蘇州府詳據吳縣詳准該縣儒學牒據紳士翰林院侍讀銜編修潘遵祁五品銜前工部主事蔣德馨布政使銜記名道刑部郎中潘曾瑋布政使銜浙江甯紹台道顧文彬浙江候補道吳艾生道員用四川潼州府知府陶文潞按察使銜江西酌補道蔣嘉棫四品卿銜刑部主事潘馥鹽運使銜湖北候補道潘其鈴道銜候選員外郎吳嘉椿四品銜分部行走員外郎潘儀鳳道銜儘先選用知府程肇清等呈

稱竊惟樹聲長世通德所以名鄉遺愛在民報功所以

祭社惟

聖世頤賢典重甪爾泮水馨香斯後生學步情殷足副高山景仰如吳縣攷紳三品銜詹事府右春坊右中允馮桂芬者振跡單門揚芬綺歲下帷而學通千蹠鼓篋而聲雋一黌旣副賢書旋魁鄉薦題榮名於蘂榜雲見白臚驪法曲於霓裳風淸鈴索棘闈校士分曹而攷選青錢棣海持衡問俗而書編赤雅方詞曹之供職俄苴杖之催歸王裒居盧壤封馬鬣炎宗講學館闢雞籠因修禹筴之書爰領洞霄之樂洎乎山鳴石鼓江下樓船軺畢飛芻轉輸無匱篙兵勵械守望攸資大府方倚以參裁

小民亦資其保扞而乃長城竟壞大廈難支以王粲之無家爲郗超之入幕海上則移書告急軍中則籌筆宣勞卒能贊定戎機佐平鄉縣我吳地稱膏沃民困租庸當瘡痍甫定之時爲井里無疆之計浮糧減數十萬被澤尤在蘇松積獘返五百年惠心比於周況播茲馨烈足式來今而況學溯程朱文高籍湜三蒼捃逸登南閣祭酒之堂七緯甄微入北海經神之室下至重差夕桀術演周髀水利農田書通鄭亶成德不名一藝餘技足了十人猶復頤素葆貞辭榮捐世大吏屢登之啟事

朝廷且聘以安車雖膺卿寺之榮未改邱園之志蘇湖教授奉安定爲師吳郡圖經繼伯原而作至於門無私謁

座有良箴廉儉以持身和平以接物置田贍族遺言仿
范氏莊規式穀貽謀競爽啟眉山家學允爲一鄉之善
豈徒十室之良紳等誼託苔岑德薰桑梓或鳳池接武
並列清班或鱣席橫經飫聞懿論理合開具事實冊結
呈乞加具結看轉請詳
題俾得准列鄉賢則薦馨芹藻當依尼父之庭流澤枌榆
共拜欒公之社等情並呈事實冊結到學據此該吳縣
教諭張苣孫訓導程詒孫核看得故紳三品銜詹事府
右春坊右中允馮桂芬鄉里耆英人倫師表覃理入關
閩之奧射策高賈董之科相應開造事實清冊加具結
看牒請轉詳等情到縣准此該署吳縣知縣褚成績核

看得本邑已故三品銜原任詹事府右春坊右中允馮
桂芬世傳孝友生通德之門學究天人有儒林之目乃
辭榮於
盛世爰表式乎里閭利濟躬親彝倫攸敘王義方之清望
化及邦人陸敬輿之宏通無慚儒者既著鄉評之實宜
隆社祭之文合將送到事實冊結加具結看詳祈核轉
等情到府據此該蘇州府知府李銘皖核看得吳縣已
故三品銜原任詹事府右春坊右中允馮桂芬家傳孝
友學有本原譽美詞曹望隆邦族本文章為經濟禦戎
與均賦兼籌講道義為師儒修德與立言並重鄉稱賢
達既孚里黨之評社祭春秋宜享烝嘗之報合將送到

册結加結轉詳等情到司據此該蘇州布政使恩錫核
看得吳縣已故三品銜原任詹事府右春坊右中允馮
桂芬翰院耆英鄉閭碩彥木天蜚譽職重衡文珂里居
憂望隆講學吳中遭寇力籌守禦之方海上從戎懋贊
澄清之績陳書求減賦經濟攸資尚志樂辭榮人倫景
仰旣立言以不朽復薰德而多良允洽輿評宜隆社祭
合將送到事實册結加看具文轉詳伏候
題請入祀吳縣學鄉賢祠以順輿情等情到臣據此該臣
看得吳縣已故三品銜原任詹事府右春坊右中允馮
桂芬東南耆碩邦族斗山昔年翰苑蜚聲頻握量才之
玉晚歲靈巖養望常澄鑒士之冰念桑梓而策治安足

民卽以足國擁臯比而爲敎授經師實備人師輿論旣
洽於鄉崇德宜祀之祉茲據蘇州布政使恩錫取具事
實冊結詳候
題請入祀吳縣學鄉賢祠前來臣覆核無異除冊結揭送
禮部查核外謹會同署理兩江總督臣沈葆楨江蘇學
政臣林天齡合詞恭疏具
題伏乞
皇上聖鑒敕部議覆施行謹
題請
旨

事實

一故官諱桂芬字林一號景亭江蘇吳縣人由副貢生

中式道光十二年壬辰科本省鄉試舉人二十年庚子

科會試中式

殿試一甲第二名

賜進士及第

授職翰林院編修二十三年充順天鄉試同考官二十四年

充廣西鄉試正考官旋丁內外艱咸豐六年補右春坊

右中允九年請假回籍同治六年

賞加四品卿銜九年又

賞加三品銜十三年四月十三日卒於家春秋六十有六

一故宦系出海虞九世祖諱惠始遷吳世有積德曾祖
諱義謨祖諱禮瑞父諱習懋三世並
覃恩誥贈榮祿大夫故宦生有至性事父母純孝丁內外艱
哀毀幾至滅性終身遇諱日謝賓客不御酒肉有甥早
孤撫之如子教養迄於成立嘗承先志手輯族譜晚歲
於宗祠義莊漸次經畫規模粗具未竟厥志而歿

一故宦持身清介生平旁無姬侍未嘗鮮衣華食於歌
舞筵場避之若浼少為某邑令記室令因事怒諸生某
欲申請斥革故宦力爭不得即拂衣去及官京師凡外
官來京者非有年世誼不輕與通晚尤澹於榮利雖累
經 徵辟終以衰病不赴云

一故官主試廣西在闈中悉心校閱徧搜各房落卷榜發獲隽者多老宿一時咸慶得人在道作行紀二卷所歷山川古蹟悉有考證

一故官學問體用兼賅咸豐三年辦理團練城廂內外布置周匝同治初身在行間者兩年議撫議剿多所贊決嘗箸校邠廬抗議四十篇於經國大計指陳剴切見者咸歎爲通儒故屢登大府薦牘均有品學兼優才堪幹濟卓識宏議定裨軍國之語

一故官於咸豐十年避難海上時東南大局全恃滬瀆一隅賊氛屢逼危不可支諸紳有入皖乞援之策而函稿難具故官爲統籌時局代草數千言瀝陳危急情形

與用兵先後機宜皖中得書即發兵來滬不數年蘇省
賴以蕩平一書之功爲多云
一故官於蘇松賦重源流自少究心條議說帖歲有所
作咸豐三年嘗勸大吏行均賦法革除大小戶舊弊同
治四年蘇松永減漕額凡奏牘章程當事咸與商定五
年復請永減長元吳三邑租額於是
朝廷曠蕩之恩統業佃而均沾矣
一故官引掖後進出於至誠先後主講惜陰敬業紫陽
正誼各書院幾二十年造就多知名士其素無文譽而
激勵成材者不可勝數
一故官潛心經術博通今古尤精小學嘗得影宋本徐

楚金篆韻譜手摹付梓以段氏玉裁說文解字注爲治
說文者所必讀而其中引用頗多譌誤作段注考正十
六卷咸豐初在維揚修鹽法志於綱引沿革考訂綦詳
同治八年總纂蘇州府志博采旁搜雖老不倦又善爲
古文四方丐傳誌者戶屨常滿著有顯志堂文集若干
卷
一故官於疇人家言研究最精著有弧矢算術細草圖
解及西算新法直解又校正李氏恒星圖測定咸豐紀
元中星表嘗手製定向尺及反羅經用以步田繪圖法
爲捷合有丈田繪圖章程已刊行前年以官中清丈用
部頒五尺步弓田多溢額因徧查會典及

皇朝文獻通考戶工部則例知乾隆間定議丈舊田用舊行
六尺步弓惟新漲沙田用新頒五尺步弓乃援案呈請
奏准鄉里至今德之
一故宦於地方公務與當道縉紳虛心參酌無推諉瞻
徇之私同治二年蘇城克復一切善後如建學宮濬河
道修葺祠宇復設書院諸事靡不規畫盡善其非鄉先
生所當與聞者則雖重以請託不少假借
一故宦於善舉尤盡心力咸豐三年收養江南北流亡
全活無算同治初在上海請設撫卹局專辦掩埋棲流
又創立保息安節等局郡城復後故宦經理女普濟錫
類兩堂樽節經費營建堂屋規制因以大備焉

一故官子芳緝刑部主事芳植舉人每應大小試必戒以絕干請杜剽竊臨殁前數日二子皆在京都猶寄諭諄諄以立品勵學爲訓其嘉言懿行洵足爲一鄉矜式云

禮部謹

奏為議覆名宦鄉賢事光緒二年禮科抄出江蘇巡撫吳

元炳等疏稱已故三品銜詹事府右春坊右中允馮桂

芬家傳孝友學有本原請入祀鄉賢祠奉

旨該部議奏欽此欽遵到部查例開崇祀名宦鄉賢該督撫

會同學政每年八月前具題並將事實冊給送部詳覈

於歲底彙題確核事蹟倘名實不能相副及僅以人品

學問空言譽美者卽行指駁又子孫現任九卿祖父不

得題請入祀名宦鄉賢果有鄉評允當政事人品足為

矜式者仍俟其子孫身後再行辦理各等語今該撫送

到事實冊內開已故三品銜詹事府右春坊右中允馮

桂芬江蘇吳縣進士由編修升中允生有至性事父母
孝丁憂哀毁終身遇諱日謝賓客不御酒肉有甥早孤
撫如子嘗輯族譜經畫宗祠義莊承先志也咸豐同治
間辦理團練身在行間著校邠廬抗議四十篇於經國
大計指陳剴切時東南大局全恃滬瀆一隅賊氛屢逼
危不可支諸紳有入皖乞援之議故宦草數千言滙陳
危急情形與用兵先後機宜皖中得書發兵來滬蘇省
賴以蕩平蘇松賦重嘗勸大吏行均賦法革除大小戶
舊弊又商定永減漕額章程請永減長元吳三邑租額
主講紫陽正誼等書院造就多知名士博通今古尤精
小學以段氏玉裁說文解字註引用多誤作段註考證

又著有顯志堂文集弧矢算術細草圖解西算新法直
解校正李氏恆星圖測定咸豐紀元中星表手製定向
尺及反羅經用以步田繪圖法為捷合有丈田繪圖章
程官行清丈用部頒五尺步弓田多溢額為查文獻通
考戶工部則例知乾隆閒定議丈舊田用舊行六尺步
弓惟新漲沙田用新頒五尺步弓呈請奏准至蘇城克
復一切善後如建學宮濬河道葺祠宇設書院靡不規
畫盡善咸豐三年收養江南北流亡後在上海請設撫
䘏局掩埋棲流又創建保息安節等局及普濟錫類兩
堂於地方善舉尤盡心力為各等語臣等公同查核該
撫請將馮桂芬入祀鄉賢祠之處均屬名實相副謹擬

准其入祀名宦鄉賢祠恭候
命下臣部行文該撫遵奉施行所有臣等遵議緣由謹援照
成案改題爲奏爲此謹
奏請
旨
光緒二年十二月二十五日具奏本日奉
旨依議欽此

校邠先生遺象
袁潮敬繪

像贊

嗚呼先生少負令聞長登上庠學爲儒宗道正匡濟首務藴其術殫醫與藥徹其原道而乃回物進淺究亡不觀止業該諸文字嗚呼是豈先生志哉贊曰靈巖山高石澗水清與此終古先生之名光緒丙子仲冬歸安吳雲譔題

顯志堂稿目錄

吳縣馮桂芬林一箸

卷一

卷六

卷十

興水利議

改河道議

勸樹桑議

壹權量議

稽戶口議

重酒酤議

收貧民議

崇節儉議

復宗法議

重儒官議

用錢不廢銀議

卷十二

賀林少穆師長君館選啟

余筠谿先生像贊

潘星齋秋江泛月圖跋

古吳胥門內
謝文翰齋刻

顯志堂稿卷一

吳縣馮桂芬林一著

宗法論

萬氏統宗學禮質疑論宗法凡八篇徵引博而斷制嚴可謂詳且明矣獨其四稱大夫之子爲大宗士之子爲小宗則不可以無辨曷言乎宗也支子不祭祭必告於宗子宗父之適以祭其禰宗祖之適以祭其祖宗曾祖之適以祭其曾祖宗高祖之適以祭其高祖此宗之四也大宗小宗所同也又宗始祖之適以祭其始祖此又宗之一也大宗所獨也鄭注孔疏謂別子之後皆爲大宗大宗之下乃有小宗是人人有一大宗而一族之人因之有聚而無散所謂同姓從宗合族屬

者此也高祖以下曰族五世以外曰屬族與族相屬故曰族屬也所謂宗以族得民者此也民之也者衆之也脫如萬說爲大夫者少爲士者多小宗之子孫其相繫屬者亦不過如後世有服之親耳百餘年後各宗其宗國之人大半有四宗無五宗漸且涣散漸且途人所謂從之合之者安在所謂得民者又安在且其所據者大夫有太祖士祭止及高祖是指祭者言非指所祭者言獨不聞禮父爲大夫子爲士云云乎武王責紂以世官春秋譏世卿大夫之後不恒爲大夫士之後不恒爲士其不足據以定宗法明矣至鄭注小記指別子爲諸侯之庶子注大傳則兼言始來在此國者陳氏詳道又加起民庶爲卿大夫者而爲三諸儒無異說惟士庶立宗與

否經無明文近人紀氏大奎繹經文以爲亦當有同姓大同之始祖說自可從詩大雅君之宗之君與宗並言可見人莫不有君亦莫不有宗亦是一證錢氏大昕直謂士庶無宗而有藉於族相葬黨相救州相賙似近肌說夫閭里任卹事之變者耳井田之法具在六十以上上所養二十以下上所長與強而專藉相葬相救相賙爲哉

釋鶉

經傳鶉鳥有三一鷂鶉說文作雜云鷂屬也一鷻鳥說文作鷻云雕也引詩匪鷻匪鳶又隼下云一曰鶉字一鳳皇埤疋引禽經赤鳳謂之鶉今本禽經本偽書無此文鶡冠子度萬篇鳳皇者鶉火之禽陽之精也崔豹古今注以曲禮行前朱鳥爲鸞又一說以鶉火爲鳳方與蒼龍白虎元武相稱解者或以鷂鶉當之本沈氏存中陸氏佃之說輒謂古人取象不必大物不知何所見而云然或以鷻鳥當之本近人焦氏循段氏玉裁之說據輈人鳥旟七斿以象鶉火注鳥隼爲旟謂鶉爲隼又以左傳童謠與鄘風文同爲證不知考工龍旗鳥旟熊旗龜蛇並列以熊旗注熊虎例之以鳥爲鳳而增隼亦猶熊之增虎而四者正與四宿符

合至鄘風取義乘匹而鸞鳥不雙義既不同不得謂鄘風之鶉即四月之鶉釋文於左僖五年傳鶉音述春反又常倫反於鄘風音純同於四月音徒丸反二者大異更不得謂童謠鄘風之鶉皆即四月之鶉惟以鶉火爲鳳與四月之鶉異音異義與鄘風之鶉同音異義似爲近之

明紀序

史家分紀傳編年二體而紀傳爲正史晉書以後或奉敕或表上或詔取皆官書編年之名亦有二曰鑑曰紀鑑始溫公資治通鑑李燾長編亦皆官書繼之者如陳王薛徐諸家頗不盡然迨

御批朱子綱目

御批通鑑輯覽

御定通鑑綱目三編先後頒行惟

欽定明鑑未出而鑑之爲官書亦幾與正史等故一時學者於畢氏續通鑑頗有異議錢竹汀詹事與馮鷺庭編修書拒不作序意固有在所稱馮序但志刊刻始末不言撰述之旨

爲得體亦良是其謂古來紀傳編年書只有本人自序而所撰止馬班沈李紀傳之例偏而不舉知其爲遁詞也至紀則創自荀氏亦受詔爲之袁氏以下有年紀大紀大事紀小紀之類多私家箸述非通鑑之比矣元和陳工部稽亭先生學宗宋儒以躬行實踐爲歸貧而樂道官曹部不受印結費同時顧南雅通政亦以理學名嘗以禪語題其齋先生曰有意爲之耶無意爲之耶通政矍然立撤之箸桂門初續稿六帙中多吾鄉發潛闡幽之作桂芬見輯郡志其言必能傳信據錄頗多而先生一生精力所注則在明紀一書原本正史而參以王氏稿此外說部野史間有采摭必旁證覈實而後箸之凡新異詭誕之說遐不錄於三百年禮樂刑政治亂成敗

忠邪是非之故瞭如秩如不愧良史攷荀紀在班後排比班書小有增損移易袁紀在范前綴會謝承張璠等書自出鑒裁是書體例一如荀紀而荀紀奉詔袁紀自撰則又與袁紀同也昔人嘗言荀氏論多純正袁氏論多放縱先生書雖不加論斷而決擇去取之間一歸純正不敢放縱人品心術亦於此可見宋龔頤正嘗續溫公稽古錄論者謂頤正非端士故持論不及溫公是史才有出於三長之外者觀於先生書益信書凡六十卷先生手輯至五十有二卷而卒後八卷文孫中書克家續成之謹嚴一秉先生之式恭攷

御批通鑑輯覽分注福王年號而唐桂二王則別綴書後顯示區別與楊氏陸榮三藩紀事本末並列者不同今於福王

平書於唐桂低一格正合輯覽微恉中書尋入張忠武幕府與庚申之難孤惟驥齋遺書侍母避海上族人欲攫其書惟驥窘甚謀於中書故人吳平齋觀察以若干金購之書始完無何蘇州書局補刻通鑑續通鑑旣竣觀察以其間言於前撫軍豐順丁公曰若刻是書卽兩漢紀所謂綢繹上下數千年間侵尋相接其嘉惠後學非刻一書一集之比者也總校俞蔭甫編修亦慫恿之遂開雕踰年書成今撫軍南皮張公謂桂芬於先生爲鄉先喆宜爲之序桂芬不敢援錢詹事以爲辭而但志刊刻始末不言撰述之旨則猶是詹事之意云

說文解字韻譜補正序

徐楚金韻譜一書據其兄鼎臣序爲便於檢討而作原無深意今讀其書說文本有之字漏略至二百餘本無而羼入者亦如之又所謂聊存訓詁者輒多乖於許義攷楚金所箸繫傳徵引頗爲浩博核之原書往往牴牾不合葢專憑肊記不加檢校是其蔽也其爲韻譜當亦信手取切韻就所記許書雜錄成卷遂至於是顧是書有絕可貴者則以切韻亡而賴此以存猶之唐韻亡而賴大徐說文以存也往歲壽陽相國刻宋本繫傳於江陰序中嘗及是書將附刊書後成楚金一家言既中寢余夙有志於斯不揣檮昧取二徐本逐字對校補其佚遺正其踳駮務使無一字出入二徐之異同既具亦

兩韻之蜼略斯存便於檢討其庶幾乎或以餖飣之學爲嫌不知楚金無此則是書不當作楚金有此則是書不可無也且以徐校徐譜譌可正而亦有可正說文之譌者如璇爲瓊之重文段氏玉裁疑之今譜璇字別見益信段說之可從譜以大徐爲主宋本大徐酉部無酓毛本補於部末今譜亦無酓益信宋本之可從曲禮釋文引毋止之詞今文奪詞字譜注正作止之詞俱偕也偕訓彊非其義可疑譜注俱皆也可訂从人之譌甈甖謂之甈方言作甇謂之甈譜正作甇是作甇是也昌伸也宋本作引也譜亦作引也是作引是也倚舉脛有渡小徐同釋宮釋文引作舉脚有度譜亦作度是作度是也此類尚多引而伸之是在善讀者編字既畢閒加附注

上平聲二一卷注甫成匆匆北行未遑卒業會江甯龔生丙孫避難來吳隱居鄧尉讀書多暇遂屬其依例足成之異日刋行亦初學小學者一助也

重刻段氏說文解字注序 代

讀書者先須識字故不可不讀說文說文多古義奧隤初學驟難通曉注家雖多必以金壇段先生注爲最故讀說文者又不可不讀段注數十年來風行海內承學之士幾於家置一編版存元和金刺史寶樹家刺史爲先公同年殉難吾皖者公子文榜來詢及之則云經亂燬大半余爲捐千金屬宮允馮先生桂芬爲之校勘補刻成完書版歸蘇郡保息局售書所贏以贍窮嫠既又以新舊板不倫復屬丁雨生中丞籌資一律易新板令可垂永久工訖問序於予余惟六書之學明於漢循習於魏晉以迄隋唐晦於宋元幾絕於明而復大昌於我

朝叔重生東京全盛時載籍具在博訪通人蒐輯成帙實爲千古字書之宗魏晉以來注書者奉爲科律往往單詞片義引用者多至十餘家他傳注所無也五代以後寖微明代幾無傳本以亭林之淵博而所見止李燾五音韻譜其始一終亥之本同時汲古閣已刊成而亭林未之見可知其書不甚行

國朝元和惠氏棟始表章是學成讀說文記厥後大興朱氏筠視學吾皖梓舊本說文於節署其書乃大顯於是段先生暨嘉定錢氏休甯戴氏曲阜桂氏歸安嚴氏陽湖孫氏高郵王氏無慮數十家先後迭興各闢戶牖蓋說文之學至乾嘉間而極盛諸家所學有淺深亦互有得失必推先生爲大宗

先生之注以形爲經以聲爲緯又以說解爲經以羣經傳注爲緯融會貫通虛空粉碎發一凡起一例無一部一文不如網之在綱珠之貫串實他人所不能及惟一家之言或失之偏亦自來詁經家通病如十七部合音以互訓爲轉注之類人多訾議之同時鈕氏樹玉段注訂徐氏承慶段注匡謬至勒爲專書忿其排擊實則所學遠不逮先生雖不至蚍蜉撼樹之譏汔未能拔趙幟而立漢幟也又宮氏允有段注考正十六卷考者考其引用篇目正者正其字句譌誤爲功臣爲諍友不爲入室操戈與鈕徐書立意不同曩見其稿極精審慫恿刻附各卷末宮允許之而引豬肝之嫌自具資從事焉是爲序

校邠廬抗議自序

三代聖人之法後人多疑爲疏濶疑爲繁重相率芟夷屏棄如弁髦僘屣而就其所謂近功小利者世更代改積今二千餘年而蕩焉泯焉矣一二儒者欲挾空言以爭之而勢恒不勝迨乎經歷世變始知三代聖人之法未嘗有此弊夫而後恍然於聖人之所以爲聖人也試略舉數事言之以億萬人自養則有餘以一人養千百人則不足觀於今日奉軍
國則民力竭養兵勇則
國力又竭而始知聖人兵農合一車徒馬牛甲兵出自民間之法之善也取士何以始澤宮射御何以登六藝觀於今日文臣不知兵武臣不曉事而始知聖人文武不分之法之善

也什而取不及一視古爲少倍蓰而當一視古轉多觀於今日倍征無藝而始知聖人百畝而徹之法之善也土宜出於地而無窮遠物限於地而難致觀於今日運道阻　天庾空而始知聖人四百里粟五百里米之法之善也食爲民天有食斯有民水爲穀母治田先治水觀於今日水利塞稻田少民受其饑而始知聖人盡力溝洫之法之善也世之盛衰在吏治治之隆汙在人才觀於今日科目不得人而始知聖人鄉舉里選之法之善也郅治必先親睦百行莫先孝弟觀於今日期功陌路富貴貧賤不相恤而始知聖人宗以族得民之法之善也廉遠堂高箋疏有體九重萬里呼籲誰聞觀於今日諫諍設專官民隱不上達而始知聖人懸鞀建鐸庶人

傳語之法之善也權所屬則末秩亦將逞志用不贖則中材不能無求觀於今日奉薄官貪而始知聖人分田制祿之法之善也天下有億萬不齊之事端古今無範圍不過之法律觀於今日則例猥瑣案牘繁多而始知聖人不鑄刑書之法之善也開邊拓土石田不耕長駕遠馭鞭長莫及觀於今日夷患不已而始知聖人守在四夷之法之善也術業以不專而疏心思以不用而錮觀於今日器用苦窳借資夷裔而始知聖人梓匠名官倉庾世氏之法之善也此類尚多更僕難數然則爲治者將曠然大變一切復古乎曰不可古今異時亦異勢論語稱損益禮稱不相沿襲又戒生今反古古法有易復有難復有復之而善有復之而不善復之不善者不必

論復之善而難復即不得以其難而不復況復之善而又易復更無解於不復去其不當復者用其當復者所有望於先

聖

後聖之若合符節矣桂芬讀書十年在外涉歷於艱難情僞者二十年間有私議不能無參以雜家佐以私臆甚且羼以夷說而要以不畔於三代聖人之法爲宗旨志此者有年一官無言責懷欲陳之而未有路乃者鄉居偶一好事創大小戶均賦之議輒□□□□□固宜絕口不挂時政重以衰病逡巡無用世之望懼遂泯沒爰以避地暇日筆之於書凡爲篇四十舊作附者又二用後漢趙壹傳語名之曰抗議即位卑言高之意明知有不能行者有不可行者夫不能行則非

言者之過而千慮一得多言或中又何至無一可行存之以質同志云爾

約堂算學雜記序

西法自有明入中國後通之者尚鮮至我
朝宣城梅定九先生以通敏絕特之姿殫心畢力專治是學遂以成千古未有之盛業蓋能用西人而不爲西人所用者也嗚呼盛矣厥後古書稍稍出後生儁才探討紬繹往往得一二遺文軼義於殘編斷簡之中爲先生所未及知而廣六精微卒無能出先生右者顧或一得自詡輒爲蚍蜉撼樹之論吾無取焉涇縣胡約堂文學潛研樸學邃於秝算實有心得雜爲條記其所疏通證明大約於梅氏叢書爲多或引伸先生巳發之義或補綴先生未備之條並秩然可觀哲嗣某能讀父書集爲一編名之曰算學雜記付諸梓人雖非完書

而吉光片羽罕而益珍婺源江愼修明經有翼梅一書是編
既出庶幾相與頡頏矣

天元算術序

余友元和尹茂才菊圃績學士也尤長於算術比以新著天元算術十卷見示余惟算學四元之術始於宋盛於元絕於明而復大昌於我

朝是術在元時爲承學之士所共曉不嫌徑省其文曰立天元一云爾如積求之云爾而文義已足無何忽失其傳有明一代知算如唐荊川顧箬溪直不知爲何語至

國朝宣城梅文穆公始知爲西法借根方所本而於正負開方之理未詳蓋創始者難爲功且其時古書多未出雖神悟無所施不得爲文穆咎戴氏東原小學專家不諳算術所校測圓海鏡肊刪負畫不知妄作識者病焉後得吾鄉李尚之

先生起而疏通證明之而是書始大顯菊圃尊人鐵香孝廉爲先生高弟家法師承其來有自是書舉衰分均輸方程倉田以及割圜八線諸法無不入以天元左右逢原旁通曲鬯凡以見他術不能馭者天元能馭之他術不能一以貫之者天元能一以貫之用心可謂勤矣今世名此學者以余所知不過數人即吾鄉自尚之先生後亦寥寥無幾余早歲頗事涉獵而不專爲病無由造微未嘗不退自慚惋私冀同人中庶有達者理而董之頗聞君與錢君子文同治是學甚深子文書未之見今讀君書果精詣若是其能相與昌明絕學追蹤鄉喆無疑也於其下問輒奮筆而爲之序

兩京印錄序

秦書八體五曰摹印新莽六書五曰繆篆繆篆摹印之書無傳於漢印見其略王厚之姜夔並有實錄厲太鴻有言曰豈惟篆學之古拙足取哉亦云善惡之名笵金附之不朽爲榮爲辱勸戒是寓亮哉是言也今之仿漢印者但取形模貌爲泐蝕無論不能似也遂能逼眞亦徒資玩好耳於懲勸之道何與邪吾鄉許覓沈先生鄧尉隱君子焉讀史有得成兩京印錄兩卷借名氏官位之文寓筆削褒貶之意綴以小論誅奸諛發潛德非目論膚受者可比贊語擷華班范簡古名雋可謂奇作又漢印朱文往往與篆體不合不可意爲白文則小篆中參以隸法自今爲之可無乖於漢人之指錄中白文

居十之九尤見特識余未及識君而獲交於君之子鶴巢茂才詩古文詞家學未沫比以兹録請序遂書以復之

問經堂印譜序

摹印書有繆篆僅見於許氏說文序中其法久不傳幸漢印多有存者後人猶得見其概顧漢印所識官位名氏而已浸淫至於元明以來署齋閣鐫詩詞爲用滋廣吾子行文三橋何雪漁諸公遂於書畫金石之外別名一家見於周櫟園印人傳者甚詳要無不以漢印爲宗其弊也泐蝕以爲古重腿以爲厚偭規裂矩以爲奇又其字畫往往墨守六書通三寫烏焉幾於鄉壁虛造莫可究詰若此者吾無取焉丹徒包子丹廣文爲余同年圭山郎中令子餘事工鐵筆集手鐫印數百事爲問經堂印譜六卷規鈲偏旁翦裁點畫不事貌古而自饒意趣雖謂得漢印之神可也惟今所見漢印白文用小

篆朱文往往用古文遇字輒不備不可意爲君於朱白文一
用小篆變化錯綜一與䌸繆命名之恉相賠合不得以變通
漢法致疑也

吳平齋古官印考藏序

鼎彝尊卣槃敦之屬往往可資以訂經史之譌而補所不及故治樸學者有取焉印章亦其類而官印尤可以證古官制顧古制之難考莫官制若史記倉公傳有左右閣都尉貨殖傳有督道倉吏莫知爲何官張納曹全兩碑左右所列亦不能盡加佐證漢以下史志晉北魏之外多闕南唐得齊職制惟徐鉉一人知之亦不傳蓋周官之後直至唐六典始有專書書闕有間由來舊矣吾友歸安吳平齋君究心金石之學藏書籍碑版甚富經亂多失之惟漢魏六朝官私印八百紐獨完以私印名氏多無攷先取官印排比考證勒爲一編曰二百蘭亭齋古印考藏余受而讀之援引廣博斷制精審卓

然傳作凡載官印如干紐複出者不列前此論古官印之書未有若是之多者洵足爲考據家一助君嘗衣豸繡領方面翩然初服知君而有力者欲推挽之不爲動孜孜焉以著述爲事業所居與余鄰每敂君齋輒見君簾閣據几左右鉛槧無一刻之輟其勤如此求之青衿組帶中猶不多見噫可敬也已

琴學小知序

古聖人制律呂以和五聲播諸八音莫不以黃鐘三分損一爲之體隔八相生爲之用去古漸遠樂理失傳工人無知習焉不察遂寖失其原本而不可尋究惟堂上之樂以絲爲主絲之中又以琴爲主其器最古其聲亦最正又爲俗樂所不用其法亦未爲俗工所亂故以律呂定琴之法言之淸濁二均十四調更絃之率並某絃某律呂某聲字無不一一脗合此其大較也吳江鄭君性蓮精琴理以所著琴學小知見示棠於操縵曹焉無知然讀其書深探原本於黃鐘十二律呂相生之理發揮明碻知非率爾操觚者吾郡虞山派爲琴學之大宗君其繼美無疑也中散云紛綸翕響冠衆藝兮知音

者希孰能珍兮敬爲君誦之

江陰捐賑錄序代

余自金壇移宰江陰閱兩年癸巳歲中稔既畢登淫雨猝至禾盡壞具以狀白諸大府顧冬災非例也大中丞侯官林公得狀惻然曰是不可以格於例而不之請遂飛章入告得展緩如著令益曠典云會學使司空廖公案部還余迎謁首詢被水狀且曰展緩既行振卹尤亟首捐廉倡焉太守汪公臮余繼之遂下其事於邑中諸紳士罔不踴躍捐助自千緡以下有差積錢八萬緡有奇如法舉賑而江民賴以無饑江南夙號富饒財賦甲天下邇來或比歲不登民力亦少匱乏矣矧江陰一小邑山圩塍蕩縱橫萬餘頃耳民多土著綿而織耕而食舍此無他生計其地東南依山多高原西北濱江多

窪壞他時遇旱潦二者或偏歉獨是年秋大風木棉當花而敗稻既畢實數旬無見暘簸揚無所施鬱蒸紅腐高下一律以蕞爾之區値積歉之後取農桑專業之氓而當此高下並困之時故名曰小災而困憊倍他日乃捐令一下赴之如流水帀月之間捐錢幾百萬可不謂勇於義者歟攷周禮以荒政十有二聚萬民但以治荒非以振荒蓋三代時民有恒業賦止十一故有常蓄卽遇凶歲不煩蠲賑以救之後世民無世業遂無遺積凶歲所仰望者蠲貸耳漢武時關東歲饑詔吏民能以義收養貧民者賜爵宋代亦募富民出粟然行之不善勢必貧者未沾惠而富者先被累故周禮保息六養萬民與荒政相維振窮卹貧繼以安富有深意焉今澄江父老

皆曰是役也有合於周官卹貧安富之義歸美於余余滋愧矣治斯土牧斯民方兢兢焉不克循分是懼敢云勞乎惟是中丞公破格奏請於前司空公太守公相繼倡捐於後諸紳士善體大憲軫卹民瘼之意敦勸有方理董有法則皆不可無紀事竣例鐫捐賑錄以爲徵信吏以請因書其顛末於簡端

黃澂莊大令夢菊滇南事蹟序

余嘗謂士大夫居官能以書生匡居坐論之語毅然實見諸施行者必爲好官或以爲勢不可行也民不可治也甚且以爲迂疏而遠於時務也噫此吏治之所由不振也每持是以驗諸當世若吾吳則有候官林少穆宮保諸城李方赤方伯治行尤著迹其條教號令昭然耳目使我民心歌腹詠而不能忘者初不外書生匡居坐論之語始知我說之信而有徵茲讀我同年黃澂莊大令滇南事蹟之箸而益以堅吾信焉書中所述大恉不過養民焉而已教民焉而已夫古聖賢論治之書具在曾有外於斯二者乎古名臣循吏勳業軒天地前言往行亦具在曾有外於斯二者乎近世州縣以理財爲

亟務出入會計日不暇給無復問民事一二能吏於是矜聽訟之才嚴詰姦之令彼善於此而已求其勞心撫字仁信篤誠績用章章如君者曾有幾人哉浙江財賦淵藪比年以來民疲於轉輸官困於供億尤世所謂日不暇給之地然吾知賢者居之必毅然有以行其志而非如世俗之所爲者他日政成益令人知天下無不可爲之區而書生匡居坐論之語果非迂疏而寡效也則是編固嚆矢之先鳴者也

滇南事實序 代

班孟堅論董仲舒公孫宏兒寬謂三人皆儒者通於世務明習文法以經術潤飾吏事所述循吏傳六人文翁通春秋龔遂明經召信臣明經甲科傳尤多褒辭其述藝文志也博采論治之書進賈董諸作於儒家雖桓寬鹽鐵論專稱食貨亦入焉於李商鄧析則入諸名家法家艮以政事貴以儒術爲根柢而任用刻覈非聖人道德齊禮之旨凡所進退具有深意讀史者可徵會也至以生平政績勒爲專書唐以前不可見宋元以來箸錄漸廣今所傳眞西山政經張養浩牧民忠告呂叔簡實政錄類能存心利物自抒其閱歷之所得卓然爲世楷式金谿黃生夢菊爲余庚子春闈所得士宰雲南之

會澤數年以艱去服闋爲選人於吏部褒其在會澤時公牘告諭都爲一帙視余請序閱其書勸農桑疏溝洫重學校大恉以興教化敦本厚俗爲務賈生不云乎移風易俗使一世回心而鄉道類非俗吏之所能爲也其庶幾儒術之效歟今生將之官浙江此邦號難治盤根錯節所以別利器願不懈益虔彌昌其施用副

朝廷愼簡牧令之至意追踪曩哲垂法方來端在乎是生勉乎哉

廣西鄉試錄序

上御極之二十有四年歲在甲辰以明年恭遇
皇太后七旬萬壽
詔禮部於是秋舉行
恩科鄉試 臣奉
命偕檢討 臣祁宿藻典廣西試事伏念 臣江南下士溼叨
殊遇對策入上第官詞林前年與校京兆試比復
簡畀文衡 臣之譾劣實爲逾分旣宣
旨午門外諏日就道仲秋之朔馳抵桂林時監臨兵部侍郎
兼都察院右副都御史巡撫廣西等處地方提督軍務 臣周
之琦協同點名官廣西等處承宣布政使 臣張祥河廣西等

處提刑按察使兼管驛務臣寶清提調官廣西分守桂平梧鬱鹽法道臣袁玉麟監試官署廣西慶遠府事鎮安府知府臣糜艮澤內監試官梧州府同知臣徐堉內外咸祗肅將事乃進學政臣李承霖所錄士二千四百有奇試以四書五經文策問如例臣桂芬偕臣宿藻率同考官署桂林府靈川縣事委用知縣臣楊壎署桂林府陽朔縣事委用知縣臣陳慶桂鬱林直隸州博白縣知縣臣游長齡署南甯府隆安縣事崇善縣知縣臣吳家懋南甯府永湻縣知縣臣鄭輝堂俸滿泗城府西林縣知縣臣夏湻鏞柳州府來賓縣知縣加知州銜臣鄭永修思恩府百色同知臣吳楷盡心校閱得士四十五人副榜九人擇文十四藝恭呈

御覽謹拜手稽首颺言簡端臣惟科目非可當功名之謂而功名實必以科目爲基宋臣靳裁之有云士之品大槪有三志於道德者功名不足以累其心志於功名者富貴不足以累其心志於富貴而已者則亦無所不至矣其說以道德功名富貴爲三實爲千古至論功爲三不朽之一而名則君子疾其不稱者建功立名是何等事而流俗以科目當之甚且以爲富貴之借資幾不知功名二字何義陋矣顧三代而後多以科目取士名臣碩儒靡不出其中士非是雖有皋夔稷契之賢奚由進則科目之選重矣哉科目之選既重斯衡校之責非輕

聖朝養士二百年文治彬郁遠邁前古在易賁象觀乎人文

以化成天下其在斯時乎而觀之六四曰觀國之光利用賓於王象曰觀國之光尚賓也崔憬注謂職在搜揚國俊賓薦王庭故以進賢爲尚賓蓋以四承五爲國進賢用佐省方觀民設教之意則司衡校者與有責焉臣等入闈以來始自進牘洎乎出幕窮二十晝夜之力臣桂芬偕臣宿藻合已薦未薦之卷靡不披覽於制藝考其業於詩律辨其志於策對驗其才識務求因言覘行以文見人將所謂瑰瑋絕特非常之士足爲當世用者庶幾其遇之乎雖未敢謂甄拔有當而區區寸心則固有其至遠者矣毋狃乎科目毋役乎富貴培其識積其學他日

國家棟梁柱石之資將於是乎在以道德清功名之本而功

名愈顯以功名增科目之光而科目不愧此則臣等所願與
多士相勸勉以仰副
聖天子壽考作人之至意於萬一者夫維時官斯土者兵部
尚書兼都察院右都御史總督兩廣等處地方提督軍務兼
理糧餉臣耆英提督廣西全省水陸等處地方軍務節制各
鎮統轄漢土官兵臣達里保廣西左江南太潯梧鬱等處地
方總兵官臣盛筠廣西右江隆恩上等處地方總兵官臣阿
克敦布廣西分巡左江兵備道管轄南太泗鎮臣承志署廣
西分巡右江兵備道事柳州府知府臣哈忠阿署桂林府事
慶遠府知府臣林士傳例得備書

太上感應篇圖說序 代林文忠

古之學者有左圖右史之設史以紀𡡜惡示勸懲也圖載星辰山川草木鳥獸之形以資多識於𡡜惡勸懲之義無當焉然漢高朕有益州學堂圖唐韋機刻道州畫聖賢象禮服瑞器於壁吳道子畫地獄變相雜金胄於桎梏識者謂其得陰陽授陽作陰報之理宣和畫譜載之儒者不談果報而天人感應之理具載於經易言餘慶餘殃古文尚書言降祥降殃春秋一書於福善禍淫之義尤深切著明釋氏入中國創爲輪迴報應之說神象前雜作剉燒舂磨諸慘狀噫可謂誕矣而傳之數千百年不廢者豈以其於聖人神道設教之意猶未大背邪將所謂精氣爲物游魂爲變知鬼神之情狀者非

邪感應篇圖說所從來已遠今槎溪周氏縮摹付梓其好善之心不可没也周之族人有以名進士宰吾閩之長汀名其憝者往歲之官道吳下謁余咨訪民俗余因識之

太上感應篇合注序

蘄水陳君小舫合刻太上感應篇惠氏定宇于氏鐵樵姚氏敬堂三注既成示余余惟惠氏之注用魏晉以上古義貫穿羅絡博大精深蔑以加矣而于氏姚氏以善談名理輔之正與惠注如驂之靳譬諸說經惠注則漢之服賈馬鄭也于姚兩家注則宋之周程張朱也宋儒固不能如漢儒之博洽而義蘊精微亦非漢儒所有其有功於聖學正同以是歷數百年莫能偏廢顧漢宋門戶既分義多牴牾書難合并非如三家之有相成而無相違也又往嘗怪坊本左氏傳率用杜林合注林注毫無發明若贅旒然今兩家注實足補惠氏所未及則又非林比矣得君合爲一帙發揮旁通殆無遺義以此

嘉惠方來爲功非淺已君行修德劭善承家學仍世爲名翰
林令子子奉刺史又吾鄉之賢父母家門鼎盛正未有艾豈
無自哉君自序中述及粱敬叔勸戒近錄所紀一節傳聞譌
舛固無足辨敬叔嘗從余游而所箸近始見之其中有河間
守事述予言實則予僅舉傳聞大略至所載公牘數則予未
之前聞也可見是書失實處尚多他日當屬其一一改之

窺天鏡序

五經四子書皆勸善書也亦間及果報易詩書禮著其理春秋傳兼言徵驗而四子書教人遷善去惡之道大備經文具在不勝徵引顧人讀之過熟遂不覺耳僧道日頂禮梵唄而不知仙佛正果吾儒日佔畢經訓而不識先聖微言大義一也於是乎有感應篇等書出焉專言果報深切著明讀之者輒矜而重之以爲此勸善書也而啟發懲創之途轉視經書益廣雖謂諸書之功不在聖經賢傳下可也同里李君勉齋爲先師似山先生從孫以感應篇陰騭文巳家有其書復旁搜博采得若干篇附以近人格言并爲一帙名曰窺天鏡洵照膽之鏡臺齊政之窺管也先師一門眞行孝謹有萬石風

鄉里傳之君能世其教可敬也已爰樂爲之序

關帝覺世眞經闡化編序

嘗讀易至觀之彖辭曰聖人以神道設教而天下服竊以爲天降下民作之君作之師教也者君師之責也何藉乎神神又何自教我民既見琳宮紺宇滿都邑販夫走卒村豎里嫗汲汲焉膜拜恐後必信必虔不特乞靈邀福之謂亦實有懼冥誅而惡念爲之衰息者始恍然悟三代以下人心不古黃老浮屠之說迭興未始不足以濟君師教民之權之窮而補其所未逮故天亦聽之而莫能廢大抵聖人之施教有常而神與佛之施教不測故愚民敬畏聖人之心每不如其敬畏神與佛佛之教廣大慈悲神之教威靈顯赫故愚民敬畏諸佛之心每不如其敬畏諸神諸神之中又惟關帝爲絕特生

爲人臣沒爲帝君一也文聖武聖同揆尼山二也近制躋帝中祀冠乎羣神之首三也而帝又時出靈異於億萬耳目之表卽如軍興來所傳靈蹟不少必非盡由附會噫帝之威亦殫矣哉覺世眞經一卷則帝設教之書也體裁與太上感應篇文昌陰隲文同而自帝出之則提撕警覺人人心也尤深殆亦師嚴道尊之理然耶然則所謂神道設教而天下服者近世益大驗而帝尤其彰明較著者也江西徐白舫先生用傳注體撰闡化編十六卷發揮義理排比事實博采志乘文集說部去駁取醕以成書其救世苦心有足多者不僅如文帝全書之類僅資道藏稽考也咸豐初遵陽徐太守榮刻於越中板藏孫子九家燬於兵先是我同年秦太常金鑑備兵

鷺門印百本貽海外公子曾熙篠中留一帙任司馬棻爲校讎重刻旣成公子曾從予游示余請序爲縷述顛末如右憶余之受知侯官林文忠公也以道光壬辰時白舫先生客公署見余所爲制舉文有百年以來僅見之譽公命余謁之會北行不果今序先生書不勝感知懷舊之思矣

良方集腋合璧序

吾吳自賊竄白門以來瀕於危者數矣卒以無事固師武臣力使然顧亦有天幸焉說者遂謂吳人樂善好施之報雖大吏如許信臣侍郎諸公僉有是論殆非虛語矣吾吳固多善士求其實心實力如身家衣食之爲之者亦不過數人謝君蕙庭其一也君於善舉靡不爲減其產不悔道光壬寅刻良方集腋上下卷以貽窮鄉僻壤之無醫者與夫貧不能求醫亟不及待醫者人試之輒驗以故不脛而走數年間翻刻至四五處同志遞有增益君亦隨時續輯積十年又成帙咸豐壬子冬并前書合刊之曰良方集腋合璧既成問序於余余惟刻善書爲善舉之一其弊也高閣庋之醬瓿覆之尚不如

刻方書方書必有求之者求之斯試之數試而一效是一帙
活一人也設千帙不遂活千人乎吾聞之活千人者有封子
孫功莫大焉余因思吾吳既以好善聞天下比者殘寇未殄
隣蠆沸羹天祚吾人恬然衽席正宜恐懼修省不懈益虔遂
以兆昇平而弭沴戾方將旌君以風我里人使益加勉也

驗方新編序

古方書如類證普濟本事方惠民和劑局方濟生方雞峯普濟方皆以惠世濟民爲名宋董氏汲著旅舍備要方於用尤便顧其書多不甚傳豈古方今病有不相合者乎然則求其最合者而傳之不可緩矣驗方新編一書分金石絲竹匏土革木八册蒐羅甚富試之輒奇驗粤中人寶之吳紫石明府攜一帙來滬索者甚衆梱穸不能繼遂集資若干金重刻邢君研田精於醫校勘極精審是書出而窮鄉僻壤馬背船脣無不可治之證得旅舍備要遺意其爲惠澤不亦大乎孫思邈嘗謂人命至重貴於千金一方濟之德逾於此故所著方書以千金名明府是編殆亦德逾千金矣近余戚秀水王秋

樵芹香昆季刻經驗良方合璧功用略相等與是書並行又一合璧也是爲序

邵步青醫學三書序

記曰醫不三世不服其藥鄭注曰愼物齊也正義曰擇其父子相承至三世也又說謂黃帝針灸神農本草素女脉訣或夫子脉訣不習此三世之書不得服食其藥於義爲紆正義不取是也攷之史傳北齊徐之才五世祖仲融隱於泰望山遇道士遺以扁鵲鏡經曰習之子孫當以道術救世遂爲良醫至之才父雄代傳其術而之才尤著所撰藥對見大觀本草中宋又有徐文伯自祖秋夫以下世精於醫葢之才之族隋許智藏祖道幼號名醫誡其諸子世相傳授皆可與記語相證明吾友元和邵君杏泉與余同受知於萬載辛公錄爲學官弟子君工文章旁及經解古學試日兼兩卷辛公奇賞

之而尤深於醫名噪一時庚申之難避地通州上海皆數百里外所至門輒如市吳中習歧黃家言者以百數莫之或先也葢君曾祖步青先生爲薛一瓢徵君高弟從祖魯瞻先生從父春泉先生繼之至君凡四世歷百有餘年咸以醫名授受淵源有自來矣步青先生著有四時病機溫毒病說重訂萬氏女科三書發揮經旨無奧不顯酌古參今易施於用君之治疾授徒得力於是書爲多以及門錄副者衆經難獨存君喜先澤未墜重加考訂補其殘缺將付梓以廣其傳問序於余余不知醫而嘉君之能世其學軌衍曲臺之旨以復之

似山居圖序

錢翁觀濤家江陰屋後有土山廣十數步高二一仞顏其居曰似山遂作似山居圖小影以示客客有難之者曰天下之山多矣何取乎似而山之圖又何山不可似何取乎似中之似而圖之翁何樂乎似而遺其眞也翁囅然曰客其猶有墟之心夫夫天下之眞似有定乎哉代輿圓嶠之屬既不可得而至其可至者若嵩華終南天台諸山遠或數千里近亦數百里好事之士有其志矣或無其力有其力矣或無其時有其志有其時至矣而不能深或不能徧深矣徧矣而終不能久也裹糧襆被信宿旬日而去翠微回首過眼煙雲眞者安在邪固不如吾似山居之幻巒嶂於目前攬林泉於几席朔斯

夕斯而可據爲已有也且天下何事有眞似乎哉膺節旄參鼎鉉其貴顯乎布衣伏處妻孥怡然庸詎知非貴顯乎擁倉箱羅金貝其富厚乎夏葛冬綿左餐右粥憺然自足無求於世庸詎知非富厚乎驂鸞駕鶴吸霧乘雲其神仙乎晏起蚤寢百年無事渺無身家之累體無癬疥之苦庸詎知非神仙乎吾安知眞者之非似乎吾安知似者之非眞乎吾安知似眞眞似之果有似果有眞乎客獨不見夫論畫者乎其佳者必曰似眞及遇乎其眞則又曰似畫然則天下之眞似果有定乎哉即如山眞境也吾之山眞中之似也圖似境也吾之圖即景寫形庭榻相向又似中之眞也眞乎似乎吾烏乎辨之吾以寄吾意而已矣學問之道惡乎似以其亂眞也涉世

處境之道貴乎似以其近眞也此卽老氏無爲莊氏齊物之說也而於孔顏疏水簞瓢之義亦無礙焉翁之言如是圖成問序於余余因書以歸之

費樹臣飲馬長城圖小影序

吾友同縣費潤森君喪其賢子茂才德元既殯檢遺篋得飲馬長城圖小影重加裝潢以付其孤延曾世寶之揮淚示余屬爲之序葢茂才北行紀游言志所作也攷飲馬長城窟行樂府解題云魏陳琳辭言秦人苦長城之役是爲秦之長城廣題以自代並陰山至高闕者當之則又爲趙之長城茂才戊午應京兆試時世父仙洲刺史宰曲陽紆道省之曲陽在居庸紫荆倒馬內三關之南距倒馬百二十里茂才所歷實燕之長城長城之名不一其爲阨塞同也至歌行之作自魏晉訖隋唐不下十數家或爲思婦之詞或爲苦役之詞或爲耀軍威勤遠略之詞茂才懷抱利器鬱鬱無所試遭際時艱

胥疏佗傺蓋不勝其投筆請纓之孤憤於是圖乎紆之梁徐悱詩云少年負壯氣耿介立衙冠懷紀燕山石思開函谷丸茂才有焉斯其寄託更有出於前人諸作之外者矣洎庚申之難茂才侍親避地泝大江渡洞庭浮三湘間關數千里側身波濤烽燧之中游蹤益奇經歷益險聞見益擴詩亦日以工體則日以羸既歸之三年遂病下血卒時同治九年夏四月二十有六日也年三十有二茂才之游庠也於同袍中年最少學使爲余及門奎通政章奇其文試畢令入謁期以遠到嘗爲余稱其名而擊賞之乃浮沉黌序十有六年會單與輟試僅三與南北闈已未俛得復失遂以諸生終平生飲馬長城之雄圖大念一旦齎以入地知與不知無不扼腕歎息

君据摭遺詩得三四百首將刊行之又於枕下得自輓一聯云幸大節無虧小算得同顏子痛親恩未報兒心更慘皋魚附留別一律語極肫摯吁可悲也已

鴻雪因緣序 代

河督長白麟君既卒之三年公子崇厚崇實以君所著鴻雪因緣若干帙付之梓人覗余請序蓋君自述一生游履之作也傳稱升高能賦山川能說可謂有德音可以爲卿大夫自來英碩賭聞之士類能以宦游轍迹所至見之箸錄垂示方來如宋陸務觀入蜀記范石湖驂鸞錄吳船錄國朝王阮亭皇華紀聞高澹人松亭行紀其與圖兼行者如徐兢宣和奉使高麗圖經元李好文長安志圖皆列於執文行世不朽君博覽能文未弱冠登第由館閣外簡宦迹半天下是編所述凡道里山川形勝古蹟風土民俗河防水利靡不博攷見聞兼綜條貫君生平志趣文章政績略具於是而大恉以紀游

爲主其體於范陸之作爲近而用圖則徐鄧之遺也若晚節家居閉關御埽猶手訂是編纂錄不輟又有宗少文澄懷觀道臥以遊之之風焉而當日戟衛清閑雅歌投壺高懷遠致不又可想見哉

顯志堂稿卷二

吳縣馮桂芬林一著

王晉川少宰樂阜山堂詩集序

少宰無錫王晉川先生曾孫某介吾友吳紉青廣文以先生所箸樂阜山堂詩集寓余問序余受而讀之先生詩學出於杜雲川太史淵源有自泊受

高廟特達之知與張南華周景垣諸公齊名珥筆

三天雍容揄揚利聲嗚

盛雖東馬嚴徐無以尚之余尤愛其尋山等集將毋之誠負土之勤藹然至性流露言表樂阜尖者吾吳臥龍山顛之別名今俗謂之六畝尖先生覲墓在其上遂以名其集則蓼莪

風人之旨也又讀詩中小注以明濟大劉儲爲成祖逃避禍始論史具有卓識注又云康熙中巡撫某欲鑿嶗山斤始下大吼一晝夜懼而止先生距時甚近言當可信又云南潯董尙書份靑芝之山墓前石碑邪是太宰旣舊物雖不著出處必非無據兵燹後書缺有間此皆可以補吾吳郡縣志之闕先生官吏部侍郎爲尙書某齮齕左遷大理卿頃嚮泉觀察輓詩比之宋蔡廓之於徐羨之先生立朝風節於此可以想見然則先生又豈獨以詩雄也哉

張婉紃夫人詩集序

詩首關雎葛覃子夏魯申公並謂爲太姒作唐山夫人房中歌爲漢魏歌詞之祖意者風雅之興其在閨閣乎夫詩之爲敎在陳職業明倫紀道性情以合乎溫柔敦厚之旨後世風雲月露之章夥而詩敎衰閨秀之作尤尚綺麗體益卑爲之者或施褒紱箴酒漿中饋之事概屏不問專事文墨議者從而以詞章非婦功相訾謷此交失之道也張婉紃夫人嗜讀書孰精選理中年始爲詩不苟作作輒精詣尤長五言得陶謝神髓家貧相夫子持家所居室簿祘刀尺米鹽與書册相錯非事文墨而曠婦功者比其詩多家庭骨月敦劭思念勞苦之篇藹然孝弟友愛纏綿悱惻自肺腑流出詞潔而體清

力遒而骨峻當其得志倏與神會讀至紀夢四首蕭然草萊之中乃有此懷抱豈尙尋常巾幗人耶挽末流正詩教將於是乎取之陽湖張氏世以經術文章重海內夫人固翰風大令之女皐文編修之姪而吾友仲遠大令之女兄也淵源擩染其來有自女兄弟三人並能詩弟婦包亦能詩一門風雅家集高尺許噫亦盛矣哉

通隱堂詩序

高僧能詩文晉宋以來不絕支遁帛道猷嘗流寓吳中而支遁尤著郡西白馬澗遺迹存焉澗之南曰月盤橋橋畔通濟菴余友覺阿上人實居之葢今之道林也上人負幹濟才經世大政鬱然懷抱既隱於佛無所用一以昌其詩名聲滿東南不自存稿而零章斷句在人口葢上人兼工書有鐵門檻之風好自書所作其詩弟子見輒錄之居然成帙分出家前作爲通隱堂詩出家後作爲梵隱堂詩兒子芳緝亦從上人學詩故有藏本往歲潘皺庭京卿見之願任剞劂事上人力辭而輟比且閉關誦經謝絕筆墨益無心問世矣芳緝以借讀者衆購得活字板先印通隱堂詩存四卷請余校定昔宋

成都進士杜暹出家名法通往來吳中東坡先生贈詩云若教俯首隨韁鎖料得如今似我能自注云柳子玉云通若及第不過似我葢先生子玉皆與通同學故云玆先生是詩作於自錢塘移守膠西道經吳中時登第已十九年先是謝景溫誣告先生過失窮治無所得先生無一言自辨乞外判杭州至是三年始量移坎壈憔悴拙於仕宦如是何能量通所至僅僅似先生已邪噫先生殆深知通爲人亦必見義勇於敢爲不顧其害有似於先生斯不能不僅似先生者也余與上人總角交又同游庠今校上人詩適亦登第十九年不禁感慨係之矣是集既爲出家前作故題名姓用梁慧地箸文心雕龍例也慧地生平未婚娶嘗夢執丹漆禮器隨宣聖南

行上人以學官弟子改僧服又幼不聘室與慧地有同趣云
其梵隱堂詩他日當彙訂付梓是爲序

梵隱堂詩存序

吾友覺阿上人詩出家前作曰通隱堂集出家後作曰梵隱堂集咸豐丁巳余得一聚珍版爲印通隱堂集五百本且爲之序越三年庚申湘鄉左刺史仁出廉俸百金屬元和韓郎中崇合刊兩集垂成而有粵匪之難版燬原稿亦燬幸上人弟子悅巖及余子芳緝錄副皆存悅巖睠懷師澤懼或失墜節縮米薪以庀剞劂得十之七八余嘉其志爲足成之兩集遂完悅巖復以序請余與上人同課同入學旣余見慍宵小戢影家巷蹤跡益親嗣又以避地衡山彌陀其龕者四閱月親見其示寂兩刋君詩皆涉余手殆彼法所謂緣邪是不可以無言上人詩友桂林朱觀察琦嘗謂余曰出家前作似和

尚詩出家後作似秀才詩余曰於理固然上人爲秀才視人世功名富貴一切如敝屣於其胸中曾不芥蔕寄之吟咏固宜似和尚洎爲和尚袖手局外蒿目時艱一腔抑塞幽憤之氣無所發紓不覺見之於詩固宜似秀才觀察可謂知言願以質世之讀君詩者

秦稚枚小睡足寮詩序

吾吳洞庭西山有隱君子曰秦君稚枚庚申秋余避地君家始識焉君家銷夏灣當縹緲峯之陽湖山殊勝甲於吾吳亦甲於江左居民樸愿耕而餐汲而飲圍且織而賈無求於他熙然滿足自蘇城陷賊逆氛四鄉賊所不至郵民又自相剽刼并吞數十里中無完土獨此山宴如所謂君子之鄉非邪復得賢主人私心竊喜之以爲他日亂定買山卜鄰殆無逾此間矣君工詩兼擅績事鐵筆敞一室古梅蔭階下取先世太虛先生齋名顏曰小睡足寮簾閣據几跌宕吟哦其間意翛然續古三仙間出所爲詩若干卷示余則洵乎得湖山之淸氣者也昔唐皇甫持正序顧逋翁詩有曰吳中山泉氣狀

英淑怪麗太湖異石洞庭朱實鈞號秀絕君出其中間翕輕清以爲性結泠汰以爲質煦鮮榮以爲辭君其今之逋翁矣逋翁常從韓晉公於江南入佐著作以幕職起家驟成其磊落大節君精幕事安知異時遇合不有如逋翁者雖然君之雅量高致其肯以此易彼乎否乎

碧螺山館詩序

郡西皋堯兩峯間有清明之山焉巖谷窈窕水木明瑟蔚然異境也郡志所不載游迹所不到山之名郡中不能知者十人而八九余嘗先大夫葬蘇足西山者逾歲嘗一至其處亦恍惚不及憶也其中有隱君子金君子春不求聞達以著述自娛族子肇元爲余女夫以君詩示余昔皇甫持正稱吳中顧箸作詩云翁輕清以爲性結洽汰以爲質煦鮮榮以爲詞余於君詩亦云然吳中故多詩人如君所詣殆不數數覯余於是乎始知君之能詩又始知有清明山之勝也夫漁洋太湖中一小山耳堯峯之名亦非鄧尉靈巖比自有文簡而天下莫不知有漁洋有鈍翁而天下莫不知有堯峯然則清明

山之名其將待君而顯乎

蕉窗十則詩序

自來勸善懲惡之道莫深於詩子曰詩三百一言以蔽之曰思無邪朱子謂凡詩之言善者可以感發人之善心惡者可以懲創人之逸志明乎勸善懲惡固詩之本義也後世吟咏率惟是風雲月露感事懷人抒寫胸臆之詞甚者佻側洸盪流而忘返嗚呼失其職矣及門蔣副貢錦灝善士也仿近人陰隲文詩之體作文帝蕉窗十則詩若干首又於正文下詳加疏證理正而辭醕意質而趣永洵度迷之寶筏覺寐之晨鐘也斯可謂得詩之本義矣惟三百篇之勸善懲惡使讀者得之於言外今則顯著之其爲體固有異而程效則從同詩大序不云乎言之不足故嗟歎之嗟歎之不足故永歌之此

又詩之教也是爲序

可自怡齋試帖序

夫大輅無椎輪之質層冰無積水之冷踵事增華變本加厲往往而然試帖者其五言中之大輅層冰乎河梁十九首之遺於是乎大變試帖之作始自唐以來至今時而極盛

彤廷授簡以汔春秋闈學使試生童靡不用之工之者鴻律蟠采如龍如虬蔚然承平雅頌可謂偉矣其獘也鞶帨之繡繁采寡情味之生厭吾友顧子山比部君深於制藝郡人罕其匹詩宗溫李詞學姜張並有功力玆出其七言題試帖若干首見示託思於言表潛神於旨裏引情於趣外骨采既圓風辭復峻拾其佳句大似唐宋人五律名句蓋由前所論爲才人之詩由君所箸爲詩人之詩然則是集也於試帖或近

變體於詩敎要爲正宗以之追步三唐探源漢魏夫何遠之
有

惜陰書舍戊申課藝序

太子太保湘陰李公督江南之次年會余服除謁假家居招余主惜陰書舍講席進之曰此先師陶文毅公所剏也余適躡其後文毅公於子又有文字之知子其爲我勗諸生以學以益廣公之遺澤余謝不敏而不敢不勉也旣逾年余將北行諸生以選刻課藝請爲甄擇得若干首合十餘萬言付諸梓人而系之曰令甲以制藝取士春秋闈兼用經策自廷對以迄試館職等詩賦策論參焉學政試生童經解古學體製尤廣立法至明備也承學者不察或因陋就寡赴速邀時輒屏棄一切專事舉業甚且大小試畫其疆南北闈分其徑殫心畢力以冀一合卒之得失有數非可力強於乎人生

百年少壯二三十時如日方升至禺中實精氣所凝聚不以此時講明道德經濟之學以爲當時用顧以其大有爲之歲月銷磨隳壞於無益之途終身莫之悟則惑之甚者也說者遂以爲科目限之則殊不然射策始於漢後世易以經義詩賦制藝間益之明法書算或詔誥表判內科代有沿革增損要無大異而名臣碩儒不絕於史然則士亦貴自勉而已何科目之限人邪金陵惜陰書舍之法制府簡省之舉人及鍾山尊經兩書院諸生之列上舍者月以經解詩古文辭課之此邦故才藪諸生又其上選謝元暉所謂獻納雲臺表功名良可收者不乏其人余之譾陋何足資諸生楷模顧竊有志焉願偕諸生相勸勉於通經致用之途不欲以流俗自畫大

之考鏡古今得失匡時濟世坐言起行小之亦作一經與雅頌比烈使天下知吾儒事業果非貴郎掾史所能爲也若徒以訓詁詞章沾沾自喜豈所期於諸生哉月課卷以時送轅門有佳篇若泚諸公輒爲余舉其辭以是知公於課卷披覽殆遍余之行也公商之余將增定課程且益餼額大臣爲國養士培植嘉與之盛心爲不可及也

國朝古文彙鈔序 代

自來一代之文章恒與一代之氣運相表裏揚子雲有言虞夏之書渾渾爾商書灝灝爾周書噩噩爾向巳降自秦漢迄乎元明盛衰升降代有不齊要各成爲一代之文章自非綜覽大全末由知其淵源氣味之辨也

聖淸垂統人文蔚興二百年來名家專集汗牛充棟四庫所采不下百種於乎盛矣至於總集之編晉摯虞文章流別不傳今所見以昭明文選爲最古厥後文苑英華尤宏富賅備要皆綜列數朝不限時代獨唐文粹始專選一代之文而以本朝人專選本朝文於宋則有呂氏文鑑於元則有蘇氏文類周氏天下同文集而文鑑尤著朱氏稱其篇篇有意非選

粹比推服可謂至矣至昭代文章淵藪莫如
欽定皇朝文潁一書顧
中秘之藏外間流傳頗少非寒素力所能購涇縣朱蘭坡宮
贊湛深經術譽滿
三天中年歸里以箸述爲事業成書若干種復輯
國朝古文彙鈔初集一百七十二卷二集一百卷吳江沈氏
梓行之博而能賅雜而不越可謂百氏之網羅九流之淵海
而我
國家累洽重熙觀人文以化成天下之盛軌於茲可以想見
誠鉅觀也君在翰林與纂
皇朝奏議君又別選

國朝詁經文鈔已刊行又以近人有經世文編之刻故所錄於釋經論政之文從略昔張敬夫與朱子書論文鑑曰伯恭好敝精神於閒文字中何補於治道何益於後學今讀其書釋經論政之文不一而足敬夫所議蓋在伯恭纂輯之始未見全編君此書自有體裁具見所撰凡例中於忠孝節義功績學問傳誌碑版之文蒐採獨多實足與釋經論政者相輔而行即令敬夫見之當亦無可訾謷也君爲余甲寅同年余乙卯會卷出君從兄靜齋先生之房公子鼎元又余壬辰江南所得士前年鼎元書來求序未有以應也無何君卒鼎元述君遺意請益力又逾年乃得書數語歸之

思適齋文集序

國朝右文稽古鴻儒碩學輩出相望遂駕宋元明而上而有開必先寶惟吾郡人爲多顧氏亭林通博淹貫一代儒宗則郡之崑山人嗣是以後惠氏四世傳經爲講漢學者之首江氏艮庭專治六書箸尚書疏證爲講小學者之首近則李氏尚之演天元一正負開方諸説得數百年失傳之秘爲講數學四元者之首之數人者雖學有精麤説有詳略後賢因端竟委愈益加密容能以後掩前而創始之功必歸焉元和顧澗薲先生潛心經學博覽羣書自先秦以來九流百家之書無所不讀時

朝廷開四庫館徵海內遺書以是古籍之出尤多先生名既

重海內藏書家得異本必就先生相質先生記識精力絕人所見益廣輒爲之博綜羣本異同折衷一是尤不肯輕改務存其眞遂以善校讐名書經先生付刊者蓺林輒寶之先後積三十餘種校成未及刊者尚半其多且勤如此則又百餘年間未有之學而創之先生又於惠先生諸人後別開戶牖者也先生讀書之日多著書之日少治經有家法而無所論著惟得力既深且又微言大義往往見於所爲文而文集未刊學者憾之文孫河之茂才輯錄得二十卷將授梓人問序於余余之譾劣何足以窺先生之深而自幼識先生且讀先生所校書瓣香鄉喆意何能已且嘉茂才之能承家學也不辭而爲之序

潘功甫文集序

唐李翱有言天注膏雨以生旱苗天生俊賢以拯顛顇之人運相合旱苗仰其澤顛顇之人賴其力傅甘伊管之類也時不合或雨於海或雨於山旱苗之不救或死於野或得位而道不行百姓之不賴顏思孟董之類也桂芬以顏思孟董往矣千載而下猶知其足以拯顛顇之人懷思感慕歎息於不泯者無他其書存焉耳同里功甫先生以宰相子負康濟天下之志京宦不數稔退居於田者二十餘年位不列常參任不居司牧齎志以歿是亦於海於山之膏雨也所箸文集若干卷一生慈祥悱惻之懷抱隱然楮墨間其論漕賦區田數篇尤東南民命所繫可見諸實用徒謂其文體峻潔峭逸逼

貞唐雜家此目論也惟是天之生俊賢不數先生鍾於高門重以早譽天若非無意於先生者乃僅令以文章見知在單寒孤進抑又何望雖然先生之道窮居於野非所謂屈冠冕而相天下非所謂伸而文又卓然可傳若是先生何歉焉獨此東南顛頷之人迄未得賴其力然則天之生俊賢果有意耶無意耶然先生之文具在後有賢者舉而措之終將生旱苗拯顛頷之人未可知也公子儀鳳謂知先生莫余若屬以校訂之役將付梓人嗚呼先生之歿於茲三年大江南北流離兵燹疴痍滿目益非先生疇曩時矣比又亢旱饑饉洊臻膏雨屏於海山頂目舞於當路天心愛民忍茲顛倒先生有知其謂之何校先生文重慨然也公子勇於爲善日者安輯

金陵流民方觸暑暍揮汗奔走郊坰日無閒不言瘁先生可謂有子矣

蔣篆香文集序

富貴之士因文章而愈重文章之士因富貴而愈顯二者相因每不無假借於其間究不若一於文章可富貴可不富貴其志高而其才不可及也吾友蔣篆香文學其人巳先生故吳中世家子自其先世清流公以來簪纓累代不絕伯仲二兄暨群從子弟多以進士爲達官獨先生之得文名也年最少甫成童應省試屢薦屢斥比三十年矣君性通敏博聞強識爲文章不假思索信筆出之輒窮盡事狀善詼諧時一見於文一時名公大臣碑銘傳誌多出先生手世亦以得先生文爲榮於乎士方窮時所少者一引援力耳以君生高門兄貴顯擅文名旣早挾其才與名藉其勢以菽游公卿間何者

不可得志先生不屑也伯兄居樞密招入都不往肄業正誼書院與諸後進游挹其容溢如也泊如也斯其志量爲何如耶將所以自見者在彼不在此耶余交先生今五載兄事而兼師事相切劘以道義先生家城東余家城西相距三里許屢見過余亦時至其室至則上下議論出入今古輒忘庭外日影之昃也余因得於其間請爲文矩矱先生亦樂爲余告且出其文集屬序於余余何能序先生文顧樂得先生文而誦之并揆其出處不馳心於富貴而意氣自如不得志於功名而學問不愧其文章之所以信今傳後有自致也又豈待區區富貴之假借乎哉

薄斐君遺文序

元和薄斐君茂才既卒弟弁如捃摭其遺文若干首踵予齋請序而付之梓予受而讀之不覺涕之何從也曰予安忍序君文哉余交君距今十年矣君少穎悟美風儀席履豐厚兩闈強壯色養怡怡諸賢從聯翩棣鄂一庭歡然朋儕中豔君如神仙中人而君顧自刻厲足迹不越城闉屏鮮華不御行都市目不邪睫聞求爲童子師以脩脡給紙墨起居淡泊如寒素余且謂所志大且遠積以歲年益肆力於文章蘄至於古作者之林不難豈意事竟有不可知者耶君愼交游寡所許可獨與余暨閭中蔡君念喬同里張君小棠三人者善暇輒過從講學繼燭不倦然意氣故弗類君喜沈默余三人者

當時並年少氣盛每相與上下議論出入今古輒激昂慷慨拍案叫呼而君亦時稱快嘗語尊甫竹卿丈曰三人者君子也竹卿丈亦以是賢君能知人擇良友云數年來余連遭祝融旅食他郡蔡君亦南歸龍巖曩時文酒之會漸已銷歇踪跡亦少闊矣方謂吾等春秋俱富離合偶然事耳而不謂君遽成古人今年蔡君膺鄉薦計偕當出吾郡舊游且重聚而君往矣人世間順逆聚散葢可意料乎哉嘗讀歐陽子友人詩文集序頗多感時歎逝撫今悼昔之詞竊嘗怪之今余年未及壯而亦抱此無涯之感其將何以爲懷耶君弱冠游庠方專力求舉他箸作不多肄業正誼書院輒列高等大中丞侯官林公官贊安吳朱公深擊賞之君之卒也兩公猶爲余

稱君名而致惜焉則其文可知矣余交君久知君最深於弁如之請不禁感慨係之亦猶歐陽子之意也夫

蔣丹林制藝序

己亥冬十月吾友鎭洋蔣君丹林以疾卒會芬以事至婁城聞君卒走位哭禮也君卒之前數日斂所爲時文試帖若干篇付西賓王君子壽曰病亟矣此吾數年來心血所在脫不起其爲我審定而梓之且曰當世知我文者莫如林一當以序言相屬旣王君爲述其語芬聞之泫然流涕芬與君同甲子又同受知於學使少宰萬載辛公君伯兄一山翰詔於芬爲僚壻文字之交重以姻連往來頗密每芬客婁城輒造君縱論詩文日昃不倦君之來吳也亦如之君體素羸弱生平無他嗜獨嗜學尤工制藝舉業未弱冠游庠名聲噪一時銳意爲文每搆一藝研精覃思不勝人不止雖嘔血不惜也坐

是得血疾醫者謂由思慮所傷輟學病且已君然其說顧不能用病稍間苦學如故且學且病遂以死從來文字一途爲造物所忌豐於文者嗇於命昔人悲之然未聞以文戕命也世間足以戕命者多途獨不聞以文君顧以文戕命噫嘻其可痛也漢末博士郭路夜定五經章句死於燭下王充云精思不任絕脈氣滅也以君觀之殆信雖然命則戕矣而文之卓然可傳者具在斯亦造物所無如何顧安知非造物之仁將以是償之耶君制藝鋒發穎豎擢剛陷堅得天崇諸大家眞訣不乖先正亦利名場頤每試輒病闈卷既上堂輒以不得後場卷不錄年止三十一爲諸生十五年迄不得一第賚志以沒聞者惜之或謂造物即靳以名何不可稍延其算是

不然使君不死即死而前此十五年者不皆病雖欲靳以名不能也故必病之死之無疑也噫嘻其可痛也芬不敏何足以知君文芬言又何足爲君重顧君臨没諄諄見屬如此其曷敢辭爰爲之序以復於王君

洪銘之時文序

丙申丁酉之間余與洪君銘之臮顧君子山皆以春官不中第家居余與子山同僦居孫建滋故宅北戶爲百花巷銘之居焉東西距數十武雖甚風雨輒攜屐相過縱談詩文經史疑義古今遺聞軼事累日夜不倦君博覽有文章尤工詩賦駢儷塡詞餘事爲四書文早歲嘗致力於是洎余與君交入君室案上縱橫圖史殆不復知爲舉業中人而所作特精詣出儕輩上是時涇縣朱宮贊蘭坡先生主講正誼書院三八皆出門下月再課君輒首列其文必精警奇崛卓絕一時雖子山亦遜避君子山之於制義有明一代暨

國初諸名家源流升降一一講明切究深入奧窔今吾吳以

制義名者莫能先也顧時推服君即君所詣可知矣君未弱冠入學學使者三年再按部以暨大府課書院靡役不利顧屢困春秋試浮沉場屋幾二十年僅獲登賢書乙未春闈已售矣以微疵落選充寫書官君故不貧既讀書疏於家人生產漸中落文日高名日噪境則日以窘憔悴潦落鬱鬱不得志久之遂以疾卒既卒之明年公子長治裒君所爲時文寓余京師謂余與君爲道義交知君最深且久宜論定君文非余莫屬余嘉其請因偕子山互加商榷審定而付之梓君於文始頗漸於時師揣摩之説繼從藹坡師游乃自闢町畦一軌於正其論文有云近日時文之弊有二下者襞績破碎優孟衣冠人知其陋已高者貌爲先正嶄立隅行時文本束縛

才士之器不惟求縛之又從而縲紲之以之榮世既不可以之壽世又不能進退失所據其遇猶是也去此二獘而後可與言時文今所箸具在可謂卓然能不愧其言矣抑余重有感者君卒之前年冬〻余與子山訂同郡數人偕北上未幾朱君綬以疾不果行將行君與陳君燗俱疾期後發比抵京知朱君陳君相繼卒未入闈而君訃至蓋君之行後余數日至揚州疾復作滋劇乃返抵家七日竟不起三君皆吳中知名士夙以詩文稱雄壇坫而皆與余善一月之間相將入地今忽忽三閱寒暑朱君陳君集先後刊成君詩文亦將次第付剞劂故人邈矣遺集裒然三復十讀輒不自知淚涔涔沾襟袖也

沈汝松時文序

記曰一器而工聚焉者車爲多以文藝言之八股雖小道倘亦所謂一器工聚之屬乎四子書命題甚廣天文地輿禮樂兵農帝王損益升降之故無乎不賅則涉及考據家規矩繩墨先正具有程式能者爲之神明變化不懈而及於古則涉及古文家間亦飛翰騁藻摘豔薰香蔚然有沈博絕麗之觀則涉及詞賦家代聖賢立言學庸等理題微言大義探賾索隱則涉及理學家有明

國初諸老類多根柢經史究心漢魏六朝唐宋文及濂洛關閩諸書然後能含英咀華卓然成一家言自揣摩之說行往往昧沒訛濫離本彌甚然而人才輩出文章未墜豈無有英

絕領袖之者惟一郡一縣常不過數人嘻其難也余忝主敬業講席三年材雋如林而沈生汝松實尤中之尤所作無題不長無美不備於一器工聚之說無愧焉生早食餼譽髦一黌與兄汝枚有儀廙之目人咸以遠到期之乃年僅逾立遽歸道山可慟也既卒之三年汝枚將梓其文以傳捆舊藁九巨帙寓余請選定余往在金陵書院諸生以士相見禮來者必卻其贄而文字之交不絕頗獲斆學相長之益獨滬俗是禮不行故生之存未一識面而其績學能文則知之最審輒悲其豐於才而嗇於遇也既爲之簡擇得若干首并弁言於端而復之

金詠雩遺文序

曩讀王文考魯靈光殿賦禰正平鸚鵡賦皆年二十餘所作當時名儒若蔡中郎孔北海或爲之輟翰或爲之疏薦早慧多文莫踰於此而文考無官正平浮沈幕府不署職又皆稟命不融中道天閼未嘗不爲之掩卷太息新陽金稔甫茂才有才子曰詠雩未弱冠游庠性淵靜爲制舉文取法乎上不屑爲世俗揣摩之習粵賊難作避地川沙憂憤抑鬱以卒年二十有一稔甫君檢其文若干首謂皆嘔心所遺不忍令湮没將付梓人介吾友沈訒齋廣文示余屬爲之序余閱之文潔體清旨高趣遠一宗先正不背時趨天假其年掇巍峩躋館閣左劵可待乃一黌甫儁遭世多難曾不得一踏省闈齎

志入地與文考正平年相若有才無命古今一轍可慨也夫

懷青山館制藝序

道光戊申之歲余主江甯惜陰書院以詩古文詞識當塗馬生鶴船未及見其制舉文顧聞生僑寓中從游輒二三十人遇試獲儁者不絕金陵不乏名師而於寓公是求又聞生未弱冠受知於學政吾鄉徐侍郎頲將與辛酉拔萃科徐公尋卒科試易學政乃失之卽生之能文可知越八年今中丞解州趙公方陳臬事爲公子擇師延生來吳門具爲余言癸丑之難所爲詩文盡散佚惟制藝爲江北友借錄者獨存亦僅十之三請余決擇而付之梓余始知生制藝之一如其詩古文詞夫場屋之文固有工而得者有不必工而亦得者亦有工而不得者其工而不得者大氐皆味淡聲希艱深隱僻與

得之者不同其程度獨生文導源先正不背時趨雅俗咸宜而浮沈諸生三十年歷南北二十試不一遇吁可怪也文章憎命達其信然邪生之被難也倉卒失父多方迹得之始竊負而逃江甯又有孫生交川者與生事略同有蔡生琳者市逢公車聞警馳回城已陷老母未出作乞兒裝入城竟贖歸皆惜陰上舍生也余嘗為惜陰三生行紀其事

憶樊居制藝序

太倉張護航比部既卒之七年其同年潘順之侍讀將梓其文以行屬貝潤蓀孝廉甄擇若干首徵序於余君爲余僚壻春池封君子余子芳緝芳植從君游識君最早知君學行亦最深不敢辭君於道光咸豐間以制藝名江南門下士捷春秋闈登館閣者無慮科君困於舉場三十年終亦成進士所爲文一時操觚削牘之士翕然宗之余惟制舉之文論者輒謂美惡與得失正相反昌黎之言曰自取所試讀之乃類於俳優者之辭又曰爲文必使一世人不好得無與操舉齊門者比歟又曰作俗下文字下筆令人慙及示人則以爲好矣唐時已有此論蓋所從來遠矣觀於君文導源經史宋儒書

取範啟禎
國初諸老理以經之學以緯之氣以舉之神以行之鑪鞴以錬之筆鏞以韻之宗尚先正仍不乖於有司之程度古不襲貌今不隨俗始信制舉文之自有正宗而昌黎之說之有所未盡也抑余重有惜者君記識絕人靈心四照於
朝章
國政吏治民俗源流升降之故燭照數計卓然負幹濟之才而不自表襮人亦不之知余妻兄黃子野經歷每爲余言護航得志林文忠一流人也余深韙其言君於詩古文辭無體不工不在制藝下顧半生蹭蹬晚通籍旋卒自幼食貧以修羊爲甘旨生平精力皆消磨於課徒中不特抱負無可見即

他詩文亦寥寥不成帙可傳者止是在君爲餘事中之餘事而非是則并無以傳君吁此則其可慨之甚者夫

王蘭史刺史自訂年譜序

道光中吾吳守倅牧令以治行顯名者必首數汾陽蘭史王君君以名進士爲外吏淸臞鵠立退然如不勝衣顧當盤錯糾紛視止行遲耆然立解南滎牒訊開誠布公不輕笞辱人人自不欺辛丑求賢

詔下長白裕靖節公以君名應疏云有古循吏風人以爲無愧余嘗謂史傳必述循吏或曰良吏循良云者寬厚之謂而非峭嚴苛切之謂乃范史輒以王復任延之明發姦伏爲一時良能入諸循吏頗失馬班之恉將謂世變俗改非猛鷙無以爲治又謂濂平常迹聲有難高皆非也嚴延年守河南令行禁止潁川黄霸比郡爲守以寬恕爲治郡中亦平張敞號

能吏而心折朱桐鄉王復尙嚴猛聞仇覽以德化人辟爲主簿覽答復有鷹鸇不如鸞鳳語復是之善乎太史公之言曰奉職循理亦可以爲治何必威嚴哉於酷吏又目罔漏於吞舟之魚而吏治烝烝不至於姦由是觀之在彼不在此斯爲正論觀於君而益信焉辛丑之舉直省薦牘凡百許人數年之間累擢封圻或藩臬者十之二三餘亦多得道府獨君以籌防事遲三年北上泊

召對稱

旨行大用遂以艱去服除復起尋得末疾僅虛遷一階設施未竟而卒則命實爲之而吾吳不獲大被君之澤爲可惜也余與君同出德淸蔡雲士學士師之門識君最早君歷宰三

首邑會余先後里居得飫聞君善政君虛懷咨訪利病余知無不言而從不一千以私以是相得甚懽比者令子蓮塘太守刊君自訂年譜成謂知君者莫余若書來問序余嘉太守之能繼志述事廉吏爲有後也遂不辭其不文而爲之弁言簡端云

無錫吳氏族譜序

同治十有二年夏無錫諸生泰伯一百三七世孫祥霖重修吳氏統譜成其從祖訓導汝潔諸生殿鍾與其事訓導余老友也寓書徵序因得受而讀之夫吳以國爲氏肇始江南今則爲天下著族譜中所列僅梅里本支三及旁支四耳何遽可統天下之吳祥霖之言曰梅里爲伯端委開吳之地東曰鴻山陵墓在焉吾宗之他徙者不能外於梅里故曰統譜余曰斯直得古大小宗之義者矣禮別子爲祖繼別爲宗別子有三一諸侯嫡子之弟爲公子者一異姓公子來自他國鄭大傳注所謂始來者也一庶姓崛起爲卿大夫鄭王制注所謂始爵者也三者皆名別子而以本國公子爲最貴不獨可統

不爲別子者並可統他國之亦爲別子者武王以母弟周公爲昆弟宗故魯爲諸姬之宗國穀梁傳云燕周之分子也范注謂周之別子孫史記云衞周之別子皆以本國爲主之證明乎燕衞不可以統魯而魯可以統燕衞其他如蕭爲宋分封而統於宋夔爲楚分封而統於楚鄫與越皆禹後而三恪止屬杞亦其例也宋以後知此義者惟廬陵歐陽氏眉山蘇氏歐陽氏譜圖五世則遷卽小宗之法又云亭侯蹄因封命氏自別於越隱以大宗歸蹄而以吉州始祖琮爲小宗蘇氏自司寇蘇公後至漢平陵侯建遷趙州又若干傳唐眉州刺史味道子爲遷眉始祖族譜明言法用小宗又別附大宗譜法於後益予趙州支爲大宗也準此而言吳氏十二宗派及

譜中歷代名臣如浚儀支之唐洪州刺史兢宗仁支之元翰林學士登蘭溪支之明東閣大學士沈山陰支之國朝兩廣總督興祚三韓支之江蘇巡撫存禮崛起為卿大夫者不一皆不足以相統惟梅里支足以統之名以統譜誰曰不宜然則歐蘇之自居於小宗而止稱譜圖族譜者古義也茲之自居於大宗而不妨稱統譜者亦古義也此三代聖人大小宗之義之綿延於一綫者也余嘗謂井田封建一廢不可復而宗法未必不可復誠得歐蘇之意而通之人人有宗即人人有大小宗自尊祖敬宗馴至庶民安財用足百志成禮俗刑比隆三代不難豈僅如李唐圖譜矜耀門第云爾哉是譜經累代名人次第修輯精嚴不待余言為申言統譜

命名之意以爲之序

榮氏族譜序

周先賢唐封厭次侯榮公九十世孫孝廉光世上舍安國拔萃汝楫重修無錫支譜成問序於桂芬意甚誠不能辭桂芬往讀史記家語竊怪聖門七十弟子姓氏稀僻與傳記不類既而思之當時世官世祿列國所同凡習見傳記者皆卿士大夫即皆著族而夫子設科來者不拒上自執政子弟下逮陋巷環堵靡不甄錄故見爲稀僻耳延及後世冉仲言有顓孫端木雖以五經博士著籍自餘實不多覯至於鄒縣宓邦公西巫馬漆雕奚容壤駟之屬更絕無僅有惟榮氏則於稀僻之中爲獨著自漢迄明代有聞人今所編輯特無錫支乘及常熟金壇凡三支著錄者已五六百房登科入泮輩出相

望外此任城固有榮据題名碑成化進士有藍田榮華則關陜有榮

大淸一統志有瓊州人物榮瑄則嶺海有榮是亦未爲稀僻也且正惟稀僻則世系易攷支派易數無可假借依託自譜牒不隸於官而私譜可意爲加以代北關西混淆無別如姜姚列於八姓而桓或改姜羌酋有姚他若阿史那之爲史可朱渾之爲朱步陸孤之爲陸冒頓後裔之爲劉嫣姓子姓姬姓及鉗耳阿布思之皆爲王甚或憑空依附虛張勳閥肆爲夸誕眞僞雜揉稀僻者固無慮是也足譏規橅廬陵綱舉目張敘次繁簡得中是爲譜牒程式譜中載汝楫所爲得姓考深得古人實事求是之恉竊謂實事求是於譜學尤宜況在

世系易攷支派易數之譜尚何前弊之有他日上之史館可備續通志之采無疑也

送張中員大令之官武昌序

居嘗與天下士大夫語郡縣風俗輒曰楚民悍難治比年以來蒞鉏起者三四豈獨臨民者過哉葢天性然也吾嘗疑焉前年之粵西過楚楚大夫又藉藉言如之每宿夊晨將熹館門啟則讙聲如千軍吏無以禁也比詢則役夫數十輩爭擔負輕重耳旦旦如是漸遠楚竟卽寂然曰是果其悍耶嘻孰使之然哉吾見楚民之病而莫之恤也楚地宜稻號豐沃比二十年來多水患夏秋江湖漲上腴萬頃一夕成巨浸連城累縣不爲異民氣彫劫漸非昔比爲之上者不務所以輯流亡除稂莠平獄訟興敎化而一切以催科約束爲事民力耕不足糧饟竭資財奉上政無以瞻其欲遂用潰畔葢非一朝

夕之故矣夫民卽不知禮義詎不顧身家卽不畏君上詎不畏法律自官吏與以萬不能堪其弱者忍之以就溝壑一二桀黠之徒則譁然起不惜棄身家犯法律以救須臾之死洎乎事平終不能殲其類於是乎民益得窺官之伎倆而民始不甚畏官事無大小一切與官抗此悍之所自來也不病本之是務而咎民之悍其可乎五方剛柔强懦風氣不齊自古云然胡不聞三代上有不可治之州哉老泉有曰約之以禮驅之以法淮蜀人爲易至於激之而生變雖齊魯亦然則楚民何咎焉吾友張君以名孝廉謁吏部選得湖北之武昌私喜武昌民之病之獲甦而君之有以顯其用也左氏傳慶鄭之論馬也曰亂氣狡憤陰血周作張脈僨興外强中乾其原

在不能安其教訓服習其道楚之民殆外强中乾之象耶則所以教訓而服習之者豈可緩耶詩外傳有曰省事輕刑則痿不作無使小民飢寒則蹶不作無令財貨上流則逆不作無使下情不通則隔不作無使下怨則喘不作非有賢醫莫能治也故賢醫用則衆庶無疾又曰安止平正除疾之道無他焉用賢而已矣君賢醫也除疾之道將在於君故於其行也書以送之

送許洵臣中丞還粵序

世競言陰德矣攷之於古無貴陰之說兵家言有陰符經之名亦吾儒所不取獨史臣之紀西伯曰陰行善則言陰德者所本也管子謂之心行呂覽謂之陰行荀子謂之行微曾子亦言君子行自微也不微人人知之則願也人不知苟吾自知也京房云此人君行微人不知曲直隋李士謙曰所謂陰德者何如耳鳴己獨聞之人無知者此固非尋常煦煦孑孑之爲所能當之也功在天下而人不知其功德被生民而人不知其德斯足稱焉六中丞錢塘許公撫吾吳一年有大功於我江南二元人不知庶幾所謂陰德者與公以大司成視學粵東受代還

朝道中驟遷內閣學士參畫軍務爲大城向公副向公前驅次太平聞金陵陷諸將環請濟江截北犯之路時公在蕪湖向公走書以問公公力陳不可狀書累數百言向公悟示諸將曰吾計已決有再言渡江者斬遂長驅躡賊金陵城下當是時賊自武昌東下不三月走數千里連陷省城三郡邑以十數勢張甚江南承平久民不知兵聞賊至則皆走不知所之於是賊北陷揚州南陷鎮江由鎮江分股南犯抵新豐縣聞向軍至則大驚退入鎮江城距守賊自是不敢南窺蘇常得安堵設無公一言大局尚可問耶此公之有大功於江南一也蘇松賦重甲天下畝稅幾二斗加以幫費日重州縣藉口聚斂畝稅至七八斗紳衿從而持之始有大小戶之別則

又藉口於大戶之稍輕爲小戶之轉重積獘垂數十年民不堪命毁倉毁衙署拒捕傷官之事無歲不聞無城不有公廉知其獘徵銀則一律刪除火耗徵米則一律輕價折錢令下之日四郡三十邑萬口同聲懽呼載道往年毁倉毁衙署之事寂然無聞寇在於垣民心易動轉帖服如是其故安在此又公之有大功於江南一也由前之功公不自言人亦無言之者由後之功利於小民而不利於墨吏奸胥與不自愛之大戶則且肆其簧鼓轉以變易舊章爲公咎夫功在無形害已不見何怪人不之知也若此者可不謂德之陰乎桂芬聞之漢王賀曰吾聞活千人者有封子孫吾所活者萬餘人後世其興乎北齊蘇瓊曰一身獲罪且活千室何所怨乎公之

德又豈特萬餘人千室之比乎然則公之食報宜何如也今
天子虛己用才向公今之大賢得公輔之將奏膚功公行起
大用勳業未有艾願公之如荀子所云行微無怠而已於其
過吳也竊效贈車之義而爲贈言

蕭山湯協揆師八十壽序　代

今海內人士相與揚榷當代耆儒碩學以道德文章經濟魏然負人望足爲後進楷式者必曰蕭山湯公

皇上御極之元年冬十有一月實公八十覽揆之辰舉朝卿大夫暨四方士庶罔有親疏遠邇咸額手稱慶以爲

熙朝盛事公以當三年亮闇之日先期卻親知勿賀或援春秋之例周天子元年二年列侯聘享會盟之禮未嘗廢經文無貶詞因以請公不許某等辱在門下體公之意遂不敢飾一巵爲獻而亦不能無一言以紀盛美竊惟孔孟之學得漢儒而故訓以明得宋儒而精蘊彌暢降自元明代有傳人

聖清開基崇儒重道正學昌明遠邁前古時則有若睢州湯

文正公應運而興以格致誠正之學光輔我
聖祖功名著於後世屹然為
國朝名臣之冠後百有餘年而有我公以與文正同氏族世有小文正之目某等聞公之教最久竊窺公生平學問得力之宗旨實有與睢州先後一揆者而知當世之題品非虛語也自來論學者分漢宋論宋學者分朱陸於明則分陸王不知陸之心學本尚書王之良知本孟子宋史九淵本傳紀白鹿洞講喻義一章朱子云切中學者深痼之獘論者謂朱陸早同中異晚又同未始無據文正之學源出夏峰山人根柢在姚江而能化新安金谿異同之迹大旨以刻勵實行返諸慎獨為宗具見本集語錄中公之為學詁訓一宗漢儒至躬

行實踐則法朱子之讀書窮理主敬涵養而致功實以靜爲本主靜之說本於濂溪而與金谿之虛靜未嘗不合既領曹部居劇要千緒萬端雜沓塡委一以靜治之而百度具舉退食焚香手一編默坐挹其容淵然以深穆然以遠見者謂如文成九華山讀書得學道人氣象洵乎文正眞傳惟公實繼之至以理學而兼文章政事又公與文正所同者公起家詞館入直

上書房受

兩朝知遇洊躋九列參知政事四方有疑獄輒

命公往治之數年之間英簜所至半天下署陝西巡撫六典春秋試先後視學湖南江蘇一以崇實學爲教士至今化之

公風裁峻整遇人不爲諂諛熱凜然不可干以私以是不爲不肖者所喜屢以蜚語中公賴

先帝聖明知公孤立無援信任彌加中間顛仆至再輒復遷擢洎乎晚節致仕仍被殊遇始終恩禮還秩一品猶得以餘年優游輦下扶杖以觀

聖天子維新之治固由

先帝知人之哲有以成公之賢而行其所學而非公樸忠端亮感格之深又何以致此哉攷文正嘗授 皇子讀出撫江蘇入晉尚書晚歲被齮齕不安於位卒保令名與公宦績又絕相類也公體貌淸臞而精氣內固年登八秩神明炯然猶日課楷書力透紙背孔子曰仁者靜又曰仁者壽朱子曰靜

而有常故壽。象山之學務在虚靜完養精神亦靜而壽之說也。荀悦曰惟壽則能用道。惟能用道則性壽矣。苟非其性也修之不至也。公之壽可謂能靜能仁矣。可謂能用道而修之至矣。公之壽固期頤未有艾而海内人士依歸嚮慕之誠正未有旣也。

杜石樵侍郎八十壽序 代

少宗伯濱州杜公將以明年登八十，公子少農公豫舉介壽之觴於邸第，禮也。某等以庚子禮闈出公孫太史公門下，與執康爵同人謀所以為祝嘏之文者，某於義不敢辭。論者謂儒者讀書登第，起家文學侍從之臣，洊歷顯要，莫不思自奮以仰答知遇，顧當理平無事，憲章明備之世，縱在部院大僚，惟是從容供職，以文章風雅相推許，而不能有赫然可見之功名，令天下士比之權德輿之在唐、楊億之在宋，斯亦賢矣，而不知非也。身為大臣，遭逢

聖世，出則領衡文之任，得士而上之

朝，入則以義方之訓勖其子若孫，俾卓然有所建樹，此二者

無非爲

國家興賢育才儲異日棟梁之用而使天下受其福其爲功名孰大於是公以靑年獻賦即受

高廟特達之知又十年成進士自

召試泰山下迄兩試館職皆第一遂以翰林積階宮坊躋位卿貳生平以文字結

主知槖筆

禁近頒賚無算視學畿輔兩浙惟以引拔寒畯造就人才爲先務門下士之以功名顯者甚衆年逾七十引疾致仕仍就養少農公京邸會太史師亦捷南宮官編修三世詞苑一時稱盛事焉夫翰林之職唐宋以來世爲華選閒有一家同居

其官者若唐之蘇瓌子頲李吉甫子德裕柳公權從孫璟已爲佳話至卓異記所載河東公張嘉貞子延賞孫宏靖掌論誥三世則以爲絕今冠古顧考其登進輒非同時又孰若公家三世一廷雍容颺拜爲尤不可及邪我

朝科目之盛遠邁前古然如公家者近代如桐城張氏諸城劉氏數家而外亦不能數數覯而公顧彌自斂抑自以受

國恩深日夕思報稱懇懇焉以學問經濟敦勖其後人眞所謂謙尊而光者耶今少農公倚畀日隆太史師亦駸駸嚮用功名正未可量公優游杖履時討論經史間以書畫自娛年且八十而神明歸然嘗試論之孔子曰仁者壽孟子曰爲天下得人者謂之仁公不第一身能得人而已葢合公一家祖

孫父子莫不以爲天下得人爲己任，斯其爲仁不亦大乎。公之壽又何疑焉。又嘗誦詩棫樸一篇，美能得人也，而終歸美於周王壽考，遐不作人，箋稱文王年九十餘而近如新作人。公維以壽考之身而佐聖天予作人之化，教其子孫以及其門下士，果能使奉璋峩峩，髦士攸宜，爲一朝楨幹，而享千百世無疆之庥也。仁者之壽，固若是其大且遠哉。

杜年丈七十壽序

有三代之制歷漢迄今莫之或廢者鄉飲酒禮其一也今制孟春望日孟冬朔日舉行於府廳州縣之庠其賓若介非齒德並尊與望有夙者不足居是列吾鄉自國初以來代不乏人然頗難其選或間歲一行或越數歲一行有闕無濫誠慎之也歲丁酉崑山宰某舉我年丈杜封翁以應禮成之日邑中父老咸藉藉稱邑侯之舉得其人而封翁之碩德懿行足以稱斯筵而無愧也嘗攷古鄉飲酒禮益卽三年大比而與賢能之禮鄭氏所謂是亦將獻之以禮禮賓之也今則別設鄉舉以取士是名爲沿古而其實迥異說者謂鄉舉里選之法不行一變而詩賦再變而貼經三變而

時藝而先王取士之遺意泯然無存誠能由今返古舉鄉飲賓興而一之得碩德懿行如先生其人者充賢能之書覘時藝所得豈不倍蓰過之而吾謂不盡然夫孝廉方正之科其與鄉飲非類乎然與是舉者上選輒得縣令次則校官下亦不失六品秩故豪強有勢力者或捷足而獲之流品亦雜矣獨鄉飲賓無資階爲有勢力者所不欲居故負品轉出於其間而鄉里亦因是而加榮之然則是禮之近古而膺是選者之足貴正以其不與賓興爲一也況先生年方古稀神明不衰長次君聯翩黌序季君陵餘同年已貢成均行親見其兄弟同登賢書成進士出先生之教以爲世用又安得謂非合鄉飲賓興而一之邪先生幼孤事太夫人先意承志遇回祿

嘗從火光中負母出俱無恙司正揚觶之言有曰爲子盡孝先生有焉上有四兄友于無間言事伯兄如嚴父則所謂兄友弟恭者也敎子嚴而兼慈皆成立有聲於時則所謂無或廢墜以忝所生者也今年四月爲先生七十生辰某以年家子禮爲祝敢爲一言以侑觴如右

朱蘭坡宮贊師七十壽序

身不爲宰相而能爲國家興賢毓材使當世受其福者其道有二進則膺衡文之任春闈秋賦得奇士而獻之天子退則設教一方而一方之士莫不薰其德而善良二者類能培植人才以爲世用皆宰相之事也士大夫起家科第位不必至宰相而恒得爲之顧使其德不足以耀光明於畱爽其學其望不足以厭人心而慊講業者之求則往往爲之而不著其效我年伯侍講朱蘭坡先生有足述焉先生以青年上第登承明著作之庭今天子御極之初

特命供奉內廷爲　皇子師旋乞養歸迄今十餘年不復出先生之典試山左也與歸安姚文僖公偕文僖夙推服先生闈事一以相畀去取半決自先生手榜發多宿學老經生一時輿論翕然維時陽湖孫淵如觀察執事闈中芳茂山人集有賓興得士詩葢紀實也厥後分校禮闈教習庶常館洎乎解組歸主講書院自金陵而吳會士之出其門下者多卓然有所表見且夫三代之立教也以六德六行爲本而致其用於六藝故其時薰陶涵育無非成德經世之儒以是風俗大治降自唐宋以明經進士取士而先王之教漸微明代始創爲時藝太祖初立制三場中式者復試以騎射書算律葢猶有古六藝之遺意久之遂專用時藝士之陋者率用捷徑速

化轉相承襲以求合蓋樸學之不講久矣先生經學一宗漢儒所箸書盈數尺多所發明令海內論經術者莫之先也而立身行己規行矩步道範儼然則又以宋儒爲法其爲教因文藝誘之以學古窮經因學古窮經進之以行誼因材相質而善道之不務爲高遠以絕人於不可躋故士每樂就其教所至翕然從之文風科目爲之一振夫先生之立教非必期於科目而世之取士固不必以根柢經術相期乃不謀而合若操左契豈會逢其適與抑譬諸樹木養其根竢其實而華秀隨之氣類之相感召固有不期然而然者與或謂先生之去官歸也年始強仕

天子稔先生品學眘注且無巳假令稍徙倚必且大用顧力

求去去而終不出同官內廷之資望出先生下者今皆躋卿貳登八座論者不第爲先生惜且爲當世惜也然吾謂宋胡安定教授蘇湖公家文公倡學白鹿洞二公初嘗待制天章侍經筵而卒以教學顯迄今論兩宋人物二公視當時之建功名如韓范留趙輩曾無愧色然則君子得志澤加於民否則昌明絕學教育天下英才以爲

國家用師儒之事則宰相之事而已矣其間功業之輕重大小殆未易軒輊也先生又何歉焉今年十月朔爲先生暨胡恭人七十雙壽之辰某等辱與長君同譜且多出先生之門誼得爲康爵之獻某繫官京朝不能稱慶於堂於長君之歸也謹爲文寓之先生以侑一觴云

莊年丈七十壽序

道光二十有四年秋七月爲我年伯莊鐵琴封翁七十壽辰令子衛生編修先日稱觴邸第以桂芬能知先生之詳以壽言推桂芬無以辭也先生能文章早棄舉業幕游以爲養南入閩北至汴梁所至當道倒屣爭迎旣筮仕山左三攝參軍丞尉有聲屬教匪之變奉檄捕餘賊以數騎入山手擒要目候明印事平宜敘勞迄不及而先生亦謝去南河某司馬聘入幕事事倚先生爲辦一日司馬希總督某指有所爲先生力爭不聽遂辭去無何某敗司馬謫戍家無朞功之親先生爲送其帑京師經紀其家三年司馬賜環始南歸先生於是不復出慨自鄉舉里選之法廢而取士之途日隘唐時方鎭

得自辟幕職猶有三代慎簡乃僚遺意朝廷輒收其賢者補王官之闕而幕僚遂為進身之階若韓退之石洪溫造柏耆辛讜諸人或白衣或釋褐未仕類起家辟署以功名顯自宋而後其法遂廢一以科目用人權奇倜儻非常之士不幸見遺於科目遂無可以自效之途沈淪湮閼於末僚記室者多矣如先生者其重可惜也然吾謂其中有命焉今世一命之官皆自吏部銓除科目之外貲選居多而其中有自幕府來者輒脫穎而出自丞倅不數年至監司方面者所在多有說者以為駕輕就熟理固宜然然如先生者則又何說乃知以科目遇命也不以科目遇而以貲選遇亦命也貲選而終不遇猶之命也天下科目中遇而不遇者豈少也哉雖然先生

老矣而神明強固壽且未有艾衛生爲名翰林大用可跂足待先生學問經濟之未及見之用者將於君乎見之卽謂先生之終於遇也亦宜

程楞香中丞六十壽序

端蒙嬋嫣之歲日在翼將躔於壽星之次爲同里中丞楞香程先生六十覽揆之辰初蘇郡戒嚴先生以禮堂被
詔團練於鄉及是上海平郡中安堵會先生服除
召還朝行有日矣同人於先誕期一月登堂稱祝而以侑觴之詞屬余乃避席撰言曰
國家以軍機處爲政府領以重臣置章京十六人給事而莫劇領班非開達理幹有智略之士無由以進而居之者亦類能練習故事機牙四應以是起家曹部不數年洊躋卿貳封圻者相望顧綦要之地聲氣所鶩周旋俯仰賢者或不免求其能嶄然特立正色不阿鯁直樸誠遇事侃侃持可否不屈

不撓交必義合行無利動者則於先生僅見焉先生居領班最久與察典循故事當保升四品卿獨先生之得少鴻臚也不由論薦蓋

宣廟特達之知非前後諸公比嗣是迭遷卿寺遂長西臺視

學

畿輔三年整紛剔蠹士風爲之丕變既奉諱家居會軍興遂有團練之

命當是時粵氛日逼吳民久不知兵訛言四興人心兇懼先生談笑指揮轉危爲安吉撫部疏有云畏葸者遷徙一空好事者議論紛紜惟某等力排異議爲守禦計又云某等獨持籌防正論又云臨事不惑皆紀實也兩年來措持危難備嘗

艱險洎乎萌櫱漸消閭井晏然先生始稍爰顧口不言勞洎如也書洪範九五福壽富皆歸之攸好德其言攸好德則歸之有猷有爲有守又曰予攸好德汝則錫之福福者備也德備而福亦備也壽者酬也酬其德也酬其猷爲守也周公於召公稱商之六臣曰天壽平格保乂有殷保乂亦壽也壽其身以壽國之謂也采芑之詩曰方叔元老克壯其猶言壯猶非可求之少年新進而必求之元老也南山有臺之詩曰邦家之基又曰遐不眉壽序曰樂得賢也得賢則能爲邦家立太平之基矣蓋言君子非眉壽即無以行其豈衆敷其德音而爲邦家之基也先生行矣自茲揚聲鼎台樹翼晉漢近天子之光斟元調化宏濟於艱難壽民壽

國佐

祈天永命之治而自致乎眉壽之美他日由杖朝而攝杖而

達杖比諸古所謂執醬饋酳稱國老者先生今日猶壯盛耳

皇皇扈扈純嘏未有艾乃邦家之光非閭里之榮也

顧南林年丈七十壽序

禮有異世不相襲者冠禮古所重而今廢之有其廢之莫敢舉也而今亦有舉之莫敢廢之禮則人子於親生日稱慶是也介壽上壽之文往往見於經傳皆不以生日生日稱慶葢始於唐而盛於宋以來吾聞之禮者世之所以自行也又聞之禮因人之情緣義之理而爲之節文爲親生日稱慶固因情緣理之大者而又爲世所行縱非先王之典謂之理也亦宜至於賓客交游獻詩文稱祝亦始於兩宋前明諸大家若東陽震川文集中著錄尤衆迄於今世遵行不之改而於耆儒碩望賢有德者人尤樂爲之文章以稱述懿美齊年生彝陵顧君嘉蘅官京師之六年歲在乙巳爲我年伯南林先生

暨配李宜人七十雙壽之期將稱觴邸第先日肅衣冠詣同年之門請爲之文復爲期宿賓具饌布席再拜固以請禮甚恭侄芬忝與賓畫矍然而興曰君於是乎可謂知禮矣儀禮志士大夫禮自冠昏以迄鄉飲戒賓迎賓升降酬酢之節綦詳凡以重其事也矧爲親壽而可不推敬親之意以及於賓乎崑山之甌遠有代序矣趨行所稱四姓之一彝陵其一支也先生少有高節弱冠游庠食廩餼不數數與省試以今上御極恩充貢成均工詩文精八法尤長徑尺外大字遠近名勝地以得先生手蹟爲重用介紹郵筒致者無虛月楚北賢士從之游者百十八里居不以竿牘干當事遇橫逆不校幼奉庭訓家術之內整肅如朝儀鄉黨以爲禮法宗焉宜人

克儷厥德以勤儉相先生教子嚴先生儲書旁郡督課如先生家居編修君彬彬文質動循矩矱益其淵源有自來矣吾又聞之釋詁履福也釋言履祿也禮也詩福履將之傳訓履爲祿益本爾雅說文亦以履訓禮惟先生能以禮教子惟編修君克承其教然則先生之福未有艾而祿未有窮也不亦宜乎抑又聞之大戴禮曾子事父母篇云夫禮大之由也不與小之自也禮經言教訓正俗以至班朝治軍涖官行法莫不待有禮方今需才之時編修君以英偉絕特之姿異時敭歷中外建功立名將以此立身以此事親以此事君是尤禮之大者君其勉之矣至於南陔白華華黍鄉飲酒笙入用之而冠禮祝辭一則曰壽考維祺介爾景福再則曰眉壽萬年

永受胡福三十則曰黃耇無疆受天之祜是詩也於介壽爲宜
君固知禮者試歌是詩以侑一觴雖謂行古之禮可也

潘紱庭京卿五十壽序

咸豐九年夏五同縣潘伯寅學士將爲尊甫紱庭京卿舉五十觴問辭於余余曰公卿貴人之賢有文者多矣敬謝不敏伯寅曰此家君志也謂知之深而能不爲尋常頌禱之詞者莫如先生敢固以請余遂無以辭顧余又何足以知君君擩染典訓才兼茂艮早歲以詩文名都下余偕計吏來得徧讀所箸知君爲詞人爲才士既以

御試得中書擢侍讀晉卿班年未艾遂不更起以箸述自娛知君爲恬退君子君之秊諱家居也會軍興參懷峙芻之役督富民輸無何大營潰金陵流民東下數以萬計君爲治養贍之宮理董之使安其所先是吳中納糧有大小戶之別小

戶苦焉許公信臣撫吳均其賦尋罷至是君歸慨然曰此良法宜復倡同志投牒撫部力陳政繁賦重官吏徵斂橫暴小民顛連困苦無所赴愬狀侃侃正辭聲色驚座撫部未嘗不動容事雖尼不行聞者韙之余於是服君非常人而恨交君二十餘年知君有未盡也夫禹稷躬稼已溺已饑尚已少陵秋風茅屋而有廣厦萬間之願希文斷齏塊粥而有先憂後樂之志柳河東謂古豪賢士能知生人艱饑羸寒蒙難抵暴捽抑無告以吁而憐者皆飽窮厄恒孤危然後至於此也不踐郊牧垌野不目小民農夫耕築之倦苦不耳呼怨而獨粹然憐天下之窮此坐而言未嘗不知焉嘗慨並世未見其人於君始見之君詩有曰一身繫重輕天下同饑寒足以覘其

志矣余嘗謂古今言致壽之道不出於論語仁者壽一語君其仁者歟無逸一篇申言保惠庶民不侮鰥寡歸本於知依程效於久長又言不知稼穡之艱難不聞小人之勞亦罔或克壽君其知小人之勞者歟古文尚書曰世祿之家鮮克由禮繼之曰資富能訓惟以永年君其由禮能訓者歟近代世官不行門地不尚決科取名胄子與寒畯同途雖身都將相一再傳夷爲皂隸者有矣唐太宗云爵爲卿大夫世世不絕謂之門戶者今倍難於古自非累仁積功末由逢將而緜延之惟我師門之德樸厚敦大存乎宗牒揚乎人言君兄弟四人罔非鉅人長德伯寅以絕特瓌偉命世之姿駸駸大用繩其祖武他日者策勳鐘鼎

詔書褒美。庶幾如王文成龍山介壽故事。是則壽其親之大者。若僅如漢張酺公卿詣府稱觴。唐孫逖求增父秩以爲華耀。則未離乎世俗頌禱之見也。伯寅勉乎哉

顧蓉莊年丈七十雙壽序

宗伯之屬四儀制其要也同年顧少瑛君成進士居是司三年長官知君才卒以覲天子請留君本部報可越數日君即謁假歸婁東將爲我年伯蓉莊先生年伯母施宜人舉七秩雙壽之觴瀕行屬桂芬一言以當侑爵之樂章桂芬與君同里同鄉舉旣復同登第同出大興謝夫子房又嘗同寓邸術業不殊志趣彌洽重君之請不敢辭亦不敢以世法頌禱之詞進也世法之頌禱必曰先生少孤事母孝敦友愛撫猶子如己出以名諸生教授里中多所造就詩文書法擅一時乃屢困場屋終以不遇今君青年上第綰職清華是爲善無不報也又必曰君此行也

躬綵衣捧瑤觥象服繡褕蹌蹡一庭國恩家慶矜耀閭里所謂衣錦晝行榮莫榮焉又必曰願先生百歲齊眉君坐躋膴仕極人世之顯榮富厚以大其養如是而已吾則以爲推先生之志與君之所以奉其親者必有進乎是而非可與俗人言也孔子曰立身行道揚名於後世以顯父母俗儒不察輒以取科第掇青紫謂之顯揚陋矣不特此也毛義捧檄色喜固以家貧親老願備書負米何遂不足以爲養而必假寵於州郡之辟舉是必有非祿養不足以爲歡者顧義當漢末造有所託而逃不失爲高士因而學之則亦陋也夫孝經不又曰孝始於事親中於事君終於立身乎卿大夫之孝必曰以事一人曾子亦言事君不忠涖官不敬爲非孝而言不匱必

歸於博施備物博施云者德教加於百姓刑於四海也儒者得志行其道康濟天下豈異人任是眞所謂揚名後世光顯其親者君行矣君別庭闈久歸抵里門問安上壽遂指舍之心慰倚閭之望此常情無足異他日者功建名立出庭訓以見之施行將歐陽公所謂邦家之光非閭里之榮者固別有在而此特顯揚之端之先見焉者也君行矣

萬母徐太恭人六十壽序

今上御極之二十有三年

詔試諸館職於

苑殿與者百有二十人

天子親第甲乙擢德化萬君薦舲卷第一遷翰林院侍講學士君離諸生三年隸編修籍纔數月驟登四品前此未有也會君方迎其生母徐太恭人就養京邸始至除書新賁安輿適來都人士榮之其明年正月爲太恭人六十壽辰學士君將稱觴爲祝而屬桂芬以文桂芬於是再拜言曰世當理平無事之秋不賢者坐享庸福以藏其拙其賢者安常履順無以自表見於儔人之外雖謂之不幸焉可也若夫遭時多難

天降鞠凶安危旤福繫於一身其下者旁皇退沮苟且全活身敗名裂不知惜間有慷慨激烈以身徇之者於國是無益也當此時而能以一身搘拄乎崎嶇患難之間遇困躓頓踣不少挫卒以易危爲安轉旤爲福利澤及後嗣聲施垂永久斯其賢乃眾著於天下其不幸也雖謂之幸焉可也臣道也妻道也一也若太恭人者其亦可謂眾著其賢者矣學士君之言曰吾母之來歸也逮事先祖妣得其歡心生青藜五載而寡偕先妣王恭人矢志守節寠藭憔悴殆非人境先妣謂吾母賢家政一以畀之相得如左右手吾母任家棟具有經緯動循禮法事必請命而行躬親中饋暇則紡織縫紉夜分不輟嘗曰吾習勞慣不爲憊也自奉一稟儉約既貴布衣蔬

貧如恒時至於散贍六姻周給窮乏則傾囊橐不顧其教靑
藜也有小過輒鞭撻不恕先妣止之則曰吾兩人止此弱息
脱無以成立何以見夫子於地下洎靑藜成進士則諄諄以
讀書建功名報
國恩爲訓歲時服禮服則愀然以先大夫先妣不逮爲恨葢
吾母守節於是三十有二年矣中
旌典吾母以先妣署年不合著令不欲獨邀
恩綸避之又久族黨請者益力始具事實以聞
詔與旌如制學士君述其母之事如是其鄉之人官於朝者
嘖嘖稱願無間言可不謂賢與吾觀詩三百篇惟鄘之柏舟
千古豔爲奇節其他若爲絺爲綌采采卷耳女子之能事止

此先王謂爲風化之原有裨王政故以首風而讀者或略之
假令太恭人遭際家門鼎盛爲葛覃卷耳不爲柏舟顯晦輕
重必有能辨之者然而太恭人之心則苦矣爲忠臣不爲良
臣豈人臣之願哉董江都之言曰壽者醻也自行可久之道
者其壽醻於久其在易曰恒亨无咎利貞久於其道也又曰
恒其德貞婦人吉蓋貞而恒恒而吉其所謂行可久之道而
醻於久者乎今太恭人康疆壽考親見其子沐
朝廷殊遇光大先人之緒生平鬻子之勤及身食其報噫嘻
盛矣然則恒貞獲吉道之所以能久而天之所以醻我太恭
人者正未有艾也

吳縣馮桂芬林一

重修吳縣學記

同治六年春三月今中丞豐順丁公來蒞吾邦甫下車進郡人士而問之曰政將奚先則同辭對曰建學爲先賊平五年矣城有學三郡學　大成殿明倫堂宮保李公所建也餘未之及長元學吳學猶灌莽焉公矍然曰有是哉事誠在我諸公但爲我理董之可乎則皆曰諾於是三學同時舉工僉以桂芬前隸吳學弟子員籍宜主其役不能辭秋九月丁巳栽其明年冬十月落成遂爲之記曰三代下學校之制至宋范文正天章閣之議行而始大備志稱景祐二年文正建郡學

而吳縣學但云肇端景祐初不著何年考景祐紀元僅四年旣云初卽與郡學並建無疑是天下各縣之有學自吳學始迤邐至宋末二百年而學徧天下吳學實得氣之先廢興所繫顧不重乎哉厥後遷賓興坊建炎之禍郡學燬而吳學無恙咸豐十年粵匪踞吳始舉三學而一空之爲八百餘年未有之大刧吾道之厄於茲極矣夫剝極斯復貞下起元易理也茲幸

兩宮堯舜

聖主中興師武臣力削平巨憝賢大吏修廢舉墜興賢毓材以有此役也意者復興乎宋末王極縣學記云地不肥衍而多秀民歲大比登名貢籍者率爲他邑最蓋士貧則務本而

好學理固然也夫同郡則風氣宜相若何以貢籍獨最又何
以他邑皆富一邑獨貧或當時情事如此迨
國朝以來吾邑貢籍不能出他邑上而所轄金閶內外比屋
連甍迺闤帶闠萬商之淵駸駸乎甲通省焉與極言正相反
至兵燹後凡吾邑纖麗星繁之境皆蕩爲煨燼即西北諸鄉
蹂躪亦倍長元雖謂一邑獨貧可也國語曰沃土之民不材
淫也瘠土之民莫不思義勞也西銘曰貧賤憂戚庸玉汝於
成也今者諸生無業可依有書可讀厄困震悸勞苦變動而
後能光明其在斯時乎極之所稱將驗於今日未可知也方
工之始作也羣鳥來巢庭樹幾滿上梁之日有雉數十回翔
飛鳴者移時衆咸異之無何春榜發一邑中式者七人洪君

鈞魁天下劉君廷枚朝考第一爲自來所罕有比之楊循吉記嘉靖乙酉重修袁表領解捷至今殆過之果極所謂爲他邑最者耶雖然人豈以科目重亦科目以人重耳惟是文正吳產也義宅義莊義塾文正書院麗水君三太師墓皆隸吳境文正固吾邑所得私也吾邑之所以雄東南者實在於是近文正之居履文正之迹當思紹文正之學善乎吳潛之言曰其未仕也必如文正刻苦自勵而後可其既仕也必如文正有是非無利害而後可其仕而貴顯也必如文正至誠許國天下聞風夷狄委命而後可諸生其勉之能爲文正之所爲是亦文正也貧何足患卽貢籍爲他邑最何足矜所謂復興者固在此不在彼

也是役也外垣暨崇聖祠先已修治因而新之大成殿以及門廡堂庭亭閣齋舍橋梁泮池綽楔諸祠兩學署一復其舊又以舊無庖厨增之暨節孝祠在旁近半里外今移建學中凡爲屋一百九十八楹別用桂芬所得羅經定向法準方位步尺繪圖勒於碑陰以垂永久凡縻錢三萬七千二百二十九緡有奇初同人集畝捐一年僅得十之一至是中丞撥官局餘木若干株直亦十之一餘皆以藩庫閒欵濟之考吳學爲明宣德九年周文襄公忱況公鍾自賓興坊移建於茲兩公以減賦顯聞明代今中丞由藩開府芟漕費抑折價除前弊政適重建是學賢者舉動先後一轍誠能見乎其大也與是役者知縣事嘉興唐君翰題始之署縣事懷甯汪君

福安終之教諭寶山楊君臣諤訓導江甯程君詒孫諸生黃
禮讓等始終之例得備書

吳縣學禮器記

三代禮樂之存於今者宗伯太常司之
國家大典禮用之非遠方草莽之臣所得瞻仰也而諸生以
時肄習則有郡縣學上丁釋菜之儀吾吳嘉慶間長白岳起
公爲巡撫以修明禮樂爲務檢校郡中三學廟堂法器罔不
備物合度四方觀禮者以吾吳爲歸傳之數十年經亂始燬
同治七年中丞豐順丁公重建吳縣學成余適董其役弟子
員黄禮讓性精敏遂以禮樂器相屬且誡之曰此曠世之舉
也以材美工良樸屬完久爲準生於是博考
大清會典律呂正義三禮圖博古圖文廟軒略闕里文獻攷
釋奠攷醴陵丁祭譜等書折衷一是又訪良工於金陵購日

本銅於上海求浮磬之石於盱眙百材既集聚眾工於一室而課之斵者削者鑪鞴者繪畫者刮摩搏埴者左右指揮按圖求合雖累黍之差必改作令中度乃已會廉訪永康應公至復延平湖戈茂才定律審音以爲諸樂器逾年成爵二百有七十坫附登一鉶二十有四簠三十有二簋三十有二籩百四十有六豆如籩之數篚二十俎二十祝板六尊一大尊一山尊一犧尊象尊罍尊各一著尊三壺尊二十有五勺二十有八冪二十有六茅沙池一罍一洗一銅香鑪四銅燭檠四刻漆木香爐二十有二朱漆香檠二十有六刻漆木燭檠二十有二朱漆毛血槃二十有二燔爐六燎叉一庭燎六麾二架二大鐘一架一鎛鐘二簨簴二編鐘一十有六簨簴一

特磬二鎛鐘二編磬一十有六鎛鐘一琴六几六瑟四架八排簫二洞簫六篴六箎四笙六壎二架二晉鼓一架一應鼓二架二鞞圜二搏拊二架二鼗鼓二架二柷一止一邸一敔一籈一邸一流蘇七十有二節二架二籥三十有六翟如籥之數架二春秋冠百有二十藍衫百有二十以上皆屬兩廣文尊藏以時出而用之懼久遠之無徵也爲紀其數道諸石云是年中丞以潘侍讀遵祁言向時祭品餘及市廛皆革之郡縣學凡一祭藩庫發銀百金充編銀之不足以爲例又撥錢郡學六百緡縣學各三百緡發典生息爲朔望灑掃費中丞又定先祭一月招諸生爲綿蕞之習時親詣郡學導率之奠獻升降拜跪之儀笙歌籥舞之節罔不祇肅禮成之日圜

橋觀聽嘖嘖稱盛事檄縣學亦如之父老有知岳起公事者猶舉以相況蓋是禮之不講於今六十餘年矣岳起公有清節出入起居不以一毫累其屬與中丞行事先後一轍蓋不妄取於人亦禮之一端也夫

闕里致經堂記

說經家漢宋一界也漢之中易則虞王書則今古文詩則三家春秋則三傳各一界甚且東西京亦各一界宋之中朱陸亦各一界稍軼其界則曰此外道也於吾家數不合韓非子言儒分爲八取舍相反不同而皆自謂眞蓋自周時已然於是詆人之說無所施惟有専所學以訾所異黨枯竹護朽骨攻訐狠怒以詞氣相擊排冒沒濫觴於箴膏肓起廢疾流極於洪水猛獸之論遠甚矣哉平心論之漢學雜讖緯朱學近禪各有所蔽漢學善言考据凡名物象數文字形聲訓詁非漢儒不傳宋學善言義理表章大學於羣經中明誠正修齊治平內聖外王一以貫之之說陳義大且遠用能晚出千餘

年而儼然與漢儒埒實亦各有所長然則學者宜何從曰吾從聖聖人問官問禮問樂學琴知殷周之損益傷杞宋之無徵以及史記家語所紀軼事甚多實萬世博雅之宗考據本於聖吾不敢訾漢儒也論語曰夫子言性與天道義理本於聖吾不敢訾宋儒也且漢儒何嘗諱言義理宋儒何嘗盡改漢儒考據漢儒宋儒皆聖人之徒也漢古而宋今漢難而宋易毋蔑乎古毋薄乎今毋畏乎難毋忽乎易則學者之為之也用聖人四科四教之法取之兼收並蓄不調而調聖人復起不易吾言矣曲阜孔君憲彝聖人之後也漢儒宋儒皆通家也以致經名堂兼致之可也

珠里義學記

三代之制大學小學之外又有鄉學王制虞庠注周立小學於西郊周之小學爲有虞氏之庠制是以名庠云其立鄉學亦如之學記曰家有塾黨有庠術有序但出黨與遂者舉錯之詞注術當爲遂黨屬於鄉遂在遠郊之外是知近而鄉黨族閭比遠而縣鄙酇里鄰無地不有學宜乎政洽世昌大治濯俗觀人文以化成天下也嬴政肆毒與井田封建宗法一切棄之歷漢至宋千有餘年學校之制始大備顧國學郡縣學而外不聞有小學鄉學蓋古制亦僅存矣於是乎書院義學之設始有功於天下攷尚書大傳云大夫士致仕退老歸其鄉里大夫爲父師士爲少師歲事既畢餘子皆入學又云

上老平明坐於右塾庶老坐於左塾鄭注上老父師也庶老少師也是一里之中小學有二要而論之黨庠州序鄉校爲鄉學中之大學如今之郡縣學右塾左塾爲鄉學中之小學右塾如今之書院左塾如今之義學書院以造成材義學以養童蒙一也而義學於鄉里尤重珠里爲松江府青浦縣大鎮義學之制尚闕王蘭泉侍郎王珠淵明經皆有創建之議汔未果道光中文學張君掃花慨然興作捐上腴若干畝遂潰於成亦可謂勇於爲義者矣幸際文明之世立賢無方士起家田間致位卿貳所在多有余所識某侍郎以氣節文章名天下而其始實義學中人松郡人文淵藪吾知是學既興必有孤寒崛起汔從於庸者張君之

澤遠矣哉君從子承恩諗余爲記以道諸石如右

蘇州試院記代

國家興賢育才加意學校生徒考課之事分命近臣持節各直省歲科兩試巡歷所部三年再周典至重也以故各郡城必有試院蘇州郡而省者也試院乃僻在崑山且與太倉州合於常制獨殊同治初元余奉詔東征轉戰兩年賴兩宮聖天子之威靈諸將之用命戡定蘇州復次第削平常鎮嘉湖諸郡縣千里敉安握鉛抱槧之士散之四方者至是咸歸里於是乎始議試事蘇州太倉諸紳士牒余言崑山試院已燬狀且曰試院本巡撫行臺明宣德中以巡撫無事駐崑移

以校士中廢重建遂仍舊貫初無必應在昆之義或曰取其道里適均此不考沿革臆度之説也

國初張公能鱗記言學署有三淮揚署泰州常鎮署江陰蘇松署昆山本與松江合何適均之有又考是院中廢時或謂赴江陰或假郡學明倫堂兩廡試之則集試蘇州乃故事也至太倉本隸蘇州固宜合既升直隸州則爲越境非體也今同一重建不如各於府州治建之爲便余韙之據牒以聞

報可因屬郡紳宮允馮先生桂芬郡守薛君書常董治蘇州試院事相地得定慧寺東廢阯舊爲民居廣袤二百餘椽計椽給値凡白金四百兩有奇以三年秋七月栽迄冬十月落成門庭堂寢廡庖高庳廣狹多寡一準松江式惟東西廡爲

七十椽試卓仍其尺寸而改十二人之坐爲八人之坐皆兩君所經畫也凡爲屋一百六十餘椽糜官錢一萬八千緡有奇既成會郡縣以試期告余聞蘇郡舊有自備卓橙之弊酬厚値者得善地寒畯不避風雨甚苦之遂檄視松江法郡縣正場覆試一皆於試院舉行永以爲例亦一便也吳中自言子以文學肇啟風氣漢晉以來代有聞人聲明文物照耀江左我

聖清教澤所被薰陶擩染視前代有加二百年來登大魁者一郡至二十餘人科第之盛甲於海内而溯其初桄發軔必自試院始不特此也自來儒者蓄道德能文章馴至功名蓋世要無不萌柢於諸生中如范文正爲秀才便以天下爲己

任是也士果有志希賢安在今之人不古若邪先型不遠前程正長竊冀此試院中有如金章宗所謂養出一范文正所償不少者庶不負今茲經營創造之意而區區科第之末又不足言矣余故以景范名其堂復申其說爲多士勖焉是爲記

改建正誼書院記代

事有擬自晚近而於三代聖人之法適合者今書院是也書院始於唐明皇建麗正書院蓋六館之屬與今書院異宋元時輒因先賢遺迹思而祠之請於朝設官主教事如蘇州之學道文正和靖鶴山皆是蓋祠堂之屬與今書院同而異今書院之法實即三代鄉學宋元郡縣學之法何以言之學記家有塾黨有庠術有序注古者仕焉而已者歸教於閭里朝夕坐於門塾引書傳說大夫爲父師士爲少師新穀已入餘子皆入學上老平明坐於右塾庶老坐於左塾中年考校注鄉遂大夫間歲則考學者之德行道藝非即今師課官課之法乎史稱胡安定教授蘇湖立經義治事兩齋又稱范文正

守郡立學延安定爲師考是時天下未有學涖教事者以禮聘不以選授迨後文正天章閣十事之疏旣上始命郡縣皆立學取安定學法爲太學法著爲令至於今不廢非卽今延山長選內課之法乎穆堂李氏不深考乃謂後世立學未嘗聚弟子員於學宮散而無紀疏而不親課無與爲程業無與爲考不如書院以聚處講貫而學業易成不知古來之學本無不聚後世名存實廢之學始不然而書院則轉存古學之法然所習僅制舉文字猶無當也務令究心經史有用之學無失文昭遺意斯於古學法有合焉余來吳之次年建復紫陽書院課四書文試帖如舊制其明年將復正誼書院舊制與紫陽同以肄業人衆故分之今人數不及半分之則彌少

因念江甯有惜陰書舍杭州有詁經精舍廣州有學海堂蘇州獨無歲庚申當事議建滄浪講舍延宮允馮先生桂芬爲之師落成課有日而寇至都人士惜之予遂因正誼舊名而改課經解古學檄所司籌白金萬二千金以萬金置田以歲租爲脩脯膏火資餘購屋庀家具屬郡紳顧觀察文彬理董發斂之事仍延宮允主是席損益惜陰舊章又參用湖南嶽麓城南等書院之式招諸生之雋若而人宿院肄業以年較長者一人爲齋長庶與安定學法合即與宋元郡縣學法合以漸幾乎三代上鄉學之法亦無不合夫天下之有學自文正發其端而蘇郡實爲權輿又安知正誼之法不且從此風行海內如響斯應家知樸學士盡通經益以廣我

聖清典學右文之盛亦將以正誼爲權輿乎余於文正無能爲役而適與其事亦云厚幸又考正誼書院創於吾鄉汪稼門先生撫吳時是歲嘉慶九年甲子先生以皖人監臨南闈今甲子一周大劫已去文運重新余亦以蘇撫充監臨改建是院貞元循環之理有如此之巧合者可異也夫

重建吳江松陵書院記代

形家言以離巽爲文明之位故數文物之邦必曰東南江浙爲天下之東南吳江又爲江蘇之東南其地受具區三萬六千頃之水輸諸吳淞江古號爲澤國又形家言所謂水繞爲龍也以是扶輿旁薄鬱積之氣蔚爲人文唐宋以來通材碩儒輩出相望偉矣哉縣學始建於宋元祐中時范文正守平江胡文昭教授蘇湖間立經義治事齋縣正介蘇湖間屬兩浙路蓋亦文昭教澤所被矣松陵書院據縣志在學宮後乾隆四年建始名書塾十二年前宰陳君夔纕改題書院今訪之士人得東門內玉帶橋書院故址僉云嘉慶中移此在作志之後故與志不符欲問其詳故老無存者且兵燹之後亦

鞠爲茂草矣此邦故稱瘠土受賊蹂躪最烈重以地形窪下比歲秋霖損稼景象雕赳戶鮮素封徵工興役事勢維艱余忝宰是邑克復之後從
宮保公入城於茲五年無日不兢兢焉以未能修舉廢墜是懼爰取禮經宗廟爲先之義請於大吏首建
文廟紳士理董其役以費不繼久未畢功次第當及者尚衆而書院尤亟顧資益無出輒用疚心久之以禁革經造籍入隱匿田六百一十畝有奇撥四百十九畝有奇選董徵租春關秋賦資以膏秣之外爲文童縣試卷資餘田一百九十畝有奇歸郡中女普濟堂得直六百緡益之以蠹役罰鍰若干緡始得庀材鳩工與養濟院同舉凡建門庭講堂齋舍之屬

爲楹二十有八不足若干緡又試卓若干事皆捐廉繼之以潰於成又以書院舊田十有一畝有奇籍入盜田五十畝有奇爲膏火資由縣發斂勺水一蠡不足言冀後之人增其式廓將以此區區者爲椎輪之導而已是爲記

林文忠公祠記

道光朝中外大臣以功德頌聞者首數侯官文忠林公公以三年癸未陳臬來吳值大水撫藩舉荒政一以畀公故得盡公之才全活無算公之得大名實始於是越十年公爲巡撫癸巳秋冬之交累月陰雨禾不得刈皆生耳公以實告且請蠲卹顧冬災非例也計臣持不可疏再上情詞悱惻賴

宣廟仁聖終允公請民以無饑無何遷湖廣總督調兩江兩廣以事免再起督陝甘調雲貴平回匪功成引疾歸粵匪倡亂

詔起公視師旌旗及於楚南而薨粵匪夙知公名聞將至相約解散汔不果中外惜之綜公生平武功在滇而文德所被

則吾吳最久今距公去數十年心歌腹誦如公在時讀沈歸愚先生年譜有云時湯文正撫吳雖在髫齡亦知有生人之樂先生以期頤之壽鄉居最久康雍乾三朝名巡撫若于清端張清恪陳文恭諸公相接踵何獨於文正景慕至此則以文正得民心尤深也公之得民心亦猶是矣惟是吾吳古稱五湖腴表有明以來尤以財賦雄東南至乾嘉間爲極盛自經癸未大水而始一變向之通闤帶闠商賈駢坒蕭然矣漕糧之額十倍他省重以水利不修十收九歉野無蓋藏嘉慶季年幫費無藝白糧至石二金州縣藉口厚斂輒徵三四石當一石民不堪命聽之則激變禁之則誤兌進退無善策公不得已準其年其縣民困之重輕輒請緩漕一二分甚者三

四分歲以爲常繼公者遵而行之無或改江南億萬戶始得
以委隨惰窳搘持　息者三十餘年迨肅毅伯合肥李公平
吳偕毅勇侯湘鄉曾公合疏請減浮糧猶以三十餘年實徵
舊籍立言遂邀
恩旨減三分之一然則導以先路者公也郡學先有于湯林
三公祠燬於賊比建復學宮合爲
國朝九公祠先一年合肥蒯觀察德謨方宰長洲創卹孤局
又於西偏捐廉建公專祠君居官多仁政是舉也有瓣香之
誠焉五年十二月落成以記文見屬桂芬受公知最早所以
期之者甚厚公馳驅絕域猶手牋酬答無間匠門棄材累公
之明今記公祠滋之愧恧也已

重建張忠敏公祠記

吾吳於明代應天巡撫所治也居是職者周文襄海忠介張忠敏三公名尤著而皆以能治水聞顧文襄治水無大舉忠介濬吳松兩月蕆事白茅工未就而去皆不若忠敏公之任最久而功最大公撫吳凡六年時流賊出沒江介東援西勦無虛歲乃於戎馬倥偬之隙講求水利先後濬松江塘河虬江無錫鎮江運河長橋洪崑山等縣城濠彭華浜湖川塘修漴闕捍海塘九里石塘槎浦海岸畚插之役與爲終始他如立廣孝阡社學常平倉請高淳徽州金華紹興及松江津餉改折減荒定加折免松江虛糧蘇松白糧腳耗吳崑漕折輕齎武進浮派崇明坍餉懷甯船餉諸善政不可枚舉既去民

思之建生祠虎邱綠水橋畔即今祠也晚樹義旗奉魯藩絜
海上贏殘研研然抗
眞人龍虎之師孤忠大節照耀靑史
高廟崇獎勝朝殉節諸臣赫然與於專謚二十有六人之列
於乎偉矣公治水以濬長橋衖之功爲多所箸吳中水利全
書謂吳淞爲太湖入海正脈故首重之前此夏忠靖乃謂吳
淞難以施工輒掣其水納趨夏駕湖新洋江入婁江吳淞下
流益湮塞後人疵議不一家顏氏如環曰三江可合一神禹
早合之矣語最破的惟公亦謂若復不濬吳淞强其紆迴北
達婁江謬貽百世之害是也史言公治水有成績以今考之
李模疏王時和牒並言三吳十歲九災公書成於崇禎丙子

自序云萬歷戊申以來十歲八災是首尾已三十年厥後螺山之役公就逮經蘇民宰羊豕生祭者載路相從詣闕乞貸帝亦念治河功得釋竊意其時必有轉歉爲豐之效用能上嘉之下感之至是又

國初諸鉅公指陳吳民疾苦者絕不及十年八九災之說亦公成績之發也公祠舊以餘屋儆息資享祀修葺久之司事不謹室廬汙敗乾隆十年署知府趙君錫禮新之至五十有七年又如故官於是斥司事而以屬吏經亂祠半燬饗堂僅存吏利其材撤之公像暴露榛莽中左側居民覆以茅奉香火署方伯爲公同郡永康應公聞之矍然曰是吾責也言於署撫軍長白恩公撥公款千金復與署廉訪秀水杜公觀察

歸安沈公參懷捐廉爲之倡郡刺史樊元等相率繼之重建饗堂及門廡亭館垣墉池沼庖湢咸備凡七十有三椽因其舊者十之二又購東偏花圃七椽爲祠產縻錢一萬九百緡有奇祝司馬齡監其役又以兩浙六公所殷商番上典祠事俾毋蹈前轍同治十有一年夏裁朞月而成同人牒請列入祀典恩公具以聞

詔下春官議從之方伯屬爲之記惟時蘇省方設水利局方伯實主其役間爲予縱言水事予曰前人有撤長橋之議見於公書於今可行乎方伯曰不可水行今昔不同目驗始知之今湖水下注以十分計之八分由龐山湖東南行迤邐歸黃浦一分有半歸吳松半分由至和塘歸婁江長橋通水者

三十有九潠全入厖山湖雖由瓜涇至分水墩之水當吳松正衝亦半入吳松半入厖山湖末已也吳松迤東大小港以十數莫不以黃浦為歸無論剗原陸燬廬舍傷財害民不可撤卽撤之其如水不入吳松何為今之計惟有深濬吳松下游使上游水勢剽疾卽不能挽諸水北行庶幾正流及迤北金雞獨墅諸湖之入吳松者殺其南滲之勢引之東行與黃浦為表裏而已以是知紙上空談之無足據而服方伯觀水之術剖析毫釐也傳記稱公寡從輕舠周歷水道討尋原委方伯受事以來或月一出或旬一出出必信宿及次數百里中沿湖殆徧與公正同從事皆在吳松一江與公又同惟公治上游方伯治下游似不同不知水行今昔不同因時制宜

不同正所以爲同且公以紆迴北達爲非即治下游之意方伯兼濬長橋六港則又不同而同茲之建祠崇報德功也修舉廢墜也恭敬桑梓也猶末也葢有瓣香之誠沆瀣之契焉爰敘公居官及祠事本末並詳述方伯治水與公異同之故記之以詒後世之留心水利者

移建昭忠祠碑記

古者死事之賞備見於禮經春秋傳司門養死政之老與其孤左氏言凡諸侯死王事皆加二等於是有以衮斂皆令卹典之權輿至廟祀如司勳祭於大蒸漢舊儀祭於宗廟祭於廟門外塾魏祖將士絕無後者爲立廟皆泛指功臣即祭法所謂以死勤事則祀之者鄭注以蘇冥爲證則亦與今死事有間至鮑信刻形龐德圖狀之類𥂕爲美談皆一人一事其偶然者耳從未有合臨陳捐軀守土效命之臣專立一祠列爲秩祀者

國朝雍正二年

詔建昭忠祠蓋創典也嗣又推之諸臣官所原籍於是各直

省皆有祠吾蘇
國初以來未見兵革間有官於外而死難者無幾人自髮粵
匪之變郡城屢陷迄於肅毅伯合肥李公平吳先後
死事文武紳民忠義局所籍錄奉
旨入祠者萬　千人之衆嗚呼偉矣郡城舊祠在護龍街武
廟右偏屋僅三楹又爲武廟涖祭更衣之所規制狹隘長洲
宰合肥蒯侯德模慨然曰此不足以揭虔妥靈稱
朝廷褒卹忠良之鉅典請於大吏相地城南平橋之畔因僞
府屋繕完式廓垣墉門庭堂廡庖湢咸備奉諸栗主入祀約
而言之其類有三一舊祠所有者一湘淮軍將士死於平吳
之役及閩浙粵東者一蘇郡官紳士民之死於庚申城陷及

外省外郡者惟向忠武公與威毅伯曾公部下別祠金陵不與又考京師昭忠祠乾隆十五年釐正位次分七等一前室二後正室三後左室四後右室五前東配室六前西配室與前後廡而七按代序官同代同官序年月今雖不能如六室前後廡之制而先後則一準其式至殉難婦女別入節孝祠云展祀之日中丞以次文武登屬聽位執職薦祓將事都人士觀者咸歎息泣下僉謂

國家崇德報功逴邁前古以故忠義激發尊卑無間不獨在事諸臣或百戰捐生或孤城效死即下至士民婦孺罔不同心取義視死如歸記曰利祿先死者而後生者則民不偝益信表忠旌善之效其觀感有至神者也侯以太守知縣事進

秩監司涖縣於新造之始其撫循瘡痍也以慈其修舉廢墜也以敏矣民賴之比以祠成屬爲記不可辭遂系之以神弦之曲曰

江表無事垂二百年兮無端墋黷山嶽闃然兮專城青墨奔走失其守者接迹比肩兮緊諸公兮丹心浩氣如日星之麗乎天兮

天子嘉悼紀庸表嗣

旌䘏雲駢兮崇祠大起奉張許南雷於一室尤創所未有於古先兮祗今湖山無恙烽燧胥澌兮惟春及秋將此吉蠲兮坎坎鼓兮蹲蹲舞神之格兮風馬雲車迴翔我庭戶若有聞兮神告語醉我罇樽兮飽我鉶俎萬歲千秋兮永呵護於茲

土行且杖秀實之戈操海賓之戟西馳北討盪滌氛祲今上

報我

聖主

吳氏節孝祠記

朝廷建坊之典惟三公三孤巴圖魯甲科忠孝節義數者而已誠重其事也道光十有六年同里吳參軍舘以其母張太安人守節事上聞詔予旌如令甲越十年建祠郡西郭桐涇里奉栗主入祠鄉人榮之夫女子之節二貞也烈也而各視其境所宜斯足貴焉舅姑存秋鼎盛夫有兄弟已無子烈爲貴舅姑老子幼貞爲貴而貞視烈較難烈有死無二全乎婦道止矣貞則崎嶇患難積之數十年馴至喪葬既事子孫成立始無遺憾則以婦道而兼子道父道之全者不綦難乎昔程嬰之言曰死易立孤難耳女子之節亦若是太安人年十有六歸儒林君逮

事舅姑以孝聞相莊十有三載而儒林君病瘵卒子二在襁褓中衰姑在堂當此境者烈貴乎貞貴乎必曰貞貴太安人孀居甘麤糲躬操作寒暑無間病姑支離床蓐者五載侍湯藥不解帶寢比歿營窀穸必誠必謹延師課兩子迄於成立授室辛苦憔悴數十年用克宏濟於艱難而家且駸駸日盛卒年六十有一距初寡三十有三年噫可謂完節矣卒之被恩榮旌綽楔閭里讚德子孫蒙庥也宜哉易曰安節亨又曰甘節吉此之謂也祠成參軍介友人請辭於予夫闡揚節義吾黨所樂聞也遂爲之記

六烈祠記

余所居新橋巷之西迤北有小巷巷有清淨菴北臨柳貞濱比邱尼慧修者城之西郊橫山人幼出家受靈巖戒處是菴數十年矣先後得徒志遠通喜銀福金福凡四人節婦曹氏嫁於吳貧無子女夙奉佛亦依以居慧修有淸行遠近婦女慕之輒介諷經酬以糈饘粥得無缺庚申夏四月粵賊將至比鄰一空或勸徙避慧修曰去將焉往賊果至北窗一泓水吾等安樂土矣菴中人皆然之十三日城陷菴地僻賊蹤未之及也但聞槍礮聲男婦嘑號聲入夜西南火光燭天慧修曰時至矣先出藏錢投河中曰此護法所遺毋餽賊乃集五人法座前爇香頂禮畢曰與若等西天去長幼之序不可紊

也吾年最長請先時慧修年六十曹氏年五十有七次之志遠年四十有一通喜年十有七銀福年十有四又次之金福年七歲號泣從之相與從容遜讓而入於水越四年蘇州復余返城隣人獲免者述其事余喟然歎曰烈哉六女成仁取義固已先事有決智也當機能斷勇也臨危不忘齒禮也五者具備大節凜然雖清門女師奚以加焉亟聞之當路龥旌典所居菴已廢間架九楹猶存適余為安節局嫠婦謀養贍之宮遂出局錢二百十二緡有奇因其舊修建六烈祠奉栗主其中旁以處嫠婦繼以人滿不能容復合同志捐錢一千二百緡有奇購隙地增屋二十楹凡屋二十有九楹地廣袤一畝七分三釐八毫經始於同治三年冬十月至六年秋

七月落成經營相度徐君子春之力爲多西偏未有屋猶留以有待夫表章節烈存䘏嫠孀事本相近祠坿以局於義爲宜是爲記

陳氏五世節烈入祠記

宗法不行卿大夫或不廟食何論士庶一二貴富家居不建祠宇修祀事古人以爲常今世輒嘖嘖稱盛舉矧不幸側身干戈烽火之中乃不惟器用財賄之是亟飢寒之是卹獨能以護持宗祏爲心兢兢焉罔敢失墜可不謂難乎同縣陳君基美字漱華世居洞庭西山

國初遷木瀆咸豐十年蘇城陷四鄉大震君倉皇攜家渡湖復至西山僦屋甫定悚然於祠墓之隔絕歲時瞻拜之曠也念西山吾故土舊有石公節烈總祠請於鄉之人奉其先世孝烈節婦八栗主入祠推古人營邱歸葬之意謂所以妥先人之靈爽者將於是乎在禮成諗於余余惟禮曰君子將營

宮室宗廟爲先論語曰愼終追遠民德歸厚矣班固曰喪祭之禮廢則骨肉之恩薄而背死忘生者衆於乎如君者可以風矣凡入者烈婦五顯能妻朱氏士表妾張氏仁榮妻孫氏基始妻顧氏澤銑妻張氏節婦二士龍妻王氏士偉妻潘氏孝婦一仁恭妻朱氏基美之母也先後凡五世皆詔所旌也事實詳潘曾瑩趙文麟陶宣烜所爲傳

火林負母圖記

火林負母圖者紀孝子崑山杜先生紹哲事也先生生朞月而孤家貧甚生母張孺人苦節撫孤迄於成立居邑城甲子里兄弟五人畢婚宅隘次兄紹基分居管家衖相距半里許歲時迎孺人就養鄰人不戒於火紹基適他出時漏三下天大寒先生聞亟披衣赴之至則火逼孺人所居樓救火者數十百輩衢巷爲梗塞火光燭天聲如沸羹先生突入稠人中冒煙焰排闥登樓抵寢所孺人方蹣跚牀榻間於是年八十餘矣畏寒澁行步意訾如也遂負以下出於戶而樓旋燼爇及衣履時嘉慶十有四年冬十二月二十四日也旣出母子俱無恙傳記每稱純孝之感類能迴風反火信矣哉嗣是孺

人滋益哀不離牀蓐晨夕侍奉食飲不解帶寢輒累旬越五年卒哀毁骨立見者憐之道光十有六年邑侯舉先生鄉飲賓又八年卒先是邑人僉議以孝子舉先生固辭既卒之二年始畧行事上之有司以聞

詔旌其閭先生篤友愛事長兄如父早鰥不娶家貧衣食節縮而祭葬必盡禮生平語及母氏輒嗚咽泣下葢其孝根天性云令子彝於桂芬爲同年熟聞先生至行爲記之以弁於

圖端

蘇太義園記代

余居戶部閱天下賦籍見各直省以義園請復者無慮百十處未嘗不歎

國家深仁厚澤被遐邇而浹幽明與周文王澤枯相輝映也論者謂大宗小宗之法廢而後有義莊黨庠遂序之教廢而後有義學九年六年之蓄廢而後有義倉族相葬黨相救州相賙之道廢而後有義冢事之以義名者非其正也朱新仲曰外來之物曰義是也然則文王之事奚以稱焉而掩骼埋胔又何以紀於月令也蔡伯喈王輔嗣咸以月令爲周公之書合文王事觀之義園所自昉其在成周之盛乎漢末有義舍義米之名宋沈作賓會稽志云闢地爲叢冢以藏暴骨曰

義冢取與眾同之意而創始不詳蓋由來舊矣古字作誼从宜故禮曰義者宜也後世字作義从我故春秋繁露曰義者我也又曰愛在人謂之仁義在我謂之義然則義園之舉以我固有之心為之因事制宜焉義也仁也一而已矣如朱新仲所云不幾於仁內義外告子異端之論邪吾無取焉京華人海五方輻湊吾鄉人之餬口於是者尤夥而義園他省多有獨吾郡闕如咸以為憾歲乙巳同人建議集蘇州府太倉州屬之官中外者捐廉奉得白金若干兩購地永定門外之某鄉廣袤凡十一畝闢之南建厝匛之屋若干椽又堂三楹為治事之所繚以垣門屏廡序庖湢略具凡縻白金若干兩以其餘置產歲得息為經費鄉人之無以斂者資以櫬送園

逾年而瘞之顧歸葬營資而致之家草創伊始規制尙簡經費亦未裕則冀方來者之踵增也是役也經始於乙已迄四年戊申旣蕆功同人僉曰麥舟高誼千古豔稱之吾鄉故事也是堂也祀文正公爲宜遂諏吉設公栗主會祭而落成爲太史公曰詩有之高山仰止景行行止雖不能至然心鄉往之同人勉乎哉

上海果育堂記

人性無不善衣租食稅讀書識字之民皆愿民也饑寒之不免理義之不知而蕩檢踰閑之事作天下之亂民非生而爲亂民不養不教有以致之三代時比閭族黨之間相保受相救賙而又黨庠遂序散布郊陬以是民無失所俗鮮犯法今世善堂義學之法意猶近古能行之者惟我江蘇爲備江蘇中又惟蘇州上海爲備蝟都會如江甯膏腴如揚州弗逮也上海果育堂其始義塾也僦民居爲之繼乃擴爲堂施衣施棺施米諸善事惟辦即西關內淘沙場袁公祠後建堂堂有樓凡三楹中楹供奉文帝大士象樓之外爲臺以迎神送神其耳舍爲治事之地經始於咸豐九年逾年而成糜錢二千

餘緝某君質理董其役而監工司籍則某君某君仍舊名者從其朔也且育之義通於養也諸君好善如不及信矣哉抑嘗竊有進者太上感應篇康熙閒于氏鐵珊注云水月禪師有前知見吾鄉虎阜塘笙歌畫舫徹夜不絕歎曰百數十年後有大難此其召之乎由今數之果驗且不以鄉多善舉而末減論者謂惻隱者善氣之感也淫侈者戾氣之胎也戾氣僨興爲善氣所不敵故卒不免比者寇在於垣滔天肆逆海隅片土浮寄孤懸此貞志士被甲枕戈臥薪嘗膽之日也而乃舊染汙俗不戢滋甚洋涇一帶舉國若狂以鋒鏑之餘生挾焚掠之遺燼鮮衣炫服酒食樗蒲鳴瑟跕蹝游媚貴富父兄之教不先子弟之率不謹衣冠舊族與無知駔儈合同而

化嗚呼此何時耶禮曰國家靡敝則車不雕幾甲不組縢食器不刻鏤君子不履絲屨馬不常秣今日者豈但靡敝之謂哉縱横千里之內人烟寥落邑里榛蕪道路潰斷脰絕臏之殘骸暴露而不收孝子慘舅鰥夫寡婦之哭聲嗚咽而不出此陷賊郡縣之苦也蘇松旁近逆賊出没無時朝不保暮賊鋒所指扶攜四走蒲伏於火光槍礮之中魂驚膽裂或崖岸顚墜或崎嶇僵仆幸而得脱異鄉漂泊衣食路絕樹陰以供寢臥草根以充餅餌寒暑莫禦疫癘時作死亡疾病十家而九此避難人民之苦也軍興以來各路官軍晝則荷戈馳突夜則倚壘呻吟一日之中屢交鋒刃一月之久不解甲冑淩風雨冒霜霰饑寒內攻矢石外逼出萬死一生之途以冀

一捷此從征將士之苦也興言及此稍有人心試思彼何以獨苦我何以獨樂亦必聞樂傷心臨觴不御易曰君子以儉德避難又曰君子以恐懼修省又曰震來虩虩恐致福也詩曰天之方虐毋然謔謔左氏傳曰以憂為樂憂必及之虎皐舊聞殷鑒不遠當此之時惟有堅苦刻厲省咎引愆庶可以格天心而挽刼運豪舉之擲雀好義之慷慨一轉移間耳易纏頭之金義漿仁粟不匱矣輟秉燭之暇讀書治生有餘矣何善不可為何福不可致果行育德孰大於是願以告邦人士之有心世道者

光福一仁堂記

近世善堂之法凡貧者病與藥死與棺死於道路者埋而具槥焉蘇城內外無慮數十堂獨光福巡檢所轄百三十三圖中無之凶歲暑月道殣相望骴禁無所掌莫敢過問見者傷之道光之末余葬母山中士人以諗余貧無所出婉謝之而已居數年為咸豐甲辰贊蘇局吏出官銅質錢於富民徐氏事覺官鞫之吏無罪罪在徐罰令捐餉萬金不獎敘時余被詔團練勸捐與協濟局事見其牘謂當道曰　功令罰民錢盈千累百有禁公等知之乎曰不知也命吏檢之信乃曰為之奈何時有移獎族戚之例得獎之人准償原捐人十分之二三余遂言光福不可無善堂狀且曰盡許徐氏移獎而令

以所償捐建光福善堂平同事程副憲庭桂潘比部曾瑋皆然之得二千六百金乃於虎谿之上購屋一區名之曰一仁堂置田二頃有奇又造種樹局於潭西村得山地百餘畝雜藝梅桃桑柘之屬凡糜銀千六百餘存徐達夫司馬家櫂子毋佐費規模略具而有粵匪之難同人咸棄去土人在草間者猶能以堂租治堂事賊中殺人如麻屍橫徧野所掩埋以千計迨蘇城復何席卿儒林及余子芳植至堂所掩埋又以百計是堂爲不虛設已賊臨去縱火遠近殆徧而堂及種樹局間架巋然獨存達夫司馬以本息來歸葺治兩屋餘增置田二頃有奇合衡山義倉田大共五頃有奇衡山者在光福西南太湖中居民數百環山田皆窪下湖小溢即淹道光之

未十年九饑吾友覺阿上人憫之集田百餘畝建倉山上儲粟備振附一仁堂理董庚申難作山民失業多饑者倉粟不繼假堂米三百石錢百緡振之上人因邀余避地山中遂挈家攜藏書以往居四月上人示叙余尋赴滬後二年余代肅毅伯合肥李公草減賦疏將以周夢顏財賦考進呈御覽購之不得乃僱勇潛往取書來越七日而賊至山屋皆燼矣所謂前此安堵者是書呵護之力也余嘗作笠浮藏書圖紀其事是年衢山民死徙無存今復業者不及半義倉附堂不別建矣堂經始於咸豐甲辰燬於庚申修復於同治甲子懼久遠之無徵也備敘顛末道諸石以諗來者

耕漁軒記

予既創立光福一仁堂購鎮西徐氏屋十餘椽偪隘不能容右偏有廢地榛莽茅筱之所叢也將拓以廣之土人曰數十年前海鹽查氏築園於此一日撤材輦石去嗣是無主者地頹虎溪空曠非所宜居予以善堂無誨盜法不聽遂牒縣承賦芟其蕪絛其塗既焚既釃豁然開朗支八椽於中啟西北牖則虎溪之波下瞰匯於其下溪之四圍自虎山橋迤北烏龍山安山達於銅坑銅井層巒疊嶂環拱於其外盡攬一溪之勝左右行數十武即有移步換形之憾天造地設有如此者既落成里中徐茂才同人謂予曰此吾家艮夫先生達左耕漁軒故址也爰考金蘭集載高巽志記楊基說皆不著地

名惟繹題軒諸詩如倪雲林云溪水東西合姚廣孝云茲行鳳山轉更入虎溪游鄭光祐云開軒對流水王隅云五湖飛濤雪浪奔高軒卻立青山根魚龍出舞日色晚四面綠窗相吐吞餘作尚多皆與此地脗合他處無稱之者茂才之言信而有徵矣耕漁軒在元明間與倪氏清秘閣顧氏玉山佳處鼎峙而三一時知名士楊鐵崖高季迪諸公往來觴詠其中風流文采騰耀江左耕漁子名視諸公爲亞然董文驥金蘭集序謂鐵崖諸人之立言廣孝之立功不如良夫之立德徐柯亭云諸公所爲未盡合乎道良夫則庶乎近道矣徐有貞先春堂記云良夫與諸公相唱和制行尤高當時江東儒者以良夫爲稱首又有貞耕漁子傳云良夫闢義塾聚族人及

鄉之子弟教之時吳之四境爲荆棘豺狼之聚光福里隱然
小鄒魯入明屢薦不起司訓建甯有晦翁講道之風諸家推
崇無異詞所箸宗訓祭儀孝經衍義顏曾思孟四子內外篇
等書今皆佚惟四子書序存粹然程朱之言其時此學中絕
乃能爲之於舉世不爲之時尤有大過人者然則耕漁子固
學道君子也豈彼矜豪俠騖聲華者所可比哉是軒爲流風
餘韻所存鄉閭後進宜何如高山景行之慕乃於無心中得
復舊蹟亦予之厚幸也亟爲之勒石是軒俾垂永久庶幾觀
感所及有立懦廉頑之效焉不佞退自循省遭際
盛時備員
禁近所遇視耕漁子爲優乃一第卅年毫末無所表見觸忤

權要横被中傷壯不如人老矣何爲比者載辭徵召退擁皐比深懼德薄學淺無足矜式閭里閒耕漁子之風一瓣心香將於是乎在若僅侈湖山之美縱登賞之快不特耕漁子所不許并背乎設立善堂之本意矣軒成而庚申之難作燬焉今復建如其舊始得記之

懌園記

懌園者何太倉黃氏宗祠有山池亭館花木之勝闢其西牆爲園門故祠又以園名也園何以懌名相傳爲明桑民懌通守讀書處考州志洞庭分秀山房俗名江家山州指揮江某所築山下石洞有倘載桑悅詩毛澄龐嵒劉應祥聯句詩不言桑氏讀書事今碣詩具存詩意亦不似嘗讀書其中者要爲桑氏諸人賦詩飲酒之地則無疑故曰懌園也園主人爲誰州人黃經歷朝寀也園之沿革奈何始屬江指揮入
國朝歸張氏改名曰涉園圮不治有年矣經歷購地建祠始葺復舊觀工未竟而卒子孝廉慶雲茂才慶逵繼父志以潰於成詩曰似續妣祖築室百堵禮曰君子將營宮室宗廟爲

先經歷有焉書曰若作室家既勤垣墉惟其塗塈茨孝廉兄弟有焉尤異者先是經歷伯兄明經朝鑅購得日涉園東坡書歸去來辭赤壁二賦小楷石刻逾數年園歸黃氏石刻還舊處延津之劍合浦之珠有此奇緣噫非偶然也園之結構奈何園門鑿石爲之上銜古甎署園名折而北爲涇西別墅庭有奇石壁嵌前購蘇書石刻稍東爲曲廊曰香霧空濛廊之左水閣二一曰自在一曰盤之阿自廊北達廣廈三楹曰耕烟堂又曰洞庭分秀用舊題也堂左爲藥隱再折而東俯池闢窗古藤滿架曰飲淥山房左有精舍曰倚鶴迤東爲祠正楹階前石臺方五丈臨涵碧池池植蓮池左小石門題曰邱此深山石磴迂曲摩級而上爲納芥亭地最高踞一園之

勝牆外鱗塍雉堞一目數里梅桃蔬菜秔稻之屬空翠襲衣袂由亭西下得徑入穿壁東爲問渠聯以廊累土如梯級其上小樓半椽東曰度雪西曰抱雲樓之前怪石森列當檠月舲又曰無風波處其東巋然特峙者珠暉閣也上供文昌像下爲閒妙室東有榭在水上曰聽魚吟少北有亭曰水雲一角亭之左修廊蜿蜒以達於祠門此其大略也園之修復以何時經始於道光二十五年落成於咸豐二年也園何在在州城樊村涇西也記之者誰黃氏壻吳縣馮桂芬也祠別有嘉定王寶仁記故於祠從略也

遊祁陽浯溪記

距祁陽五里爲浯溪唐道州刺史元次山吟咏之地也溪瀕湘水艤舟登岸岸旁大石鐫字曰寒泉迤西行數十武石磯聳出江許壁立數仞摩崖勒顔魯公中興頌左右鐫詩題名者甚衆旁有鏡石長二尺廣倍色深黝沃以水可鑒又有夬字碑相傳以鎭鬼魅有王露夬石詩作易夬卦字或曰非也渡石梁下爲浯溪水源出雙井甚清冽北有三亭稍南爲勝異亭西則唐亭也又西高阜隆然特起怪石森列環抱峿臺據其上今無屋以臺名者仍其舊也方廣三丈餘俯瞰湘江拱揖羣山境清而雄字從吾者旌獨有也或謂三字皆次山自造則非是水經別有浯水說文有浯字廣韻兼有峿字唐

亭夾山文集作庴廎廎爲高之或體惟庴字古字書不見蓋唐時俗字也左側又有古中宮祠爲夾山故宅噫魯公功名氣節磊磊軒天地卽無書名亦傳夾山一詩人耳曩嘗讀其詩文集淸幽峻潔自闢藩籬絕遠六朝唐初襞績破碎之習可與後來韓柳諸大家別樹一幟與魯公並傳有以也石壁之上鐫詩題名不可數計今皆無恙然試舉其一二名字則羣詫以爲誰何然則士貴自立而已文章功業無所表見於世而妄思附靑雲以自顯庸詎可得耶

重建垂虹亭記

肅毅伯合肥李公將克吳江謂宜得文武才使莠民可畏愛者宰之選於列以海甯沈侯錫華特疏以聞報可侯以試用縣丞驟除繁要知縣異數也尋克城侯履治於今五年政通人和百廢具舉先後建復文廟松陵書院養濟院育嬰堂濬城河修長橋茲復捐廉重建長橋之垂虹亭屬余為記余惟垂虹亭志書所謂南臨具區北枕松江雲山烟樹風帆沙鳥在指顧間吳下絕景者也曩時余初過之則所見絕異因以變遷之年詢土人無能言之者歸乃體味前人詩文於宋則錢公輔記云湖光萬頃與天接白王安石詩云東西渺然白於元則袁桷記云駛風怒

濤舂擊噴薄薩都刺詩云截斷吳淞一幅羅於明初則高啟詩云行人脚底響波濤驅石神鞭是孰操無名氏詩云飛梁橫跨碧波上砥柱屹立洪濤中與所見皆不合至嘉靖中陳策詩云玉虹橫亘帶銀河又云極浦沙平鳥篆多始易爲淺水平波之景與所見漸近又考張忠敏公吳中水利全書圖猶作汪洋巨浸一綫之橋截東西而渡惟巨浸中雜繪水草綴以說云垂虹左右蒿蘆壅淤漸成平陸書作於崇禎九年丙子序中言萬歷戊申以後十年八災丙子距戊申二十有八年知吳中水利不治至是而極所謂漸成平陸者自明中葉始無疑也志又於天順以後屢記濬吳淞江崇禎九年獨記張公疏導長橋within至九里石塘考張公螺山之役得罪蘇

州民爭詣闕乞貸
國初諸公章疏具陳東南疾苦絶不理十年八災之說然則
濬淤一舉當時民感之數十年後猶賴之其效亦遠者哉厥
後治吳淞者若馬公祐以下代不乏人益水利閲數十年必
修無一勞永逸之道振古爲然無足異惟所濬不及長橋淤
則不能無疑焉張公言具區東下之水邑爲首衝利在宣而
病在遏斯爲不易之論乃又以昔人撤橋迅流之議爲非且
言吳淞不治而盡撤長橋長洲崑山青浦並罹波濤吳江亦
未必益是不然夫知撤橋豈不知濬江所言已傎且吾吳未
有長橋之先左思所謂五湖脥表周處所謂川澤扶衍者不
聞以波濤爲病建橋者止以取便鄉傳不知實妨水利得彼

失此事與治河之兼顧濟運同夫巳匯將瀉之水忽以一百數十丈之橋阻截之上游湍勢必驟殺下游波流必遲緩茭葑塗泥之屬因之停壅積微而著吳淞之不治橋爲之也撤橋實上策即或者謂有其舉之莫敢廢也況宋慶歷至明中葉尙三百餘年無事害非立見橋或可不撤而橋洪則萬不可不濬且張公固濬之矣濬之有成效矣乃轉惑於其言知濬江而不知濬洪則後人之不善法張公也比者東南元氣未復重以中原多故轉饟未巳此事未遑驟議私冀綏萬屢豐物力饒裕復有以修舉廢墜爲心如沈侯其人一旦曠然復宋元之舊余老矣尙將攜杖登亭憑闌眺遠卽吟半山靑邱之句與波濤相應和此豈尋常游觀之美登賞之樂云爾

哉願存吾說以竢當軸之留心民事者是爲記

養閒草堂記

同縣潘君季玉顏所居曰養閒草堂屬予爲之記予於君名堂之意不能無疑因舉所見前人詩文之言閒者質所疑於君焉秦少游集中有閒軒記云建安有北山山有澗有橫阜背山面阜據澗之濱有屋則東海徐君大正燕居之地也其名曰閒軒君將歸而老焉君少舉進士慷慨有氣略天下奇男子齒髮未衰而欲就閒曠處幽隱竊爲君不取也是爲閒軒作記而不與大正以閒也洎讀東坡閒軒詩則云冰蠶不知寒火鼠不知暑知閒見閒地已覺非閒侶大正以閒名軒不得謂非知閒見閒先生不以閒侶許之今君以閒名堂而復申之以養是於閒之中又有功候者其爲知閒見閒尤深

獨可以閒侶許之乎又云人言我閒客置此閒處所問閒作何味如眼不自覩則反以閒自與而不與大正意益顯又云頗訝徐孝廉得閒能幾許介子願奉使翁歸備文武應緣不耐閒名字挂寰宇大正行事無考而以蘇詩秦記觀之必非虛譽今君以宰相子歷尚書郎從戎十年上馬殺賊下馬作露布從肅毅伯平吳有功弋登助賊之役君一言而潛弭大衅肅毅深倚之實兼乎介子翁歸之才而已小試其端更非大正比倘亦先生所謂不耐閒者乎又云我詩爲閒作轉得不閒語以下純乎勖大正勿閒之詞與秦記無不合抑又考之樂天長慶集喜用閒字題則如閒坐閒居閒望之類詩則如求閒而得閒盡爲閒日月從此終身閒之類不可枚舉而

其贈李二賓客詩云我爲病叟誠宜退君是才臣豈合閒可惜濟時心力在放教臨水又登山則又不與賓客以閒與東坡贈大正詩從同末二句可令千古有心人讀之下淚豈獨爲賓客惜邪予於三先生無能爲役而命題旣同即行文不能自異遂爲君誦三先生詩文藉質所疑於君君其有以發我矇乎

太初道院記

郡城之西有古李王廟按李王長興烈士殁爲海神宋理宗時嘗著靈異元封忠王廟食徧江南郡志稱在常熟塘者尤古而此不之著土人相傳爲楓江七廟之一道士茅天鉉棲鶴之所歲月既久棟宇頽圮丹黝陊剝嘉慶九年郡人陳楙等延道士金紫房居之旣入廟即慨然有興修之志積數年募金錢若干緡購材鳩工因而新之者爲山門爲大殿擴而增之者爲天后殿爲斗母閣爲文昌閣爲玉皇閣爲東嶽殿道光三年落成長白玉公帑來藩是邦顏其門曰太初道院案郡志宋寶慶時道士顏守常於盤門創建太初道院今其址久廢方伯以是名之殆嘉紫房修元之意而望其繼守常

遺規於五百年之後乎紫房善符籙以治妖聞吳中貴游賈人輩金帛以請者無虛月紫房一以佐經費故工尤易集吾吳萬商之淵司馬氏所謂江東一都會也邇來歲比不登本業耗而末亦從之閭閻景象非往時比矣而擁厚貲者固不乏然往往多吝郡中有築城濬隍修黌宮諸大役官下勸捐之令延紳士主之謂之董事假之以詞色餌之以議敘復臨之以勢力必强而後應僅乃集事近有甚者董事多貲郎之徒皆富民親故輒倚爲利藪富民之黠者憖多出貲賄官若董事以免以爲賄一而已捐則遂爲例故樂賄不樂捐幸而事集脫數有贏餘州縣又借以補官虧董事從而染指瓜剖而豆分之坐是富民益藉口觀望蓋習俗之陋如此今紫房

一羽衣耳絕無所挾持而所得乃若是豈彼所謂福田利益之說入人之深其力有大於官若紳之爲之歟抑紫房誠足以感人公足以服人異於今官若紳之所爲故有以致之歟噫若紫房者其亦可以風矣

重修鄧尉聖恩寺記

名山勝境之興廢豈偶然哉佛家之言曰有緣焉於鄧尉聖恩寺之得無廢也猶信寺舊有

行宮

仁皇帝駐蹕時嘗飯僧爲

皇太后資福

高廟南巡亦數

臨幸寺踞山顛殿廷宏敞列屋數百楹別院又若干區山高百丈巨區匯其前左穹窿右西磧他有名之山百數周迴以爲障四營而開宇遠近藝梅爲業花時香聞十里距郭兩舍僻在湖濱山深林密塵埃不至爲郡中名剎第一萬峰以來

碩德名僧卓錫雲萃淸修慧業厥境惟稱歲丁未余奉先宜人窀穸相地西山中彌年於白馬澗主覺阿上人於鄧尉主吳西橋上舍卒卜兆長圻麓鄧尉支隴也以是留倍久會寺僧以違戒敗無主者家君命訪諸里人僉謂惟覺阿宜西橋持尤力顧寺積逋賦無算前僧伐古樹幾萬株方議補植繼之者理董非易至住持之職米鹽靡密煩碎殆如平人家非覺阿好也重違衆意久未決明年夏余服除當北上疾作未行西橋集素善覺阿者五人勸駕議乃定五人者余同年湘鄉左刺史仁同里劉明經廷楨吳茂才復午僧嵩光與余也邑侯鍾君光裕刺史戚也用刺史言減糧價且捐廉百金辦逋賦越翼日而鍾君註誤去無何當事議割寺田之半充平

江書院膏火余爲致書觀察桂君超萬太守鍾君殿選略云
寺田六頃而不毛之地廣袤數里田租半以抵山賦餘僅給
僧食果割其半寺且廢
列祖聖迹存焉烏乎可田又中下歲入幾何徒損於寺無益
於書院且具言公舉覺阿入寺狀觀察太守知覺阿名稱善
寢其議於是乎寺得無廢嗚呼此事顛末數日間耳向使覺
阿不先許左君之官江北鍾君早罷或不用左言余不以疾
留或聞割田議稍遲不及言或言之而觀察太守不余聽有
一於此寺廢矣謂之曰緣信哉覺阿初祝髮有句云一蒲團
外萬梅花又覺阿之緣也覺阿與余同社同游屢尋故僧服
雲遊余亦旅食南北無定踪中間無幾相見比訪君山中聯

牀累夕迴憶同人零落殆盡荅忽忽二十年矣此非余與覺阿之緣耶顧今行別君北上願十年以爲期將賦遂初之篇葺茅屋數椽於先宜人墓左側從君數晨夕以老則未知緣之說何如也

記成覺阿迄不往改延僧某爲住持亦能舉其職復寺舊觀此寺借徑於覺阿其緣更巧仍以此記付藏之俾後之主寺者無忘覺阿之力也

上海重建武帝廟記

聖清承天右序懷柔百神祀事咸秩四方上下罔不效靈助
順翊我無彊之祚軍興來所聞羣神顯應之迹甚眾而惟武
帝尤著且屢唐代所記雲霧中神兵鼓噪城坳幻光明者不
足數也咸豐中
天子覽稽舊典謂未足盡崇極大神之義
制詔禮官酌之中祀祝號祭儀暨牲醴幣玉尊鉶簠簋鼓鐘
翟籥之器數與次俱昇於是廟制與社稷句龍棄孔子埒偉
矣哉上海爲東南雄鎮兵備道治所舊有廟在城之東北爲
天主堂故址見縣志咸豐十一年英法來滬平易約若干章
有許還天主堂故址一事法人執新約及縣志求廟地無以

奪也兼署布政使兵備道錢塘吳公瞿然曰此余責矣當余世而失廟地曠祀典何以對邦人縣西門故有海防同知署燬於粤賊劉麗川之難賊平署移小東門察院基遂墟公議建廟其上凡爲殿三楹翼以兩廡通以重門護以屏牆繚以周垣後爲崇聖祠祠有樓最後爲齋庖井匽之屬東偏

萬壽宮前後六楹爲歲時祝釐之所皆準舊營飾又東葺舫齋四椽建樓以遠眺望是役也經始於咸豐十一年秋八月其明年春二月落成縻金錢二萬餘緡公捐廉獨爲之不累僚屬紳民一錢經營規畫者教諭黃君安行暨邑紳某某之力也惟神生而聖武絕倫超羣幾欲爐赤帝子餘燼而復燃之歿而爲神英風浩氣磊磊

軒天地禀然如日星川嶽之照臨渟峙經千七百年之久而
擁護
熙朝拯民生捍災患靈爽如一日自王公卿士下逮販夫走
卒窮荒邊徼之氓莫不搏顙奔走之恐後偏隅一廟之不治
異端遠裔之不格於神何損豪末而公顧惕然引咎務求所
以復舊觀而加恢大之然後即安其誠於事神有足多者公
涖滬五年更大難縣瀕於殆者再公籌糜西人俾右袒復仿
晉唐用蕃將法爲異軍特起戰輒功最孤城既完峙芻茭具
舟楫逐大軍二千里外尤非公莫能爲者卒以此復蘇州識
者謂無公即無上海大軍無自至蘇州之復將在金陵後大
局且一變公之功豈獨在一縣哉則又公之先成民而後致

力於神尤大彰明較著者也曩余避地謝客公叩門以講席聘洎忝賓席三年登公之堂一而已而公之功在吾吳則知之最審故於其屬爲廟記也大書特書之以諗來者

清末民初文獻叢刊

顯志堂稿

（下册）

［清］馮桂芬 著

朝華出版社
BLOSSOM PRESS

顯志堂稿卷八

吴縣馮桂芬林一著

贈資政大夫知州銜河南永城縣知縣吴縣有庚吴公暨配

邱太夫人合葬墓志銘

吾吴不乏通顯之族而簪纓甲科相望學官弟子籍無虚歲春秋會祠祀至千人莫如吴氏近年以來以名德耆舊爲鄉黨引重者則首數有庚贈公公諱毓金字位西别字有庚世居蘇州泰伯九十四世孫明高士貞靜先生璿爲分祠始祖十有三傳爲公曾祖士楷太學生　贈榮祿大夫禮部右侍郎妣王　贈一品夫人祖文熢太學生　贈通議大夫雲南按察使妣章　贈淑人考廷瓚嘉慶庚申舉人太常寺博士

重游泮宮　封中憲大夫直隸清河道妣張　封恭人祖父
兩世復以公子艾生官　贈資政大夫妣皆　贈夫人公兄
第七人行居長年十九游庠尋食餼嘉慶丙子順天舉人道
光八年以例選安徽英山縣教諭邑在萬山中文風樸樕閟
六科無鄉舉公至與諸生口講手畫如塾師戶外屨恒滿其
明年復開榜十年以例得河南知縣十三年署新鄭爲七省
通衢官弁過境徵車民間往往一車擾及數村公簿錄村戶
均其役周而復始民大悅十五年代理林縣十六年署南召
十八年以獲光州盜引
見奉
旨儘先補用其明年補永城試用班驟得繁缺非故事也大

吏益以才選之甫下車擒捻首李黑小等四人置諸法羣捻奪氣終公任無滋事者又按大猾胡其斌斥劣生言格等二八縣中肅然二十一年河決開封城不沒者三版城中饑無食公出私錢購糗糧運省備賑爲各邑倡全活無算加知州銜旋丁內憂服除以封公春秋高陳養二十六年封公卒次年就養艾生邸越三年南歸咸豐三年春軍興行團練法於鄉郡以安堵五年秋七月二十八日疾卒春秋七十有二誥授奉直大夫以艾生官　累贈資政大夫公性至孝晚歲迭遭兩喪哀毀不能支坐是得嗽疾迄於終身工制藝及詩文名滿鄰下負經濟才不表襮言貌如平人洎處繁劇不動聲色銀手如斷先生補永城會言官劾汴省虧空前任某與

焉公慨然受代洎公去財爲後任所持坐大困及歸橐蕭然顧存恤親族孤寡不遺餘力以是在官在鄉莫不推爲長者配邱氏明唐藩紀善箴凡殉節閨中子文美尋親負骸歸葬

皇旌孝子始自吳興遷蘇州曾祖之瀚州同祖成錫布政司理問父孝淵州同　贈工部主事母吳陳太夫人吳出也實公姑之女年二十來歸逮事重闈公往來京師定省甘旨無闕隨宦皖汴主中饋勤以整公晚多疾太夫人晨夕調護衣不解帶以爲常久之艾生守衢州公尋卒服除侍太夫人需次杭州咸豐十年春賊至太夫人誡勿動城猝陷與艾生約同死俄而官軍復杭州獲免尋攝衢州借之任於是賊連陷

蘇常浙東西各郡縣溥衢州太夫人乃挈次孫恩慶避居象山誡艾生曰若一意城守勿以我故亂方寸嗣是音問遂絕艾生嬰孤城左右支吾者二年兩浙十有二郡惟衢郡完洎恪靖伯左公軍至新任受代始與太夫人重相見計二年中輾轉從海濱險巇危難極人世難堪之境而處之怡然無何江浙肅清板輿來往蘇杭優游頤養者六年以同治七年夏五月二十四日卒於家壽八十有四歲太夫人治家嚴而有恩家人畏而感之性節儉好施與恆節衣縮食以佐親族之貧者歿之日無少長皆哭失聲子三清鳳附貢生直隸候補從九品前卒艾生道光辛丑進士貴州道監察御史浙江補用道瑞生貴州定番州州判升用知縣剿賊陣亡 䘏贈知府

銜雲騎尉世職女四壻太學生俞民彝府經歷封工部主事沈大鈞刑部主事壬戌進士葉守矩浙江候補縣丞封福建平潭同知李兆鉏孫五豫慶浙江候補縣丞升用同知辛酉杭州再陷偕配何宜人二子應恒應泰一女同殉難　卹贈雲騎尉世職恩慶呉縣附貢生蔭慶世襲雲騎尉紹慶達慶殤孫女七曾孫四承重者應甲世襲雲騎尉應恒應泰應元曾孫女二一公先以咸豐七年葬元和縣二十九都七圖祭字圩東漊浜之原銘版未具茲艾生將以同治八年正月十日啟公兆以太夫人祔窆狀請銘不敢辭銘曰

公之行寬中厚性因心資敬孝友施於政公之文經雅式遵彬蔚紛綸鏗乎有聞公之猷古龔黃之儔乃恬乃謳聲滿中

州公之職十年銅墨驥坂中息惟後之豐償公嗇公之族句
吳舊服聯翩騰逴孝以忠續貽孫子有穀公之宮斧屋斯崇
東漊淙淙得水藏風慶延厥宗

振威將軍廣東陸路提督幹勇巴魯圖正定郭公暨配李夫

人合葬墓志銘

數年以來逆夷内犯濱海郡縣苦蹂躪往時所謂驍勇名將以汗馬功聞天下者半已前卒存者僅數人率以偏敗或援絕或文臣掣其肘不能展其志多戰歿中外想望風采以爲才堪辦賊者曰正定郭公乃適以其時遘疾薨於是勳臣宿將幾盡矣吁可慨也公薨之二年孤子殿元等將以某月某日葬公於其邑東兩嶺村之原以李夫人祔禮也先日走京師奉公行狀敂予門以闡幽之辭請余夙慕公戰績遂不揆其不文而應之按公諱繼昌字焯菴世爲直隸正定縣人曾祖世偉祖珍父學御三世皆以公貴贈振威將軍母某氏贈

一品夫人生丈夫子四公其長也少歷行伍年二十一補正
定鎮標左營外委稍遷固關營桃源汛外委把總嘉慶元年
教匪蔓延川陝楚三省公從直隸提督慶成公征湖北敗賊
於張家灣升督標後營把總巴州賊羅其清將自營山犯順
慶復從西安將軍恒瑞公赴援與賊戰於鯉魚嘴公冒矢石
前驅身被重創戰益力大隊繼進遂大勝旋聞通江賊冉文
儔太平賊龍紹周等自大神山竄龍鳳坪我兵由馬鞍山進
攻克之蘖賊目冉文富遷山永協山海路千總無何襄陽賊
張漢潮等入陝恒瑞公檄公赴甘肅會剿賊屯帶羅山我兵
自五福河掩擊敗之又連敗之於老柏樹於大中溪於高家
溝升督標右營守備尋擢龍固營都司三省平改懷來路都

司授宣化鎮標中營游擊署獨石口副將遷陜西宜君營參將道光元年夏赴喀什噶爾換防明年還陜署督標中軍副將又明年授陜西定邊協副將其冬改甘肅安邊協六年夏六月帥陜西兵換防葉爾羌七月道出阿克蘇會逆回張格爾叛連陷喀什噶爾等四城勢張甚阿克蘇當其衝戒嚴伊犁將軍大學士長齡公知公才留公總理營務翼長城北有托什罕河賊屯河北官兵距河守秋八月庚午賊衆潛渡渾巴什河直趨我營公迎擊賊敗走追奔十數里昏暮乃休會時賊分兵進薄阿克蘇城圍協領都倫布營數重告急於公還兵救之公以兵少不敵調額爾古倫馬隊三百與俱時夜將半率都司李遐齡卷甲趨數十里昧爽突圍入賊出不意

皆披靡獘賊目庫爾班素皮餘眾大潰官兵追之及河爭渡溺死者甚眾是役也公獨當大敵解重圍殺賊渠先後禽斬千餘人獲馬牛軍械旗幟無算賊爲奪氣總督楊公遇春上其功

優詔褒獎晉總兵加伊濤阿巴圖魯名號伊濤阿者漢言幹勇也

賞戴花翎七年春二月從大軍進剿抵大河拐夜賊眾數千乘我營公擊卻之從下喀什噶爾城張格爾先期遁獲其族屬既先後復四城賊勢窮迫竄卡外我兵躡之至塔里克打坂賊據山拒公分兵繞賊後縱擊賊驚我兵乘之前後夾擊賊大敗冬十二月大軍圍賊於鐵蓋山生擒張格爾檻送京

師

天子御午門受俘

詔繪功臣像於紫光閣

親爲之贊公與其列時公已除安徽壽春鎮總兵朝於京師

召對

勤政殿者再獎勞有加

賜蟒衣文綺荷囊以寵之改陝西延綏鎮總兵尋赴喀什噶

爾勦逆回餘孽再充營務翼長還署固原提督十七年遷廣

東陸路提督抵粵之明年逆夷蠢動海防亟公往來廣惠間

爲守禦計以積勞致疾時公年七十有四鬢髮皆白飲啖稍

稍衰矣猶橫矛躍馬與少壯角藝毅然以殺賊立功爲己任

頤久之病益篤不得已乞休疏上之明日而薨公內行誠篤通經史大義熟孫吳書用兵法古而不泥古生平由行伍洊登閫帥大小數十戰創瘢徧體臨陳輒先登爲士卒倡士卒故樂爲用戰未嘗敗北手擒賊以百計殺賊以千計建奇勳萬里外垂名史宬與麟閣雲臺後先輝映可謂偉矣晚官粵邊事日棘每進寮屬語輒以忠義相激厲掀髯目炯炯慷慨見詞色聞者壯之公旣薨賊氛轉熾出沒粵閩江浙諸海口所至大小文武將吏率望風走或餼牽逆境上賊至如歸迄於不可制悲夫公生於乾隆五十有三年五月七日薨於道光二十有一年四月二十四日元配李夫人獲鹿縣廩生諱濟女有婦德先公九年薨權厝他所至是合葬焉子二殿元

軍功六品頂戴清元候選訓導女一晉州監生孫紹廷其壻也孫一長慶孫女六銘曰

自古名將幽燕鍾嘉道以來數郭公虎頭燕頷骨相雄天山飛箭成膚功玉門陽關嶺度葱偏軍陷賊圍數重躍馬一呼氣貫虹千夫辟易如摧蓬鋒車所指無崇墉遂焚厨幕龍祠空天西萬里銷狼烽煇煌

奎藻嘉爾庸凌煙閣上圖儀容褒鄂鬚眉甡比蹤霸都錫號昭褒崇晚年珠海移華驄鯨呿鰲擲濤翻紅據鞍顧盼矍鑠翁手挽狂瀾障川東巨星晝隕天朦朧公不少延民鞠凶同聲一哭兵與農大呼渡河今有宗公身則亡餘蓋忠佳城鬱鬱松蟠龍英魂毅魄藏幽宮福祚奕禩垂無窮

功甫潘先生暨配嚴宜人合葬墓志銘

士博一科一第綰一職朝不坐燕不與手不操尺寸之柄雖有康濟天下之願無所於施則退而爲善於一鄉所持既甚約所被又不遠而居然行其法足以澤一時存其書足以利天下後世可不謂賢乎如吾鄉功甫潘先生是已先生諱曾沂初名遵沂功甫其字嘗夢前身爲浮渡山僧自號小浮山人太傅　武英殿大學士文恭公冢子籍系官閥詳余所爲文恭公墓志年二十有一舉茂才二十有五登賢書尋以例得內閣中書道光元年入直四年假歸遂不出久之以災賑議敘光祿寺署正銜先生孝友仁慈出於天性生八日而母謝夫人卒終身以爲隱痛事文恭公暨繼母汪夫人得其懽

心居輦下三載交海內諸名公以文章道義相切劘要路雖父執不一謁一日入朝與友俱。一達官出友趨而與之言既去問何人友駭曰英中堂不識邪英固文恭公同年時爲樞相云嘗例謁於閣師松筠公會軍機需人行選而試之公素與文恭公善因問曰考軍機乎先生愕然曰未也公深悔失言與人交貴游寒畯如一僮僕亦化之一矯驕諂之俗厭後家居值文恭公當國獨自韜匿就所居鳳池園構一椽曰船庵鍵關謝人事焚香讀書澆花洗竹一家如在深山中一童子應門客至受柬門隙無貴賤一不報中間省侍京邸者再往返數千里亦不見一客俗所用署名小紅箋攅不具者二十餘年中歲以後長齋禮佛究心內典嘗曰二教功夫總自脚踏實地做起又作放生會曰天人感應之理惟此最顯最速大用莫如仁當於此處著意使其長養而擴充之生平爲善如日用飲食之不能蹔輟其田二十有五頃建豐豫莊備平糶諸用歲小歉輒弛佃租先後十餘年間蠲米凡四五萬石里中水旱舉賑留養他郡流民以若施衣食饋醫藥建義塾育棄嬰諸善舉吾吳故多好善者類能爲此不足爲先生紀顧自先生倡之則一郡應如響萃欣然輦錢粟踵至以是事易集而效彌廣脩大佛支七世宗譜謀於族立松鱗義莊族屬之貧者有常餼區田法見賈思勰齊民要術王禎農書先生謂田之賤上之瘠收之薄賦之重莫甚於吾吳惟區田法行而後穀可多田可貴作課耕會試行於葑婁之郊果倍

獲遂著豐豫莊本書列直講三十二條以貽農人濬與福塘河十有二里曰堯峰河旁近資灌溉之利著蘇松減賦說又謂宜亟行於減賦之先者曰農田曰水利先於近水諸郡督種稻田一二年後成效衆著乃上

聞推其法於西北漸令水利日興稻田益廣則西北之米自足而東南之賦可減可謂探本之論壽游名山水嘗北登太山觀日出自武林而西歷徑山七峰兩天目東逕海昌陟大尖山觀潮又過錢塘至桐廬釣臺折而東渡曹娥江躡天台步石梁觀瀑布又嘗泝大江上匡廬游潯陽庾樓琵琶亭黃州赤壁漢陽黃鶴樓浮洞庭達岳州徧覽岳陽樓君山諸勝遂訪銅陵浮渡山尋前身涅槃處迤北越清流關由臨淮以

歸所至蕭然行李晦名姓獨故人林文忠公方帥兩楚偵知之屏騶從訪於舟次留之不可賦詩唱和而別爲一時佳話先生不爲術數之學而自言夢輒驗仿東坡夢齋作正續三十六夢龕圖弟少宰公曾瑩之舉京兆從子侍讀君祖蔭之捷南宮咸預知次第不爽壬子春趣工治義井鑿新濬舊凡四五十區人莫測也無何秋八月不雨至冬十有一月城中擔水直百錢遠近賴以得飲始大異之殆佛家所謂習虛靜而成通照邪抑吾儒所謂至誠之道可以前知邪詩文澹遠名儁自成一家中多憂時感事之言尤惓惓於東南賦重財竭農田水利之不講民生之日蹙思有以挽回而補救之幾於舉筆不忘蓋先生學問經濟之大者實在於是稱之者曰

高隱曰好佛曰詩人皆目論也嘗自言一生大略盡於數卷詩中所著詩集三十二卷刊行者大半東津館文集三卷船庵詞一卷豐豫莊本書一卷小浮山夢志一卷護生庵集一卷藏於家先生貌腴而體孱晚得肺疾咸豐二年冬疾大作聞粵警力疾寓書楊中丞文定於江甯言防堵事甚悉於是先生不與當事通書者十餘年而亦遂以此絕筆矣臨歿爲儀鳳舉溫良恭儉讓君子懷刑出門如見大賓數語且曰吾念汝祖父神明湛然時十二月二十日也春秋六十有一其明年八月葬吳縣二下五都一圖維字圩菱白蕩和祥濱之原配嚴宜人歲貢生選之曾孫女乙未會元　上書房翰林福之孫女乙卯翰林杭州府知府榮之女年十有九于歸遂

事重闈以孝稱先生自閉戶而後散遣奴婢躬操作汲爨有寒素所不能堪者宜人怡然安之郎賢過人可知咸豐五年七月朔卒年六十有四側室楊宜人子二庭誥殤儀鳳正一品廕生先生卒實承文恭公之重女三壻韓文和甲午舉人山東揀發知州汪廷標銅山縣訓導蔣鎔經吳庠生孫女二比者儀鳳來告曰先大夫之葬以時之多難相地負土之遽也未遑治幽宮之版無祿先宜人繼逝將以十一月十八日合祔先塋願如唐以後合葬墓志之例以補其闕是有賴於子余何足以知先生而三復遺書竊有緬往之願焉不敢以不文辭銘曰

渺然寸抱兮萬族恫瘝藹然斗室兮四野吟呻嗟嗞乎先生

天生斯人宜金紫是紲宜期頤是臻廣義滂仁大濟時之艱胡爲乎三載掖垣五試春官忽翩乎其絕塵晦迹乎泉畈心竺乾雲養不竄水冽不濁不位不年以昌其文以焯其傳以蔭其後昆嗟嗞乎先生斯藏孔安我銘不刋永永千春視此貞珉

卹贈知府銜候選同知秀水王君暨配張恭人合葬墓志銘
往嘗謂匹夫行善於鄉匹縑斗粟所及無過比閭鄰里止耳
其人自足尚而豈遽可爲一鄉重輕乃於秀水王君而竊有
異焉君諱亨謙字眥吉號芹鄉世籍浙江秀水之新塍曾祖
允震有孝行僑居吳江之盛澤妣朱氏祖兆盛鄉飲大賓妣
仲氏封君元相候選州判妣葛氏三世皆以君弟都轉君及
子景賢官累贈 封贈階至資政大夫妣皆夫人兄弟三人
君居長次恩壽庠生補用道鹽運使銜 賞戴花翎次家鼎
候選大理寺丞君幼困童子試 封君乃以家事付之而令兩
弟專心舉業君天性孝友精覈綜事 封君幼食貧以化居致
饒裕自奉甚儉敝縕脫粟不改其素而施予則千百金不惜

人以爲難惟君能承之道光二十七年河南饑人相食君聞之惻然出萬金集同志又數萬金購米麥往賑豫人以其無因而至咸異之二十九年江浙大水咸豐六年留養金陵難民捐資甲他戶而部署安置尤心力交盡十年春蘇州戒嚴方伯閻縣王壯愍公知君才檄辦閶門團防嘗獲賊諜置之法王公深重之無何我勇通賊縱火十里內皆燼君知事不可爲亟歸奉堂上徙避倉卒中母葛夫人卒棺斂安厝畢始得侍封君至上海屬江浙避難者臚集天行癘疫疾病死亡相繼君憫之創立保息局且住局婦女別爲安節寓費鉅萬皆君倡捐募捐以成之同治元年春肅毅伯合肥李公駐滬討賊四江口之捷殺賊數萬尸橫徧野君曰是其中有兵有

民恐聽其暴露乎釀資屬都轉君及余子芳植輩往掩之見難民載道多垂斃飛書告君兼籌賑卹費又鉅萬逾月李公聞之遂專疏請以都轉君總辦蘇省新復州縣撫卹事隨營給賑而在滬領銀購糧則君實主之三年春以米貴浮海赴江北購雜糧中途得寒疾歸遂不起時四月十日也年五十有五君先以例得同知敘勸捐勞　賞戴藍翎以子景賢官封戶部主事至是以歿於王事疏請　賜卹贈知府銜廕一子入監讀書期滿以州判候選君性淡泊無蒲酒之嗜惟於善舉直覩為身心性命日用飲食之不可離君家有賈業司會計者十數輩而善舉則必躬必親不以假手斗室中縱橫數十帙皆善舉之籍也晨夕持籌千緒萬端不厭不倦晚歲

善名尤著滬上富商之藪故皆與君往來君每詣之輒挾冊募金無論新知舊知至再至三不以爲嫌冊中君固自書鉅數人以君故不能不如君所書之數雖平居絕不知爲善者亦慨然有千百之助時有排闥而來委金而去諱言主名者夫軍興捐饟餌之以獎敘懾之以威嚴卒皆強而後應君無毫末假借而集捐獨易則君之誠有以致之也君嘗自山西入都由津門泛海歸將抵滬霧夜舟觸石昏黑中見有燈光循之而行始登岸以免人謂爲好善之報君旣卒賈業皆罷家驟貧索逋者念君舊無急之者即君之待友可知君所居比鄰某有刻薄名門楣與君埒里中以兩姓並稱庚申之難某一門死亡殆盡遺孤不辨菽麥君雖毀家而公子蜩起成

進士羣從登賢書游庠食餼者踵相接封君年躋大耋子孫
蕃熾福祿未有艾假或反之豈不謂天道無知而乃不爽君
此噫可以風世矣君配張恭人候選布政司理問廷梅女年
十有九于歸孝於舅姑和於娣姒性習勤子女衣履皆自十
指出中年後長齋禮佛時捐奩饋婦女之凍餓者刑于之化
然也子四景奎附監生候選員外郎景賢附監生辛酉科舉
人癸亥　恩科進士　特旨以戶部主事即補四川司行走
景祁庠生景義　恩廕附監生女二壻監生金秉浩五品銜
甲子科舉人馮芳植孫三庭蔭運嘉雲鵬孫女四景奎等奉
封君命將以同治七年春正月六日舉君及張恭人匶合葬
於吳縣二一都五圖百福字圩楞伽山麓下堉之原先期來請

銘余與君姻連無求於君而與君語善舉應如響爲他有力者言輒不省比者蘇城三善堂爲求一主者不可得益思君不置故不辭而爲之銘曰

胸中突兀養贍宮財輕簞撐義華嵩詎止九族饑寒同一誠所孚羣影從輦金擔粟如趨風滴泉葉陰如甘醲燠暍以醒萎以豐匹夫乃有迴天功祇令羸瘠滿眼中噫嗟斯人不可逢一生與善相始終

天子有

詔褒仁忠百福之原堂斧崇積善餘慶傳無窮

潘母張太夫人墓志銘

咸豐七年冬十有一月八日吾友潘曾瑋喪其母張太夫人於是除文恭公服四閱月在嫡母汪夫人大祥中三年間有三年之喪三吁其慟也卜以次年秋八月十七日葬縣一都九圖亞字圩横塘營家村之原具行略請銘桂芬及文恭公門與曾瑋道義交二十年習聞懿行甚審不敢辭按略太夫人張氏直隸滄州人世居鞠官屯父明方母于氏生二女於行爲次生而端慧能讀書年十有九歸太傅大學士吳縣文恭潘公公方視學浙江從汪夫人之任自太君黄夫人以下歡愛無間言汪夫人待之如手足以曾綬屬太夫人子之曰吾子即若子居久之生曾瑋汪夫人鍾愛逾所生厥後曾瑩

請貤封如其官禮汪夫人志也曾瑋之生也太夫人自乳哺之比數齡督之甚嚴就傅歸篝燈課所習常至夜分整肅如在塾自奉儉約敝衣麤糲泊如也生平不妄費一錢獨侈於行善簿施與輒署一善字蓋無慮千百善矣中年後益厭薄榮利持齋禮佛日課經典以爲常文恭公自浙還朝復視學江西內召丁母憂即家終養太夫人皆從迨道光七年再入都由潞河經滄州於是離家二十餘年矣聞父母先後歿趨墓一慟幾絶咸豐四年公薨哀毀盡禮與汪夫人相慰藉形影不離尋病類中少差相隨扶匶歸無何汪夫人卒慟曰夫人昔賜一釧曰與若永不分離覩此釧吾其相從泉壤乎自是忽忽不樂疾再作藥之良已一日語曾瑋曰吾且捨若去

毋悲也遂三日淩晨盥漱畢易新衣有頃遂不語三日而卒

太夫人性剛方明大義六年夏寇警親串走相告勸避鄉太夫人曰何至是即至是命也罵賊死耳何避爲卒亦安堵訓曾瑋曰刑官關繫人命勿恃律例熟疏忽致貽悔又曰百行孝爲先忠亦本於孝求忠臣必於孝子之門曾瑋嘗官敬由獄里居指麾偏師殲劇盜遏亂萌鄉人賴之餘事贍窮黎輯流民孳孳若不及母教然也太夫人生乾隆五十有一年七月三日壽七十有一

誥封恭人　貤封一品太夫人子曾瑋道光癸卯科謄錄效

恭公重宴鹿鳴

推恩以員外郎用補刑部奉天司升福建司郎中以捕勦匪

勞

嘗戴花翎孫四祖謙祖均祖疇祖頤孫女二秩芬嘗讀詩關雎以下諸篇大氐宮中嬪嬙躬被文王太姒之行相　親愛婉娩之詞更瑣瑣於澣濯煩擱蘋蘩饎爨諸小節而說者以爲王道之基證諸學庸以齊家爲治平之原以父母之順推本於室家妻孥說亦相表裏此其理可深長思也今觀太夫人母子之於汪夫人而歎汪夫人之賢益歎太夫人之賢也而文恭公刑于之教曾瑋之能事其親從可知矣發爲事業見諸禎祥榮閭里而光邦家宜矣哉銘曰

詩二南風化基高遠業先闢幃猗清河女士師整帉礪潔醴酏躬揄翟若布椎貴能貧約能施蔭樛木挺蘭芝子克家才

經時而繩繩而怡怡導善氣福祿宜邁延長千載期炯幽室

貞我辭

誥封太宜人費母梁太宜人墓志銘

同治五年夏六月壬辰吴江費延慶延釐之母梁太宜人卒於里第是爲揀選知縣安徽休甯縣訓導祀名宦諱元鎔之繼配翰林院編修祀鄉賢諱蘭墀之婦刑科掌印給事中祀鄉賢諱振勳之孫婦於是訓導君卒二十年矣先葬邑之某都某圖操字圩之原延慶延釐卜以六年某月某日啟兆而祔焉以狀請銘余少識訓導君於肄業正誼書院時旣又善長公子延洪兩公子復寇後與余子芳緝芳植同鄉舉仍世通家飫聞懿行雖不文奚以辭狀曰先妣直隸天津梁氏曾祖諱鉞祖諱澄考諱承勛乾隆戊申副榜候選訓導爲先曾大父分校京兆所得士早卒三世皆以伯舅諱寶常公官浙

江巡撫

贈資政大夫妣李封太夫人享彭氏祿養三十年

宣廟御書節署臚歡額以賜海內榮之兄二女兄二吾母最幼伯姊爲先大父撫女兩家如姻婭前母沈宜人歿歸先府君爲繼室年二十有六時本生大父母在堂吾母奉事惟謹厥後居兩喪哭盡哀前母遺兄姊六人吾母愛之如己出歸甯必挈幼者與偕曰兒失母良苦恐令無所依邪府君比歲應禮部試既又赴甯國縣訓導任不暇問家事數年中吾母爲兄姊畢昏嫁者四族黨益歎吾母賢之官三年始奉本生大母挈吾母等至署祿薄歲入不支吾母恒經旬蔬食得珍味輒奉大母次及府君下至延慶等而已不與爾府君有義

舉必贊成之月課諸生第甲乙出俸錢以贍膏火吾母傾筐篋無少靳府君卒為名宦吾母内助之力為多又四年得肺疾吾母密刲臂肉和藥以進不能療既遭喪每哭踊臂創輒裂水漿不入口氣絶而蘇者再喪歸延慶等既失怙吾母益愛憐之然督責嚴晨起趣入塾吾母居聽事東屋後即書舍延慶等方讀書聞吾母嗟歎聲則相對掩卷泣如是以為常無何外大母亦卒吾母以憂成疾由此始矣時家計日落室中使令止一婢煩擱縫紉之事咸身任之遂得咯血疾終其身延慶等稍長吾母為謀娶婦先是伯舅去官臨行贈吾母金至是悉出以佐昏資焉歲時躬治祭具必潔以豐子婦請代吾母曰吾操之有素矣雖老敢自逸乎久之伯兄卒初伯

兒以宅隘買宅城南至是令回故居教諸孤讀書無異於教延慶等己未延釐舉於鄉其明年春延慶得辛酉科選拔吾母稍慰而粤匪之難作先遷方尖村再遷汾湖濱遠近數十里皆烽火吾母驚憂交集至秋病瘧經月自是精力益衰旣又遷上海之浦東賊平始歸里以舊廬燬僑居黎里鎮甲子延慶舉順天鄉試乙丑延釐成進士授翰林院庶吉士吾母以

覃恩誥封太宜人延慶等先後歸葢三載中以試事北行吾母倚閭而望神色黯然至是皆在側益喜偶出門則心切切數歸時日影西指聞戶外足音輒問曰兒歸乎家人或相笑不爲止吾母雖甚愛延慶等顧自幼服食必爲之制戒勿誑

語嘗曰自吾爲汝家婦尊卑數十人遇事能容忍久之咸相安至於內懷詐以求利己外甘言以務悅人吾不忍爲尤不願汝曹蹈此習也延慶等交游至從屏後覘之聞講學論詩書則喜見所作字畫有敧斜必訓正之嗚呼今而後欲聞吾母之教誨可再得乎吾母仁而好施戚黨以緩急告無不應與僮僕言呴呴然若惟恐傷之者歲己酉邑大水號寒屬於道吾母爲製衣實以褚賙之其他濟貧恤嫠事不勝紀吾母以嘉慶十一年二月辛丑生年六十有一子五長延洪附貢生員外郎銜候選主事前卒次導源次延恩皆殤前母出次延慶甲子科舉人候選國子監學正次延蘁乙丑科進士翰林院庶吉士五品銜吾母出女五長適候選教諭顧孝溥次

適馬某次殤次適王與濂前母出次殤吾母出孫二樹滋樹達孫女五狀文累三千餘言敘事有史法悱惻沉痛不忍卒讀洵乎兩公子皆承明著作才太宜人可謂有子而益以歎太宜人之賢也嘗讀詩曰無非無儀惟酒食是議古人言婦道止此致于事綦重而不及之者地道無成之義也夫歿始重之代有終之義也太宜人盡婦道者十餘年盡母道者二十年兼乎無成有終之義可不謂賢乎余愛其狀不欲改弦遂約之爲志而系以銘曰

婦職中饋行不取奇婉娩槃帨恪慎醴酏坤德順承用輔乾施焚膏濟士文翁譽馳既遷家屯新安不祿是藐諸孤一身所屬拮荼蓄租鳴機和讀昔豐不矜今約不蹙庭之芝蘭國

之珪璋秉文展世令緒載光有子克賢毋聞彌彰孝慈令恭
爲閭里望僉云是毋宜有是子天其祐之復參政始誤門且
扃翠珉爰砥我銘不刋永貞萬祀

誥封宜人先慈謝宜人事狀

烏虖先慈之卒也親友來唁輒謂享壽七十有五不爲不永而不孝桂芬椎心疾首痛絕不欲生以先慈生平拮据勞苦終身如一日桂芬未嘗盡一日之養爲可痛也先慈佐家君搘持內政五十年備嘗艱苦洎桂芬忝竊一官奉安輿就京邸汔可小息乃甫四期而遽爾棄養平日不能視無形聽無聲弭患於未然一旦疾作祈禱無靈醫藥無效而今而後桂芬雖極人世之榮於先慈何補已矣其長爲無母之人空抱此無涯之憾以沒世已矣先慈姓謝氏浙江嘉興人外大父諱汝飛公太學生外祖母周氏兄弟三人女兄弟二人在閨以孝敬聞年二十有五歸於家君桂芬先世系出湖南元季

兵燹譜牒散亡無可考桂芬八世祖諱愬公爲百戶公諱寬次子百戶公爲常熟許氏贅壻公生而歸宗當明宏治間築室郡城外山塘東北濬小港曰馮家濱今其址尚存世爲江蘇蘇州府長洲縣人後遷吳縣六傳至先高祖諱仁偉妣沈氏何氏先曾祖諱義謨妣王氏先祖諱禮瑞

誥贈奉直大夫妣錢氏

誥贈宜人家君行第三先伯父諱智愿智息家君九歲而孤時家不貧而同室多嫌釁先祖妣不與校以紡績朝夕苦節撫孤行誼中旌典而詧年不合令甲或請稍損歲月先祖妣御之事乃已先慈來歸逮事先祖妣最鍾愛妯娌亦相得時家事甫中落外侮內訌無虛日獨於先慈無間言事家君如

嚴父外氏夙饒裕洎歸布荆操井臼不假手婢僕無怨苦之色居數年先祖妣卒哀毁骨立後數年先伯奉柩厝祖塋側適先慈歸浙書未達比返祭諸墓一慟幾絶扶登舟病月餘始愈然羸瘠自此始矣久之家小康先慈勤儉一如初歸時嘉慶十四年生不孝桂芬前一夕先慈夢老僧踵門獻蘋婆果一日此佳種幸留之不能多也時桂芬上有兩兄前殁後三年亡弟蘭芬生道光十年卒年十有九先慈哭之慟頓憶僧語曰命也可奈何道光六年家燬於火越三年又火每火輒支茇舍栖止其中值冬月霜寒風勁淒厲萬狀先慈顔色自若無幾微慼喟聲葢至是而家復中落家君抑鬱成疾先慈多方勸解之獲瘳桂芬先後大小試被擯者以十數先慈

之慰家君下及桂芬者甚至道光二十年桂芬登第其明年七月迎養北上由潞河抵京於今四年餘先慈素患痰嗽時作時止今年九月晦偶患寒熱泄瀉服藥兩劑旋已變爲燥結之症十餘日忽下痢諸藥罔效卒以不起蓋臥牀僅五日云嗚虖痛哉生不能侍養病不能補救天不佑人不助罹此鞠凶萬死莫贖天乎天乎至此極乎先慈幼知書顧以爲非婦職不爲生平惟服膺大學欲齊其家者六語以此自律亦以此訓桂芬等閫外事毫末無所預雖僕隸有過知之亦不言然家君時出貿於外筦鑰付戚友恒不忍欺家事自辦寡言笑有事宗族咸會輒竟事不聞先慈聲獨居如無人坐一榻竟日不遷非移居不出內戶而勤於操作兩手無閒時家

君性方嚴先慈濟以和待家人子女一於慈愛桂芬自有知
識以來汔今三十年未嘗一見疾言遽色然家人輩輒甚畏
先慈猶憶童時偕姊弟嬉戲於庭相誡不使先慈知或見先
慈來卽屏息亦不知其所以然也歸三年而舅氏三人以一
月中卒又十餘年外大父母相繼捐館舍表兄一亦繼歿外
氏自此絕先慈每歲時必設祭以哭之數十年不變云歲饑
舊婢媪至必食之久之偕其鄉鄰來亦食之繼來者益衆日
更炊不爲厭先慈自奉儉約一布衣數年不敝甘疏食齋期
居大半間進珍異輒曰汝祿薄何能辦此必諄諄戒勿繼有
疾不以語人且强起進飲食以示無疾必微伺乃得之延醫
進藥必堅拒强而後可嘗曰人生惟儉爲受用儉則一身所

需衣食無多吾惟儉故處境凡五變而始終無所苦脫稍逾分則于歸之初回祿之後其不適必倍又曰一絲一粟皆天所生不之惜必有天殃所見富貴家不旋踵塗地者皆其徵也可不戒與外大父嘗遇異人推一家祿命修短歲月不爽謂先慈壽止六十有五脩身延命理有固然方謂過此以往期頤未有艾乃僅得十年之贏何邪桂芬之補弟子員也先慈大喜曰汝家自汝高伯祖諱嘉公曾伯祖諱龍文龍光公後無讀書成秀才者今汝繼之甚善願世世爲秀才不絕其榮多矣科第轉非所期也比舉於鄉當與計偕先慈曰吾見體弱恐不任遠道辛苦顧於義不可止輒嗚咽趣之行旣通籍是秋爲先慈七十生辰桂芬假歸爲壽先慈愀然曰吾兒

今列官於
朝當思爲好官顧吾聞爲好官甚勞苦吾兒體弱何以任之自此重吾憂矣又嘗訓桂芬曰人必有職女紅中饋婦職也易盡耳兒當思有以盡其職又曰諺云千里做官只爲錢萬里作官只爲財然則商賈耳何名官也吾兒素謹飭他日必不然勉之矣今日靜思母訓止此數語而已其他雖家庭瑣屑事亦未聞出諸口也其寡言如此而其所再三惓惓不置者則惟桂芬體弱一語臨危時猶以告僕嫗烏虖痛哉桂芬幼善病先慈乳哺鞠養心力交瘁以迄成立桂芬體弱而先慈顧之復之以使之不死先慈體弱而桂芬無術以少延之不可爲人不可爲子恨抱終天罪何可逭此所爲哀愴慘顲

淚盡而繼之以血者爾先慈生於乾隆三十有六年八月七日酉時卒於道光二十有五年十月二十六日子時享壽七十有五本年恭遇

覃恩誥封宜人將以道光二十七年十二月二十五日歸葬吳縣西長歧嶺下十九都上七圖璧字圩之原家君名智懋號春圃

覃恩誥封奉直大夫子四長信孚次信衡俱殤次桂芬道光庚子科第一甲第二名進士翰林院編修 國史館協修本衙門撰文教習庶吉士充癸卯科順天鄉試同考官甲辰科廣西鄉試正考官娶黄氏 誥封奉直大夫湖北隨州知州近誠公孫女太學生鶴文公女次蘭芬未娶卒女一適王培

孫二長錫厚聘葉氏候選同知承詵女次植厚幼孫女二長字金文標知州銜湖北通山縣知縣署蘄州知州寶樹子次幼俱桂芬出植厚爲蘭芬後先慈平生遭際安常處順無奇節可表而中更多故猜嫌疑忌患難拂逆有他人所不能堪者而怡然泊然安之若素當變故不驚遇橫逆不校處安樂不忘憂患處憂患不殊安樂沖和純粹之德非言詞所能殫述姻戚王養吾茂才輓聯云德容言工鄉閭欽內則修齊誠正閨閣有眞儒同譜吳清如舍人輓聯云過乎慈過乎勤過乎儉積苦半生享到榮華甘淡泊不苟動不苟言不苟笑克全四德固宜禮法著門庭皆紀實也桂芬昔出昏迷語無倫次惟有字字錄實用存涯略籲告當代立言君子聊備採擇

錫之鴻文以光泉壤不孝世世子孫感且不朽

誥封奉直大夫　晉封奉政大夫例晉中憲大夫翰林院編
修加六級顯考春圃府君行述
嗚呼痛哉府君先後就養京邸者七載年逾八十康强純固從無疾疢耳目聰明齒能噍堅行不以杖見者疑爲六十許人不孝前
召對時上嘗
至尊垂詢都人士莫不嘖嘖稱羨以爲
熙朝人瑞不孝私心竊計謂期頤之壽可以坐致孰意一病兩月竟以不起此皆不孝侍奉無狀罹此閔凶搶地呼天萬死奚贖祇以終鮮兄弟又旅殯三千里外不得不强搘殘喘扶櫬歸葬靦顏偷息尚復何言惟痛念府君一生居心立行

端方正直卓然不愧古人不及今爲狀乞當代立言君子作爲文章傳之不朽寢就堙没則不孝罪戾滋重而心思瞀亂辭不能屬遲之又久始得和淚濡墨詮次如左

府君姓馮氏諱智懋字明揚號春圃江蘇吳縣籍先世由湖南遷吳元末兵燹譜牒散佚今可考者始祖百戶公諱寬當明中葉時屬八甲吳朱雷名下當丁由行伍積資得官隸常熟營遂娶於其縣許氏家焉是爲府君九世祖次子曕雲公諱悳始歸吳家漸裕富而好禮鄉里稱之築室郡城外山塘北濬小港曰馮家濱今其址雖廢尚仍舊名云府君曾祖奇英公諱之鉉後更諱仁偉妣沈氏何氏祖堯初公諱義謨妣王氏父雲文公諱禮瑞

覃恩誥贈奉直大夫晉贈奉政大夫例晉中憲大夫妣錢氏
覃恩誥贈宜人例晉恭人生子三長俊明公諱智愿次鶴鳴
公諱智息例贈登仕佐郎
覃恩貤贈奉政大夫次即府君生九歲而孤是時公中有肄
業從兄主之豪侈特甚演劇聽事招客飲以為常先祖妣則
饔飧外不名一錢府君兄弟衣履及塾師脩脯恒以十指供
之先是先祖妣所居與廳事密邇從兄讌客酒中機聲軋軋
自內出客聞而訝之從兄不安也先祖妣亦厭其喧遂遷於
宅西偏小屋曰此間清寂稱未亡人居矣府君嘗繪移杼圖
以紀其事侯官林公則徐撫吳日為題貞傳移杼額以贈先
祖妣守節凡三十餘年以署年不中旌典或請稍損年歲以

邀題表先祖妣曰吾數十年艱苦差足告夫子地下果爾是作僞以邀名吾將誰欺適重吾不德而已事乃止府君年十有四學賈松江居十年始歸年二十有六先妣謝宜人來歸時府君漸以貿轉致小康奉先祖妣甘毳豐腆得歡心嘉慶三年長子信孚生三歲殤八年長女生十年次子信衡生四歲殤十三年先祖妣捐館舍府君居喪盡哀是年始分居於外十四年不孝桂芬生十七年季子蘭芬生道光六年家燬於火九年姊氏歸王書田堉是冬又火府君夙以信誼著於鄉黨人之寄資權子母者甚衆府君輒轉爲之生息至是家業及質劑蕩焉泯焉人之負府君者輒貴券或逾期不至府君亦絕無一言而持券責逋者臚集府君計餘燼足相當則

欣然曰吾無虞矣或勸以十之六七償則曰吾負人一錢則寢夢爲之不安何如脫然無累之爲愈乎是舉也人情之所難而府君毅然爲之無幾微瞻顧之色顧坐是益大困十年亡弟卒年十有九十一年爲不孝授室十三年長孫錫厚生十九年次孫植厚生二十年不孝通籍其明年迎府君就養都門越四年不孝痛遭先妣之喪扶櫬由潞河南歸侍府君同行二十八年春正月服闋以府君春秋高意不欲出就宮保湘陰李公星沅聘主省垣惜陰書院謂帶水往來定省爲便且館穀足以資奉養遲留者且一年既而府君趣歸治北裝曰久留非計也吾體尚强正宜及時自效且近游而時離何如就養而常聚速行勿疑遂以是冬奉府君北上府君素

無疾病往年春忽患大便不禁雖不爲害而醫者多束手久之服同年錢塘戚觀察貞方遂痊數月以來飲食有加神氣倍旺不孝私喜痞疾獲瘳福祿正未有艾今年五月二十七日偶患泄瀉時作時止六月十一日霍亂大作次日亦旋止十六日猝然支冷不語醫者謂爲陽虛大進參附補劑七日漸能言語加進飲食冀可向愈詎知多服陽藥眞陰又傷立秋以後病情屢變百方醫禱迄無一驗延至七月二十四日未時痰氣上壅遂棄不孝而長逝矣嗚呼痛哉府君平時氣最壯從不作譫瘋語入今春精神如昔而意興大減家人侍語偶及明年事輒曰恐吾不及待也不孝訝其語則曰八十外人固宜有此語汝勿異也此類非一比摒擋行裝見篋中

時憲書正月九日下端楷識曰是夜夢中如飛大象不吉亦未嘗以告家人然則府君殆有先幾而不孝之不能視無形聽無聲防患於未然也辠何可逭哉病中輒問曰今日是七月二十五日否不孝對曰尚遠敢問是日云何府君曰是日恐不利如是者再三距易簀尚月餘孰知竟爲大斂之日邪病漸篤莫夜輒有大鳥撲窗櫺外磔磔作異聲家人多見之病革日在生之事今日已了吾將往南海嗚呼痛哉府君生平正直去來之際宜有異徵佛家所謂生天證果殆非無因而遂不少延使不孝稍盡一日之養痛何如哉府君性伉爽無城府舉止端嚴直道待人不存逆億之心不知人世間有機械事非道義一介不取生平不作一誑語亦不作一戲語

見人有過輒面折之事後又絕不以介懷故人或當時嫌之而終不以爲怨人或負府君逾時輒待之如初蓋天性忠厚外剛內和有非他人所能及者遇事敢爲不避水火窮居里閈無可表見假使達而在上正色立朝耿介果決利不趨害不避雖自謂賁育不能奪之矣府君內行淳篤追遠尤誠先祖旣早世先曾祖以下三世尚厝楓橋西家墳淺土道光十六年府君始率兄子信儀定議卽其地營葬並及伯祖以下無後者躬親庀工不辭勞瘁繼又購鄰田若干畝以護塋焉先伯父俊明公子信和早逝婦李氏守節二十有五年子一元吉繼天前年府君爲之聞於官得題准

旌表吾家先世明以前無可考府君於老屋故紙中得先曾

伯祖南翼公所輯始平族譜一帙珍弆之殘編斷簡幾不可讀不孝居先妣憂命繕錄成書府君又舉所記識輯先曾祖以下別爲一帙名之曰始平族譜續並爲之序謹錄其文曰智懋生九齡而孤上有兩兄皆幼先宜人督之嚴非入塾不得去左右稍長學賈雲間十年乃歸以是族屬漸疏遠平居通問訊者同曾祖以外無聞焉是譜初未之見先宜人每爲智懋言高祖以上塋在堯峰拜埽之禮闕如輒用疚心既於楓江老屋故紙中得是譜蠹蝕鼠齧僅可辨讀亟加裝治櫝而藏之雖拱璧之珍不啻也按譜中書葬堯峰者凡十有七又先祖行諸昆二十有一人其下都未及錄子孫之散處者必多求墓訪宗宜若易得爰遇郡中同姓必詢以塋所有適

合者欣然以爲必吾宗也洎索其譜則謝無有因念吾支世居幼以時稽之年相若者輩行必迥絕與其系也不如其遺遂謝不敢冒亦猶行先高伯祖序中之意云爾是編苦漫漶不便讀謹手爲排比校訂殘者補之疑者闕之譜爲先伯祖南翼公手輯本成於康熙辛亥間及辛亥以後事葢先君子以上補入謹以小字注於下爲識別先祖行二十有一人之後無可考者虛之以俟訪求先祖以下本支則續加詮次別爲一卷附於後名之曰始平族譜續云茲兒子桂芬方居母憂無事爰命之敬錄一過以藏於家吾家上下四百載雖潛德弗耀然如譜中所紀君會公之保護鄉里功成不居安峰公蘭谷公筠鄰公之隱居求志著述成家我賓公父子兄弟

有聲庠序研庵公晩雖遁迹空門而深於詩學即所錄一篇讀之可以感發孝弟之心盖詩書之澤所從來遠矣兒輩掌累世積蔭幸列

朝籍宜益日夜兢兢思有所建樹以不朽之名爲先人榮區區科第何足道至於奉入稍厚或建宗祠立義莊亦敬宗收族之先務兒輩其識之是譜不孝謹受而藏之府君平日銳意欲建祠置田頗有規畫終以力未逮而輟故序中三致意焉府君厚於故舊早歲之客松江也居停蕭翁善視之後蕭翁殁子秀舫來依者有年府君飲食教誨之若子弟然被火之歲蕭始歸府君義不苟取嘗出行遇騎墮一帕馬逸呼之不及拾歸則玉具數事直逾百金越日復迎其人入府君謂曰

若得毋某日策騎經某地乎曰然詢以所遺府君曰是矣吾拾之旦日來吾家且還若至期其人來且齎百金爲償府君笑卻之此府君少時事未嘗自言執友林子穎丈爲不孝述之前年家居有年家子令吳甚重府君往來頗密邑人某齎千金求府君言事府君怒拒之或繼至遂以矢詞揭於庭楹廉訪商城周公祖植見之謂不孝曰可爲鄉先生楷式矣府君見義勇爲無所梗避郡西鄧尉山聖恩寺爲探梅勝地名於寰宇康熙乾隆間

翠華屢幸

御書碑在焉寺廣千餘畝古樹以萬計率數百年物蒼翠接天垂蔭數里僧某無行私伐樹地保土匪持之則益伐樹資

賄僧更倚以無恐所伐且萬株一鄉以爲利藪不孝之爲先妣卜宅也經山麓輿人指餘椿具言狀歸家從容爲府君言府君白盍告當路禁之不孝對曰如衆怨何府君曰避怨非美事也汝將來居官存是心斯一步不可行何善之能爲雖然汝居憂不宜與外事吾當爲之遂呈請太守易寺僧勒碑永禁寺獲全府君記識絶人談數十年前事月日不爽乾隆時邸鈔輒能背誦既少孤輟讀終身以爲憾又以近支無業儒進取者故督不孝讀書甚嚴而於敦品勵學訓之尤詳不孝幼時氣質頗麤浮府君遇事痛繩之不少假久之習慣自然汔於今日頗知繩趨尺步不爲有道君子所擯者府君之教也嘗訓不孝曰人生以風骨爲第一誼不特於長官座主

宜爲近禮之恭卽事君亦當持正不阿勿蹈唯諾之習以順爲正妾婦之道也戒之哉不孝官京師十年鍵關下帷在下不援公卿雖故交亦落落不敢爲苟合未嘗一言一字涉於干請亦恪遵府君之訓云今年春

新天子御極

詔中外大臣各舉所知同縣太傅師以侯官林公則徐桐城姚公瑩仁和邵君懿辰及不孝四人名上府君曰林姚兩公當世偉人乃與之同列薦章太傅之期許者至矣汝何以副之宜深自砥礪冀有以不負舉主府君之遇事訓誡不孝者類如此而今而後雖欲聞之烏可得哉嗚呼痛哉府君幼失怙伶仃孤苦僅得成立中年多故外侮內訌無虛歲厥後再

遭回祿益侘傺無聊先棲芨舍繼賃一樓父母兄弟四人相
依而處者逾年無祿亡弟卽世殯在堂先妣遘疾幾不起呻
吟牀第燈熒熒一室不孝侍府君相對揮淚憔悴黯慘有不
忍言者年餘七十不孝始獲一官獨行則晨昏侍奉苦無人
前年計欲陳情府君卒不見許烏乎不孝一第曾何補府君
毫末轉累府君舟車遠涉數千里至再而三夏則亦日黃塵
冬則朔風雨雪艱難險阻靡不備嘗府君以屬望於不孝者
甚切欣然命駕不以爲疲而不孝又行能駑下末由寸進爲
奉檄之娛屈指先妣見背數年以來絕少强意之境以汔於
茲不孝京邸拮据狀雖隱不以聞而時或偵得之形諸嗟嘆
嗚呼天下之爲人子者至此蓋亦難矣不孝自茲以往一世

飄蓬斯亦已耳萬一轉有進步縱極人世之榮府君已不及見此所爲椎心泣血而抱沒世之痛者也府君生於乾隆三十有五年二月十三日亥時卒於道光三十年七月二十四日未時享壽八十有一歲

覃恩誥封奉直大夫　晉封奉政大夫例晉中憲大夫元配謝宜人浙江秀水縣人太學生汝飛公女先府君四載卒

覃恩誥封宜人例贈恭人子四長信孚次信衡俱殤次不孝桂芬吳縣附生戊子科副榜壬辰科舉人戊戌科考取　咸安宫教習庚子科一甲二名進士翰林院編修充　國史館纂修本衙門撰文癸卯科順天同考官甲辰科廣西正考官乙巳科教習庶吉士娶黃氏贈湖北隨州知州韻湖公近誠

孫女太學生耘巖公鶴文女次蘭芬早卒女一適王堉孫二長錫厚娶葉氏候選同知秋蕡君承詵女次植厚府君命爲蘭芬後孫女二長許字金文標候選知州戊戌科進士吟香君寶樹仲子次殤不孝昏迷之中語不能文且生也晚府君少壯時事未能周知謹就聞見畧述數端以存府君之眞不敢稍涉文飾以誣府君伏冀先生長者俯加采擇錫之鴻文以光泉壤不孝世世子孫感且不朽

顯志堂稿卷九

吳縣馮桂芬林一著

代擬歸併科則片

再蘇松各屬田畝科則頭緒紛如蘇州府崑山縣五十九則元和縣五十三則長洲縣五十二則松江府雖不過四五則御於各則內又分每若干畝準一畝多至數等故華亭縣亦五十六則其中有數畝一畝或數分獨占一則者夷無此田必應完此糧不可增不可減之理徒滋書吏影射飛洒之弊乘此

恩准減賦整頓漕務之時擬將各種積弊一概芟除此亦積弊一大端應請酌量歸併查各縣惟崇明南匯止六則吳江

震澤止九則可援照辦理總以至多不得逾禹貢九等之數爲限惟五六十則併爲九則現與減賦並行不能無小有窒礙之處擬先將舊若干則相近者并爲一則以舊若干則應徵米石通攤得數爲新一則未減之數然後以減分派入爲新一則已減之數其餘八則皆然仍悉心核算務合各田但有多減有少減而無不減使與減賦毫無窒礙方足以溥皇仁而昭平允

請減蘇松太浮糧疏代

爲蘇松太三屬歲徵浮額積獘太深請比較近年完數酌中
定額以收實課而廣
仁施恭摺具奏仰
聖鑒事竊惟大學論理財之道於天下必曰平周官土均掌土地之征必曰均禹貢九等太宰九賦不外平均今天下之不平不均者莫如蘇松太浮賦上溯之則比元多三倍比宋多七倍旁證之則比毘連之常州多三倍比同省之鎮江等府多四五倍比他省多一二十倍不等以肥磽而論則江蘇一熟不如湖廣江西之再熟以寬窄而論則二百四十步爲畝有縮無贏不如他省或以三百六十步五百四十步爲畝

而賦額獨重者則由於沿襲前代官田租額也夫官田亦未嘗無例矣伏查

大清戶律載官田起科每畝五升三合五勺民田每畝三升三合五勺重租田每畝八升五合五勺沒官田每畝一斗二升是官田亦有通額獨江蘇則不然考宋紹熙中朱子行經界法吳糧每畝五升耳厥後籍蔡京韓侂胄等莊爲官田又賈似道廣買公田元代續加官田明祖平張士誠又沒入諸豪族田皆據租籍收糧宣德中巡撫周忱知府况鍾奏減蘇松糧百萬石疏中稱蘇府秋糧二百七十餘萬石內民糧止十五萬餘石餘皆官糧是二者未嘗合并官糧自七斗六升民糧自五升嘉靖中令各州縣盡括境內官民田裒益之分

攤定額長洲縣官田最多故額最重他縣他郡官田遞少故額遞輕今蘇州府長洲等縣每畝科平　三斗七升以次不等折實粳米多者幾及二斗少者一斗五六升遠過乎律載官田之數此蘇松太重賦之源流也自明以來行之五百年不改而其中升降盈縮則因時而異蘇州府志稱明臣周忱奏令輸布一匹準米一石輸銀一兩準米四石又稱課吏以催科六七分爲上考終明之世無徵至八九分者

國朝康熙十三年前撫臣慕天顏疏有曰無一官曾經徵足無一縣可以完全無一歲偶能及額雍正中奏準江蘇漕米折徵每石銀一兩其時銀價每兩易錢七八百文以此觀之

前明及

國初賦額雖重大都逋欠準折有名無實而已嗣是承平百餘年海內殷富為曠古所罕有江蘇尤東南大都會萬商百貨駢闐充溢甲於寰區當是時雖擔負之夫蔬果之傭亦得以轉移執事分其餘潤無論自種佃種皆以餘力業田不關仰給之需遂無不完之稅故乾隆中年以後辦全漕者數十年無他民富故也惟是末富非本富易盛亦易衰至道光癸未大水元氣頓耗商利減而農利從之於是民漸自富而之貧然猶勉強支吾者十年迨癸巳大水而後始無歲不荒無縣不緩以

國家蠲減曠典遂為年例夫癸巳以前一二十年而一歉癸巳以後則無年不歉且鄰境皆不歉而蘇松太獨歉此何理

也謂爲州縣揑災此三十年中督撫司道吏數十人之多豈無一二不肯黨同欺妄之人而且
聖主不加斥戶部不加駁廷臣科道不加糾此又何理也誠以賦重民窮有不能支持之勢部臣職在守法自宜一切不問堅持不減之名疆臣職在安民實因萬不得已爲此暗減之術始行之者爲前督臣陶澍前撫臣林則徐皆一代名臣揣其意必謂減額則永不能加災緩則後不爲例原冀民氣漸甦無難復舊初不意年復一年且年甚一年而不可返也
臣竊惟前辦全漕之時間遇水旱辦成災者一辦帶徵者九帶徵之後依然全漕故以年計爲減成以十年計非眞減成也今則年年辦災永無帶徵之日乃眞減成也又官墊民欠

一欵道光之初數僅分蠲癸巳以後驟至一二成夫所謂墊者豈有州縣之果能墊哉不過移雜墊正移緩墊急移新墊舊移銀墊米以官中之錢完官中之糧將來或豁免或攤賠同歸無着猶之未完也故歷年糧冊必除去墊欠虛數方得徵收實數以此數民固未嘗完也伏查蘇屬全漕一百六十萬厥後積漸減損蓋自道光中年始於今三十年矣禮曰以三十年之通制國用言綜乎三十年之大凡斯以後可知也今試以道光十一年起至咸豐十年止三十年中運數分計之辛卯以後十年共數一千三百餘萬內除官墊民欠得正額之七八成辛丑以後十年共數九百餘萬內除官墊民欠得正額之五六成咸豐辛亥以後十年共數七百餘萬內除

官墊民欠得正額之四成而已自粵逆竄陷蘇常焚燒殺掠之慘遠接宋建炎四年庚戌金阿朮故事盖七百有三十年無此大刼臣某等親歷新復各州縣向時著名市鎮全成焦土孔道左右蹂躪尤甚又各賊不能相統此賊所踞雖免彼賊刼掠故賊境即不與官兵交界亦皆連阡累陌一片荆榛凡田一年不耕便爲荒田今已三年矣各廳縣冊報拋荒者居三分之二雖窮鄉僻壤亦復人烟寥落間於頽垣斷井之旁遇有居民無不鵠面鳩形奄奄待斃傷心慘目之狀實非鄭俠流民圖可比已復之松太如此未復之蘇州可知而欲責以重賦責以數倍他處之重賦向來暴斂横征之吏所謂敲骨吸髓者至此而亦無骨可敲無髓可吸矣

皇上視民如傷未傷者猶且如傷況已傷而傷又至重者乎
斯即據情籲請全行蠲免三五年在
皇上如天之仁必蒙
俞允惟是
天庾正供停運三年軍需浩繁度支仰屋其何以濟臣等所
不敢出此也又荒田召種有順治年間各省屯田之例可援
然墾熟既遠升科更遲現報荒田三分之二已荒者議蠲未
荒者議減將所存僅止一二成亦臣等所不敢出此也至於
辦災例案自七八成而五六成而四成咸豐三年聞警拋荒
僅止三成若稍存苟且彌縫之見援拋荒之案減而又減約
得二三成非不可以塞責但前督撫臣之所以為此者倘或

冀其復舊今則明知無復舊之望而狃於積習不以直陳是全無爲

國之心徒有罔上之咎又臣等所不敢出此也臣等細核歷年糧數咸豐十年中百萬以上者僅一年八十萬以上者六年而皆有官墊民欠十餘萬在其中是最多之年民完實數不過九十萬成案如是民力如是積弊之後大難之餘催科一事棘手尤倍臣等蒿目艱難悉心籌畫上體

宵旰憂民之切下維軍國待用之殷於萬難偏重之中求兩不相妨之道似宜用以與爲取以損爲益之一法比較歷來徵收各數酌近十年之通改定賦額不許揑災不許挪墊於虛額則大減於實征則無減窮變通久於此時爲正辦或者

謂據此定額未免過少不知減餘之數仍通省莫重之數尚
非宋元舊額不得謂少且不自今日始也咸豐十年以前歷
年如是未嘗於歷年
國用有減也彼時兵革未興生聚未改田園廬舍未有損非
猶是完善之江蘇乎夫完善之江蘇僅有此數即殘破之江
蘇不應仍有此數今臣等於殘破之餘請照完善之時定額
且不撥近年最少之數不假借墊欠虛數誠不敢謂必有把
握若仍執久置不用之虛額衡量多寡欲求轉逾乎完善之
時
皇上聖明洞鑒有是事乎有是理乎事理所必無即刑法所
必窮恐賢如劉晏李巽不賢如裴延齡李實亦且束手無策

矣又或者謂數既猶是何不仍夫舊貫尚有冀於將來不知乾嘉之江蘇實千歲一逢之盛會不可爲例竊謂自茲以往如天之福東南無事休養生息二三十年冀可復咸豐及道光末年之江蘇更二三十年冀可復道光中年之江蘇而懸此虛額數十年以待之無論無此政體恐異日之利未必能復目前之害已不可支葢臣等今日之所辦所謂以與爲取以損爲益者方將借減賦之名爲足賦之實所以能照完善之時定額者其機括全在減賦二字中也何以言之辦災辦緩權在胥役防弊雖有百法舞弊奚啻千端止此民力止此地產不減額之弊在多一分虛數即多一分浮費減額之效在少一分中飽即多一分上供減額既定胥吏無權民間既

沾實惠公家亦有實濟是爲轉移之善術一也吳民死亡之外大半散之四方故鄉賦重望而生畏尋常蠲緩不足去重賦之名招之不來荒田愈久愈多何法以治之惟聞減賦之令必當爭先復里是爲勞來之善術一也往者諸城被陷官吏一空鄉團抵死拒敵鑼聲所達萬衆爭先小股賊匪見輒卻走即以三首縣言洞庭香山金市各鄉有相持至七八月之久者固由

朝廷恩澤之至深亦徵愚賤天良之未泯此時減賦令下彼見

皇上於經費匱乏之時尚有此度越尋常之舉有不感生望外踴躍輸將者乎是又激勸之善術一也大抵以事理而論

殘破之視完善必應遞減而有此三者可以彌補此遞減之數則又以事理決之臣等所謂以與爲取以損爲益者此也現在蘇郡尚陷賊中聞各鄉多爲脅團之約待時而動以應官兵即如常熟反正鄉民毁賊卡殺賊目者凡十餘處崑山克復沿湖居民截殺竄賊無數是其明證一聞減賦之令必當感激涕零望風增氣他日軍麾所指弩矢之驅必更奮簞壺之迓必更誠又未始非固結招徠之一法臣等伏查順治

八年三月奉

上諭凡故明仇怨地方或一處加糧甚重我朝並無仇怨何可踵行此等情由詳察具奏欽此欽此是江西袁瑞等府明初因陳友諒抗師加糧倍重布政使莊應會奏復舊額蘇松獨

未及上請又雍正三年三月十九日怡親王奏請酌減蘇松
浮糧奉
旨蘇松之浮糧當日部臣從未陳奏常廑
皇考聖懷屢欲施恩議減今怡親王等悉心籌畫斟酌奏請
朕體
皇考愛民寬賦之盛心准將蘇州府額征銀蠲免三十萬兩
松江府十五萬兩欽此又乾隆二年奉
上諭江省糧額尚有浮多之處着再加恩免征銀二十萬兩
欽此部文照雍正三年例辦理仰惟
列祖
列宗當東南全盛之時猶復

軫念民依如此其深且厚况今日之兵燹孑遺流離瑣尾至於此極也乎漕糧爲惟正之供而蘇松獨曰浮糧曰浮賦見諸

列聖諭旨及郡縣志書不以爲嫌是知實有浮多應減之處留以待我

皇太后

皇上行之者也惟有籲懇

聖慈鑒察特沛

殊恩俯准減定蘇松太三屬糧額由臣等督飭司道設局分別查明各州縣情形以咸豐中較多之七年爲準折衷定數總期與舊額本輕無庸議減之常鎮二屬通融核計仍得每

年起運交倉漕白正耗米一百萬石以下九十萬石以上著爲定額南米丁漕照例減成辦理即以此後開征之年爲始永遠遵行不准更有墊完民欠名目似此核實辦理不特酌十年二十年之通相較固無所絀即酌三十年之通相去亦不甚遠至官墊民欠本屬弊政新復之地百欵皆空無可墊而欲其墊弊更百出必宜永遠禁止又嗣後非大旱大水實在荒歉者不准揑災著爲令典伏願

皇太后

皇上俯念蘇松各屬爲十八省未有之重賦非他處被陷州縣可比又爲七百年未有之大難非歷年被災例案可比去無益之虛籍求有着之實征下延億萬垂盡之生上繼

累朝未竟之志民生幸甚
國計幸甚如蒙
俞允欽遵俟蘇屬肅清一體辦理先自松太創行由臣等設
局擬定章程其漕糧一切瑣屑欵目酌定歸併汰除以省煩
文而昭實際續再縷晰具
奏謹將歷年起運數目繕具清單又蘇松財賦考一書曾收
入
四庫館於重賦始末言之頗爲詳盡一并恭呈
御覽所有蘇松太三屬歲征浮額積獘太深請比較近年完
數酌中定額緣由謹合詞恭摺具陳伏乞
皇太后

皇上聖鑒

擬請再減賦額疏

竊臣等先後准軍機字寄戶部奉

上諭云云欽此臣等跪誦再三具見

皇上如天之仁舉數百年之積弊數十萬之額徵一朝而蠲

之非常曠舉亘古未有尚復

軫念遺黎有加無已減額之外准蠲免一年又減免一兩年

臣等所不敢遽請者猶蒙

聖慮周詳無微不至凡在血氣莫不欽承臣等具有天良亦

知

國計民生必宜兼權並重處此時勢止能去過以就中不能

全乎損上以益下何敢再有瀆請惟是部臣所謂減十分之

六者就虛額言也臣等所謂酌十年之通者就實運言也竊查部議所定一百二十萬之數道光二十一年以後二十年中惟二十四年運米一百十二萬二十七年運米二百四十四萬為空前絕後之數除去官墊民欠惟二十七年一年尚敷一百二十萬之數又咸豐中藩司王友齡心精力果冒掊克聚斂之名而不惜乃先後三年所得總未逾百萬事勢所趨民力所限彼時猶然矧今日大難之後乎至於稅則之重輕宜視土田之肥瘠蘇省獨以官田多少為差原屬有明秕政查蘇常繡壤相錯天時地利一一相同東南宜稻之地以無錫常熟並稱出松太斥鹵之上論者每謂蘇州宜照常州起科實足以示均平之規仍不失為上等之賦乃相沿賦額

蘇屬每畝起科一斗九升有奇一斗七升有奇不等以較常屬每畝七升有奇六升有奇起科幾及三倍至鎮屬每畝五升有奇起科更不止三倍其懸絕如此臣等明知常鎮賦額較他省爲重且亦被賊蹂躪不宜向隅惟有最重之蘇松太相較遂未敢相提並論不得已姑從恝置非厚於蘇松而薄於常鎮也茲蒙

皇上特旨一律優加體恤實出

天高地厚之恩臣等不勝欽服特是常鎮本係三分之一者舊數既輕少減之而更輕蘇松太本係三倍者舊數太重大減之而仍重所重尚皆一倍以上臣等亦不敢遽請比照起科并不敢固執減去五六成之說但減分既不能到五成若

仍用按畝均減之法恐輕重尚或相懸計惟設法變通分別各州縣原額最重者多減次重者少減合最重者亦在每畝一斗以內起科不過半倍於常州一倍於鎮江既與部議不甚相懸之義爲近而減分較可從少惟有再懇

皇太后

皇上逾格

恩施於准減蘇松太賦額三分之一外再行量減定爲減去四成分別科則編徵其兵行局恤各米地丁漕項各銀均以蘇松太六折常鎮九折照歷屆辦災成案一律定減其如何分派之處容臣等督率司道秉公核議具

奏准此核計四府一州約得米一百十三萬石聲明不准墊

欠則顆粒皆歸實在不准捏災間遇水旱豁免少而帶徵多
以十年計之不特可逾乎最近之十年七百五十萬之數且
可逾乎稍遠之十年九百五十萬之數名爲大減實轉稍增
止就其力能勉副者而行之可冀有利無弊若欲於殘破之
後取完善時二十年中之一年以爲準是仍與官民以萬難
措辦之數且又不准捏災不准墊欠畢從前之所謂出路者
一一斷絕之竊恐勢所難行顧此失彼而當此立法之初又
斷不宜開苟且彌縫之漸臣等函商再四左右思維無策以
善其後止有據實直陳於
聖主之前尙祈
俯鑒愚誠破格

愈允將久不能完之空數悉予剗除斯永以爲例之實徵較
有實際臣等無任悚懼屏營之至

捐勇助勦公牒

竊紳等奉

旨會同地方官酌辦團練事宜並

諭以各就地方情形妥爲布置欽遵在案紳等各在本籍捐資雇勇團練巡防數月以來閭閻頗爲安堵惟是紳等體察情形蘇屬民風過弱膽氣過怯即加之訓練激勸而欲轉怯者爲壯弱者爲强恐旦暮未能奏功而緩急難期得力大抵居蘇省而議團練與川楚皖豫等省不同要而論之約有二弊鄉則不勇名練而實不能練故土著農民脆弱少力之徒不足用也勇則不鄉形團而心不能團故寄居遊匪居心叵測之徒不可用也知此二者而後可以議蘇省之團練若不

知因地制宜之法不問其足用與否苟以虛應
詔旨爲心則累萬盈千一呼可集一旦有事不特難資防禦
轉恐貽誤事機紳等誠不敢爲此有名無實有弊無利之舉
上欺
朝廷下糜糧饟也紳等再四思維與其集團而徒騖虛文不
如簡練而坐收實效與其居鄉而僅資守望不如招勇而協
力從征現在三城未復四民失業軍士久勞戒嚴未已欲求
一勞永逸之道不勝同仇愾作之心適大營委員候選道戚
以督捐來蘇備知大營川廣兩湖之兵帶有餘丁久慣臨陣
熟悉賊情嫻習技勇壯健可用紳等願於已捐未捐各戶中
廣爲集資就餘丁中揀募若干名作爲撫勇協助大兵攻剿

冀於掃蕩賊氛裨補萬一其如何挑選之處應請揀派將弁會同候選道戚及舉人馬釗妥辦至糧餉器械等項統由自備亦歸該二員就近經理惟火藥鉛彈炮位仍須照例請領

請定步弓尺寸公牒

竊聞郡中又有清丈之議所用弓步尤應詳查例案辦理紳等恭查

大清會典開載乾隆十五年奏准各省舊用弓尺開明到部江蘇等省均未遵照部頒弓尺或二尺二三寸或七尺五寸為一弓或二百六十弓或七百二十弓為一畝若令各省均以部定五尺之弓二百四十步為一畝倘大於舊用之弓勢必田多欽額正賦有虧小於舊用之弓又須履畝加徵於民生未便且經年久遠一時驟難更張亦無庸再議嗣後有新漲新墾之田務遵部頒弓尺不得仍用本處之弓云云復查

皇朝文獻通考戶部則例語有詳略大指相同　成憲昭垂

自宜永遠遵守是所丈苟非新漲新墾之田應用江南省舊用弓尺不用部頒弓尺之確證也至江南省同以二百四十步爲一畝而以六尺爲一步不以五尺爲一步舊用之弓即匠作合省通行之六尺竿一竿即一步匠尺即宋三司布帛尺以通行蘇尺核實計之部尺一尺當蘇尺九寸故五尺弓得蘇尺四尺五寸匠尺一尺當蘇尺八寸故六尺竿得蘇尺四尺八寸實差蘇尺三寸此六尺竿之弓官丈書及業田士民家置一具出門而合父老相傳從無歧異查長元等縣現在尚有康熙年間官造魚鱗冊印信煌煌貽自故府可憑可據其見共知雖係不全與現田對圖對址者不少試以此匠尺六尺之弓量之無甚贏縮若以部頒五尺之弓量之無一

坵不增多畝分與册數不合再查此册核算畝分用六歸以六尺爲一步以六寸爲一分零數有五尺幾寸若使應以五尺爲步是縣册已顯違　功令豈理之所有其爲應以六尺爲步確鑿無疑而天下之尺除周漢尺外無更小於匠尺者其爲以匠尺六尺爲步亦可無疑此又江南省舊用弓步以匠尺六尺爲步不以五尺爲步之確證也現在須丈之田既非新漲新墾自應用六尺舊弓其乾隆十五年以後升科田畝應用部弓者賦役全書列有數目無可增減自應劃出分別辦理至於舊用六尺之弓本無異議推異議所自起其始由於華亭縣呈出火烙舊弓不知此弓自爲新漲新墾之田而設並行不悖者也其繼由於咨請部頒弓式不知弓式原

應如此且自有新漲新墾之田可用並非謂　會典則例可以抹去仍亦並行不悖者也又　會典諸書屢言各省不同絕不言各府不同是同省則弓步相同如蘇屬上海寶山等縣未經兵燹所用官弓卽係六尺之弓紳桂芬前在川沙丈田藩署送到步弓係上海六尺之弓若一府一縣改用部弓則上海等縣又將如何　會典又統及山東等省是不用部弓不止一省若一省獨改用部弓則山東等省又將如何是必不合之道也至長元等縣魚鱗冊尚存大半新補者不過小半今忽改用部弓是一冊之中大半以六尺爲步小半以五尺爲步更必不合之道也竊惟尚書言律度曰同論語言權量曰謹不同不謹必致畝分無從畫一胥役從而訛索獄

訟因之繁滋百弊叢生民無所措手足設有兩人於此皆有足六尺弓二百四十弓一畝之田皆溢出於部弓之外一則清單及魚鱗冊冊積數分明自無所謂隱匿一則無單無冊既不能聽其溢出而不坐以隱匿亦豈能不遵　會典則例而坐以隱匿若不明定章程辦法實屬兩難紳等既確有所見栢應環請大公祖大人電鑒各情申明舊例於前須部弓之外補領蘇省舊用之弓一具通飭各屬將舊有之田應用六尺舊弓新漲之田應用五尺部弓兩項分別辦理不得混淆以絕流弊而符　成憲再此係申明舊例應否咨部存案或竟附片陳明之處伏候憲定沾仁上呈

請均賦牒丙辰

竊惟按田辦賦本無紳民之異嗣因幫費日重州縣不得不取償於糧戶而紳衿以正供定額爲詞雖有增加不能如民戶之漫無限制於是乎有大小戶之別迨改行海運雜費大減復刪除糶變米價鉅欵又復節次遞減海運經費州縣辦公較易自可及此蠲除大小戶名目以期樂利均霑祇以前撫憲遠駐大營未遑釐正本年旱蝗相繼爲從來未有之災仰荷憲仁飛章入告分別請蠲請緩在案

皇上軫念東南當此饟需支絀之時尚復

特旨發帑賑卹凡在臣庶欽感同深其成熟田畝僅三分之一自當勉力急公惟是軍興以來民氣彫攰值此非常荒歉

加以冬令不雨麥收又減景象蕭然紳等仰體大憲恫瘝胞與之懷籌思窮變通久之計惟有紳民一律均輸之法爲足以甦民困而普

皇仁現在開徵已屆卽此三分之一之中閒有分成起運及截留營米折充軍餉之議不獨民力可紓卽民食亦可裕可謂法良意美查營米一石止須一石運營路近費少折餉每石一兩四錢視米價轉短迥非起運需用津貼之比若按本年情形通盤籌畫定一均輸之數非不足以示曠典特恐明年窒礙難行轉無以垂永久紳等再三斟酌擬請一半徵收本色於部頒鐵斛正供一石之外貼米二斗一半徵收折色援照咸豐三年成案每石折二八錢四千五十二文無論紳

矜平民顆粒分文不得增減似此酌中定數卽使將來全數
起運或銀米因時貴賤紳等細核辦漕各欵起運糙白耗貼
及兵行月恤等項通盤牽算在州縣斷無賠累之慮在閭閻
實爲浩蕩之恩可以永遠遵行於
國計民生兩有裨益伏乞大公祖大人俯賜采納一面奏聞
一面通飭各州縣自本年爲始一律遵辦著爲定章掃數十
年之積獘於崇朝援億萬戶之民命於一舉不特輸將必當
踴躍卽瑕釁亦可潛消矣

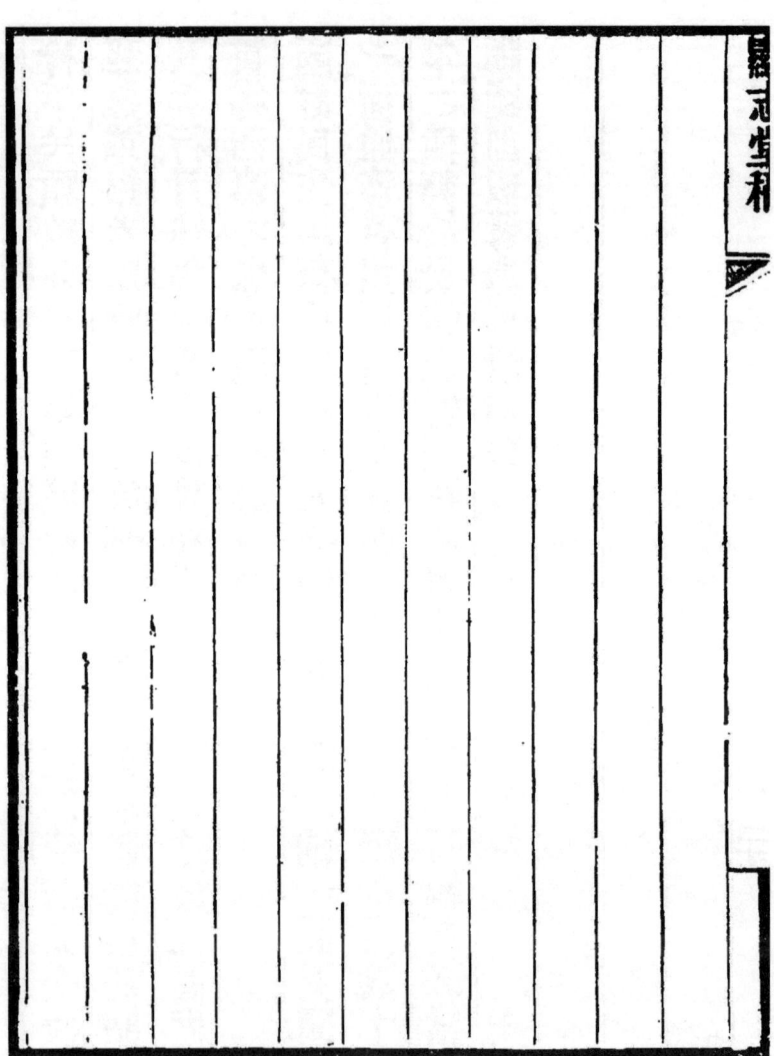

均賦說勸官 癸丑

今試語於人曰吾願爲若役爲若收責將取贏焉所贏我得十七八若得十二三人必怫然矣又曰二三之名若固自尸之七八之名若并爲我尸之雖愚者亦怫然矣又曰取贏之政我爲之取贏之咎若任之雖至愚者亦怫然矣獨江蘇辦漕州縣之於丁胥差役不但無怫然之意且無不推心置腹愛護若頭目腦髓者可怪也已夫漕賦民所出之數與官所入之數恒相懸絕何以言之全欠與極短賠累州縣者不數戶耳其次短價中稍長之大戶其次或完米或注荒或丁胥包欠或紳衿包完之小戶其出數遞多其次實完八九千長價之小戶其出數更多又其次包欠包完包荒門路不眞事

覺官又逼令重完長價之小戶其所出倍多是官之所入所謂長價八九千者本亦無幾而又有書欠差欠役欠多方以占之至荒費民所出四五千文不等而官所入卒與紳衿之出費者併計影射轉換無可究詰約不過一二千文至鋪墊兌運各費浮銷不可億計非所謂十得二三者乎州縣浮收勒折習於人口不聞及中飽之人非所謂尸其名者乎事涉漕務一切皆丁胥主之領銀唯命截串唯命捉某戶硃某衿唯命忽擁之坐堂皇忽驅之訴長吏皆唯命非所謂我爲政者乎叢怨於紳衿肆虐於平民小而訐訟大而鬧漕身敗名裂官實當之非所謂任其咎者乎然則州縣之蟊蠹也而引之爲爪牙州縣之仇讐也而奉之爲師保以常情揆之實

所難解推原其故不過因仍宿弊入若輩彀中而已彀中不一術總以護持長價爲第一義有司傎斯不能無短價州縣方利其無一定之數則上司不能窺其虛實而可爲我愚而若輩亦利其無一定之數則本官不能窺其虛實而適爲所愚大河之濁眾汙歸之弊遂百出而不可問今行均賦積弊之水落石出者已大半故均賦不利於若輩而未嘗不利於官何則就一戶言之所得似頓少合萬戶言之所得必轉多蓋斠若畫一無所用其包攬則向之包攬費入於官一也攤荒之外無荒可注無所用其趨避則向之注荒費入於官二也又丁胥之持以欺州縣州縣之持以欺上司者動以無長價則無以彌民欠爲詞其實吾吳糧戶除無主賠絕千分之

一外從來不聞民能欠糧所謂民欠卽前所謂丁胥包欠民之出錢特稍少耳一行均法與其出稍少而欠何如出稍多而完斷無不轉欠爲完之理至於紳欠衿欠官謂之欠彼謂之荒今明定攤荒卽無解於欠亦未必敢欠況無假者可以戮人不患無法以治之是向之漕尾亦入於官三也以此約計之均數雖少亦未嘗無贏餘但每石餘五百文則徵糧五萬之縣卽有二萬五千串之贏以之致富則不足以之辦公則有餘所贏卽不甚豐紳民共見共聞無可側目漕務中可刑措不用上司亦必從而體卹之將來減攤款裁陋規皆意中事何樂而不爲哉慎毋隨若輩言謂均賦不利於官也

均賦說勸紳 癸丑

今江蘇州縣言漕務輒曰我非欲浮收勒折也鋪倉需費起運需費上下漕規需費費自何出不能不取償於糧戶而紳衿大戶有正額外所餘無多者有僅及正額者甚有顆粒不完者則又不能不取償於小戶大戶價愈短故小戶價愈長非我爲之大戶爲之也夫漕務之受弊大端在丁胥其次在官又其次乃在紳衿此可爲知者道尋常大吏日與州縣處習聞州縣言遂以爲誠然奏牘中往往有剜小戶之肉補大戶之瘡之語充類言之諺云江南必反於漕浮收勒折天怒人怨將來患生不測又有如嘉定青浦故事者吾紳將尸其咎於乎此其名豈可居哉況大小官吏積怨深怒眈眈虎視

以伺我隙一朝失勢可爲寒心近年常熟一案即前車之鑒
夫計田供賦短交州縣之浮收並非短交
國家之正供於理不爲過然同一業田同一完糧人何以宜
多我何以宜少我能保子孫之爲紳不爲民乎能保子孫之
有田無田乎更能保子孫之有無乎天道好還富貴無常易
地而思吁可畏已夫辦漕之獘不全在不均而收漕之獘則
皆起於不均不均之端起於紳而後浮收勒折之局或舉最
短一二戸即以爲賠貼甚鉅之實證若輩且陽怨之而陰德
之怨固不可任也德更何可任也我之所省幾何坐令官吏
丁役藉口以肆其狼吞虎噬之威小民無辜亡身破家敲骨
吸髓血肉狼籍恐我紳不能不爲若輩分十一之過至於有

田若干畝應完若干糧注若干荒是爲本分分外少完則此少完之數官不虛懸也小戶代償之小戶以每石八九千之價代償之是歲少完若干卽有若干小戶竭數十百千之脂膏以奉我一家尤損人利己之至顯者也淸夜思之忍乎不忍乎且亦思均與不均之相去果有幾哉驟改一兩數錢之短價爲四五兩之長價田之所入實不足以給之今則所出者均價而非長價見定每石四千合銀二兩相去正自無多力能有此田卽力能出此糧不患其不足也夫冒難處之名沽多方之怨釀將來之禍造無形之孽而僅獲此豪末之利稍有識者必不爲此矣吾吳以好善爲俗救災䘏貧之舉甲於天下頤凡百善舉出一錢人止受一錢之惠若此事則我

所損者數十金數百金止耳而人之受惠者不啻恆河沙數
吾輩力薄正宜行此不甚費錢之功德捨小利而積大善計
無便於此者竊願諸公共勉之矣

均賦說勸衿一　癸丑

今辦漕州縣惡紳而尤惡衿何也紳之數少而易周衿之數多而難給官與紳或互相交結而各遂其私官與衿則毫無後圖而但受其損故官之怨紳淺官之怨衿深官之於紳有怨有不怨衿則一於怨而已往往折辱摧傷之惟力是視愚以爲漕務中之最可憐憫者惟衿何也曰獲利最微也攖禍最易也貽誤又最大也漕務之利丁胥差役百之官十之紳二三之衿特一之耳甚有不及一者故曰獲利最微州縣之力禍紳難而禍衿易諺云官官相護府道藩臬督撫無不護州縣所恃者學政然近來學政有如萬載辛公從盆者乎無有也褫一生斥一監朝上牘夕報可矣故曰攖禍最易紳之

於漕入公門者非夥友卽家屬衿則非躬親不可諺云家有百畝田終年州縣前且一涉公門始而漕務繼且有不止於漕務者其人或舉貢或生監類多年少有才之士隨流並進前程不可量及時鍵闢伏案之不暇拋駒隙之陰鶩蠅頭之利奔走之日益多攻苦之日益少必致終身廢棄功名路絕可惜孰甚焉故曰貽誤最大然而未均之前猶或有說浮收勒折理有不平情自不服寒士升斗之需饔飧係之則計較猶是常情耳今行均法既平既減自可相安無事刲分秒錙銖之利遠荆棘陷阱之害完圭璧金玉之身可科甲可卿相忍爲此區區者而輕於一擲哉諒讀書明理之士必不以吾言爲河漢矣至於

國課之宜完民艱之宜卽爲士者必知均賦之爲善政卽謂
均數內尙有浮多則州縣辦公之費所自出豈能出家財以
給公用爲民者可以不知爲士者豈宜不知此而不知又何
足以爲士乎

均賦說勸民 癸丑

吾吳民氣最馴不特他省所無亦他郡所無自昔以來號稱易治比行均賦𦁠見賢父母殊恩曠典固宜下令如流水之源而亦有隱微深痼之疾所願與吾鄉民痛除之者一在不知足一在不自量加以喜聽浮言恐又成徘徊觀望之局自貽伊戚而已往年每石八九千本年每石四千往年求注荒而或不得一二成今年不必求注荒而自得四成正數既甚懸殊浮費又復淨絕平心論之奚啻霄壤而入於無厭者之心將求更少於四千或并省此四千求之而得必且馳騖之求之斷不得而轉有所失亦且嘗試而冀倖之此蘇民之大病也至於剛則吐柔則茹久成爲習俗官吏叫囂衝突如狼

如虎輒俯首帖耳敢怒而不敢言故鬧漕拒捕之案他郡縣多有而吾吳無之謂非良民得乎特恐止知畏威不知懷德及於寬典轉生玩心正如村塾頑徒夏楚聲絕書聲亦隨之而絕吳諺云不吃敬酒吃罰酒此又蘇民之大病也於是乎一種丁胥差役習知其然因其隙而乘之相與造作浮言以爲別有良法或隱匿逋欠或賄買災荒可以更減於四千頃者以捐抵賦之案卽用此術以熒惑鄉愚聽從者不少今行均賦關係更大阻撓必更力勢必竭盡伎倆使輸納寥寥明年不復能行得以藉口爲復舊之地而後已在若輩固應爾獨怪吾鄉民積年讐之一旦忘之惟若輩言是聽墮其術中而不悟也則不知足不自量之心誤之也須知有田卽有糧

無所逃於天地之間吾鄉民具有天良值此非常善政宜如何感激報稱踴躍輸將況乎數既無多新穀方登取攜良便早完

國課弛然高臥爲人生第一樂事若復因循坐誤轉瞬歲事百需米直已散逋賦未了悍吏登門誅求需索將甚往時一不得當桎梏隨之悔之晚矣如聽若輩之言人懷觀望明年必且復舊是貪一年之小利而貽百年之大害孰得孰失不待言此雖非一人一家所能主亦願吾鄉民交相勸勉一唱百和雲集景從羣然不爲邪說所惑即若輩無如何矣

顯志堂稿卷十

吳縣馮桂芬林一著

均賦議 癸丑

今蘇屬完漕之法以貴賤強弱爲多寡不惟紳民不一律即紳與紳亦不一律民與民亦不一律紳戶多折銀最少者約一石二三斗當一石多者遞增最多者培之民戶最弱者折銀約三四石當一石強者完米二石有餘當一石尤強者亦完米不足二石當一石如元和縣屬章練塘之類向來完米較少去冬鬧漕之後不過一石六七斗當一石而紳與民又各有全荒之戶官之所謂欠糧戶之所謂荒不能牲以欠字紳以力免民以賄免而其爲不完則同於是同一百畝之家有不完一文者有完至百數十千者不均孰甚焉今既不能全

辦清漕而議補救之法非紳民一律不可非通知利弊亦不可以定一律之價論者第知紳衿有短價而不知完米鄉戶之亦短價也紳衿短價中之最多者大約與鄉戶完米之值等第知勒折長價之當減而不知完米短價之尚當減也何以言之向來鬧漕毀倉之案多不在勒折長價之鄉戶强者皆完米故勒折之戶必其最弱者不能滋事而轉在完米短價之鄉戶此等恃强之民今年萬不能照舊徵收也是紳衿非所畏可畏者此輩此輩首肯無不首肯矣惟遞增短價大減長價更稍減乎鄉戶完米二石有餘之價大約一石不得徵二石以一石數斗爲斷而一律徵折米價在二千內不得至四千文米價在二千外不得逾四千文此其定率也以此數計之蘇郡今年業戶情形呈明減租三四成加以三限所減即無欠亦止畝得六斗僅敷完納銀

米幸有普減之三分加佃欠不及二三分便可無累若再增加何從抵辦此爲民父母所必當知者○數以錢計不可以銀計以銀計必至如條銀之價二千八九百文作一兩細核州縣海運開兑各帳不但斷無賠累而且寬有盈餘並足供本署及本道本府一切辦公之費至丁胥以下千百無賴之徒則一筆句之可矣惟此法行之折色則可行之本色則不可一經開倉必至有一律之名無一律之實將見米數一律米色不一律矣斗斛一律平滿不一律矣當場一律暗地不一律矣今日一律明日不一律矣以積慣舞弊之人處最易舞弊之地而謂區區文告可令弊絕風清吾將誰欺於是刁生劣監挾制更多小民愚氓怨恨更甚其害與不變法等且本折兼收將使本色與折色相當乎則本色有盤耗折色無盤耗人必願折不願本徒

費鋪倉之用恐少納米之人將使折色稍浮於本色乎是又開不一律之門勢必又以貴賤强弱爲本色折色之分太鎮均漕而紳衿借米色米價爲通融之路是其明證將使一律本折各半乎無論多一名色即多一利孔且斗升小戶從來不知完米不堪繁擾勢必假手包攬始而差役繼而衿監此端一開獘有不勝言者矣況乎今年之不便開倉者更有三焉此時定價既少自以省浮費爲第一義開倉浮費動需二三萬串攤派每石不下三四百文而民間上倉私費更屬不貲無非金擲虛牝況向來倉米徵收之後往往發賣官倉同於牙行迨交遲則又令牙行包辦何若多一曲折坐耗此無名之錢既宜體卹小民又宜體卹州縣一也向來州縣每以

下忙移墊鋪倉今年捐抵之後資無所出必致嚴刑追比舊欠或重利挪借丁胥非損民即損官二也開倉之日鄉民聚集千百成羣當此官日仇民民不畏官之時差役人等既不肯洗手從事又不肯降氣平心誠恐口舌變爲鬬毆鬬毆變爲拒捕拒捕變爲畔逆外侮未戢內訌可虞三也固不如一律折色之易簡而無弊也或恐市儈把持臨兌無米不知近地之米止有此數不交官倉即在民間且各縣同時徵錢不徵米則中戶爭思賣米市儈安能把持況以本年情形論之室多懸罄恐無閉糴之家寇在於垣更少居奇之賈米價有賤無貴可操左劵也方以利官不利民爲慮豈慮無米可買但或錢盡私用延至來春難保市買不昂此不能爲立法之

詳惟有嚴飭州縣一面收錢一面買米不准挪作他用此不易之法亦於民間有益或曰招縣中數百石以上殷實大户不論紳民俱准認辦本色取具認結先行給串臨兑交米如運數而止此亦簡法但有利即有弊且或啟不一律之端未敢輕議也至其餘防弊條目謹擬八則如左

一大堂設櫃徵收不准私交丁胥也銀洋照時作價大書高揭每日一換不准私毫增損各花户持錢并易知單或新舊銀米串或自開都圖户名斗石細數一體呈納立時截給板串不准過本日如有留難指給等弊准即鳴鼓訴官

一串票不准發追也向來州縣截串發給差役按户追銀按限繳銀始猶先用而後繳繼則蒐用而零繳終且先用而

一繳半則嫖賭浪費半則赤手起家差欠役欠盈千累百鞭笞狼籍公事何補不知錢出於民入於官何苦多一假手之人而減其數惟概不發串不令經手銀錢則差欠役欠之弊自絕

一欠戶宜仿詞訟之例任簽縣差協保拘人也向來欠戶由本圖糧差糧書承辦但得多行賄賂約視應完之數過半便可永不到官此近年莫大之弊惟任簽他差仍押本人到縣赴櫃親完亦不准該差經手銀錢則藩籬自破矣

一漕總及錢漕家丁名目一概禁絕也縣有戶房庫書自能經理文牘宅門以內銀錢歸帳房公事歸簽押稿案永不准有前項名目違者嚴參治罪不特此也若輩久倚爲專

門之業其著名凶惡者州縣爭先羅致非取其辦公熟手實取其造孽辣手每辦一漕輒以數千金爲煤媒而汔有二三萬金之獲殃民禍　國此實罪魁即不明正典刑豈宜任聽安飽應咨札各州縣查明上三屆漕總門丁先期拏到看守清查欠欵倘新漕仍有漕尾罰令全數賠繳以贖從前罪惡如此從嚴辦理庶不致暗中設法撓我新章

一嚴核徵數不准以完作欠也應令於例設堂簿之外另刊完糧徵信錄將某日某人完糧若干戶計若干石簡明其詞隨時刊入刷印一二百部徧送紳士許完糧而不入錄者呈明上司與以重賞亦絕弊之一法

一易知單費亦應紳民一體也定以每畝七文刊明單上不

准絲毫多取其糧書遲誤不於開徵前交到本戶者不給
又過戶紙筆費照此辦理需索者准各戶於完糧時訴官
嚴辦該戶毋庸候質
一荒分宜均攤也定例辦荒必將都圖坵數履勘確實始准
注緩此俗所謂官話正以便書役之上下其手也蓋聞有
業田數百畝而佃戶指熟爲荒業主無從辨認者矣況一
縣之大乎惟攤荒一法不失爲公即實有賠絕之區止宜
留一二釐不攤以通其變太鎮荒政極公可以通行各郡
本年所辦按戶統免四成可謂第一善政此外聞將續辦
拋荒似亦宜均攤爲允
一紳衿積欠宜絕也各縣紳衿有連阡累陌從不知完糧爲

何事者官吏口恨而心甚德之以其爲數無多而可作墊欠之明證如方伯札內所指某某等姓抗賦諸巨棍之類實漕務之大害惟有罰田入官清完日給還永爲定例庶可知所懲儆或謂下田入官轉可脫累不知從不完糧本無累何云脫乎

是議中丞亟稱善函致方伯某公照辦頗亦采用惟所議原係按照海運起數乃定議後數日又以餉亟改爲徵折按之當時銀價實已稍多且恐來年辦運將以不能照數爲辭則事機之深可惜者也又定議後太守喬公出示有不論有無易知單一語爲絕弊極善之政乃三縣糧書見之大恚夫糧書挾單舞弊書中已詳言之

尤有甚者則改串朦徵之弊也糧書於造冊之時先於
眞戶之外虛造一同圖同名不同數之戶謂之鬼戶如
眞戶趙大完米一石卽再造一鬼戶趙大完米一升開
徵後該糧書代完一升截串以升字改作石字憑串向
趙大取一石之價趙大不知也而此一石之串遂永成
實欠在民矣有捐抵局查出吳縣許春圃一案可證此
弊惟不論有無易知單但開細數卽准完糧一法可以
絕之宜糧書之大恚也久之三邑竟以難於稽考空詞
詳藩批准憑單完糧尚何言哉又記

裁屯田議

夫子論道國曰節用孟子曰無政事則財用不足所謂政事者用所當用節所不當用而已比者軍興十餘歲常賦不供雖

上方服御所需亦多停罷不可謂不節矣而各路徵兵召勇餽饟之數日增月益在事者相與旁皇憂念不知爲計當此艱難支絀之秋豈有以

國家自有之財轉棄之冗散無事之地黃金虛擲數累鉅萬而不少加愛惜哉竊於漕運弁丁支款以及屯田租息而不能無疑也衞所之制創自前明今之運丁即前明之軍始以有罪遣戍著籍防守月給軍糧非爲漕運設也厥後乃軍撥

墾荒田令輸籽粒於月糧內扣抵遂編爲屯軍與營軍爲二無事則資挽運有事則資調遣亦非專辦漕運

國朝屯軍次第裁汰屯田歸併州縣承佃辦賦惟有漕運之地隸衞所如故謂之贍運屯田於是乎衞弁運丁屯田始專爲漕運而設當時

國用充盈體大物博但資其飛挽之力即亦不苛細微迨後日久弊生習焉不覺至今日而害斯眾著約而言之可疑者迨非一端運丁於田租養贍之外每屆兌運行月耗贈銀米列入正欵者每船幾及米二百石銀二百兩之多而猶以爲未足輒向州縣勒索幫費遠過於商賈陸運貨物之値州縣藉口浮收勒折以給之司倉人等復利其厚獲還相魚肉悖

入悖出皆運丁爲之關鍵坐令漕務敗壞決裂此可疑者一也守備千總亦武職不令之操演不令之管帶漕標各兵乃令守備徵糧理訟參錯州縣之間以分其權又令千總押運而運事轉以丁爲主王氏苞孫有云其强者與丁爲狼狽其弱者受丁之指揮屬之漕督而漕督相懸數千里屬之糧道而糧道相懸數百里屬之所在知府而知府又以武職外之既無考核又無鼓勵此可疑者二也運丁之始即水手也康熙三十五年定僉軍之法特以爲水手之長耳何以既有運丁又別雇桀黠無賴習教之徒充當頭柁水手擾害民間嘉慶道光中釁釀巨案猶幸江浙停運在先金陵失守在後不與賊合然貲遣未盡者猶以千計吳民苦之數年始息此可

疑者三也糧艘所容不過數百石與中號江船等而船身之重滯行走之艱澀無出其右此可疑者四也因思舊制以衛領軍以屯養軍而以軍挽運法非不善今則漕事專責之運丁安用衛爲費用盡取之州縣安用屯爲挽運別付之水手安用丁爲名實全非舉非其舊以不文不武之官領不農不賈之民別樹一幟天下冗員游手莫甚於是蓋不待今日而論者莫不謂欲清漕務首革衛弁運丁矣蘇省自道光二十七年停運以來不特衛弁薪俸按年支領即苦益月糧初亦照例減半發給屯租更如常徵收在有司例與之而不以爲嫌在若輩例取之而不以爲感馴至粵匪難作而後已竊計數年中弁丁安坐無事糜費

國帑殆不止千萬之數卽以上下兩江屯田租息一項言之江淮衞等凡二十三衞額定六十餘幫船三千八百餘隻惟江淮興武二幫坐資津貼並無屯田著名瘠苦此外江蘇之蘇州衞等安徽之新宣衞等共二十一衞計屯田二百三十餘萬畝此項田畝康熙八年湖廣有清釐之案二十三年江西有清釐之案皆輾轉典賣或贖回或助費分別辦理似已有彌縫補苴之意迄今年代更遠弊必益甚嘉慶間松江府志稱裁併與田頭緒繁多而坐落鄉圖具在足爲運丁身家之一助卽現在蘇省各屬多有屯田散布境內各衞時因催租之案與州縣交涉是屯田非盡無着之據湖廣江西情形想亦無異但將已無者概免究追現有者盡數交納或召變

或徵租十得三四尙不失爲巨欵於度支不無小補現在海運行之十餘年尙爲利濟自難亟議更張卽使肅淸之後謂海運非久長之策重議河運或招商或採辦或轉駁或改造駁船或雇用民船以所省漕項銀兩給丁各米益以屯租何事不可辦斷不議重造前此笨滯船隻重招前此獷頑水手重任前此不諳轉輸專爲姦利之弁丁此可以理決者旣已不可復用似宜早爲之所蘇省被難以來弁丁輾轉流離無復生計一經克復勢且環求調劑安得閒欵給此閒人若不及今裁汰直

國家一大累矣夫使經費足支存之無損於毫末不裁可也而經費如此其絀又使爲數無幾去之無關於重輕不裁可

也而爲數如此其鉅又使弁丁於漕運雖不能無弊尚有不可無之一說不裁可也而弁丁於漕運非但可無直不可有然則爲今日計惟有請將江南湖廣江西各衛裁撤其守備千總各官調營序補銷除屯丁冊籍查明現有之屯田儘數歸官俾帑藏不致虛糜綜核名實之道實在於是至漕督亦在可省之數惟考漕營始於明隆慶間漕撫方廉爲備倭患而設今情事正同淮安一帶距省會率一二千里自須督撫大員坐鎮俟南北肅清再議歸併督撫爲便

寓兵於工議

粵匪蹂躪楚北距蘇城且二千里其勢非能遽至也惟是承平日久民不習兵軍書一聞訛言四起怯者喪膽黠者生心本地無賴煽惑鄉閭外來流民游奕城市尤可慮者糧船水手句連土匪結黨橫行莫敢誰何自聞楚警迥非如從前之安靜城外俞家橋一帶有小梁山之目更儼然在垣之寇矣居今日而議防堵非防粵匪防土匪也議防堵不能不議團練而團練之弊有三多易而精難聚易而散難人易而費難欲袪三弊莫如寓兵於工之一法夫吾郡百工之淵藪也城鄉工人之數甲於他省而工人壯健之名又甲於四民工不一業簡其强有力者用之業不一人簡其尤强有力者用之

以蒙所知若油車端坊鋼坊染坊紙坊煙作紙作底作鈸作鑼作石作之屬皆壯健可用蒙家舊鄰一煙作凡工數十名巷中有著名土匪他無所畏獨畏煙作雖醉酒肆罵時過之輒噤聲其明驗如此若更加以簡擇不患精之難也此輩皆有居停主人來歷分明非游民可比但須廣咨博采別類分門於各紳士中之居相近與其居停相識者籍其姓名第其材力高下登為一冊歸民辦不歸官辦蓋官辦則鄉愚無知恐遂錄為兵人多不願也約略計之可得四五千人隘為部署不必明為徵調平時自食其力既無聚眾滋事之虞臨時偶食於官不啻尺籍伍符之子且風鶴一警工即輟業若輩一朝失食難保不為我患取其為我患者轉為我用既兩得

之道而事平之後各商復業如故各工傭趁如故不患散之難也或者謂不事徵調何自知其樂從與否又何自知其膽力膽氣之足用與否則有番上巡查之一法輪給以值而驅策之明試以事而歷練之部署既定酌分為數十班一業分為若干班不必盡一定數惟同業必同班則心力齊一兩月為一輪每夜以一班令其駕船分赴僻靜處所如盤門外寶帶橋閶門外近關一帶向有劫案之處巡行周視人給二三百文獲盜者別有重賞不特膂力可以驗試而其人果踴躍從事即膽氣可用之徵也又可仿照水龍救火成式水龍夫亦可為一班遠近數里內或有劫盜竊發令柵夫以鑼為號凡在部署之數者聞聲即至人給二三百文本家不失物即令給發此項不至有罰獲盜者別有重賞此法楚氛既平仍可用以

弭盜是不必養之平日自可用之一朝不患費之難也由今之世浸無規畫閒無以備豫不虞過示張皇又適以搖惑衆聽惟部署而不事徵調斯佈置一歸於鎮靜平時閭井晏然若無其事一旦有警片語傳呼聞聲四集有勁旅四千人之多如他邑援兵之驟來如天上將軍之忽下聲威安得不壯人心安得不固夷防時浙撫玉坡劉公告示有云剿逆夷則不足治土匪則有餘今所調度蒙亦云然然果衆志成城一鼓作氣即外寇無不可卻也至於軍裝器械火藥之類亦可預爲之備要亦宜行以部署而不徵調之意官中所有者繕之近地所有者調之即鋪戶所有者亦密訪確實某地某物某數如廣貨店洋鎗之類一一籍而記之以備臨時盡數購爲

已用又其要者川楚道梗客米不來而米市自移無錫關內糧食已少城河不通舟楫城內糧食更少亦當籌及者也他加將查保甲吾郡五方雜處比鄰或不相識不能用王文成十家牌連坐之法然甯詳毋略甯繁毋簡甯為其難毋為其易由圖董帶同地保造册送縣委員覆核如有漏略立時增正委員記功以示獎勸庶幾密益加密至糧船水手護煙廣匪兩種能為我患不能為我用實無安插善術惟有籌款雇船盡數咨遣回籍是為上策而已

通道大江運米運鹽議

自長江道梗以來川楚貨物如杉木煤炭之類無一不貴自一倍至二三倍不等獨米價無改其舊此何以故蓋逆匪東竄之時即大河北決之日溯自河流奪淮清水歲溢昭關車邏等壩動輒開洩下河七州縣產米之區古所謂海陵紅粟者自近一二十年來幾於無歲不潦無年不災乃者河既北流淮復古道無開壩之事下河連三歲大稔計其所產米數以方一里爲田五百四十畝得米千石計之七州縣境除鹽場蘆蕩而外廣袤不下三百里當得米九千萬石聞往歲以楚米接濟江浙實數不過三四千萬石今以下河之多收抵川楚之少運數可相等浙江之所以無饑也今聞下河大旱

與向之被淹等斯即江浙豐收已慮米貴況同時大旱若此將何以支天下事有虛患有實患患民囤積市儈居奇皆虛患也千百里舟楫可通之地竟無此一物乃患之實者昔秋涉冬米日少一日價日增一日不至石十千八千不止而窮民能得食者鮮矣今聞艇船已抵西境火輪船且連檣入江或者天心仁愛未絕我江浙民命川楚之米斷而濟以下河下河之米歉而仍濟以川楚乎則惟有用火輪等船運米爲目前長策顧招商既慮褁足籌款又復束手爲之奈何或者數多不可可少行之遽辦不可可漸行之於無可籌撥之中量撥銀三五萬兩派能事弁勇轆轤轉運源源而來未始非積少成多之道也又淮南引地江安兩湖盡爲賊梗歲短課

銀三四百萬兩如火輪等船可通江路則不特可運米亦可運鹽但須奏定以正雜課經費歸軍餉而軍餉充盈矣以餘利賞弁勇而弁勇踴躍矣或恐火輪船不肯運訪之滬商僉云啗以厚值無不從之理至用他船運速既異聯絡爲難或中道逃亡或爲賊劫奪甚且詐僞射影弊不勝言矣又恐弁勇難以約束有偷漏虧空之慮向來江船夾私偷漏無所不有何獨疑於兵船邪要之此法始事難繼事易有大利無大弊運鹽易米考之於古既有微寓商於兵創之自今亦甚便

謹議

借兵俄法議

側聞俄法二夷有自願助順之說

廷議以爲利多害少是也有謂不可行者不知夷情之論也欲借夷兵當先問夷之有異志與否夫諸夷不能無異志而非月前數年中事詳余所爲重夷務議中今之自願助順者非有他也貼餉必以百萬計利在官逆賊積年劫掠可攘而有之利在兵上年貿易十減三四事平可復其舊利在商且中華爲百國之望事成又可誇於遠近以爲榮如此而已且借兵爲中國前古所罕聞而諸夷近今之常事也彼書所紀新聞紙所傳如希臘等事不絕法夷更以助戰獲利爲生計歲書月紀無足重輕之甚者論者幾以宋之借　共明之借

我

大清兵例之夫亦失之遠矣兵法曰知彼知己論夷務宜略識夷情或援古以證今或推己以及人均無當也至謂引鬼入門情事本不類鬼能自入門何待引鬼又巳入門何必引金陵一衣帶水耳翩然鼓棹誰則禁之事成來告得之於賊非得之於我獨且奈何哉而待我之引之也若慮需索無巳有計城定數之法許少索多夷所不爲且果無端需索不借兵庸能免乎總之論者所慮之弊將有之耶不借兵亦有之將無之耶借兵亦無之此更不必知夷情而可以理斷者至於借人借器所費不貲又招勇易而遣將難聚勇易而散勇難本多流弊況此等夷勇松江之役嘗雇之賊亦雇之謂之

漏網鬼諸國多有之西班牙尤多皆在夷律禁捕之數上海守門者至拒不令入城其不可用可知且今日之勢亟矣逆賊踞金陵舊帥頓兵城下者八年數萬之師潰於一旦今且蔓延蘇常凶燄益張上游徧地皆賊新帥勢不能棄之而來卽至矣能必蘇常之立下乎能必金陵之速下乎新帥兵無過二三萬視舊已少顧萬一相持稍久歲亦需餉二三百萬在今日不已支絀乎以較少之兵仰支絀之餉而當益張之賊正不知肅淸何日也而況新帥之不卽至也東南財賦重地

神京兵食之原本淪陷累月無一卒抵城下將棄之如遺哉用夷固非常道不失爲權宜之策非僅愈於不過而問也且

用夷有二便焉上海松江成效可見度可剋期蕆事一也餉需先許後償雖多不害四郡歲失五百萬兩淮鹽課又三四百萬兩以虛補實有益無損二也甯蘇既復東路廓清可以保全浙江完善之地可以籌備壬歲轉運之粟可以餘力接濟上游諸省之餉且截江南剿焚巢埽窟可以永絕北竄之路所關於　國家大局者非細也夫迴紇沙陀之事於傳有之惟有郭令而後能用迴紇有晉王而後能用沙陀是在主其事者之得人操縱進退我爲之斯爲善矣

上海設立同文館議

今通商爲時政之一既不能不與洋人交則必通其志達其欲周知其虛實情僞而後能收稱物平施之效互市二十年來彼酋類多能習我語言文字之人其尤者能讀我經史於
朝章
國政吏治民情言之歷歷而我官員紳士中絕無其人宋聾鄭昭固已相形見絀且一有交涉不得不寄耳目於所謂通事者而其人遂爲洋務之大害上海通事人數甚多獲利甚厚遂於士農工商之外別成一業廣州甯波人居多其人不外兩種一爲無業商賈凡市井中游閒跅弛不齒鄉里無復轉移執事之路者以學習通事爲逋逃藪一爲義學生徒英

法兩國設立義學廣招貧苦童穉與以衣食而教督之市兒村豎流品甚雜不特易於漸染洋涇習氣且多傳習天主教更出無業商賈之下此兩種人者聲色貨利之外不知其他惟藉洋人勢力狐假虎威欺壓平民蔑視官長以求其所欲卽如會辦防堵一舉間與能作漢語之大酋議論未嘗遜於事理而局中米鹽瑣屑勢不能與大酋言往往需索之無厭挑斥之無理開銷之無藝無非通事勾結洋兵爲分肥之計欺我聾瞶逞其簧鼓顚倒簸弄惟所欲爲實法所必誅而不勝誅且不能誅又其人質性中下識見淺陋卽其所能僅通洋語者十之八九兼識洋字者十之一二所識洋字亦不過貨名銀數與俚淺文理不特於彼中政治張弛之故曹焉無

知即閒有小事交涉一言一字輕重緩急輾轉傳述往往影
響附會失其本指幾何不以小嫌釀大釁洋務爲
國家招攜懷遠一大政乃以樞紐付之若輩遂致彼己之不
知眞僞之莫辨宜與宜拒汔不得其要領其關係非淺鮮也
夫通習西語西文例所不能禁亦勢所不可少與其使市井
無賴獨能之不若使讀書明理之人其能之前見總理衙門
文新設同文館招八旗學生聘西人教習諸國語言文字與
漢教習相輔而行此舉最爲善法行之既久能之者必多必
有端人正士奇尤異敏之資出於其中然後得西人之要領
而馭之綏靖邊陲之原本實在於是惟是洋人總匯之地以
上海廣州二口爲最種類較多書籍較富見聞較廣凡語言

文字之淺者一教習已足其深者務在博采周咨集思廣益則非上海廣州二口不可行之他處猶是一齊人傅之之說也行之上海廣東則置諸莊嶽之間之說也況通商綱領雖在總理衙門而中外交涉事件則二海口尤多勢不能以八旗學習之人兼顧海口惟有多途以招之因地以求之取資既廣人才斯出愚以爲莫如推廣同文館之法令上海廣州仿照辦理各爲一館募近郡年十五歲以下之穎悟誠實文童聘西人如法教習仍兼聘品學兼優之舉貢生監兼課經史文藝不礙其上進之路三年爲期學習有成調京考試量予錄用遇中外交涉事件有此一種讀書明理之人可以咨訪可以介紹卽從前通事無所施其伎倆而洋務之大害去

矣至西人之擅長者歷算之學格物之理制器尚象之法皆有成書經譯者十之一二耳必能盡見其未譯之書方能探賾索隱由麤迹而入精微我中華智巧聰明必不出西人之下安知不冰寒於水青出於藍輪船火器等製盡羿之道似亦無難於洋務豈曰小補之哉

墾荒議

道光之末吾吳糙米平價一兩餘賊陷江甯而後未之或改也蘇杭陷入民死者殆以千萬計矣加以客民不至漕運不發而上游來賊無過數百萬以小半抵客民以大半抵漕運足相當然則食之者寡奚啻過半上年猶中稔乃米價騰貴比常時一二倍賊中亦然此其故何哉聞皖北三河運漕一帶有百里無人煙者江南宜興一帶有十里無人煙者他郡縣有荒田一年不耕便荒况兩三年乎是爲米貴之原本凡墾三年以上荒田一畝恒需百夫之力夫價每日一二百文計錢十數千先大夫當乾隆中葉時夫價每日不過錢數十文國初祇三十五文故其時開墾較易厥後漸增至今日幾

及十倍矣田貴之地畝值四五十千荒田不足患也吾吳田價畝數千而出錢十數千以墾之雖至愚者不爲是永不能墾之道也其患豈淺鮮哉前閱西人書有火輪機開墾之法用力少而成功多蕩平之後務求而得之更佐以龍尾車等器而後荒田無不墾熟田無不耕居今日而論補救殆非此不可矣存吾說以待之

顯志堂稿卷十一

吳縣馮桂芬林一著

變捐例議

道光中余戊子同年安徽朱孝廉鳳鳴叩閽進所爲尚書題論

上温詔褒之其任官惟賢一論頗傳誦京師有曰

國家用科目君子小人參半也用捐班則專用小人矣又曰

上以急公好義爲招特假以爲名下以利市三倍爲券將務求其實又曰捐班逢迎必工賄賂必厚交結必廣趨避必熟

上司必愛悅部吏必護持又曰與其開捐不如勒派富民百十家之勒派其害偏開捐則將爲貧民億萬家之勒派其害

普與其開捐不如加賦有形有限之加賦其害近開捐則將爲無形無限之加賦其害遠抉開捐之獘可謂至矣平心論之實苛論也

國朝捐班亦有李公世傑傅公鼐諸人安得謂專用小人乎顧特千百中之一二耳夫求一二於千百中難矣近十年來捐途多而吏治益壞吏治壞而世變益亟世變亟而度支益蹙度支蹙而捐途益多是以亂召亂之道也居今日而論治誠以停止捐輸爲第一義

國朝自招民知縣以來時開捐例皆暫行而非常行道光咸豐兩朝

御極之初即首停捐例厥後以大兵役徇廷臣之請始又舉

行固知開捐非
列聖意也顧今軍務未蔵待用方亟如之何考商鞅賜民爵爲輕名器之漸漢鼂錯從而鬻爵甚於鞅矣至入貲補吏創於漢武濫於東漢及晉緜延於唐宋元而幾絕於明景泰元年始命輸納者給冠帶二年令世襲武職四年令生員納粟補國子生如是而已然則必欲爲權宜之計無已其修民爵之令乎商鞅之法貧者得賣與人漢時亦有民得賣爵之令又公大夫以上令丞與抗禮今捐輸之推廣無孔不入獨此二者未之及新例移獎有賣與人之實而必設爲中表至戚之限明導以欺何爲者至郎中道員之貴一縣令得坐堂皇以辱之安望抗禮哉是亦一間也應請留封典虛銜二者信

蓰其捐數許於若干年內移名若干次有官者不與更仿令丞抗禮之制明定禮節以榮之韓氏焱曾有此議實行之無弊者彼諸夷以利爲國富商輒與大酋敵體而絶無入仕之路一犯法則朝爲坐上客夕爲階下囚故富商倍重犯法此亦抗禮無弊之一證其實職升銜加級及貢監一切停止現任有政績者上司特疏保留改其籍曰薦舉其餘無論實缺候補候選皆視原輸銀數改入民爵以示大信且令天下曉然知非往時甫停復開之比捐班中果有才士無所冀、無所需待將羣然淬厲鼓舞於正途斯官方可以澄敘人材可以奮興矣

繪地圖議

周官大司徒掌建邦之土地之圖周知九州之地域廣輪之數職方氏掌天下之圖固王政之先務也史記蕭何傳漢王所以具知天下阨塞戶口多少彊弱之處民所疾苦者以何具得秦圖書也宋史袁燮傳燮爲江陰尉常平使令每保畫一圖田疇山水道路悉載之合保爲都合都爲鄉合鄉爲縣徵發爭訟追呼披圖可立決此言都圖之始嘉定縣志圖即里也以每圖册籍首列一圖故名曰圖都圖之宜有圖舊矣今江南州縣有魚鱗册猶沿其制惟有明以前繪圖不知計里開方之法圖與地不能密合無甚足用大氐不審乎偏東西經度北極高下緯度不可以繪千里萬里之大圖不審乎

羅經三百六十度方位及弓步丈尺不可以繪百里十里之小圖而繪小圖視繪大圖更難以無顯然之天度可據全在辨方正位量度丈尺設有差忒便不能鉤心鬭角（陽湖李氏兆洛製定向尺一十八枚圖繪頗準猶嫌其繁重）今定一簡易之法如後請下之各直省州縣如法繪畫任取本州縣一城門左旁立一石柱爲主柱即爲起數之根依此作子午卯酉縱橫綫以一里三百六十步爲度各立一柱令四柱之內爲一圖容田五百四十畝各圖中乾坤艮巽四隅皆有一柱而以艮隅之柱爲本柱以千字文爲號勒於其上柱徑一尺高一丈埋露各半其露者尺寸有識適當山水市舍則省之或向西或向南退行若干步補之繪圖則用約方二尺之紙十步爲一格縱橫各三十六

格則一里內阡陌廬舍纖悉可畢具如是而地之廣袤著矣更用水平測量高下卽以主柱所傍城門之石檻爲地平起數之根以絜各圖石柱而得各圖立柱之地高下於城檻之數又徧測本住前後左右四里之高下而得四里內高下於本圖之數又徧測東西南北毘連州縣城檻之高下而得各城檻高下於本城檻之數以之入圖則以著色爲識別凡高下於城檻在一尺內者不著色其餘分數色以一尺爲一色至若干尺以上則概爲一色高山土阜又別爲一色仍識若干尺於上如是而地之高下亦明矣此圖既成爲用甚大一用以均賦稅一用以稽旱潦一用以興水利一用以改河道詳後議

附繪地圖法

法造反羅經如下式分二十四字七十二向綫兩綫空隙亦可作一綫看是七十二向實得一百四十四向之用不必更分三百六十度轉易舛混○一向分六向一子正一子兼癸少一子兼癸太一子癸一癸兼子、太一癸兼子少餘倣此二十四向共成一百四十四向每向二度半又造定向尺如界尺式首用圓盤即正羅經邊分若干綫與反羅經相準中作十字綫以取子午正中中心用釘合於尺上仍令活動可以旋轉尺上作中綫如甲乙尺邊任刻細分如丙丁又造圖紙用朱絲作正方格格之大小準定向尺細分任以十分或二十分爲一格量地之法用反羅經居子向午對所欲量之地視鍼頭所指即知何向此用反羅經之巧用軟步弓量定若干尺至轉灣處止即籌錄某向共若干步是爲一節嗣轉他向皆如之凡一轉爲一節淸丈田畝逐坵四面皆用此法馭之其簡法又有三一曰人行計步先較準本人行步若干當弓步丈尺若干卽計行步之數爲準一曰車行計輪先量準輪周若干尺任於輪之一幅作識但以輪行若干周計之三法中此爲最的一曰舟行計艕先較準行若干艕當若干步惟風水順逆所差甚多宜隨時消息之此法止能御直綫不能御弧綫遇弧形之地宜於弧旁標識作直綫縱橫成句股形入以算術此不具載大氐止繪地圖三法已足淸丈田畝則必以弓步實量得數始密至畫圖之法先於圖紙上占位作一定點爲起手之地復於定向尺首圓盤上取所記某向綫移指中綫甲乙並將尺邊丙位移就定點上仍審上層十字綫上子

下午地圖本上北下南與紙格勿稍偏斜乃循尺邊於定點上丙位起按分繪畫甲乙爲向綫丙丁綫既與甲乙平行亦卽向綫矣是爲一節續繪次節卽於前綫之末接起後綫以下皆如之卽圖成矣

反羅經式

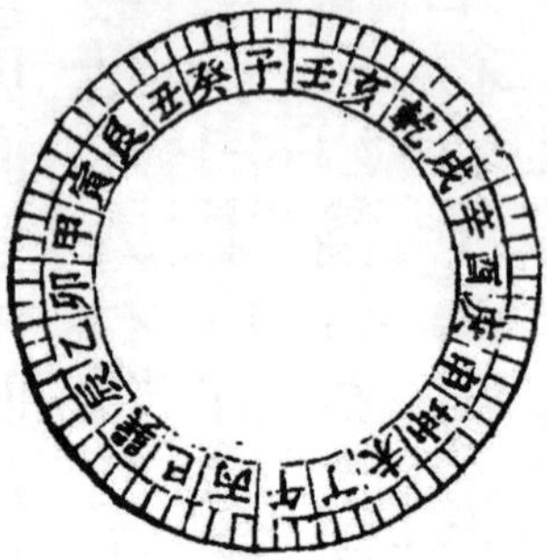

定向尺式

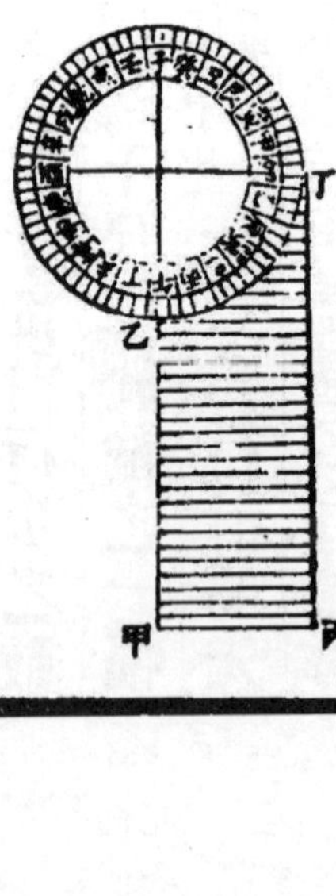

均賦稅議

曷言乎繪圖以均賦稅也賦稅不均由於經界不正其來久矣宋熙甯五年重修定方田法分五等定稅宋史食貨志又王洙傳明萬歷八年度民田用開方法以徑圍乘除截補欽定通鑑綱目三編康熙十五年命御史二員詣河南山東履畝清丈山東明藩田以五百四十步爲畝今照民地概以二百四十步爲畝皇朝文獻通考乾隆十五年申弓步盈縮之禁部議惟直隸奉天遵部弓尺並無參差至山東河南可見康熙十五年之舉仍屬具文山西江西福建浙江湖北西安等省或以三尺二三寸四尺五寸至七尺五寸爲一弓或以二百六十弓七百二十弓爲一畝長蘆鹽場三尺八寸爲一弓三百六十弓六百弓六百九十弓爲

一畝大名府以一千二百步為一畝若令各省均以部定之弓為畝倘大於各省舊用之弓勢必田多缺額小於舊用之弓勢必須履畝加征一時驟難更張應無庸議嗣後有新漲新墾之田務遵部頒弓尺不得仍用本處之弓大清會典不特朝廷寬大之恩卓乎不可及亦見當時部臣深明大體有如此惟是舊田新田截然為二終非同律度量衡之意也惜當時不將各省田畝一切度以工部尺而增減其賦以就之不尤善之善者乎今吳田一畝多不敷二百四十步甚有七折八折者林文忠公疏稿見興水利議所謂南方地畝狹於北方者此也蓋自宋以來所謂清丈者無非具文矣皆由不知前議羅盤定向四隅立柱之法為之範圍有零數無都數可分不

可合或盈或縮甚或隱匿百弊叢生丈書泥於梯田闊狹折半之法方田十畝斜剖爲二可成十一畝餘可類推又遇巉山宜用圓錐求面術亦丈書所未必知蘇州府志載吳縣辦清丈久之以山多難丈中寢可爲笑柄故丈田亦必略知算術不可專恃丈書不能若網在綱必至治絲而棼誠如前議繪圖之法而用之然後明定畝數北省有六畝爲一晌四十二畝爲一繩等名目亦應刪除用顧氏炎武所議以一縣之丈地敷一縣之糧科見日知錄即朱子通縣均紐百里之內輕重齊同之法見朱子文集卷十九條奏經界狀按畝均收仍遵康熙五十年永不加賦之

諭旨不得藉口田多絲毫增額如是則豪强無欺隱良懦無賠累矣又舊例各縣稅則至數十等之多於

國無益於民非徒無益而於吏胥隱射轉換則大有益圖成之後地形高下水口遠近犁然在目應請各州縣就境內用

宋法分五等定稅亦絕弊之善術又曰知錄所列州縣有去治三四百里者有城門外即鄰境者有縣境隔越如周禮所謂華離之地者按圖稽之并改甚易是之謂平天下是之謂天下國家可均

稽旱潦議

曷言乎繪圖以稽旱潦也州縣一遇水旱吏胥即有注荒費之日有費即荒無費即熟官即臨鄉親勘四顧茫然發蹤指示一聽諸吏雖勘如不勘也前議繪圖之法所謂石柱即今水則碑之製吳江垂虹亭有水則碑二並不徧布各鄉又無比較之率則其用僅與石步等有此何益惟行四隅立柱之法驗石柱披地圖今日不雨則若干圖將旱明日又不雨則又若干圖將旱水加一寸則若干圖將淹水又加一寸則又若干圖將淹坐廣廈細旃之上固已了然於胸中舟輿既出勘一水而百水可知勘一鄉而四鄉可知脫有不合則必高地隔越港汊不通不難隨時修濬尚何前弊之有

興水利議

曷言乎繪圖以興水利也

國家休養生息二百餘年生齒數倍乾嘉時而生穀之土不加闢於是乎有受其饑之人弱者溝壑強者林莽矣小焉探囊胠篋大焉斬木揭竿矣客或語余曰英吉利縱橫數百里國耳惟能涉重洋不遠萬里墾田拓土故生息愈繁國用愈足中華無是故貧其言韙矣雖然近將棄之奚論乎遠夫一畝之稻可以活一人十畝之粱若麥亦僅可活一人直省田凡七百四十餘萬頃會典乾隆四十三年數通典田制禹平水土九州之地定墾者九百一十萬八千二百頃爲數轉多惟九州疆域及步法畝法無確據未可遽加比較至漢以下歷代墾田數多少懸殊杜氏謂史失實者迂之種稻之田幾焉其餘豈盡不宜稻哉職方氏宜稻之

州七今僅存荆揚亦後世百度廢弛之確證也西北地脈深
厚勝於東南塗泥之土而所種止粱麥所用止高壤其低平
宜稻之地雨至水匯一片汪洋不宜粱麥夫宜稻而種粱麥
已折十八之食爲一人之食况并不能種粱麥乎然則地之
棄也多矣吾民之夭閼也亦多矣庶而求富莫若推廣稻田
林文忠公輯西北水利說備采宋元明以來何承矩等數十
家言嘗欲與編校之役文忠又自爲疏纂大指言西北可種
稻卽東南可減漕當自直隸東境多水之區始纂云竊維
國家建都在
北轉粟自南京倉一石之儲常糜數石之費奉行既久轉輸
固自不窮而經 國遠猷務爲萬年至計籌顧更有進也恭
查雍正三年 命怡賢親王總理畿輔水利營田不數年墾
成六千餘頃厥後功雖未竟而當時效有明徵至今論者慨
想遺蹤稱道弗絕蓋近畿水田之利自宋臣何承矩元臣托
克托郭守敬虞集明臣徐貞明邱濬袁黃汪應蛟左光斗董

應舉翟歷歷議行皆有成績　國朝諸臣章疏文牒指陳直隸墾田利益者如李光地陸隴其朱軾徐越湯世昌胡寶瑔柴潮生藍鼎元皆詳乎其言之以臣所見南方地畝狹於北方而一畝之田中熟之歲收穀約有五石則為米二石五斗矣蘇松等屬正耗漕糧年約一百五十萬石果使原墾之六千餘頃修而不廢其數卽足以當之又嘗統計南漕四百萬石之米如有二萬頃田卽敷所出倘恐歲功不齊再得一倍之田亦必無虞短絀而直隸天津河間永平遵化四府州可作水田之地閒頗有餘或居洼下而淪爲沮洳或納海河而延爲葦蕩若行溝遍之法似皆可作上腴臣考宋臣郟亶郟喬之議謂治水先治田自是確論直隸地方若俟眾水全治而後營田則無成田之日前於道光三年舉而復輟職是之故如仿雍正年閒成法先於官蕩試行興工之初自須酌給工本若墾有功效則花息年增一年譬如成田千頃卽得米三十餘萬石或先酌改南漕十萬石折徵銀兩解京而疲幫九運之船便可停造十雙此後年收北米若千概令核其一半之數折征南漕以爲歸還原墾工本及續墾佃力之用行之十年而蘇松常鎮太杭嘉湖八府州之漕皆得取給於畿輔如能多多益善則南漕折徵歲可數百萬而糧船既不須報運凡漕務中例給銀米所省當亦稱是且河工經費因此更可大爲撙節上以裕　國下以便民皆成效之可卜者至漕船由漸而減不慮驟散水手之難而漕弊不禁自絕更無

調劑旗丁之苦我　朝萬年至計似在於此可否
飭下廷臣及直隸總督籌辦之處伏候　聖裁將以述職
上之
宣廟當國某尼之
召對亦未及事遂不果行惟稿有云若待衆水全治而後營田則無成田之日竊獨以爲不然卽不能衆水全治亦當擇要先治蓋未聞水不治而能成田者怡賢親王嘗試行有效矣何以一廢不復舉以水不治耳水何以不治源流之不別脈絡之不分測量高下得此遺彼不能擇要而治耳水不治而爲田或田其高區而水不及或田其下地而水大至一不見功因噎廢食文忠亦未之思也誠如前議繪圖則源流脈絡僂指可數然後相其高下宜疏者疏之宜堰者堰之宜棄

者棄之不特平者成膏腴下者資瀦蓄卽高原之水有所洩梁麥亦倍收矣湘陰郭中丞嵩燾言天津水鹹歲必灌洗三次始可成田此說前人所未及究參又不獨此也卽以東南言之同一高區近水者易辟遠水者難辟吾鄉西郊貞山麓先大夫塋左側有田數十頃地高而遠水有常河久塞余廬居時相度得之遂於乙卯冬勸鄉人濬復其舊次年大旱田得中收成迥異甚有所謂鏤底潭者收中人大悅此行之有效者窪下而不通外水一雨卽汎濫一不雨卽乾涸皆溝洫不修之弊得是法而相度疏濬磽瘠之變爲膏腴者多矣

改河道議

曷言乎繪圖以改河道也漢賈讓治河下策云繕完故隄增庳培薄勞費無已數逢其害今之治河守此數語以爲金科玉律竭天下之膏血以奉之

國病而民亦病爲萬世計者奚忍安此嗚呼以催科聽訟爲治天下之道而天下隳以增庳培薄爲治河之道而河壞庸人誤國一而已矣近者十年三決前所未聞蓋因雲梯關淤淺入海不暢自近一二十年來爲甚吾鄉王司馬熙文之言曰道光末年所言少時侍吾父蘭儀同知署署瀕河隄高於檻一二尺髫齔之事如目前耳後三十年而予攝是職署門外東西來皆半里外下坦坡乃得入署隄巍我踞綽楔上準此逆推

國初豈水由地中行乎必不然矣詢之老吏云三十年中初年歲高三寸邇加至今歲高一尺內外此近年加淤之信而有徵者蓋不特不由地中行且不由地上行直由城上行焉繕完故堤之法至今日而萬不可用計必出於改道旣欲改道當求一勞永逸之道而改之決矣癸丑以來決河由大清河入海此奪濟也大清橋畔有坊康熙年間刊聯中有岳色河聲字蓋借用韋莊詩心如嶽色留秦地夢逐河聲出禹門而以泰山爲嶽濟爲河而不知濟之不可稱河也在今日則士人以爲讖謂河流自此定不必別求改道然亦宜審其高下而始能知其宜因與否也如其可因卽可用西人刷沙之法法用千匹馬大火輪置船旁可上可下於潮退時下其輪使附於沙而轉之沙四飛隨潮而去凡通潮之地皆宜之黃河水性湍急更無處不宜自下流

海運而上積日累月鍥而不舍雖欲復由地中行之舊不難此不特黃河可用北河亦可用即南運河徒駭等處亦可用且東南水利久不治數日之霖積月不退宜於通潮各海口如法濬之使下流迅駛則上流雖不濬而自有一落千丈强之勢可收事半功倍之效治河之書如行水金鑑之類汗牛充棟卒多紙上空談難資實用夫爲下必因川澤未有改河道而不自審高下始者諸書間及測量止言所欲施工之地從未有普徧測量之說亦由不知其法爾應請下前議繪圖法於直隸河南山東三省徧測各州縣高下縮爲一圖乃擇其窪下遠城郭之地聯爲一綫以達於海誠數百年之利也近世論治河者靳氏輔夏氏駰諸人痛詆讓策夏氏不足道靳氏以治河名何以爲此說亦自文其所不能而已至附會修太原爲修隄九澤既陂爲隄陂然則禹又一鯀也考說文陂阪也一曰

沱也詩彼澤之陂毛傳陂澤障也澤障卽沱蓋水旁淺灘故蒲荷生之豈隄之謂邪至高平曰原與治水尤無涉其不足辨明矣周髀算經曰故禹之所以治天下者此數之所由生也漢趙君卿注云禹治洪水決流江河望山川之形定高下之勢除滔天之災釋昏墊之厄使東注於海而無浸溺乃句股之所由生也是君卿固知治水之必用算學而其法不傳元郭守敬算學名家史稱其習水利巧思絕人陳水利六事又十有一事又嘗以海面較京師至汴梁定其地形高下之差又自孟門而東循黃河故道縱橫數百里閒各爲測量地平或可以分殺河勢或可以灌溉田土是守敬亦知治水之必用算學而其法又不傳然亦可見古之人有行之者矣

勸樹桑議

西北稻田之利前議詳矣顧治田宜先治水重大不易行吏有至簡至易之事則蠶桑是西北諸省千百里彌望平楚莫不宜桑一切棄之其可惜有倍甚於田者嘗侍先恭人京邸後園有桑數株歲飼蠶數簇繅絲與南中無二蓋西北地脈深厚外燥而內潤故梨桃蔬菓之屬轉勝於南桑性亦如之知西北之棄地多矣天下事本難於創始蚩蚩者尤甚十年樹木利在日後而費在目前吾吳西郊山地畝值錢數百桑園畝值錢三十千然不能化山地盡爲桑園者亦以人情狃於近利劃地栽桑必三五年無利有費之故東南猶爾況西北乎勸種之法宜官爲倡導令編檢部曹中荆湖人挈家至

城外發帑買地種桑募其鄉善飼蠶者爲之師僱本地人受其法五年之後招土著承買歸其帑永爲世業民間有能仿行者呈明給照永不許王公府八旗爭奪並永不加賦使安其業十年之後桑陰滿邦畿矣近京不甚寒之省皆仿此夫經傳所言蠶桑之利未嘗及吳越郭子章蠶論云七月爰求柔桑則豳可蠶將仲子無折我樹桑則鄭可蠶氓桑之未落其葉沃若則衛可蠶十畝桑者閑閑兮則晉可蠶皇矣其檿其柘桑柔菀彼柔桑則周可蠶兗州厥貢漆絲厥篚織文桑土既蠶青州厥篚檿絲徐州厥篚元纖縞揚州厥篚織貝則齊魯可蠶荊州厥篚元纁璣組豫州厥貢漆枲絺紵厥篚纖纊則楚可蠶孟子樹牆下以桑則齊梁可蠶蠶叢都蜀教民蠶桑則蜀可蠶不知何時利獨歸於吳越視宜稻七州之僅存荊揚殆又甚焉作而致之其有待於大賢乎又宋秦觀蠶書云戎治唐史載于闐蠶蛾飛盡治繭可爲絲如得其法所全生命不勝計是亦當留意訪求者

壹權量議

虞書曰同律度量衡論語曰謹權量古帝王皆視爲開國成務之大端即商君治秦尚知平斗桶權衡丈尺嬴政李斯亦以度量明壹爲兢兢今度則有工部尺匠尺之別衡則有庫平曹平二兩平等之別各省又有市尺市平量更各省不同見上均賦稅議其不壹甚矣宜合天下度量衡而壹之部頒鐵尺鐵斤鐵斛通行各直省從前諸名目不得復用用者以違制論凡內外官上下行文書之外如一切試卷尺寸行數字數咸宜一律以示整齊亦平天下之一端也

稽戶口議

小司徒之職乃均土地以稽人民而周知其數意在均其役而已蓋田則稅之身則役之未有稅其身者漢高初爲算賦爲後世地丁銀之始民年十五而算口賦二十而傅給徭役是既稅之且役之矣今地丁幷於田賦南省徭役亦幷於田賦取諸民也簡不可謂非今勝於古於是煙戶門牌則以意造之遂無從周知戶口之數其弊也民輕去其鄉五方雜處逋逃爲藪名捕關提十不獲一是謂有利即有弊另議復宗法復鄉職以族人而周知本族人數以鄉董而周知本鄉人數事必不難宜由部頒一照式人與一照鄉董造冊州縣鈐印男女一律貴賤一律（如漢日丞相子亦在戍邊之調）令藏弆之若貢單捐

照然滋生物故關鄉董出行流寓亦如之老子曰至治之極老死不相往來孟子曰死徙無出鄉在今日已不可行有此一法他鄉可執禁以譏奸宄游民庶幾少衰息乎或疑案牘之煩曰嘗諸議所省案牘不知凡幾所增亦僅耳且古法也無可疑也

重酒酤議

酒禁由來已古禹疏儀狄酒誥懲羣飲周官司虣禁以屬遊飲食於市者漢初羣飲者罰金武帝時桑宏羊始榷酒酤而酒禁廢惟武侯治蜀禁酒嚴道無醉人餘不聞焉王應麟謂榷酤之害甚於魯之初稅畝無他食爲民天酒爲食蠹統五穀約之以升粟成酒一斤有半爲率統萬民約之以十人而一飲飲亦一斤有半爲率是十人而糜十一人之食也億萬衆必有十分之一受其饑者如之何不禁然而不能禁也大凡民間日用飲食起居貿易一切細故相沿已久習爲故常者一旦欲反之雖臨之以天子之尊威之以大辟之重亦終於不行不考古事不采近聞不達人情物理或任性或恃才

皆不知其不可禁不知其不可禁而禁之適所以擾之而汔無以禁之雍正間嘗禁銅先定三品以上準用銅器嗣又改爲一品乾隆初尚書海望疏以禁銅不效請弛禁亦嘗嚴酒禁乾隆初孫公嘉淦奏罷之疏中言直隸省一年中被繫者千數百人不勝其株累而釀酤如故

世宗朝當鼎盛之時整齊嚴肅中外顳若宜可以令行禁止然而不能禁斯不能禁矣皆前事之師也又何論近年煙禁乎愚竊以爲如酒者止宜重酤以困之釐捐本抽百分之一獨酒可令頓酤十之零酤二十之舞弊倍其罰經三四釐捐而酒値倍矣使貧者不能不節飲尤貧者不能不止飲但得減釀一分卽多若干米亦卽多活若干人有利無弊者也至

收捐有效宜量減五穀棉布之捐尤宜廣戒飲之諭加醞酒之律宴饗之事爲之節制沈湎之人勿登薦剡使天下曉然知

上意之所在庶冀有瘳乎至孫疏有云不釀酒則粱粟棄地轉以病民猶之言賭場妓館貧民轉移執事賴以得食成何議論邪是無足辨

收貧民議

法苟不善雖古先吾斥之法苟善雖蠻貊吾師之嘗博覽夷書而得二事焉不可以夷故而棄之也一荷蘭國有養貧教貧二局途有乞人官若紳輒收之老幼殘疾入養局廩之而已少壯入教局有嚴師又絕有力量其所能為而日與之程不中程者痛責之中程而後已國人子弟有不率者輒曰逐汝汝且入教貧局子弟輒聳為之改行以是國無游民無饑民一瑞顛國設小書院無數不入院者官必强之有不入書院之刑有父兄縱子弟不入書院之刑以是國無不識字之民二事皆見米人禕理哲所著地球說略中余又屬及門管生嗣復詢之夷士益得其詳於乎善哉所謂禮失而求諸野

者其是之謂乎以三代聖人之法言之宗族有不足資之之法州黨有相賙相救之誼國家有振窮恤貧之令乞人之名見於春秋以後文武成康之世安所得乞人而收之又黨庠術序徧於郊陬野人士女咸知學問安所得不學之人而刑之二國之事猶操其末而未探其本也然就後世而言則可謂知本也已今江浙等省頗有善堂義學義莊之設而未徧制亦未盡善他省或幷無之另議推廣義莊更宜飭郡縣普建善堂與義莊相輔而行官爲定制擇紳領其事立養老室恤嫠室育嬰室讀書室嚴教室一如義莊法以補無力義莊之不逮嚴敎室敎之耕田治圃及凡技藝嚴扑作敎刑之法以制其頑梗凡民間子弟不率敎族正不能制者賭博鬬毆

竊賊初犯未入罪者入罪而遇赦若期滿回籍者皆入焉三
年改行族正願保領者釋之別設化艮局專收妓女擇老婦
誠樸者教之紡織三年保釋亦如之期於境無游民無饑民
無妓女乃已夫民窮爲匪亦不教不養使然耳及陷於刑辟
治之者盡法而止不復過問而爲匪者如故也坐竊賊以流
徒即爲遠地之竊賊逐娼妓使出境即爲鄰縣之娼妓何如
養之教之使不竊不妓之爲盡善也堂堂禮義文物之邦曾
夷法之不若可慨也已至官强民入塾中國所難行惟責成
族正稽察族人有十五以下不讀書十五以上不習業者稱
其有無而罰之仍令入善堂讀書習業亦善法也或曰貧民
且麋至何以給之是不然此舉實禁錮耳衣食之惡縮使令

之苛暴所不待言其人至瑟縮苛暴之不畏可憐憫孰甚正

仁人君子所不忍棄也且吾知其爲數之必不甚多矣

崇節儉議

儉德之共也奢惡之大也從古無以奢昌而以儉敗者詩葛屨蟋蟀刺儉不中禮禮曰晏子豚肩不掩豆澣衣濯冠以朝君子以爲隘皆有爲言之也非通論也乃適以藉好奢者之口貽害於風俗人心甚大善乎論語曰禮與其奢也甯儉好奢者可無辭矣全盛之天下猶宜儉何況凋殘承平之天下猶宜儉何况兵革比者軍興十年戒嚴徧天下徵調供億賦車籍馬行齎居送遠近騷然農桑廢於徵呼膏血竭於轉饟餓殍在衢菜色在室天下之貧於兹極矣欲有以保黎民甦元氣變醨養瘠惟有一於儉而已禮曰國家靡敝則車不雕幾甲不組縢食器不刻鏤君子不履絲屨馬不常秣於乎此

何時乎豈僅靡敝之謂乎惟是驕淫矜夸習與性成閒有一省一郡一縣完善之區俗尚即如故殘破之區稍稍安輯亦漸即如故非有以挽回之不可然而其法實難將勸導之邪必不從將懲創之邪擾民之害大梁武帝所謂家家搜檢其細已甚更相恐脅以求財帛者未始非確論且奢亦無甚大罪法窮而沱於不從計惟有躬行以化之奢儉之端無過宮室車馬飲食衣服四者宮室車馬逾制者尚少飲食無可禁是禁奢以衣服爲第一義帝堯冬日麑裘夏日葛衣韓非子衛文公大布之衣大帛之冠漢文帝身衣弋綈漢書文帝紀東方朔傳同又賈誼傳今帝之身自衣皁綈文既屢見自是實事我朝世崇儉德度越前代

上方服御不能更爲抑損今議王公以下大小百官一概衣布錦繡纂組或爲褻衣或爲賤者之服不得爲公服或曰得無非國體乎夫衛文國君猶布衣廷臣何害漢文天子僅弋綈廷臣可知貴人衣布則俗必重布重布則一切文飾皆不稱不言儉而自歸於儉矣又衣之可奢莫裘若千金萬金無底止宜禁反裘玉藻表裘不入公門疏言表裘在衣外可鄙褻詩彼都人士狐裘黃黃詩意乃一望而見之詞皆古反裘之證然秦漢以下即無之似可禁斷并貂裘之制亦從删此亦崇儉一善術也

復宗法議

三代之法井田封建一廢不可復後人頗有議復之者竊以爲復井田封建不如復宗法宗法者佐國家養民教民之原本也天下之亂民非生而爲亂民也不養不教有以致之牧令有養教之責所謂養不能解衣推食所謂教不能家至戶到尊而不親廣而不切父兄親矣切矣或無父無兄或父兄不才民於是乎失所依惟立爲宗子以養之教之則牧令所不能治者宗子能治之牧令遠而宗子近也父兄所不能教者宗子能教之父兄多從寬而宗子可從嚴也宗法實能彌乎牧令父兄之隙者也詩曰君之宗之公劉立國之始即以君與宗並重左氏傳晉執戎蠻子以畀

楚楚司馬致邑立宗焉以誘其遺民正與公劉詩相表裏蓋君民以人合宗族以天合人合者必藉天合以維繫之而其合也彌固嬴政幷天下始與井田封建俱廢秦亡之後叔孫通等陋儒不知治本坐令古良法美意浸淫澌滅不可復故漢初知徙大姓借其財力實邊實陵邑而不知復宗法魏晉知立圖譜局而不知復宗法唐重門第至以宰相領圖譜事而不知復宗法惟宋范文正創爲義莊今世踵行者列於旌典又令甲長子沒必立承重孫二事頗得宗法遺意自可因勢利導爲推廣義莊之令有一姓卽立一莊爲薦饗合食治事之地莊制分立養老室恤嫠室育嬰室凡族之寡孤獨入焉讀書室無力從師者入焉養疴室篤疾者入焉又立嚴

教室不肖子弟入焉立一宗子復古禮宗子死族人爲之服齊衰三月其母妻死亦然以重其事（又有宗婦死夫雖母在爲之禫宗子之長子死爲之斬衰三年則駭俗不可行矣）名之曰族正副之以族約（桂林陳文恭公議○公於乾隆中年撫江西有此令未及成而去繼之者以他獄連及祠戶遂一律毀祠追譜與公意正相反）族正以貴貴爲主（安陽許三禮議）先進士次舉貢生監貴同則長長長同則序齒無貴者或長長或賢賢族約以賢賢爲主皆由合族公舉如今義莊主奉法無力建莊者假廟寺爲之嫁娶喪葬以告入塾習業以告應試以告游學經商以告分居從居置產斥產以告有孝弟節烈或敗行以告一切有事於官府以告無力者隨事資之一莊以千人爲限逾千人者分一支莊增一族約單門若稀姓若流寓有力者亦許立莊無力者擇所附如

吳則同出泰伯之類又如昌黎所謂何與韓同姓爲近之類無可附者則合數百人爲一總莊亦領以莊正莊約期於億萬戶皆有所隸而止周禮宗以族得民賅詞也有謂庶人無宗者非是前人已辨之立莊之後敦勸集資令經費充贍另議永停捐例惟存民爵正可爲獎勵立莊之用夫宗法既爲養民教民之原本其有功於

國家甚大膺茲上賞不爲過也竊以爲今天下之大患有可以宗法弭之者不一端一宗法行而盜賊可不作人性本善孰不知廉恥孰不畏刑罰盜賊之甘於扞法網者迫於饑寒而已宗法既行民無饑寒自重犯法大傳云愛百姓故刑罰中顧氏炎武爲之說曰天下之宗子各治其族罔攸兼於庶

獄而民自不犯於有司又云庶民安故財用足顧氏曰收族之法行而歲時有合食之恩吉凶有通財之義本俗六安萬民三曰聯兄弟六行之條曰睦曰恤不待王政之施而鰥寡孤獨廢疾者皆有所養矣此物此志也一宗法行而邪教可不作宗法之善在有餘則歸之宗不足則資之宗邪教之宗旨大都竊此二語以聚無賴之民始則濟其不足終則括其有餘鄉愚無知狃目前之利陷於畔逆而不之悟宗法既行誰不願以其從教主者從宗子哉一宗法行而爭訟械鬬之事可不作今山東山西江西安徽福建廣東等省民多聚族而居强宗豪族桀黠之徒往往結黨呼羣横行鄉里小則糾訟乾隆中江西諸大族多互訟輒釀大獄巡撫輔德至疏請禁止毀祠追譜可謂因噎廢食大則械鬬閩廣

最多近來尤甚爲害甚鉅皆其族之不肖者號召之夫一族中豈無賢者無權無責閉戶不與聞而已宗法既行則賢者有權有責君子道長小人道消即有一二不肖者何難以家法治之哉一宗法行而保甲社倉團練一切之事可行宗法以人人有所隸爲主是億萬戶固已若網在綱條分縷析於是以保甲爲經宗法爲緯一經一緯參稽互考常則社倉易於醵資變則團練易於合力論者謂三代以上之民聚三代以下之民散散者聚之必先聚之於家然後可聚之於國宗法爲先者聚之於家也保甲爲後者聚之於國也彼商鞅什伍連坐之法亦其時同井未盡離宗法未盡壞之證如後世之民無常居五方雜處比鄰或不相識顧欲與以連坐鞅雖酷亦勢

不可行欵借宗法以行其令而即廢宗法小人舉動往往如此令保甲諸法之不行者以無宗法爲之先也尚書黎民於變時雍始於親九族詩以關雎麟趾爲王化之始孟子人人親其親長其長而天下平大學齊家而后國治國治而后天下平天子自齊其一家爲治平之始億萬姓各齊其億萬家爲治平之終而已矣

重儒官議

先儒言師道立則善人多師儒之盛衰人才升降之原本也今郡縣莫不有學學莫不有師諸生以百數僅識面者廩生耳增附皆陌路歲時斂學租候伺學使者按部爭新生之贄諸生獲譴爲州縣典守如獄掾此外無事絕無所謂教育人才之意於乎師道之不講久矣無他位既卑權亦微流品近益雜漢成帝詔所謂爲下所輕非所以尊道德者也今天下惟書院稍稍有教育人才之意而省城爲最余所見湖南之岳麓城南兩書院山長體尊望重大吏以禮禮賓之諸生百許人列屋而居書聲徹戶外皋比之坐問難無虛日可謂盛矣獨惜其所習不過舉業不及經史所治不過文藝不及道

德而楚南多才往往發跡其中獨能由是而進於經史道德也哉考宋史晏殊知應天府延范仲淹以教生徒蓋書院也厥後因其制爲學校然則學校之初固如是後乃陵夷衰微以迄於今也朱子曰須是罷堂除及注授教官請本州鄉先生爲之陸氏世儀曰教官不當有品級亦不得謂之官蓋教官者師也師在天下則尊於天下在一國則尊於一國在一鄉則尊於一鄉無常職亦無常品惟德是視顧氏炎武曰師道之亡始於赴部候選又曰教官必聘其鄉之賢者以爲師而無隸於仕籍昔賢論說如彼今時情事如此愚以爲惟合書院學校爲一而後師道可尊人材可振也移書院於明倫堂側建精廬可容一二百人郡縣主之省會則督撫學政主

之春秋祀事及學政試事歸州縣出納瑣屑領以城紳合通學之人而教之舉貢類至者與焉同其甲乙童生則簡其尤者與焉異其甲乙擇師之法勿由官定令諸生各推本郡及鄰郡鄉先生有經師人師之望者一人官覈其所推最多者聘之不為官大小皆與大吏抗禮示尊師也厚諸生廩餼居院者為內課使足以代訓蒙不能居院者為外課半之月官課一親詣以重其典有事則改日師大課一小課一家遠又不能居院者為附課季一課不給餼非游學逾三季不至者山長告於學政而黜之有敗行亦然小過降童舍期而復之篤疾給冠帶愈而復之其黜陟略用宋元明三舍積分法而變通之法以大課名次弁計以得數少多為先後造積分冊

隨課升降歲終簡其積分居最而品行亦優者數人送學政參定之以次貢入太學經歲科十試凡十五年而出書院願留者仍聽行之數年文風不日上士習不丕變者未之聞也或曰文風固進矣士習何與焉曰亦在擇師得人而已師得其人見正事聞正言行正道習與正人居之不能無正芳臭氣澤之所及有潛移默化於不自知者夫聞風猶將興起況同堂乎且夫觀人之法不惟暫惟常不惟顯惟微不惟矜惟忽而能見於常於微於忽獨有朝夕與居之人責之以保舉其有濫焉倖焉者鮮矣豈與夫一人之薦牘一日之文字所可同年語哉於是太學中人皆天下之選非一百八金之流可比司成諸職必極天下之選始足副人望亦宜由諸生公

推翰林官請

簡列屋以容千人爲率廩之如郡縣居監讀書三年與之官所謂天下文章莫大於是彬彬乎盛矣哉

用錢不廢銀議

此壬子年作自道光中葉以後銀價漸貴逡巡至於咸豐三四年而極每兩易錢二千文以上蓋通商五口出入各貨略相抵獨雅片價皆以現銀出洋計每年漏銀二三千萬兩故銀驟貴當是時南省米價積賤石止二千內外農田出米而

國課徵銀江浙州縣加徵無已先是銀一兩徵錢二千餘文後漸加至二千八九百文民重困其不能加之地江蘇句容丹徒等縣定價每兩一千六百八十文稍加即滋事浙江奉化等縣略同官亦重困同年常州汪君本銓爲浙藩書來質以是法余善之遂屬余創是稿亦不果上迨咸豐五六年泰西諸國大水桑盡仆中華絲市驟盛一年中買絲至十六

七千萬兩各貨及雅片不足抵則運銀償之銀遂踴貴以迄於今是爲中外通市一大轉關蒙往時持銀貴由出洋之說不信者參半至是始知蒙說之不謬惟銀價方慮其日貴而今轉賤此料事之難以今時價言之可易爲每兩千四五百文斯尤善矣夫今天下以銀爲幣之勢已成改銀爲錢實不可行而上下出入之間爲豫備折耗地步則於用銀大局並行不悖今者銀價雖平而賤徵貴貴徵賤往來倚伏轉瞬不可知汪君此法未爲無見偶檢得舊稿遂附錄焉不敢掠美銀價仍而不易以志吾失云年來百物騰貴有甚於銀者即如匠工一節

國初每工只銀二三分見郡縣志者不一今增三四倍若以彼時

錢數雇工豈不誤事然則衡甫之法亦不可用矣

今天下非小弱也開墾之地日益廣山澤之利日益出布帛菽粟民生日用之需有加而無減也生齒雖曰日繁然二三十年來水旱兵革歲不絕閭傷人無算恐戶口之籍未必較乾嘉盛時遂相懸絕也是天地之所出自足給生人之食用而患貧之勢日甚一日者何也曰銀少也銀何以少曰偷漏出洋也或謂銀貴不盡由於出洋以明季

國初爲證不知彼時府第有私積富室有厚儲故銀驟貴厥後窖藏盡出加以礦苗大旺銀又自貴而之賤今有是事乎或謂由錢多所致不知錢未嘗多也京師歲除閒因錢鋪閉歇稍多藏票者爭取見錢錢即頓貴是錢不多之證京師尚

兩外省可知矣上海通市以來夷船每月收元寶四五百爲銀二萬餘每年漏銀七八百萬距今十年遂爲常額四口遞減合計不下二三千萬兩設欲禁遏瑕釁立開中國之銀遞消遞減已去者不復來未去者勢無已凡物多則賤少則貴理也憶二十年前每兩易制錢一千一二百文十年以前易制錢一千五六百文今易制錢幾及二千文若不早爲之所將來日增月益二千以外翹足可待

國家歲入地丁鹽課關稅不下三四千萬兩無非取之民間夫民間之所出粟米之屬而已而

國家之所取乃在至少至貴之銀置其所有徵其所無粟逾益賤銀逾益貴始以粟易錢則粟賤而錢貴向之每石入三

千文者今入一千數百文是十折而爲五六繼以錢易銀則錢賤而銀貴向之每兩出一千餘文者今出二千文是又十折而爲五六以銀準粟昔之一兩今之三兩也是

國家之出銀也常以三兩而供一兩之用而

國家之入銀也直以一兩而竭吾民三兩之力如是而民安得不貧民既日貧賦益難辦逋欠則年多一年虧短則任多一任而地丁之入絀富商大賈倒罷一空凡百貿易十減五六而關稅之入絀民窮失業去爲盜賊梟徒日多私鹽充斥而鹽課之入絀於是經費竭而撙節之說起撙節甚而因循之事成應修之水利不修因之宣蓄無資農田易成旱潦轉以觸卹損

帑金應設之巡緝不設因之養癰貽患穿窬變爲跳梁轉以徵調糜軍餉凡地方應辦之事大都以工用支絀概緩籌議卒之事後補救需費更多歧中有歧弊益滋弊如是而國安得不貧揆厥原本無非銀貴有以致之夫銀非可點石成也窖藏久無聞矣礦苗久不旺矣乾嘉間一例之開動贏千萬數商之助動贏百萬今則開捐助餉應者寥寥此何故也中國之銀止有此數不過相流轉於上下之間開捐助餉無非挹彼注茲之法今則無可挹何有注雖劉晏復生不能轉無爲有矣雖然銀而爲生民衣食不可少之物中國誠病矣若猶未也則中國之富足自在也轉弊爲利由反手也爲今之計莫如用錢而廢銀然用錢而廢銀尚不如用錢而仍

不廢銀惟在有以奪銀之權使其多少貴賤不足爲吾累而已銀之利在輕齎不廢其輕齎之利也銀之害在匱乏之不受其匱乏之害也節用而無苛減之名薄賦而無耗費之實政本改作而不離舊貫道在自然而不假勉强此其法奈何一曰收欵放欵起數一以錢也賦稅本有錢糧之目錢文又曰通寶通者上下通行之謂顧名思義本無不宜應請一切文案凡載銀一兩者酌改爲一千八百文下及民間一切票券嗣後一皆以錢起數不準以銀起數犯者其銀入官其在定章以前在官欠繳生息各欵在民典借各欵一體換改一曰解京解省輕齎兼用銀也錢重難運準其以錢易銀運解其水路可通之地照舊運錢一曰輕齎銷算由部按時定價每

年一易也先期頒發一年之價各省一年內解京及互撥之款俱照定價銷算以昭畫一一目市價長落官不強抑而解款銀錢相易致有贏絀之數準別立一款報銷也各處市價準雨水糧價之例而加詳焉分朔望兩期督撫按月報聞徵收起解以錢易銀解到發放以銀易錢皆於朔望相易以使之一定其於部定之價所贏所絀之數準別立一款存贏補絀歲終核銷此法未嘗廢銀不用而銀之多少貴賤可不復問以目前計之以九錢而當一兩之用萬一銀價更增卽以八錢七錢而當一兩之用銀日益貴不啻銀日益多充類至盡上與黃金同價猶之以此入以此出也度支無損毫末而國與民之隱收其利者實非小補蓋民間各種貿易往往頓

遵論銀而零賣論錢銀貴以來論銀者不加而暗加論錢者明加而實減以是商賈利薄裹足不前今一概論錢則準本獲利自然趨之如騖貨物因之流通稅項可期增裕至於鹽務納課論銀而賣鹽論錢銀貴以來課項倍於鹽價今改爲納錢商人獲利既多輸課自易而尤莫若地丁錢糧一欵爲小民沾

皇上莫大之恩也窮鄉僻壤無銀可徵往往以錢代銀官爲轉換愚民無知但見年增一年不無觖望浙江奉化等處滋事多由於此可爲寒心今改徵錢文正數已減十分之一火耗傾鎔之費加之無名亦當頓減昔爲不加賦而加賦今爲不減賦而減賦在

國家無絲毫之損在閭閻浩浩蕩之恩彼見
聖天子當軍興費絀之時有此非常曠典必將感激踴躍輸將恐後所以節民欠者利猶小所以固民心者利更大也或謂中國不重銀夷市以銀準貨出洋不更多乎不知此未離乎重銀之見也今用錢而以銀爲置郵之具貴也賤也出洋也不出洋也總與大局無與也宋以前不用銀何以富强自若也况本無法以使之不出洋何可爲改法告且就使銀盡出洋正有一法以持其後唐憲宗時有委錢富家輕裝合劵之法謂之飛錢宋蜀中有交子法富人十六戶主之嗣又官爲置務有會子關子之目皆有實錢爲本更非行鈔之比今山西錢賈一家輒分十數鋪散布各省會票出入處處可通

何妨仿唐宋遺意令西商轉換則輕齎更捷而無官爲置遁務之繁此亦一法也他若議用金玉珠貝諸幣議鑄大錢夫黃金便頓不便零寳玉珠貝一碎不可復力皆不足以敵銀大錢當十當百强輕爲重與行鈔同而防僞之法難於鈔製造之費多於鈔而其不可行亦同要皆未若用錢不廢銀之法爲易簡久大而無獘也若貪輕齎之小利貽匱乏之深憂舉一切

國計民生盡殉之饑不可食寒不可衣之一物何爲也哉

吳縣馮桂芬林一著

明徵士劉孝惠先生像題辭

甚矣論人之難而人生大節所關未易言哉語曰時危見節義其說是矣而意殊未盡也居平慷慨激昂矜尚氣節一旦有變從風而靡者無論已乃有挺身不屈於萬死一生之地僅乃得脫洎乎變故迭出忽幡然變操前後若兩人者又何以說讀明史至天崇之際可謂多故矣璫豎肆毒奸相樹門戶騶至流賊陷京師以汔

王師南指戎衣大定其間如鞏堉惠世揚之徒方其攖逆奄抗權姦犯顏諫諍刀鋸在前鼎鑊在後曾不少懾矯然以清

流自命眞若可信卒之身敗名裂爲天下笑烏乎晩節末路之難蓋如此吳縣明徵君孝惠劉先生羽儀少與周忠介公友善忠介被逮時諸生王貞明等十數人抗言巡撫毛一鷺請以民情上聞不可則直斥其黨奄奸狀皆坐除名禁錮先生其一也奄敗復其衿尋膺薦被徵北上不得志歸隱縣之鄧尉山鼎革之後薙髮令下遂爲僧服以終詳徐氏俟齋所爲墓志武子所爲傳中夫子曰國有道不變塞焉强哉矯國無道至死不變强哉矯其先生之謂乎先生以草莽孤臣坎坷不遇之身晩際

新朝嘉言罔伏就使乘時利濟一紓懷抱初於名德無損

高廟詔修貳臣傳通籍勝朝者皆入焉未授官則否

國朝名臣如魏文毅魏敏果諸人皆明才也君子未嘗以爲
玷乃先生不屑爲此由先生之志雖與首陽比烈可也考王
貞明亦歸命我
朝爲校官數年以視先生有慙色焉先生墓在支硎山歲久
有侵之者道光庚寅若干世孫某請於韓尙書崶等告之官
釐正其界立碣志之越十七年丁未某繪先生遺像附錄乙
酉七月先生七十壽同社及諸弟子所爲報辭於後並徵諸
文士賦詩紀其事述祖德誦清芬甚盛事也桂芬樂爲之弁
言簡端云

林少穆督部師小像題辭

右今雲貴總督侯官林公名則徐象道光壬寅秋七月公以粵督挂吏議遣戍過吳門同里顧君湘舟博雅士也家藏先賢象千餘軸陶文毅撫吳建五百名賢祠於滄浪亭仿石室法勒象代木主出君所藏罔不完具湘舟於公有舊以公爲當代偉人於其過吳也請留其象以去公爲政所至得民心甚而吾吳爲最久吾吳之民安公之教化嚮公亦最深大江南北數十州之遠億萬戶之衆雖鄉曲婦人孺子絕不知大吏名氏者獨於公名氏甚熟莫不知其爲好官噫何以得此哉公撫吳日餘事總持風雅宏奬後進士有小善一藝靡不邀題品而桂芬之受知也最早憶公重蒞吳以壬辰六月桂

芬經南城市上見列肆香煙相屬男婦觀者塡衢咸欣欣然喜色相告曰林公來矣越三日課書院荷公首擢有一時無兩之譽諄勗甚至雖以桂芬之謭劣而感激奮發思所以不辱公知者夙夜實兢兢焉今別公且十年敬瞻公象猶神往於輶軒蒞止時也雖然獨桂芬之私所好乎大江南北數十州之遠億萬戶之衆實其此心焉是象之繪湘舟其可已乎

潘文恭公象題辭

右先師太傅文恭潘公晚年寫象公孫東園員外得諸篋中裝池示余屬篆其端且曰余之生也公家居值先兄新殤喜甚儀鳳之名公所命也其明年公還

朝越十有二年己亥兩侍先大夫北省始得拜公京邸先後留月餘遽辭別忽忽又十有五年而公長往矣昔晉范喬祖臨終以硯與之後祖母以告喬便執硯涕泣宋王裕之兒孫歲中不過一再相見恢之請假還省假盡不見閤外拜辭而去唐郭汾陽每羣孫問安不盡辨頷之而已余卅年重慶非喬可儕邸第追隨親承提命不特無恢之閤外之拒視郭羣孫之不辨尤多幸焉而乃宣南問視曾無幾時扶杖含飴回

首渺然敬瞻遺象有不啻執硯之泣者求如王之拒郭之領
而不可得吁其痛也余聞而悲之旣爲題篆遂書其語爲跋

姚石甫觀察小象題辭

顧君湘舟既得侯官林公像之明年復繪桐城姚石甫先生瑩像先生前宰吾郡之元和有惠政洊擢臺灣道沈逆夷兵船敘功晉二品服予世職海內榮之既而中蜚語被逮過吳門距林公之來恰一祺云先生既抵京忌之者不已禍幾不測賴

天子神聖知其無罪釋不問未出都而有四川蓬州牧之

命朝野咸相賀余前識先生於宰元和日先生之出獄也偕同人觴之邸中同人以臺灣事始末請先生抑然不自居功顧臚陳形埶戰守機宜頗詳盡酒半酣忽掀髯奮袂言曰國家不患無人才諸君子於時事非其職顧乃意氣懃懃懇懇

如身家所當爲吾曩在京師所見獨林少穆制軍有此懷抱今果能自樹立如是有志者事竟成豈虛語哉吾老矣無能爲也天下事何患不可爲其在諸君子乎厚自愛厚自愛聞者爲之斂容云時坐中爲晉江陳頌南給諫慶鏞平定張石洲明經穆宛平趙伯厚宮贊振祚順德羅椒生太僕惇衍陽湖莊衞生太守受祺同里潘玉泉博士曾瑋與余凡七人湘舟屬題先生像因憶昔言爲識之以見先生之惓惓君國義形於色有如此者

黃子埜五十小影題辭

多能而才不露爲善而名不居任人所難任而不避艱險不辭勞瘁忘人所難忘而不慕榮利不求聞達居今之世亦難其人哉余於姻黨中得一人焉曰太倉黃君子埜君爲湖北隨州刺史嘯巖先生次子爲余婦翁雲巖先生後幼隨侍楚北官廨先生歷繁劇能其官君習庭誥最久故體用咸具爲文章甚通敏識者皆目爲大器旣以體弱輟舉業中年家居爲州中人望州有大役若修黌宫建義倉籌防堵助賑施舉賓興會諸事刺史必延君爲之理董費節而事舉用蕞而功倍遇疑難事紆徐料量不動聲色事輒辦功成而退欿然不自居可不謂賢歟君少多疾比壯神明轉旺今兹八月爲五

十初度繪一六影寓書青京邸屬以贈言吾聞之禮曰五十曰艾服官政所謂闔天下之義理明國家之大事三代以上重老成而輕新進此物此志也君故以郡倅待選於吏部迺來登進之途益廣僉謂以君之才綰銅符膺墨綬必展其驥足無疑而君優游里閈蒔花種竹課子自娛意泊如也以服官之年堅不仕之志得不爲君惜且爲世惜乎雖然君諸子並淸發長君名滿庠序飛黃騰踔意中事耳則君亦樂矣哉抑余更有進者方今吏道多雜人心不固官與吏并力而讐其民而民漸不甚畏官非細故也居其閒而爲之維持調護將搢紳先生是恃用君才之地其在是乎君其勉旃

五十自訟文

歲在著雍敦牂余年五十客曰子學者也昔蘧伯玉行年五十而知四十九年之非子亦知其非乎余曰子言誠是也雖然有非有未必非不可以無辨客曰子何言之愎也伯玉三代上賢者大聖人之友猶知非若彼子何言之愎也余曰是有說焉傳記所載伯玉事年歲先後不盡可考據左氏傳初紀從近關出在襄公十四年孔子世家再紀主蘧伯玉家在哀公三年相距六十有八年當是弱冠登朝歷事獻殤襄靈出五公其年五十在襄靈之際傳所紀君制其國誰敢奸之侃侃正論不與時相孫林父甯喜爲黨者其事在五十以前無疑從可知所謂知非者蓋學問中精微之語於生平大節

無與不然以不黨時相爲非將以黨爲是乎且以伯玉之賢亦何至四十九年之全非而待五十之改弦更張也知人論世宜體此意矣余何人斯肅敢與伯玉比顧亦有不肯妄自菲薄者願爲子一一陳之生平居官未嘗於長吏求一差使居家未嘗於當事進一關說未嘗受一瞞人之錢未嘗爲一負人之事天地鬼神實鑒臨之前者被謗之舉爲民爲國開罪於權門勢族而不悔亦庶幾不黨孫甯之遺意以此爲非將隨波逐流爲是乎其不然明矣承先人遺業薄田十頃衣食僅給米鹽靡密輒親爲之人或以善治生爲非顧將不衣食乎抑不求諸此轉求諸彼如世之鑄橫財者爲是乎其不然又明矣惟是妄念有未盡耶機心有未忘耶嗜欲或

由[illegible]制大廷是而有衾影之非耶出入難免持籌廉儉是而有悋嗇之非耶好名太過而矯矜之非耶憂世太過而怨尤之非耶是固不足言學問精微而必宜知其非者也雖然未已也余好讀書未嘗一日廢業性迂未嘗與一曲讌自謂無足奇人輒交口稱之余滋惡焉至生平所自信者有二操守第一萬鍾千駟不能易吾節吏事次之少賤通知民情留意掌故二者竊自謂不居人下乃人輒目爲文學之士不以吏事相許至以非義之取嘗試者斥甲而乙至斥乙而丙至蓋自通籍二十年雖漸久漸稀而終不能絕以訖於今何與生平所自信者適相反也柳下惠曰伐國不問仁人吾豈有遺德耶然則身之不修行之不立聞望之不足孚於人可知也

此尤無形之非也勉之哉自此以往若輩絕迹此心昭然大白於同人則吾學之進矣若前者被謗之舉則雖身修行立聞望孚於人滋之不免也必欲免之則必入於非而可吾所謂有非有未必非者如此客悅曰然則子眞知非者也客退錄爲自訟文置之坐右

書東坡范增論後

異哉東坡論增去羽當以殺宋義時也東坡未知增之爲人乎嘗則以爲殺宋義增本謀也何以證之證之鴻門之會也殺宋義殺沛公一也羽忍於宋義忍不忍於沛公天也不然三人同受命懷王義忍見殺增能自安乎東坡謂義帝必不能堪非帝殺羽則羽弒帝嘗謂增必不能堪非增殺羽則羽殺增增不能殺羽增固能去羽增之不去增之本謀也然則宜於弒義帝時去乎曰增項氏私人其言曰奪項王天下者必沛公也於義帝乎何有曷爲以此去然則增亦與弒乎曰天下未定先取不義之名貽沛公口實增之智不爲也東坡謂非增意是也羽剛愎屢失策類非增謀可以此入增乎然

則增當以何時去曰至是而楚漢興亡之迹始大著增之去當其時矣

讀史記律書書後

黃鐘長八寸七分一以下十二句訛舛不可讀索隱云上文云律九九八十一故云長八寸十分一舊本十多作七蓋誤也此說是也餘十一句之誤則置之不論集解正義亦然下云以下生者倍其實三其法此卽三分去一也以上生者四其實三其法此卽三分益一也索隱轉從漢志及周禮太師注黃鐘長九寸立算顯與本文不合斯爲巨謬今依法算之十二句中不過衍二字誤七字而已七字之中十誤爲七者居五字蓋迻書者不知十分幾爲何語而誤會十分應升爲寸疑十字無解故皆改之至所謂幾分幾者則約略之語也太師鄭注以九寸立算一字不誤賈疏於最易者詳之稍難

者略之與索隱集解正義同病此亦如王制方田步尺孔疏陳集說皆誤而鄭注獨不誤康成於算學非專家而其精若此宜其獨有千古矣

黃鐘長八寸十分一原作七分一今正〇十分一卽一分下放此

大呂長七寸五分三分一言七寸五分又小餘三分之一也下放此此三分之一爲弱〇小餘爲八五一八五有奇當云又二十七分之二十三

太蔟長八寸十分二原作七分二今正

夾鐘長六寸七分三分一原作六寸一分今正此三分之一爲弱〇小餘爲四二三七六有奇當云二百四十三分之一百三

姑洗長六寸十分四原作七分四今正

仲呂長五寸九分三分二此三分二爲強〇小餘爲九三二二三有奇當云二千一

百八十七分之二千三十九

蕤賓長五寸六分三分二原作三分一今正此三分二爲强○小餘爲八八八八八有奇當云又九分之八

林鐘長五寸十分四原作七分四今正

夷則長五寸三分二原五寸下衍四分二字今刪此三分二爲弱○小餘爲五六七九○有奇當云八十一分之四十六

南呂長四寸十分八原作七分八今正

無射長四寸四分三分二此三分二爲强○小餘九四九一七有奇當云七百二十九分之六百九十二

應鐘長四寸二分三分二此三分二適足

算法黄鐘八寸一分下生林鐘應倍之爲十六寸二分三

除之得五寸四分爲林鐘數上生太蔟應四乘之爲二十六寸六分三除之得七寸二分爲太蔟數下生南呂應倍之爲十四寸四分三除之得四寸八分爲南呂數上生姑洗應四乘之爲十九寸二分三除之得六寸四分爲姑洗數下生應鐘應倍之爲十二寸八分三除之得整數四寸二分餘數約之爲三分之二爲應鐘數上生蕤賓應四乘之則用整數乘零分之法以整數乘分子得數以分母除之卽所求之數法先以四乘四寸二分得十六寸八分次以四乘分子二既乘之後始不用原分子得八以分母三除之滿分母便於上數加一分今滿分母者二以加上數十六寸八分得十七寸去六餘二爲今分子是爲乘得十七寸又三分

仍用原分母之二應三除之則用整數除零分之法以整數乘分母而所得之今分母與原分子即所求之數法先以三除十七寸得五寸六分餘二即以原分母數化為分得六記於原分子之旁次以三乘原分母三宜用除而反用乘以子有受除不受除而乘母與除子比例同也既乘之後始不同原分母得九為今分母再以原分子二與所化之六相併得八為今分子是為除得五寸六分又九分之八為蕤賓數以下皆放此

書減賦局科則表後

比以編纂郡志田賦門始得此閱之凡作表必旁行斜上縱橫相遇此一定之式從來無不用此式而可名爲表者何不徑列重則在前輕則在後亦甚明晰卻用西人書法自上而下伊川被髮其意何居此宜更正者一也又表內將科則相同之山與蕩并計總數不與區別不知山無傾坍蕩有漂没豈可溷淆書吏之所以爲此者雖未必遽有奬竇亦終非核實之道賦役全書外間流傳絶少將來何從稽考此宜更正者二也又松江府屬分則之外又有田若干畝準熟田一畝之例亦分數等故華亭縣止四則而郡縣志明言五十六則今表自宜視郡縣志加詳乃僅列四則一似松江科則獨少

者此宜更正者三也復有實事求是之法晤方伯當以告之至於墨守舊科聽其繁猥減分任意毫無綱領如正統中周況減賦四斗以上者減作三斗二斗以上者減作二斗一斗以上者減作一斗所謂綱領也當時余與顧子山觀察擬議凡每畝一石以下者本非浮糧 恩減一成作九升其一斗外零數以浮糧論核一總數與減餘應征數比較得幾分之幾即加入九升之外約計尚有十分之二如長洲每畝一斗九升六合將一斗減作九升將九升六合按十分之二計之須加入一升九合二勺定為一斗九合二勺與今減數不遠而事理既順綱目畢張且零數自然門笱合縫矣時不能用但任意酌減厥後零數不能合龍又創一優減海塘外田之法以為出路自亂其例可謂拙矣聚六州四十二縣鐵鑄錯已成雖有賢者亦末如之何也已

甲辰新憲赤道恒星圖跋

武進李氏兆洛門人錢氏維樾刻道光甲午歲差赤道恒星圖板存余家經亂燬大半徒輩請補之因思新刻星圖宜依本年歲差今距甲午三十五算幾及半度且經甲辰臺頒欽定儀象考成續編之後星數星等多有增損升降歲差亦改爲五十二秒原板已無用惟即用續編度分則甲辰距甲午僅十算所差至微原板尚可用獨星數星等有同異剜改猶易遂補刻成完帙而屬元和管生禮耕謹遵欽定儀象考成續編宮度星數星等與後編異者一一改入計原圖星三百座三千八十三星今與丑十六子十八亥十八戌十酉十八申十九未十七午七巳八辰九卯十二寅十

一凡一百六十三星少司祿二一五諸侯二一天相一天錢一凡六星計三百座三千二百四十星至圖式距極三十度內南北各爲圜圖一三十度外南北各爲皐鼓形十二緯度皆一度爲一格經度近極五度內并十度爲一格五度外十度內并兩度爲一格三十度外一度爲一格星等一等作〇二等作⊙三等作〇四等作⊙五等作〇六等作⊙氣作米皆仍李氏舊式總圖皆正座無增減惟星等間有升降亦依新測改之仍一二三等作〇四五六等作〇之式云

跋張文昌上韓昌黎書後

文昌文傳者惟此篇及第二書兩篇詞意磊落責善規過有古諍友之義文昌學行文詞略見一斑矣世所傳韓門弟子者本傳云其徒李翺李漢皇甫湜又云從愈游者孟郊張籍昌黎亦自言從吾游者李翺張籍今以詩文證之惟李南紀皇甫持正實弟子南紀韓集序署門人持正碑銘稱先生皆其證餘殊不然文昌此書稱名稱執事第二書更有不自論著欲待門人必不可冀之語其爲己之非門人無疑習之祭昌黎文稱兄則習之之非門人又無疑且習之娶殷中女於後世之所謂叔岳者而兄之又見妻黨未戚古人不以爲重亦如南紀爲昌黎壻而直稱門人不似後世之將署受業子

壻也東野與昌黎最習唱和最多昌黎詩稱君又曰低頭拜東野則東野之非門人又無疑然則所謂從吾游者不過先後進之別非及門之謂也民生於三事之如一師之尊且與君父同豈有可以假借疑似爲者况昌黎之以振興師道自任者乎偶讀此文輒爲辨之

徐健菴司寇東山修史圖跋

考司寇以康熙庚午乞歸

詔擕一統志宋元通鑑郎家編輯越五年甲戌卒又考竹垞居士李君武曾行狀云尚書開書局於洞庭山君應其招助修一統志今圖中有李詩爲秋錦山房詩集卷十之首篇是卷注辛未至甲戌作詩中云側聞著書處又云便擬一褰裳則是詩爲未赴招時作詩後郎次以重五登縹緲峰詩則是詩作於辛未之春無疑也距公卒尚三年原跋謂圖成而公卒者誤矣武曾與兄繩遠弟符齊名謂之長水三李舉己未鴻博被擯以諸生終兼工詞爲浙西六家之一少公四歲亦卒於甲戌集中與公往來書牘甚多殆與公始終爲文字交

者因跋是圖考之如右

跋錢映江綺盧忠肅印記册

錢君綺得爕玉印二兩而刻文曰取彼譖人投畀豺虎曰迫生不若死曰大夫無境外之交曰孝者竢忠而成審定爲盧忠肅印屬余跋余考孝者竢忠而成之出馬融忠經序迫生不若死出呂氏春秋貴生篇忠肅才局遭遇大似熊芝岡芝岡事昏闇之朝以剛傲取禍與忠肅異而同今此印文或疑出熊手熊見扼於本兵張鶴鳴而御史姚崇文劉國搢亦齮齕之不安於位其自劾疏有臣爲東西南北欲殺之身語則所謂投畀譖人生不若死者庶幾近之同事王化貞欸押西部信任降臣李永芳致敗則大夫無境外交似爲化貞發然無奪情事則與孝竢忠成語不合前後任邊事者惟袁崇煥

以甯前道奪情代忠肅之陳新甲亦起制中孝娭忠成或袁陳輩自遁語然袁屢通使　本朝陳用職方馬紹愉往來主和議情事又不符此印決爲公物無疑君洵精於鑒别哉忠肅之死也提孱卒五千當貞人龍虎之師轉戰枝梧斷臏絕脰而不恤可不謂偉乎今世有建牙擁纛遇小醜而奔逃恐後者覽公此印爲之三嘆息是歲咸豐八年也

跋武進李氏輿地圖後

李氏輿地圖爲今最善本以方界計里又以虛線存天體經度可謂密矣然有不可不辨者北極有定位即南北線隨地不同而東西因之故圖中之方位與其地之方位必有微差偏東西之度愈多南北線漸斜東西線漸迤而南北多則所差積微而著以偏西四十五度言之南北線在方界中成斜徑圖中之東北易而正北西北易而正西不特此也其東西線上之稍北且易而南其南北線上之稍東且易而西雖所差無多而方位已易此觀者所宜知也辨之之法當知圖中之虛線爲眞南北線準此縱橫作十字形其緯線即眞東西線矣他日重刊當改經緯線盡爲弧線則善之善者矣李氏

原跋偶未之及潘季玉君裝是圖既成以右語綴諸上方

跋海國圖志

是書以林文忠公所譯四洲志爲藍本不宜轉取從前之職方外紀萬國全圖等書以補其所無不幾以春秋列國補戰國策乎又西人地理書皆著經緯度眞得地理要義正恨中國古書無此故并省沿革多所聚訟魏氏不知輒多删薙今以英人地理全志米人禕理哲地球說略校之多所不合如耶穌生於猶太明史據利瑪竇言生於如德亞是如德亞卽猶太爲今土耳其東境不宜屬之印度誤一也波蘭洼肖爲今西俄羅斯地在通國五十七部之中不宜列波蘭爲一國誤二也領墨國下述加納王事卽全志嗹國篤奴特王事案說略嗹國又名嗹馬嗹馬卽領墨之轉乃別出嗹國又出太

尼國臆斷領墨大尼同用黃旗非一國幸所引萬國全圖經緯度大尼度正與全志嗹國度合是止一嗹國而歧爲三誤三也瑞丁國即瑞顛綏林即綏蘭爲瑞顛之首部又那威國久并於瑞顛（地理全志瑞顛國爲那威本屬於嗹嘉慶二十年以瑞地之近於嗹國者歸嗹以那威歸瑞由是合爲一國）乃別出綏林國那威國是止一瑞顛而亦歧爲三誤四也偶披數卷即有此誤恐全帙尚不止此又圖中列天下萬國而旁注中國之晝長晝短綫更無解於不知而作之譏矣

裕靖節公督師研圖跋爲陳若木文學

道光辛丑逆夷陷鎭海

欽差大臣兩江總督長白靖節裕謙公以偏敗援絕死之就義之夕持所用硯詒賓師吳江陳若木先生曰城破余且死今贈君硯他日見硯如見余也越八年戊申余與先生遇於金陵出硯圖見示且曰余與君訂交以同客靖節所君不可以無言余往在京師頗聞靖節死事決於先生一言而先生諱之莫能明也余因思忠義本天性非他人言詞所能强自逆夷內犯以來大小官吏禽奔豕竄者不勝數先生試以死事語之其應之否然則先生有是言邪亦靖節素所樹立有以致之靖節之能死於靖節信之也卽無是言邪以先生之

侃侃正直守道不阿其能爲是言又於先生信之也竊意靖節不殲賊固志在必死先生爲之揆時勢審先後固事所宜有靖節之殺身成仁先生之愛人以德其咸可敬也已斯硯也將與文山玉帶生並傳夫人而知寶之况故人乎烏乎鎮海之役以武臣非其人而敗厥後寶山之役又以文臣非其人而敗使靖節與陳忠愍同事宜不至此豈非天哉

袁胥臺父子家書跋

吾鄉明袁胥臺僉事表魯望副使尊尼父子皆以風節著僉事不附張璁副使不附高拱先後一轍今讀其往復家書二通布帛菽粟純乎寔素本色曠世下可想見其人末三語節欲省事是第一義勤學修行次之節用愛人又次之尤足爲傳家格言書中述米價其賤浙中米價七錢江西四錢湖廣三錢題跋諸公咸以爲異聞余因是思市肆貿易薄物細故實有關於國家食貨盛衰升降之大者載籍極博而不能盡著爲憾也請就二三百年以來市價之可徵者申論之銀價大都視今十之四五郡志載僧費六分照時値每分八文共折錢四十八文又今鄉民相沿以錢七百文爲一兩七十文爲一錢銀價之可徵者如此百物之價大都

視今十之一二三不等明末同文算指
國初數理精蘊諸書多有或問各條所列之價必於時價不
遠檢得夏布每尺銀六七釐棉布每尺銀七八釐至一分豆
麥每升六七釐羊每頭銀一錢八分今丁祭編銀不敷現價十之五以羊一頭計之今價一兩有奇約六倍他物稱是或謂編銀從苛知不然也兵一名日餉五分明邵經邦
讀史筆記載宏簡錄刻費九百餘金計字三百四十萬有奇
每百字爲銀二分七釐爲錢二十文今刻字中價每字約一文半范文正
公治河人日給米六升又義莊規矩云遇荒米貴至一貫以
上應給米一石者止給錢一貫實七百七十文然則熟年米
價不過四五文所謂六升者合錢三十文以內也吾鄉韓桂
舲尚書家順治間舊籍瓦木匠每工二十八文小工減半道

光初年每工八十四文（今匠每工二百二十文）蘇州府志載徐士林萬年橋碑記造費一萬六百餘金以當時銀價計之合錢八千緡內外（同治九年重修橋面費萬緡匠言全工非十萬緡不可）朱用純毋欺錄載留客飯用酒一壺錢一文腐一盤亦錢一文鷄凫卵一盤錢二文凡用錢四文百物之價之可徵者如此至米價大都自一遞增以至於十宋范文正時每升四五文至明則每石銀二三錢如明史周忱傳京師百官俸帖七八石僅易銀一兩忱請兩稅折納金花銀一兩當米四石解京兌俸民出甚少而官俸常足夫曰俸足可見一兩當四石之為宣德間時價也又如袁簡齋跋中所引正德二年州縣文報每石二錢是也俄而三四錢如書中所稱及袁跋所引申文定家書是也（文定子

用楙書吳中米價每石七錢民不能堪汝爲御史首請朝廷賑濟以七錢爲不能堪則常價必當三四錢惟是書在嘉靖時申書當在萬歷時或申間又嘗自貴之賤俄而五六七八錢如筭書所列不下十數處皆是也俄而一兩以外如郡志載乾隆十五年雅爾哈善疏稱雍正二年定鎮江駐防兵糧每石折銀一兩二錢今米價漸增購買拮据是也俄而二兩內外如乾隆五十五年彭二林跋所稱四五倍以訖於今皆是也米價之可徵者如此大抵自宋以來千餘年以漸而變而今更驟變正不知伊於何底余因之重有慨矣穀賤傷農自古言之百物中惟米不宜過賤往者蘇松困於浮賦雍正乾隆兩次減銀而不及米論者每疑之謂重賦在米不在銀怡王疏乃言米尚能完銀多逋欠不知其故今按其時尚未減銀蘇松田賦每畝

米約二斗銀約一錢五六分以腴瘠通收畝租五六斗石銀七八錢計之正供之外不能無餘費不已盡所入而猶不足乎乾嘉之間漕弊頗紓非由銀之稍減實由米之遞貴大抵二兩以上今米價一兩四五錢視近年驟賤農亦驟困至於百物則無不宜賤者而今則百物之貴皆視

國初十倍上下棉衣一襲值銀二兩已罄一畝所入他物稱是米賤病農物貴又不特病農也且普及於四民猶是八口昔需百錢今需數百錢猶是百金昔支一年今支二三月而民安得不貧貧民日多姦慝斯作謂非物貴致之乎又不特病民也且上及於官內外大小臣工養廉俸糈無改於昔而宮室輿馬衣服廝養朝夕之需皆增數倍而官安得不貧於

是官邪寵賂流獘滋生謂非物貴致之乎又不特病官也且上及於國家貢賦有常經而物值無定數上方服御官府造作大工大役以及意外之兵戈災祲凡百度支動輒倍蓰如

國初兵餉日五分今之勇糧日二錢內外

國初黃河大工一次不逾百萬包愼伯爲余言之甚詳而所箸中衢一勺卻不敢顯言其餘治河書亦不敘乾嘉閒幾增至千萬而國安得不貧於是以節省養癰以聚斂釀壽進退無非秕政謂非物貴致之乎物貴之害可勝道乎夫兩閒物產止有此數值賤則不贏而贏贏則取不盡用不竭值貴則不絀而絀絀則捉襟肘見納屨踵決理有固然者然而貴微賤賤微貴莫之爲而爲莫之致而致堯舜之仁不能化桀跖之橫不能强將何術以善其後或者

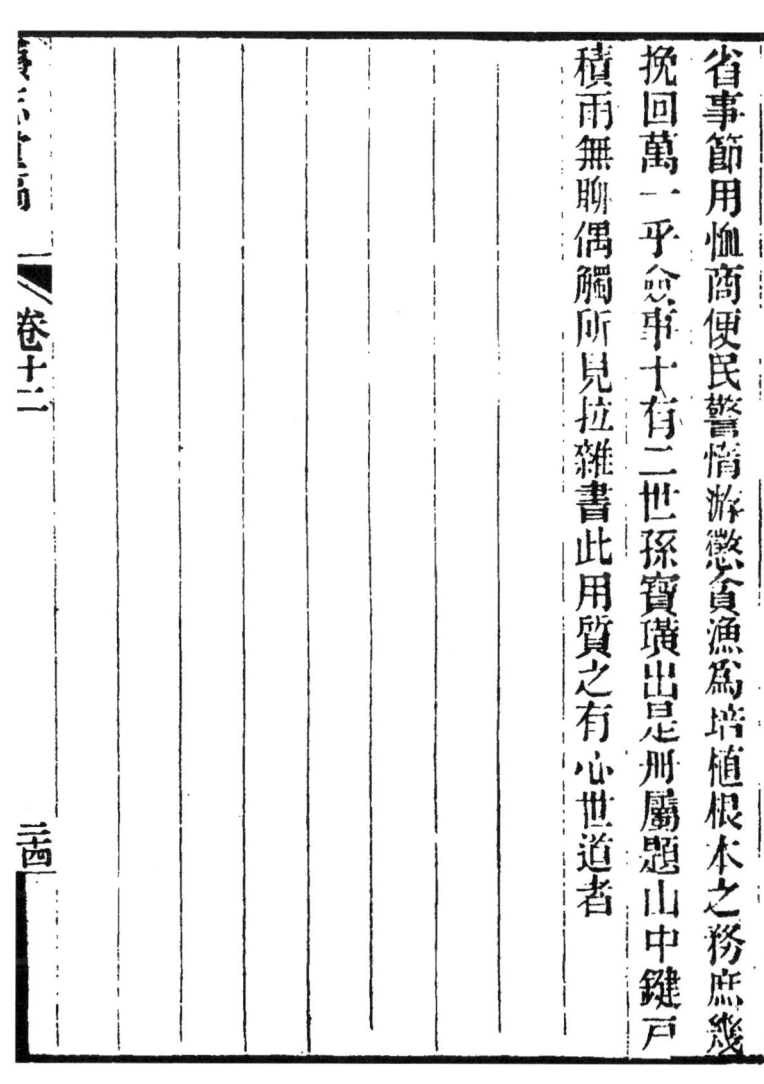

省事節用恤商便民警惰游懲貪漁爲培植根本之務庶幾挽回萬一乎余弟十有二世孫寶璜出是册屬題山中鍵戸積雨無聊偶觸所見拉雜書此用質之有心世道者

跋林文忠公河壖雪辔圖

金枚生都轉以先師林文忠公河壖雪辔圖小像示余余於道光壬辰以制舉文受公知嘗招入署校北直水利書有國士之譽有飲食教誨之德丁酉送公赴金陵遂不復見荏苒三十餘年矣今瞻公象眉宇崢嶸如親謦欬默計濤德堂池上儔流無在者即海內公所延納之士余與都轉外殆無幾人自念匠門廢材長此已矣即以都轉之才亦胥疏江湖落落無所嚮可慨也都轉隨會九原之感有以哉有以哉

河聲山色樓圖跋

錢唐張朗齋軍門奉詔西征出榆關越河套轉戰數千里既克甯夏遂駐師留防於茲三年其地大河自鞏昌西南來逦迤徑郡而北若襟帶然其西則賀蘭山蜿蜒蹲踞崖壁峻削氣象瑰瑋絕特別開境界公顧而樂之得隙地於城東北隅建樓若干楹爲簡肄騎射問與賓僚飲酒賦詩之所昇眺清遠勢盡川陸顏之曰河聲山色樓自爲之記寓余徵一言余惟古來文通武達之才建鼓旗載鉞斧磨盾草檄橫槊賦詩往往傳爲盛事而登山臨水探奇選勝之事無聞焉漢鐃歌有巫山高臨高臺橫吹曲有隴頭水等篇無非望遠傷離悲歌忼慨絕不爲流連

景物之詞徵諸古名將如韓蘄王跨驢載酒縱游西湖衹退閒後所爲又如祭征虜雅歌投壺雖在軍旅不忘俎豆武鄉葛巾羽扇張右侯踞胡床麾軍不過藉示整暇之意惟羊叔子鎭南夏在軍中常輕裘緩帶性樂山水每風景必造峴山嘗曰既定邊事當角巾東路歸田里翛然物外雖山澤之臞不啻也公性嗜山水記中歷數天下名山以不得暢游爲憾有叔子之風焉軍中有句云願返西泠再讀書卽角巾東路之約然則謂賀蘭卽公之峴山可也公掃蕩回氛功在隴右異日宜亦有襄陽建碑之事公名與此山不朽矣抑余尤有異者水經注引山松言峽中水疾書記口傳悉以臨懼相戒曾無稱有山水之美也旣自欣得此奇觀山水有靈亦當驚

知己於千古甯夏向稱阻山依河以爲固爲西北重鎭亦不著登攬之勝公始表章之非又賀蘭之知己乎讀記畢遂書此以志欽遲

江山風月圖跋

咸豐乙卯歲潘東園公孫以尊先人功甫先生江山風月圖徵詩爲賦五古一章亂後貽公孫詢是圖則云已失之比者余移家香水溪上公孫書來云是圖先爲徐君康所得繼入滬上骨董肆今在琴川某家以番蚨四十有五枚贖歸閱時七八年不知移徙幾何地藏弆幾何人輾轉遷貿卒復於舊自非先人靈爽默有以呵護之烏能得此屬余記其顛末余因得重披是圖楮墨無纇首尾皆完拙筆亦附存焉公孫於此欣然有歸璧還珠之喜愾然有遺弓故笏之思其寶貴之固宜余則以爲先生此游亦吾郡佳話不可以無傳也曩在宣南及門長樂梁觀察恭辰索題家藏睢州湯文正公與吾

鄉徐俟齋孝廉手書册書敘山中晤語事而郡志則載文正屏騶從訪孝廉拒不見情事不相合而是册皆識爲文正手筆不可誣也殆始拒而繼仍相見郡志不之及耳余跋言是書可補郡縣志之闕今文忠政績上企睢州而先生與孝廉遇逈殊而道則一楚中酬答事絕相類圖詩具在實可各有千秋又豈徒君一家之寶哉

唐鷦安司馬惟自勉齋圖跋

嘉興唐侯鷦安以司馬行吳縣事既下車慨然曰縣克復三年矣賦籍不完封畛土略無準不能以爲治非清丈不可且欲用余所創羅經丈量法余聞而歎曰朱子知漳州即條奏經界事海剛峰自爲縣以至巡撫所至力行清丈侯能行之即今之朱子剛峰也既訪余山中一見如舊識比以惟自勉齋圖屬跋其後侯爲宋質肅公諱介二十有九世孫用質肅公語顏所居曰惟自勉齋湘鄉曾相國書額里人褚君榮槐作記吳中丞昌壽爲之繪圖褚君記略言聖賢爲己之學修齊治平之本盡在自勉中實足隱括名齋之義中丞圖用陶士行運甓故事或疑於本義不甚比附余以意揆之蓋用六

書指事之法謂運籌卽自勉之顯見者也余又以爲自勉之道可精可麤可大可小卽如清丈祗爲政中一細目然江南皆有魚鱗冊獨吳縣無之郡縣志載康熙初長洲宰李公敬修丈田造冊三年始成吳縣以山多難丈中輟足見事之不易侯獨有志於此非能自勉之一端乎運籌雖殊迹非勉不爲清丈雖小事非勉不成一而已矣侯涖吳以寬仁爲治創設鄉徵局民甚便之會擢署太湖同知去清丈事未及行然以剛峰爲巡撫亦行清丈例之則於侯猶有冀焉考質肅亦起家平江令今侯將繩其祖武後先濟美惟其能自勉也至清丈古無善法稜网灰印無非擬算余法剏前所無惜朱子剛峰不及知頗懷敝帚之享顧見者輒不省侯獨深識之有

得一知己之幸矣

跋夏秋田卷後

夏君秋田旣孑身走數千里問道於恍惚不可知之鄉負父骨歸葬畢封以路引墓券暨爲母請旌文牒從子復歸始末都爲一卷裝池以遺子孫時道光二十有四年也越二年桂芬痛遭先宜人之喪自京邸匍匐扶櫬還里君來弔畢見桂芬至室相持哭甚哀且具述前事旣又以卷屬爲跋桂芬方以憂謝酬應文字而於君事則不可以無言吾吳

國初時有黃孝子端木尋親滇南偕歸潔養爲世稱述夫滇南遠萬里其時平南跋扈勢方張中原道多梗君遭際承平江夏可葦杭達似勢處於易顧君羈孤獲落舉目無一相識君父幕游客死四十餘年之前當時東道主及賓寮朋舊星

散殆盡異鄉骸骨沉埋於荒煙蔓草中父老亦鮮有知者以視黄公之父生存聚族又嘗爲縣令蹤迹易得者其難有加而乃感及鬼神通諸夢寐卒有以償其志孝之所感格大矣哉吾鄉人將錄君行以孝子請

旌於朝君洵無愧也已君以篤行聞鄉里家貧鋭於爲善人有所求罔不應深於醫所入供饘粥外率以與貧者郡有善舉必爲之理董出入累巨萬而無所私吴中富民多慳吝而諒君誠懇亦知重君言不爲忤以故君得行其志抑余尤有重君者憶余庚子通籍歸里假滿將行君送之屏人再拜言曰吾將有請於子可乎桂芬曰願聞之君正襟言曰吾子前程未可知願吾子上念

君國之恩下維祖宗積累之澤日夜思建功立名不愧科目
不辱先人吾鄉人亦與有榮施焉若僅題名碑臣工傳一見
名氏豈所望於吾子乎桂芬瞿然起再拜謹受教噫今世能
爲是言者幾人哉君殆以桂芬爲尚可與言而桂芬亦有不
敢不勉者矣數年以來浮沈閒曹落落無表見時時以不克
副君言爲愳因跋君卷附及之以見君之與人爲善也又如
此

元和唯亭志序

今之鄉鎮蓋古之州黨也嘗讀周禮載稽地官比閭族黨州乃鄉之細鄰里酇鄙縣亦遂之屬則有敬敏任卹閭胥書之孝弟睦婣族師書之黨正有歲時校比之莅州長有德行道藝之考建官惟備型方倍周用能道洽世昌大治濯俗

國家膠序修明經法敷廣邑比堯封鄉知舜讓雖在層山絕澗罔不文同軌通刱唯亭行省近垧上郡坿郭嘗被休嘉易遵矩度者哉而圖經之作尚闕志乘之編無聞識者憾之鎮人沈君九如承其父小帆孝廉志捃摭羣說綜析舊聞乎予研京以十年太沖鍊都以一紀裒然成帙蔚矣其文昔史公紀傳遷繼談業太常章句郁定榮編以古方今彼此一也鎮

在元和之境婁江之濱水木明瑟土田膏腴士女駢闐晃雁充厭六通四關接郵傳於姑蘇百廛九市分都會於閶闔神緜委粟之徵栖畝被澤青衿組帶之秀蹈德詠仁人盡士著采風重其樸湻龍以水繞望氣占夫靈傑青邱振其先聲黄門鬱以繼軌儁生鉅材連鑣接軫不有紀述曷徵文獻是編之成斯足貴已考海鹽之一鎮有澉水之成書未嘗不與王存元豐之志樂史太平之記並耀方今同茲不朽然則是志也庶幾與守溪姑蘇受先太倉之作相頡頏乎

潘順之吉士岱頂看雲圖序

士人桑蓬載縣早兆四方之志山川能說便矢五嶽之約顧抱願者輒窘於力具力者又閡於時力猶易勉時彌難言或佹得而達之或不謀而獲之是有數存非可意強若潘子岱頂看雲之游斯足羨已甲辰夏五君以是圖示僕屬為序言聚三吳之畫苑貌萬仞之奇峰冷訝杉松隱含煙霧幾於生堂上之丹楓插壁間以青嶂僕尋被

詔書於役嶺右載展圖經道宜衡麓私心竊喜夸詫於君謂方將躡祝融之峰宿上封之寺逐搏桑之初日攬石廩之奧雲別為一圖歸以相質且與君分東南以占勝據齊楚以契大然後借君瑰詞償我俚語不亦可乎既而背秋涉冬簡書

蔵役浮離江截瀟水盡三湘之勝窺九面之奇青入蓬底境訝霄外無何抵衡山縣先夕戒僕襆被具裝雨聲俄來中夜徹曙莽雲霧以萬重隔芙蓉於咫尺留滯一昔游興未衰過雨看山遂至嶽廟廟之北戶小阜隆起躡屐而上羣峰四環離離蔚蔚乃在霞氣之表隱隱轔轔時露翠微之徑宿漬未巳夕霾又升愧乏昌黎開雲之誠止餘少文臥遊之想愴恨言別期以後舉而已乃歎劉敞過人恃濟勝之有具道元注經詡山靈之知己謂爲奇緣果非虛語棖觸前願吾滋惡焉

泰山在泰安府境扼齊魯之界居南北之衝九達傳自往古四方莫不來會祇以山徑犖确僕夫痡吁避如重關畏等九折迤西百里地接兗州昔日沮洳今時原隰十數年來連軌

結軫改由於彼泰郡通衢非不可行經履之客百不得一僕計偕者五假省者一往來山左十有一度曾未得問車石之舊蹤涉環道之近界獨君之遊也以戊戌之夏時君充貢試闕被擯南歸屬秋潦浩汗山谿猥至中途絕軌改轍高岡天與奇迴成茲壯遊武陵漁人迷路乃入桃源若盧狂客塵中忽造仙府偉哉此行豈偶然邪若僕者振衣無因自匡空返於東既嘗十至而不能登於南復如三山之不可即漫勞仰止笑塵俗之走抗願佩員形但夢魂之飛越披君是圖徒自點耳雖然山不削峻以副陟道非迴直以就紆光陰瞬馳蹉跎能幾一官雞肋頗倦春明之遊七月鱸羹早觸秋風之思誓當攜手煙蘿借訪林澗窮石壁之窅窱窺天門之窔遼上

捫列宿逼呼吸於九重俯瞰衆山笑培塿於一覽遂乃探峋嶁之牒陰壁珪之樹攀籐藉草信宿雲臺之觀栖素餌芝嘯傲逍遥之谷貯蒼翠於袖底載煙霞於衷次導以先路示我周行將在於君書此爲務至於崔巍之象登攬之勝刻畫奇怪旣慙腕弱之難勝縋鑿幽險矧非身履不能道頗羞學語無敢謬言

歸硯山房圖序

將欲選洮河之綠石擷青州之紅絲南皮二臺比金鐵而特潤端溪三品胥翠綠之爲上縱使癖同師正讚誇休伯不過增四譜於文房論千金之厚直玩好之具識者輕之若夫祖德可述先芬是誦守經籝之遺前型具在譬楹書之鑿後葉爭傳則片石之細富直踰乎百頃數寸之質貴足抵乎連城手澤千秋心香一瓣固宜珍如故笏寶等遺弓況乎合浦之珠去而復還豐城之劍離而忽合藉介紹而自達終盟石交仗呵護之有靈居然神助也哉吾師禰香劉夫子得古硯一爲遠祖元人雪樓公物中葉芝室公有題識顏其居曰歸硯山房此圖所由作也雪樓公丁元末造中吳戒嚴建義旗而

嬰城保仁里於安堵斯硯也固將錄入啓寮佐公草檄磨不待盾橫可配槊策小金城之勳繼玉帶生之軌而乃陵谷代謝帶礪全非樹泣冬青芜悲夜落草滿淮張之宮月冷上都之路荒臺遺燼折鏃埋沙而斯硯也出萬刼之餘成希世之寶摩挲依舊光瑩有加縱如璧之有纇要非甓之可伍蠟滴不斷嗟歲月之如流鴝眼冷看閱古今而成故玉紐依然認帝鴻之墨海金刀有主佐臣向之青藜趙人喜白璧之復歸王氏寶青氊爲故物晉公封硯待孫果有前知范喬奉硯思祖珍茲先澤彼坡翁涵星迭傳李史元獻傳壻遞授朱陳蓺林佳話方此蔑如已是宜續羅文而作傳開卽墨以論封緣几陳來試一枝生花之筆書窗伴處盟十年磨鐵之心矧夫

芝玉三株沆瀣一氣齊飛彩鳳行賡
帝陛卿雲騰起墨龍茳作人寰霖雨其視汀洲之於芝室授受一脈後先同揆景厰前修允堪繼武念小子淵源賡馥慙取友之必端喜先生經訓茲留奮永貽孫而勿替

五湖漁莊圖序

夫富春江上子陵之羊裘長著西塞山前志和之鷺艇不歸大都豹隱之流多與鱸鄉爲伍則如具區五聚之水洞庭第九之天齋號可詩墅名賭弈楊枝春雨荻花秋雪近傍甪里之村遥接運期之廡葢吾友葉子漁莊之所居也漁莊生於通德之門少擅豪氣之譽固宜待詔於金馬揚名於鳳池而乃聽笠澤之鴨聲知尚湖之魚樂逋客斯謝故山卜居豈不遠過萊子更無來聘之金敢笑陶公尚有可解之組乎而且百城擁書後車問字貰臨卭之酒索灞岸之吟月中松子俱入琴聲霜餘橘葉儘供圖畫斯又西泠販夫望落梅而下拜輞川浣女過深竹而聽詩者已惟是白水盟在竟刺鹿門之

船緇塵道長方走長安之馬漁莊其何以教我焉

顧湘舟五十壽序

戊申之秋余將入都奉職於詩練瀆吟朋蓮逕嘯侶咸謂顧君湘舟今年五十予獨無贈言乎余筆慚靑鏤文謝錦段顧不得已於辭爰拜手而序之曰君殷藩舊系吳郡大家試嗁而知英聲髫髮而昭慧質讀書瑯環之地問字岣嶁之山凡夫羽陵蠹編紫庭爵簡類斯楓林之篆抱犢石梁之文靡不胸貫枝條口濺㳄沫應奉闇記何止五行朱昂成頌豈惟萬卷嘗時之重君者月以爲文彊待詔名必無雙蘭成射策年猶未冠謝家淸鳳柎氏名駒其在君矣乃養素空谷希志名山甘戢翼於煙霞不走馬於闐逵孫登百步之內但聞坐嘯戴逵一年之間不過閒游而且靈運生前便欲成佛蘇晉醉

後不諱逃禪簪纓灑然蓑笠可慕此滄浪漁夫所由自號也惟是風雨孤蓋困云梵鶴蓬藋閉戶亦近寒蟬家有王濟或云癡叔邑之江統誰知名士而君則御列子之風志盧敖之海宗愨初願徧游五嶽陶峴其載自制三舟黃憲之足跡偶至陸賈之聲名籍甚因之長卿歸里亦交縣令和靖居山頗薦賢士故秉節之衞公乞休之疏受無不識烟波之釣徒呼湖海之豪客此固太傅門下不棄羊曇將軍坐上更延杜甫者已尺其慕希文義莊之法推新息自置之田廖扶之聚錢穀惟給宗親鄧林之耗貲財半緣昆弟李藩之產不厭中落种放之名遂由

上聞

天子且爲之特獎焉至於僧孺所積率多異本務本所藏罔
非舊牘以張纘披讀之餘仿直齋解題之例姜夔帖補取諸
廷尉之平陳思寶刻編以九域之志河岳詩篇殷璠之所博
采成都藝文復傚於焉補遺學海輯於左圭類說蒐於曾慥
武梁畫像洪遵泉志皆能經營鬼工呵護神物則又君丹鉛
之素志而蒲柹之餘事也君今以孔融愛才之年篤趙蕃問
學之志聲譽卜其愈廣神明視其方强彼姚馥之耆酒讀書
周貫之布衣芒屩曷足數乎若夫鵲羽呈扇鵾弦鼓琴棗問
安期桃徵曼倩適世俗之所謂壽要不足爲君述云

祭蒲城相國文

輔星光翳太華峰頹徂暑紀月徵音變哀神歸箕尾夢冷瓊

瑰同聲一哭鳳閣鸞臺於乎吾公焉翊名族雁嶺橫雲龍門

泝瀆山川秀靈名世斯毓識宇嚴凝清襟藹淑階升尺木筆

埽千軍三接親日五色臚雲柏梁應制藜杖校文羽儀蘊采

翰墨銘勳坊秩旋躋承華翊贊炬撤金蓮香薰玉案墨瀋瀾

翻筆花璀璨早僕巖徐辮香秦漢遂登九列遂長六卿便章

奏績寒宴垂聲經緯百度陳揆五行品高白璧命繫蒼生惟

帝知人嘉公精白入莞天樞繼參揆席佐

聖元模經邦碩書載在史宬銘之竹帛於乎吾公清節可風

勵相罔懈篤棐有烝絅絅在抱謇謇效忠千尋峻壁一柱元

脊嗚呼吾公穆行尤摯損無間言參能養志九里河滋一本
葛庇濟士壺飧推仁秉穗惟公讀律學宗臯蘇不漏吞舟丞
察淵魚秋典所及春風與俱道在平反非止煦濡惟公司會
紆籌允當邦儲自豐民氣彌[illegible]唐代度支漢廷計相允矣國
華無慚人望惟公衡才鑒重人倫春闈秋賦靡役不親玉尺
度世珊網羅珍公門桃李爲國得人惟公讞獄由公生明使
星照遠鄉月輝瑩宛雪盆覆神縣鏡清
天子褒美如朕親行有若往秋河決瓠子載道星旒彌年風
灑沈玉搴茭平山禦水卒塞宣房金隄屹峙功紀葛蘊民脫
龍蛇昔也塗潦今也桑麻河渠成志博望迴槎公歸返節
帝眷有加念公尫羸衣不勝幹自發星軺閱歲剛半藥裹之

旁不離書判心悴形茹廢寢忘飯神殫夙夜疾中膏肓鐘鳴
漏促鳳落麟傷
至尊震悼
褒卹逾常於乎哀哉瀛波沸天罔兩騰技中國之望温公是
恃公身則亡公目猶視渡河宗澤伐齊荀子嗚呼哀哉公官
既崇公祿非薄賻麥有舟貯金無橐脫粟𥹋甘邪蒿必卻橘
乏千頭桑無八百公之亮節厥後宜昌嗣君早貴
聖眷方將書紬金匱譽滿玉堂公靈足慰公澤逾長於乎吾
公驂鸞碧海已無老成典型尚在朱邸瓊筵椒漿玉瀣魂兮
歸來如僾斯嘅

日涉園賦

惟碧霞之山麓有臨川之甲第陋銅陵之鈲摫嗤金谷之梁欐有山有水之鄉半郭半村之地境以僻而心遠室不澤而意邃葢名氏食乎舊德門楣紹乎奕世猶司空孫子之莊亦楊損先人之製也如皋之湯遜有代序蘭錡傳家箕裘衍緒自浙水而移居傍珠池而營宇依十畝之舊宮拓數弓之別墅比存中之鳳山閱十年而爰處豈思謙之驪原更兩世而功敘葢始基於乃祖初載於乃父經營締造者數十年於茲而迄未觀成於堂廡我友敬亭太守堂構念切風木思深惟負土之方蕆知荷薪之宜任既闢牖而因阿亦成撥而即林羌結橑於巖根又啟櫺於水滸檻貊疎房之邐迤澁盧涼蔭

之森沈琴室吹臺之軒敞風亭月館之嶔岑莫不千櫨百拱累翼重檐列窗前之鏡瀾羅戶外之層巖爾其堂類郊居西連桂院長廊百折以逶迤石磴幾重而峭蒨閣醉月而雲遲亭倚虹以天半閃焉之齋蕭爽宜春之堂美奐芬馥兮天香之屋碎篠兮蕉石之館則有湖石疊嶂淨碧名池水木明瑟雪月清漪平臺釣臺之勝環香遠香之奇竹廬千竿篩影蓮塘萬頃流澌甘泉匯以如醴鬱岡竦以盤螭此亭池臺館之佈置而猶未觀乎花木水石之離奇水則羅帶一彎縠紋幾尺浪沿鬟鬟波明裂帛蔘扶蠏而煙柔萍藏魚而影璧淩秋則蘆荻蕭疏藻夏則芙蕖婉嫿空明之樓影倒垂咿軋之艣聲不隔有此枕流還宜拜石九點縈青一拳峙碧羊疑仙子

之呼虎話將軍之射十有二種之玲瓏三十六峰之奇㿚如覽東海於袖中如接匡廬於几席花則梨桃百樹蘭蕙千行神仙名友富貴花王梅繞屋而索笑桂滿庭而聞香門新枝於四序廣舊譜於羣芳其他紅鶴綠藥翠蔓紫瓢莫不苞孅臆以綷縩被雲錦以挾張木則梢櫓松栝陰砌枏樟稚桑十畝古柏千章竹成實而鳳集梧拂雲而鸞翔輪囷盤戾跛扈昂藏抱倚日千雲之勢獻荓枝連理之祥周覽既匝升眺斯亟崇臺數尋上以拾級磴以仄而走紆野以曠而景合桑疇麥隴以翠交將角江壖而勢吸一嘯天青四園雲遊蓋風景煙霞陽開陰闔莫不如襟袖之堪挹乃入其室乃披其藏金題玉檢錦贉青箱四部而區以甲乙萬卷而別以朱黃魚魚

雅雅炳炳琅琅如游羣玉之策府如探少室之謨觴於以極大觀而無憾而益以嗤樊第王宅之荒唐疇昔之年迎春正妍猗芰蓬藿小有林泉捧杖屨而眺覽御輕軒之安便既頍和而觴舉亦賸加而體烇流光如駛承歡逝水廢蓼莪而潸然緬靈椿其邈矣陔笙譜兮無聲庭梧僵兮不起巖花何事而紅殷壠水無情而碧泚悵終天而渺茫淒舊地之徙倚夫是以終畝之志倍殷而述祖之情難巳也矧蒼生之覆露方待澤於岱雲翮五馬以將駕奉簡書以征駪惟枌榆之鄉社如次舍之遼巡非及時而營構曷仰慰夫前人則是圖也又豈徒桑梓之可戀而鴻雪之可珍也哉

上林少穆師書

戊歲春明曾通絢簡嗣以鋒車南指籌筆方殷沐雨櫛風勩勞可想未敢以寒暄蕪語上瀆鈞聽伏承鈞候綏和動履萬福扇廡風於炎窟振清節於寶鄉珠厓銅柱之間勤施石畫羽扇綸巾之下儼有金城固宜罔兩回心天吳刷跡侏僞錯雜出日率俾遍箭駢闐從風而靡顧論傳嚴若藥之喻不眩誠慮不摻而稽渤海治繩之方用急不如用緩紓籌玉帳想悴丹衷桂芬猥以下資濫邀非望自循涯分彌惕冰淵迴思槖筆滄溟獻詩戟衛借階前之尺地獨許揚眉轉江瀆之勺波輒勞舉手轍以涸而益甘其潤琴以焦而彌振其音知遇之深得此蓋寡在夫子待同國士詎止以一第見期而賤子

感切知音遑敢以不才自畫竊以人臣報
國非僅文章儒者立名不關科目某自受書髫齔有志古今
祗以操觚事八比之文半分心志負米服百里之役亦靡光
陰坐是蹉跎汔無成就茲喜南宮脫籍東觀策名玉署閒曹
正讀書之佳地京華人海亦涉世之要資某雖甚駑庸詎甘
暴棄惟希大冶指以進竿庶幾矢報涓埃上副聖人霖雨思
賢之意程能尺寸不虛吾師風塵相賞之心

上林少穆師書

節邁白藏霜催元律伏惟政祺萬福寵命重申合河渠漕運爲一書安瀾利濟兼安撫節度之兩職吏畏民懷竊旨下風傾心向日某菰蘆末士塵露下資藐是疎蕪涯蒙挺埴起衡風之塌翼轉涸轍之枯鱗循分省厓感何有極頃自嵩江握別後家居淡辰襆被江邑碧湖重泛花嶼重聯方期文史三冬稍借樂安之榻詎意風雷一夕遽轟薦福之碑將塞門卻埽則力田無資欲懷刺風塵則漫字堪憐重以雙闈七秩單緒寒門問寢縱忝乎常儀負米敢逾乎百里裹哀衷懇進止頗難竊思江陰書院官課月每兩期卷以百計校讐甲乙理董需人黨舊與新士之相安較臧籠

更炊而差易用敢瀝陳丹悃上瀆清光業荷前叨輒坳後忝私恃鮑叔之知我固知鄭伯之無疵顧惟徐勉居官止談風月任棠誠吏不過薙孟惠士林而說項有心進屬吏而薦袁非體則某籌之再四請有更端焉今權臬李夫子前花縣鳴琴之日正桂芬勺年獻賦之辰童子軍中獨有牛心之譽問心堂上戴邀麈尾之談頗荷羈縻於茲數歲今年正月北上道經袁浦一倣蕭屏既期我以雲霄復推情於膏秣惟是將迎較淺欵曲莫通有文字之緣無陳懷之路非公不至夙嘗奉澹臺之規貿然前來得不致黠敖之誚惟有仰千金玉齒以姓名在夫子別嫌明微無復罣礙在李師仰承俯注尤易推行從此安硯戚再易之田繞樹無三匝之鵲是則阿衡心

事被澤不遺匹夫開府紙書從事賢於十部感義增氣慕德
識歸飲水思源戴山知重巳日者陳明府署中賓畫星散主
情雲稠既繾綣以留青屬屏當乎尺素竊計稍遲旬日便當
走謁雙旌先肅牋緘雖所陶冶東書載筆行張申浦之帆瞻
漢騰霄早夢清淮之月

與李學士書

不待彌年末由飛鞚波路壯闊引領成勞伏承弭節宜勤台候萬福比聽鵲噪喜卜鶯遷六卿入座此其先聲賀賀某耀托遠光懽依大庇與哲弟米山隔牆叟招傾衿莫逆入崔儦之室讀惠五千買季雅之鄰價過百萬庶幾前修行茲佳話茲有長沙許雲達上舍爲敝房師高滄令湘嵐先生心源令子先生十年腴壤兩袖清風歸槖惟載石之舟遺篇有理縣之譜許君謀生厭綫逆旅飄蓬如能晞乎末光噓以尺地則問錢穀而知對客非無能得升斗以爲養恩知所自矣

賀林少穆師長君館選啟

竊以朝廷之待勳舊能世以富貴不能世以詩書造物之厚故家不恡其崇高而甚恡其清美故五等之爵有可世而七品之官不以封鐵劵之頒祇沿乎故事而楹書之讀必豔爲美談是以中祕清班上清仙境簪毫之選繼組爲難伏惟尙書夫子發迹淸華傳家風雅丁年振曜

鰲禁嵯峨子舍騰驤鳳毛璀璨太史復以黻

國黼家之業當石渠金匱之司乙火分青

宸垣近紫瀾碧霄玉淸而上重銜

聖主新恩拜錦綵靑綺之頒猶憶臣家故物果箕裘之克紹儼堂構之相承説者謂灝固科名允堪步武韋平勳績此其

階梯猶足增鼎鼐之英聲補玉堂之佳話
國恩家慶莫與等倫然而揆諸鄙懷乃更有進某聞之探金滿籯之誚人重遺經誦木從繩之言帝知有子賜緡而問嗣知胡質之清贈麥而歸先賢范公之志景彼往喆茂厥芳規惟其學有淵源氣同沆瀣故名門之肖子即當代之名臣蔚爲
國楨實乃子民之福衍茲庭誥豈獨甲第之榮此則願太史之躬行而亦夫子所心許者也某一介孤寒蔭叨夏屋六年兩度隊逐春明何無進竿仰酬大治每思涯分祇益悚惶見以考試教習轄留都下竟失鹿而思冤非夫不爲希種豆而得瓜解嘲亦可自愧無緣驥附尚希後會於風塵還期請益

鯉庭歸我異聞於詩禮

余鈎谿先生像贊并序

夫起廢發墨箸譔成家青藍寒水聰敏軼俗東嚮壓於几筵南面辱於帷帳巢卵菢轂豈曰羽翼之輔春蕘秋[illegible]匪冀穜族之玭昔之闒人猶難不倍鉏牙謬盭葢有之矣至於剖析元妙宧窔道術褒衣大袑之士愊心堙耳之譚異同喧呶門戶角峙師鳴其鼓弟操厥戈夥矣哉發源余鈎谿先生叡喆秉姿敦悾成性宋謚萬動嗇其大寶年未束脩遂功砥厲慓志順讀測深闚奧叚莘汪先生巇穴營處金石不轂游神飇靄之表探賾宙窔之區通四科而希賢囊百氏而暢旨先生卹身計之鹵就都養之列唐圃葩履縞衣賦恰谷印躬承開法渠悟辟諸孔父有猶龍之慕曾蒧有舞雩之樂方將演學

識之適緒闡修和之獨見（章節夫著修和管見）飽參力叩掬精亟微昊天不弔哲人其萎先生隱憂師業夷於煙墟蠹没奔走蒲伏求達卒使子雲之經無嗟覆瓿司馬之史不待藏山表世燾後揭之日月焉噫嘻師道墜地儒訓弔靡明明千秋疇嗣遐執文孫[illegible]山大令與桂芬俱出先師許湘嵐先生門屬來父母吾土獲諷遺編熟飫穆行泚筆宣贊輒忘黔陋其辭曰

卓哉先生碩德孔光根道核藝履璞裹芳圖疇解苑典體陳常鑿空性域剖奧道藏焦原終阽沖襟不傷莊莊段莘爰升其堂言規動榘冠員履方撫鐸絕響夢楹不祥經遺竹素恨溢泉黃先生表之燿厥聲香曷隋未蝕斯文大彰黟山之側虹井之傍在三有節於萬無疆孫桐挺蔭福我吳閭理譜門

法君子澤長
皇帝初元
詔旌於鄉師先弟後奕禩蒸嘗是敬是祗視此贊章

潘星齋秋江泛月圖跋

匹練如瀉一蟾耀空世界淨於瑠璃游侶淸於冰玉潘君星齋以望雲之思爲乘風之行爰挈仙侶偕歸長安時惟秋中道出北固微波不興涼月初上兩點金焦都作秋色千蘋蘆葦皆助江聲於是開鏡具馱煙舠鷁翼齊心蛩鼉儷影聯秋吟於蓬底賭側體於雲藍驅煙使墨旃檀遜其淸芬流珠吐霞松篁𥫗其逸韻洵足增玉臺之新什軼赤壁之艮遊巳覩彼舟凝櫂遲東羽西翼言別則一霜兩霜寫懷則團雪散雪寶釵之影不暉璇璣之圖空寄悲愉之致去幾由旬也乎

古吳胥門內
謝文翰齋刻

清末民初文獻叢刊

顯志堂稿

（中册）

［清］馮桂芬 著

朝華出版社
BLOSSOM PRESS

顯志堂稿卷四

吳縣馮桂芬林一著

汪氏耕蔭義莊記

事有創自晚近不必爲三代之法而轉足以維三代之法之窮者士大夫家之建義莊是也考之儀禮傳曰大宗者收族者也又曰異宮而同財有餘則歸之宗不足則資之宗此古宗法也宋呂氏大臨曰宗子法久不行今雖士大夫亦無收族之法欲約小宗之法且許士大夫家行之蘇氏軾亦有立小宗之議其實今古異宜井田封建一廢不可復宗法何獨不然二公所論亦託諸空言而已吾鄉范文正公守杭郡置義田立義莊貯租迄今且九百年世被其澤說者謂得宗法

遺意焉公問學軒天地動名炳史冊區區衣食解推末節耳奚足爲公重顧大賢處世建一策舉一事往往爲法於天下可傳於後世是舉也前無所承後有可繼補先王立制於已敝開奕祺食德於無窮洵非公莫能爲其爲功德亦遠矣哉今義莊之設遍天下吾吳爲公故鄉聞風興起者宜益衆乃素封有力之家奚啻百十數而合郡城之廣著錄僅十餘族噫蓋其難也封翁汪小村紫仙兩先生奉尊甫中議大夫雨村先生遺命謀於族倡義莊之議從子嘏庭封君等若而人咸欣然從之捐常稔田一千畝有奇又糜白金千流於郡城西偏申衙前購屋一區建宗祠立耕蔭義莊春秋饗祀歲月要會咸於是乎集莊法鰥寡孤獨廢疾有養嫁娶凶葬有助

春闈秋賦有黜擇族之賢者司存之大略準諸范氏詳先生所自爲規條中汪氏系出魯潁川侯汪其後以名爲氏三十有一傳爲漢龍驤將軍文和始遷江南又十三傳爲唐上柱國越國公華實汪氏別租今直省著姓者多公後人又若干傳入

國朝爲武庠生汝卿府君佝藏自歙遷吳是爲先生五世祖世以厚德聞於鄉百餘年來族益大叶淵先生首以名進士入翰林則先生之世父而貤庭封君之大父也道光辛丑紫仙先生子工部郎中藻貤庭封君子庶吉士改吏部主事堃同榜成進士其餘登賢書貢成均有聲黌序者又若而人寖熾而昌未有艾與時不懈益虔增其式廓吾知是莊之盛必

繼美高平無疑也今建祠之地相傳即宋時樂圃後爲景德寺爲學道書院爲兵巡道署爲申文定公宅乾隆以來蔣刑部楫畢尚書沅孫文靖公士毅迭居之東偏有小園奇礓壽藤奧如曠如爲吳下名園之一蔣氏掘地得古甃井命之曰飛雪泉今尚存余嘗僦於孫家此者數年通籍之歲始舍之北行聞諸故老畢尚書宅之入官也孫氏售諸官願隱其姓縣令信筆署以汪今終爲君家有從前更徙及茲而定噫豈偶然哉余與工部君道義切劘交久而篤知其世德甚詳屬記以道諸石以嘗居其地附識此以諗來者

武進盛氏義莊記

三代聖人之法至嬴政盡矣吾縣范文正公生千餘年之後獨毅然有所建復者二事其一爲立學天下之有學自文正始又其一則義莊也義莊雖一人一家之事乎而實有合於三代聖人宗法遺意宗法異宮同財有餘則歸之宗不足則資之宗今世已不可行義莊曰有食歲有衣嫁娶凶喪有贍非所謂不足資之乎文正倡之忠宣淸憲少參忠貞累世遞益之非所謂有餘歸之乎誠能推而行之自一人一家而郡縣而直省一族有義莊卽一族無窮民千百族有義莊卽千百族無窮民奸宄邪慝無自而作三代郅治不外此拙箸校邠廬抗議四十首其一曰復宗法而以推廣義莊爲言者此

也自明以來代有倣行之者而江以南尤盛武進盛旭人方伯承本生祖中議公祖資政公父海甯公志建祠立拙園義莊於常郡河南廂磨盤橋左名拙園者海甯公晚年自號也置贍族田一千二十二畝有奇祭田一百十二畝有奇讀書田二百三十畝有奇同治 年江蘇巡撫具其事以聞

詔與旌如例方伯自書緣起並手定章程示余屬爲記先是中議公昆季始創議設義學給義糧置義冢未成而没海甯公捐田八百畝次第行之及是方伯建義莊三事皆爲莊中條目之一祖父三世同心作述積數十年堂構葘畬之力遂觀厥成可謂世濟其美矣章程大略本文正父子所刊規矩而以周卹窮乏爲主小康及能自食力者不與則小異考文

正規矩與錢公輔記皆言日食人一升記又稱聚族九十口歲入粳稻八百斛數亦合惟貧富貴賤不爲差等或疑非君子周急不繼富之道不知文正起家孤寒此九十口者聚之義宅中必皆貧無疑故一例施之迨後族益衆貧益繼貧富益懸絕未嘗不議節此可與可不與之數而沿襲既久族人輒以不與給米爲大恥遂不能改顧在范莊爲不能改而在他莊爲不必從也前人之法後人因之而又損益之更歸美善往往有此至方氏苞謂計口授糧俾愚者怠於作業非義也不知所授者日一升而已能遽使之怠乎方氏剏婦人無主之說撤其家祠婦人主爲世所譏正與此說同甚矣其蔽也無足辨也是爲記

吳氏祭田記

考祭田之始周禮載師謂之士田王制孟子謂之圭田圭潔也詩曰吉蠲爲饎蠲與圭通蜡氏士虞禮注皆引作圭是也王制夫圭田無征鄭訓夫爲治治者整治之意與蠲潔義近說文畦訓圭田五十畝班固王逸說同蓋圭田不惟其多惟其潔古者事亡如存存則潔爾晨饈醬爾夕膳亡則治圭田一也祭田之重如是晚近士大夫身都貴富具鐘鼎之養而廟貌不設祭田不備者有之蓋禮意之淩夷久矣青浦吳曉巖廣文示余癸丑戊辰誡子書各一通處置家事纖悉靡遺而於祭田尤三致意焉創始於亦槎贈君凡田若干畝廣文一再增置陸孺人頒殁體廣文意願以膳田入之都凡若干

畝都圖區圩勒諸碑石俾世世子孫遵守勿替郎他日義莊之權輿吳君可謂能行古之道者矣爲書數語復之

江蘇減賦記

蘇松重賦源流余代合肥李公鴻章譔疏中詳言之大抵一畝之稅蘇松太最重者幾及二斗輕者猶一斗視常州六七升鎮江五升相懸絕先後議減者明建文詔畝稅不得過一斗尋爲成祖革除厥後周公忱況公鍾奏減秋糧一百餘萬石

國朝韓世琦瑪祜嚴沆孟雄飛吳正治慕天顏湯斌任辰旦各疏氏人陸大猷等牒先後請減皆格於部議雍正間怡賢親王以米尙能完銀多逋負請減銀而不及米乾隆間減銀案循之自來言減賦之害尤痛切者諸疏外莫如蔣公伊流民圖周夢顏蘇松財賦考蔣圖不可得周書則采入

四庫有刊本余生長田間深知其苦先淑人家爲催科所破嘗謂桂芬曰汝他日有言責此第一事也棄養以來益用耿耿顧迄不得言責且以爲內發不如外發之捷欲求一賢督撫言之而揆時度勢不可輕動故遲之惟三十年來官中一言一事涉漕賦者必求其詳手錄之久漸成帙蓋以道光十年以後無年不災通牽歲賦不過五六成竊以爲此可減之機而所見督撫尙非其人無何而有粤寇之刼余避地上海

湘陰曾公國藩奉

詔東征介錢君鼎銘招余往辭之而以減賦節略相寄曾公首韙之同治元年春合肥李公鴻章督師至滬又有幕府之約見卽說以減賦欣然相許余無求於李公而以此事故曲

意赴軍同事糧道湘陰郭公嵩燾引爲同志李公遂以此事付我兩人先爲郭公草詳繼爲李公草疏稾累旬始成博訪通人諏謀詢度於金布令甲名於時者若李君友琴鄒君雨平諸人僉無異詞顧由後思之則有四憾焉初稿逕請常鎮不減蘇松太減半令重額減爲一斗稍浮於常州輕額減爲五升略同於鎮江有人言湯文正請減一二分不得今驟請減半得毋河漢其言不如先進三十年比較單但請酌中定額邀准之後始明言之余深韙其言改如今稿初不知朝廷寬大逕請亦可邀准此一憾也又吳君雲言宜請照常州起科余以爲驟請減三分之二終嫌河漢不敢下筆然猶詳言蘇常犬牙相錯天時地利人事無一不同而賦額二倍

爲不平不均之尤越日又以篇幅過長删此一段旣見部文屢有不得其平語絶不知蘇賦之三倍常賦始悔不從吳君之言此又一憾也又全數以災緩比較立言故余手稿請減米數下有南米丁糧一體核減八字郭公不知錢穀以爲詞句繁衍淸稿省去八字余覆校竟不覺旣發始覺之此又一憾也初余有片稿言各屬科則百十等爲胥吏弊藪請一律照江震例九等定則嗣郭公別作均賦片稿謂關係較重宜置余稿從緩余頗然之孰知後此一切皆方伯某公爲主與所見適相反前稿遂不行此又一憾也舉事不愼悔莫能追已議旣定有候補道某自江北郵上說帖謂減賦不宜多蘇松太二成常鎭一成足矣但改考成例十分爲七分計起運

米仍可得百餘萬官與民兩利其詞甚辯某公力主其說以爲不易之法謁院贊成之李公以付余余駮之云從此小民完十分之賦

國家收七分之漕包欠之丁胥慣欠之紳衿揑欠之州縣永享此三分之利該道創此異論請改二百年各直省通行之例爲若輩開一絕妙方便法門不知居心何等且不惟不可行亦不能行漕額有一分斯有一分之用應何人何欵彌補何以不籌及公見之咋舌曰弊至此乎君言是也此余與某公齟齬之始余又以周夢顏財賦考卷首繪圖最動心目宜附呈

乙覽購之滬上不得舊藏書數萬卷寄太湖中衡山寺已三

年遂遣信取以來以臘月朔登舟八日而賊至寺燬余書獨完遂請李公加跋恭進一切備具時官軍已復青浦嘉定常熟將及蘇城曾公與李公約俟紅旗同上一日郭公議捐江北沙田謂吳君雲請其事往請之君曰江南北捐事殆無遺利矣此不足煩公公有意蘇吳民盡請減賦且糧道職也郭公以曾李紅旗之約告之君曰雲以爲遲矣官賦猶私租也今茲無租之時設有佃戶求業戶減租其事虛而易城既復且徵租而求減租其事實而難雲以爲及今行之時哉不可失郭公大然之返幕邀余偕請李公速發乃以同治二年五月十二日上之二十四日抵京

詔從之先是四月二十日太常卿潘公祖蔭二十三日御史

周君壽昌交章言減賦事皆下部未覆奏六月三日覆奏請
蘇松太減三分之一常鎮減十分之一
詔復從之部文既至余與郭公議蘇城完善之先歲運七八
十萬蘇城殘破之後歲運轉二百二十萬勢不可行徒滋百
弊宜請再減一成晨夕爲李公言李公許之屬繕稿稿成以
寓曾公亦許之未發也一日曾公忽以余稿檄司道會議意
在速行初郭公之具詳也不會某公銜同事奏觀察緗業曰
口舌自此始矣某公果大恚至是郭公已遷去遂欣然以爲
己任欲盡翻原議凡七事一常鎮勿減請收回
成命一蘇松太勿再減一五升以下額勿減一減銀別定分
數勿援災緩舊案一常鎮一體減銀一科則概仍其舊勿改

并一減分酌用等差勿普減三分之一先以紅稟言於曾李二公皆不許遂歷詳文不上者數月而李公統兵薄蘇城城旦暮且下余已辭李公離幕思吳君雲言先後三致書請還奏毋待司詳李公乃屬幕府錢君恩棨繕成行發矣某公自滬至蘇爭之力辨之疾要必諾乃歸於是所謂一成十數萬者永留於江蘇矣而餘六事尚不許積數月某公固執不已李公嘻笑怒罵開說萬端不爲動詳亦迄不上逾年李公令某公赴省謁曾公定之曾公亦曲從其議惟駮去常鎮不減一條餘悉如某公指詳乃上疏稿卽出其手李公以疏中酌定等差二節詞不達意仍節余前稿改定上之未幾曾公督師豫中李公署總督某公護蘇撫矣尋得部覆不準減銀顧

駁漕項詞重駁地丁詞輕於法可更請而余於減賦外又以清丈津貼兩事與某公積忤李公在金陵以同郡殷閣學兆鏞疏請免釐語侵之遷怒蘇紳有後言度致書無益同縣潘君曾瑋數爭於某公不省減賦之案遂定清丈者余所爲校邠廬抗議中有繪地圖法某公見而善之請李公牒余丈川沙田事未半某公忽請罷之李公愕然牒余酌進止惟余亦不解也詳見致李公書中既歸一幕友云某公習聞民間有隱匿之說欲清丈以發之清丈者求田多耳今聞丈得數轉少故罷之初余之赴川沙也某公與以上海縣弓度之與蘇弓同以之量田率視原報田數稍少余議用朱子條奏經界狀所謂通縣均紐顧亭林日知錄所謂一境通攤之法以所

少之數均分於合縣田中行之減賦時尤泯然無迹某公則
大駭先後兩詳斥爲大拂輿情蓋不讀朱子亭林書也某公
於是謂上海弓不可用博求他弓屬吏迎合者或以華亭縣
烙印舊弓進計十畝可得十一畝則大喜州縣以弓請者皆
與華亭弓余疑之告李公咨請部示部弓葢則與華亭弓合
時某公已護撫益大喜札司通飭遵部式余益疑之乃詳考
皇朝文獻通考
大清會典戶部則例皆載部尺五尺爲步二百四十步爲畝
此正例也江蘇等省舊有田畝准用本地舊弓不用部弓惟
升科田畝始用部弓此變例也又閱長元兩縣殘本魚鱗冊
積數皆用六歸以六尺爲步與部章五尺爲步顯異尤爲確

證始恍然於部弓華亭弓皆不誤而以部弓量舊有田畝則誤會三縣將清丈遂詳致三邑侯書長元乃改作六尺弓某公聞而不喜吳縣不敢改亦不果丈厥後太倉以藩弓清丈畢多田數萬畝一州大譁乃議攤輕各田之糧以符原額大吏將從之官紳以問余余曰攤重則不駭攤輕則必駭不如用申算之法官紳然之時某公已以艱去僉曰某公在者太倉加賦矣然各縣用某公所發步弓如故不步田而胥役已藉之索民民苦之六年夏丁方伯日昌履任始偕同人呈請申明舊例亦不行同治十年曾公閱兵蘇州余乃言之公會商中丞南皮張公之萬公尤明瞭遂咨部部臣復以宜專奏汔未定案津貼者初道光丁未河陽陸公建瀛撫吳行海運

議以河運停減銀米充公而水腳經費取諸州縣時余以母憂家居荷公延訪余曰移河運費爲海運費此正道也公曰君言誠然顧海運試行耳明年且復河運今年由重之輕易明年由輕之重難俟河運果廢必如君言余無以難之既而浙江行海運如余言江蘇則因循者十餘年減賦之初余以此昌言於諸公某公亦附和之余以爲早在改正之列矣一日吳觀察艾生自浙來過余曰比見某公爲言今年議大小戶均賦每石津貼運費錢一千雜費錢一千願諸君助我意甚決是將奉

旨浮收勒折矣此梓鄉大事君不言誰宜言者時減賦事已大定余以某公故與李公約絕口不挂漕事乃邀潘太史遵

祁顧廉訪文彬四八公致減賦局員陳觀察慶溥書有奏加津貼秕政流毒等句詞頗刻摯陳君以示同列某公聞而索得之大怒來余家氣涌如山爲言並無奏加津貼事余應之曰然則秕政流毒等語公不任受謂余誤聽可也某公又曰蘇漕移漕項糶變各銀爲海運費實不足益以贍軍田息始足屢請宮保不見許故有取之州縣之說余曰果爲此一事耶是誠在我翌日李公來蓋聞余與某公齟齬將排解之也余詳述顛末且以田息請李公坦然許另奏於是乎删除津貼之議以成其後某公護撫甄别陳君及吳觀察女夫某去官知其事者究之是年某公遂行均賦法昌言於衆每石時價外加八百文作定數之日時價石錢三千二百漕價石錢

四千五百其次年某公以艱去旋自縊中丞郭公柏蔭方伯王公大經主漕議米價減二千二百漕價四千二百遂與不刪津貼等矣傳曰作法於涼其弊猶貪作法於貪弊將若之何可概也減賦既定僉謂租以供賦減賦自宜減租是秋議定每畝一石以內正數減爲九七折一石以外零數五折仍不得逾一石二斗是爲減賦之終事云是舉也其善者則曾李二公爲之其不盡善者則某公爲之或以余爲有左右之力聞之殊內愧故爲之縷述始末以見余於此事心力交盡卒之無功有憾而不能挍出疏中所脫八字尤憾之大者或謂此其中有天焉則非余所敢以此自解也由余論之常鎮三十年來亦皆年年辦災亂後豈能轉辦全漕減一成亦宜

惟米既益少銀卽可不減此外蘇松太嘉湖五郡宜更請定一畝之稅米不逾一斗銀不逾一錢則至均至平之道也願以諗天下後世之留心民事者

上海守城記

咸豐十年六月下旬上海聞警方伯與夷習以利害説之析然願助順顧夷亦無兵飛書天津越七日輪船以夷兵數百至益括洋行捕役得千人七月二日僞忠王率賊薄城下號二十萬縣東爲黃浦北爲洋涇夷館列涇上西南則賊來處也兩面合圍中丞方伯分駐西南門城守官兵夷兵皆登陴一夷卒持遠鏡立城上高臺瞭望皆番上晝夜不絶夷人戒我兵勿譁勿開鎗礮夜勿然鐙於是城中寂無聲陴上夷兵見賊漸近度必中乃發鎗凡發數十鎗斃賊逾於鎗數又見城外屋中有賊投火具焚之凡數處四日亭午忽聞巨礮聲如霹靂者四其一從城中過稍稍聞賊驚呼聲圍如故次日

夷人兩騎出南門抵僞忠王營勒馬呼與語久之賊不出又呼曰七日鐘十二下會戰早備之乃馳還六日之夕賊終夜有聲黎明覘之退矣官兵分道追之無及四礮者夷人於黃浦中泊三船作犄角形登桅用儀器測得賊營遠近配藥彈輕重如法乃升礮於桅而發之礮以小礮爲彈落地始發是爲落地開花礮入中國之始凡殪賊目等數百人僞忠王傷焉賊無以窺夷人虛實故去

淞水迎師記

咸豐十年夏四月丁丑粤賊陷蘇州布政使薛公煥適駐上海攝巡撫上海道吳君煦兼署布政使當是時江以南各城相繼陷北惟鎮江以提督馮子材率張忠武舊部固守賊不得逞而惟上海松江寶山奉賢南匯川沙金山等數城猶完而上海以撫藩所駐稱重鎮六月賊十萬犯上海城中兵才千餘人方伯習於夷以利害說之欣然許助順顧夷亦無兵括洋行捕役數百人飛輪調天津兵數百人南下七日至賊甫入境耳則分兵入城偕守七月乙未賊薄城壓西南隅戍戍夷人以測量法得偽忠王及賊目營所在用開花礮擊之六發皆中偽忠王傷焉賊無以窺夷人虛實乃退頓賊嗣是

擁衆數十萬馳騁蹂躪於浙東西千里中陷城無慮月勢益張江浙子遺無不趨上海洋涇之上新築室縱橫十餘里地值至畝數千金居民殆不下百萬商賈輻輳釐稅日旺官中益得以招將募勇逾年兵至五萬四五千然皆市井無賴或竊盜或通賊賊窺伺日益甚每至我兵輒潰賊猶以十年七月之事不深入可用者獨常勝一軍顧經費十倍故所募僅千人足守松江而已余以十年冬十一月自洞庭遷上海鍵關居城中時同郡閣學龐公鍾璐以團練大臣駐焉刑部郎中潘君曾瑋丁憂湖北鹽道顧君文彬咸與其事十月潘君自京至其明年九月顧君始自楚乘輪船至時

欽差大臣湘陰曾公已克安慶駐軍公弟國荃循江東討及

於蕪湖顧君見余曰滬兵其殆哉不壁壘不訓練行無步伍出無支應將何以戰遂首創乞師之議具言在楚時知曾兵可用可分援余然之以告潘君亦然之相與議曰此事有三難一則中丞不許也迎師必具餉權在官不在紳以己爲不能以人爲能人情之所難一則夷官不許也前年夷與賊不相知今互市已久有兩不相犯之說肯賃船載兵顯然助我乎一則曾帥不許也曾帥老於兵計在持重驅兵入敵國之舟驀越賊巢涉重洋數千里不知者將以爲口實曾帥能不疑乎雖然固當竭我輩力謀之其成鄉人之福也不成天也又議曰可與方伯中丞言者莫如太守吳君雲此事不得太守不可兩君要余偕詣之余時謝一切客而於太守則雅故

始購冠履從兩君訪太守言狀則大喜曰君等言皆是不言吾固將言之是誠在我雖然非可旦夕行也或旬或月宜有以報命太守先告方伯方伯曰此今日第一策也派員惟命其資惟命乃以間言於中丞中丞難之會賊朝暮入犯各界防兵潰者接踵中丞頗以爲憂太守遂言之不已乃曰吾豈不願爲恐曾帥不我許耳太守於是報曰事諧矣以告閣學亦許之遂定議中丞與閣學各修書遣員偕行閣學難其人將郵寄書余力爭曰是輕其事矣必不可且愚以爲此申包胥勃蘇之任宜重其選因薦無錫華大令翼綸閣學不許繼薦太倉錢主事鼎銘許之且以函藁見屬辭不獲稿成授錢君以往列閣學等六人余以不與公事不列十月之望錢君

謁曾帥於軍曾帥得書心動錢君又縷述上海將怯卒惰旦夕不可恃狀繼以慟哭公惻然曰君休矣以偏師遠涉上海於法爲奇兵非正兵顧事誠急不可以常論吾爲君破格乃與今中丞合肥李公謀李公忻然請行而軍中果有以乘夷船越賊境爲疑者異論蜂起公一不聽遂以李公總統蘇軍程君學啓從行率兵一萬南援檄方伯會紳具餉具舟時滬上新設會防局應刺史寶時與夷官朝夕見方伯以具舟事委之英國領事麥華陀不許刺史說繙繹阿查哩與俱告提督何伯則大悅刺史復以多金啗洋商爭願承者又與約船中得增鑪治餐驢馬軍械得入船抵皖泊舟聽行止一一如我法皆輪船創格則刺史力也計值二十萬五千金方伯召

洋商貸金如數議已定中丞欲罷之諷方伯會紳復曾帥以費鉅請改由陸方伯爭之不得時潘君以會防事北行顧君謂方伯曰事敗垂成烏乎可雖然督撫等耳中丞移書曾帥即檄公勿行者不能不從也方伯請之中丞不許方伯退意猶豫未決顧君曰行也此何時畏中丞白簡耶中丞欲罷之不自言乃使某等言某等方將請之何爲罷之某等遵督檄行事中丞何辭以劾我即劾我而舟已發事已濟又何求行也方伯又詣中丞具道顧君意甚決中丞曰貸將安出方伯曰顧某任之中丞瞋目曰顧某有此力耶方伯曰貸之洋商得之矣中丞默然遂發時余與顧君同居親見其日詣方伯署必昏暮歸歸必憂憤太守刺史奔走於撫藩之間無慮晷

凡浹辰始定比抵皖方以待輪船不至議改陸至則大喜遂以同治元年春三月李公統大軍至上海是役也余所代同人撰乞援書曾帥善之因是介錢君招余入幕府余辭焉越三年謁公金陵猶縱言及之曰厥後東南事不出君一書亦一段文字緣也

滬城會防記

咸豐十一年冬迎師議甫成賊日夜出兵犯松江上海華爾守松江賊不能攻遂全力趣上海我防兵之星羅碁布於金山嘉定青浦各境上者凡二十餘軍衆四五萬人賊至不約同潰入夜境上火光不絕人無固志夷人外爲兩不相幫之說內變賊至卽貿易之事毅願助順而不肯自言其酋巴夏禮屬所識某道指於應刺史寶時且曰官無可與言者爲語諸紳忍棄上海乎刺史介潘君達於閣學龐公龐公曰吾職團練夷務非所與也不敢聞命退與同人議有謂非美名者潘君曰吐蕃回紇沙陀古人用之不以爲疵今顧以爲疵乎有謂後患可慮者君曰前年七月嘗爲之未嘗有後患且後

患之有無實不在借兵與否有謂索費且無已者君曰有先與償之一法爽不致無信議者無以難顧終不謂然甚且口稱不可許爲名高心實欲濡君之許之效則享其安不效則議其後故無一人正言宜許之亦無一人正言宜拒之議竟日不決君訪於余余曰此兩言決耳我有可守法則勿許我無可守法則許之君曰防兵盡矣安所得可守法乎余曰然則一不許即無上海皖上援兵且至蘇州之復未必無冀無上海又安所冀乎且彼以好來不許是怒之也必聽賊至甚或引賊至以洋涇爲界如劉麗川舊事矣許之勿疑也以告吳太守雲顧君文彬見皆同太守以白中丞中丞曰出自紳意則可吾意則無是於是四君爲期日擇地與巴夏禮相見

詞氣頗傲四君侃侃無所絀巴夏禮亦不忤也遂定議紳士呈請中丞入奏疏稿至即發兵潘君等呈入中丞曰蘇紳盡是耶某某何以不與謂潘君遵祁及余也初乞援之役余兩人即以久不與公事不列名非有他也重違中丞意念所以塞責者溫宗丞葆深居浦東二百里外余子芳緝師也令放櫂請之宗丞許焉無何殷詹事兆鏞丁憂至滬潘君曰呈無詹事名猶之不諧也邀余偕訪詹事坐定余曰君知余兩人所以來乎曰不知曰將為江浙億萬生靈請命在君一言詹事默然入室良久持一紙出示余則是夏在都請斬巴夏禮疏也余曰彼一時此一時也何害具道宗丞首列一切狀詹事許之於是署名者得十餘人又偕潘君遵祁詣中丞白不

列名之狀中丞始入告且檄設會防局以四君主之當是時賊已陷杭州別股由乍浦入犯十二月庚午陷奉賢明日陷南匯又明日陷川沙金山賊幟達於黃浦東岸隔一水西南賊亦距城十里於是江灣軍亦潰我遠近防兵二十餘萬四五萬人者盡矣既設局夷人出示略云有人自稱某大義某天安汪何等四姓以文來云率兵若干萬將到不知何許人上海爲本鎭駐守之地有來攻打者痛剿不赦大書高揭遠近殆徧賊聞之竟退歲除烽火寂然矣其明春賊陷甯波與夷約以北門外城河爲界果如余言上海之不爲甯波者幾希是記成以示客客曰此事或謂然或謂不然盍勿記余曰吾以紀實也無此一舉上海必不守皖兵必不至蘇州必後

金陵而復且有蘇州之援金陵更不易復東南大局必且一變然耶不然耶公論在天下諱之何爲哉

續郡志記兵

咸豐三年春粤賊陷江甯提督向榮及部將張國樑討之久不下六年榮卒提督和春代之驕慢失士心十年春三月賊陷杭州旋由東壩回軍丁亥陷溧陽知縣尙那布都司徐龍彪千總熊德等死之閏月己酉大營潰和春走縊滸墅關國樑在鎭江聞變南馳甲子至丹陽過橋馬逸溺於水是日賊陷丹陽知縣方濬泰死之夏四月庚午陷常州總督以下前逃通判岳昌守備袁鐵死之甲戌陷無錫丁丑薄蘇城長洲縣知縣李翰文元和縣知縣馮樹勳部下廣勇開門迎賊僞忠王李秀成遂入踞城巡撫徐有壬代理按察使朱鈞蘇州府敎授張鏡純死之是日賊分陷宜興江陰越八日乙酉江

陰賊退戊子陷吳江庚寅陷崑山壬辰陷太倉五月戊戌陷嘉定是日江陰賊復入辛丑太倉賊退官兵入守乙巳陷青浦丙午陷松江婁縣知縣卞乃譝死之當蘇州之亟也布政使薛煥以夷務奉

旨赴滬免於難遂擢巡撫上海道吳煦兼署藩司以上海爲行省及是青浦松江連陷始戒嚴煦識美利堅廢將華爾才令率西勇助守是爲用夷兵之始庚申復松江移攻青浦華爾率西勇登城我勇不進華爾傷乃歸勇亦遣去六月秀成大舉東犯戊子復陷松江秋七月癸巳朔賊退甲午犯上海時城勇僅千人煦借夷兵千人偕守始用開花礮發必中中必賊酋斃賊以爲神戊戌宵遁煦復令華爾守松江用夷法

部勒我勇衣服器械步伐皆夷也厥後崑山之捷上
賜號常勝軍始五百人遞增至四五千人云是月戊申賊陷
金壇知縣李淮參將周天孚艾得勝死之八月甲寅賊犯太
倉鎮洋縣知縣吳樏遇伏死乙亥城復陷都司鄧應樾死之
是日常熟亦陷上海自賊退避難者四集商市釐捐日旺逾
年募勇至四五萬聞賊輒走恣行刦掠民苦之時
欽差總督曾國藩軍已克安慶諸將遵江東略兵力甚厚蘇
紳顧文彬自楚歸知其狀始創乞援之議煦願任餉事遂屬
太倉錢鼎銘往國藩許之十有一年冬十有一月壬子杭州
陷偽慕王譚紹洸合江浙賊十餘萬犯松江常勝軍擊走之
遂犯浦東遠近守兵四五萬盡潰上海大震西人通意蘇紳

潘曾瑋願助順煥與團練大臣龐鍾璐欲勿許顧勢日亟乃聽之議甫成十有二月庚午賊陷奉賢其明日陷南匯又明日陷川沙金山衛城進逼上海投書西人令毋助我詞甚倨西人怒拒之嚴陳以待賊聞解去同治元年春正月復犯松江踞廣德林眾數萬華爾率五百人出擊大勝之進平辰山天馬山賊壘復會英法兵各五百人克浦東之高橋蕭塘鎮二月壬申賊陷金山縣是月煦雇輪船十赴安慶迎師國藩疏薦前福建延建邵道李鴻章能辦賊令總統程學啟等軍率勇六千東下復令總兵黃翼升李朝斌水師助之期後至三月庚申鴻章等行越翼日至滬當是時江以南浙以西餘五城湖州勢最孤馮子材率國樑舊部守鎮江常勝軍守松

江亦屢瀕於危上海寶山倚西援延喘息民望皖軍如望歲焉丙申金山縣賊退夏四月乙卯華爾及英人何伯法人卜羅德克嘉定丙寅克青浦丁卯鴻章署巡撫西人請會剿浦東鴻章令潘鼎新等出周浦當北路是爲浦東軍華爾及西人當南路由金山縣攻南橋辛未克之卜羅德陣歿賊走柘林壬申追敗之癸酉復柘林乙亥復奉賢鼎新等敗賊於杭頭於新塲時煥將去知府李慶琛以立功說之煥畀勇五千攻太倉單城東板橋賊不出是月辛未秀成率僞聽王陳炳文僞納王郜雲官救之衆數萬慶琛軍潰死參將姜德退保寶山賊尾至擊卻之遂分竄嘉青皆告亟華爾及西兵方議直搗金山閩敗華爾歸守青浦戊寅西兵至嘉定之南翔見

賊衆留二日庚辰突圍入城挾中西守兵出走嘉定復陷華爾既去鼎新分兵守南橋己卯攻南匯賊目吳建瀛請降許之是夕鼎新使劉銘傳馳還周浦備中變五月壬午朔鼎新入城受降秀成次子自金山衞至敗之斜川沙賊又至又敗之遂尾之丙戌復川沙嘉定之再陷也賊分趨松江上海廣富林者入松江之要隘也泗涇者入上海之要隘也煥皆撥兵二千守之五月朔賊犯泗涇守兵潰次日廣富林兵退保松江賊從之華爾聞自靑浦馳入松城固守泗涇賊斜趨虹橋距大營十二里鴻章先檄諸軍會援丁亥學啟敗賊於虹橋戊子七堡賊至又敗之進平七堡而松圍益亟華爾盡舁洋槍洋礮列城上轟擊兩晝夜不絕聲賊不動常勝軍之分

剿甯波者尋至大敗之豆腐浜始氣沮甯道甲午西人偕華爾棄青浦如嘉定事松園旣解賊復屯泗涇及廣富林一帶聯絡三四十里壬寅賊分十二枝四面馳突圍學啟新橋營數十帀鴻章聞之親勒兵馳救張樹聲張遇春郭松林等從鴻章兵離皖數月摩厲久不得一當賊至是勇氣十倍學啟望見鴻章旗亦突圍出內外夾擊賊大敗奔還泗涇甲辰乘勝攻泗涇賊走是月己丑賊陷湖州羈守紳趙景賢久之終不屈被害初鴻章之至也

廷議謂宜取建瓴之勢自鎮江進兵屢促赴鎮鴻章心知不可而嫌於懷安計未決至是進取之機在握賊亦全力瞰上海勢無可離始以實聞

詔從之赴鎮之議乃寢初柘林奉賢旣復無守兵賊復入是月壬辰鼎新等克奉賢守之柘林賊走令降人劉玉林守之賊退保金山衞城遂約華爾會剿自出柘林攻漕涇當東路華爾出張堰當西路六月壬申克衞城自是浦東無賊踪秋七月丙申望學啟華爾再復靑浦庚子紹洸率賊十萬薄城總兵黃翼升水軍自梁山新至擊走之賊移犯北新涇蔓延法華一帶距大營數里降人劉玉林戰歿賊圍況文榜等營相持十日鴻章牒翼升學啟華爾各軍之半趨泗涇七堡出賊之後以達於北新涇而親勒兵會之學啟等敗賊於七堡同知韓正國死之八月癸丑鴻章會諸軍大破賊毀其營數十賊渡吳淞北去北岸舊有賊營七復蹤之無何翼升華爾

至毀七營賊回犯北新涇銘傳等擊卻之丙子翼升克澱山湖西岸石壘自松入蘇水陸要隘也是日華爾克浙之慈谿傷於胸越兩日卒閏月丙戌翼升克吳江之蘆墟九月庚戌朔常勝軍會西兵再復嘉定紹洸復大舉東犯分兩路北窺南翔南窺黃渡南路賊尤衆自四江口迤邐及靑浦連營百餘癸亥圍劉士奇鄭國魁等營皆告亟鴻章率學啟及弟鶴章等救之丙寅敗賊於四江口南岸戊辰又敗之北岸辛未諸軍集遂分三路進學啟居右松林居左銘傳居中自以親兵繼之三將同時督洋槍隊逼賊營拔籤逾濠賊礮彈雨注皆厀行而前冒煙焰直入斬黃衣酋數十賊陣稍動諸軍大呼繼進無不一當十賊大潰擒斬數千人人馬落水死者無

算水爲不流餘賊竄崑山爲鴻章東征以來第一大捷自是松滬無賊蹤冬十有二月戊寅朔常熟賊駱國忠董正勤等殺其酋以城降[illegible]以攻克福山許浦自效正勤尋戰歿癸未秀成攻常熟國忠固守復陷福山時學啟鶴章方剿太倉益之以奧倫常勝軍二千八令亟攻以分賊勢初華爾臨卒薦白齊文自代會國藩檄常勝軍攻九洑洲鴻章令煦率以往白齊文求饟無厭留不行毆傷前糧道楊坊且叛鴻章罷之則竊我小輪船餽賊以降久之不爲賊信入粵溺於海奧倫者西人薦以代白齊文者也甲午薄城凡西人攻城輒先一日戒期旦則發大礮壞其城絡繹以開花礮繼之使賊不得上缺口因以其隙駕浮橋死士鼓銳以濟於煙焰中登陴入

必與戒期合是役也奧倫怯臨濟慈趄賊蜂擁出乃退旣而自慚辭去西人又薦戈登代之二年春正月丁卯煥
內召鴻章先已授巡撫至是兼署通商大臣福山之陷也鴻章牒冀升水師三營浮海前剿又撥常勝軍五百人以鼎新劉秉璋領之乘輪船偕發值大風雨海潮若山師船小不耐海飇多覆溺輪船大不能及岸久之始入巷相持兩月餘二月甲戌常勝軍始轟塌港東石壘諸軍繼進幷擊港西賊殪之常熟圍解是月甲申守金山副將覃聯陞克平湖新倉鎮死之三月學啟鶴章復攻太倉乙卯僞會王蔡元隆詐降郊迎請入城不許無何伏發鶴章傷於足學啟殿軍而退初鴻章檄戈登攻崑山及是令折而東會攻太倉諸將憤前之受

紹攻之亟辛酉破西門元隆棄城走嘉興厥後降於浙軍云癸亥學啟乘勝攻崑山丁卯鴻章巡視諸營尋還滬夏四月癸未紹洸等四僞王陷雙鳳犯太倉鶴章與鏖戰三晝夜賊大敗退入崑城學啟破城外賊營二十有四殺賊萬餘紹洸不敢出崑蘇之間曰進義鎮有賊營四學啟戈登策崑賊敗必奔進義爲後患己丑越崑山襲破之而令諸軍急攻城是夕賊傾城走追之與進義兵東西夾擊賊殲焉庚寅復崑山戈登與鴻章書云學啟自足辦賊不假人助蓋是役始終未用西人大礮云於是議攻蘇州時蘇州附郭惟南之吳江西之無錫西北之江陰未下或謂復無錫江陰則蘇州不戰自舉或謂置二縣爲賊去路或謂復江陰置無錫或謂吳江與

嘉湖賊通消息宜先復鴻章以後二議爲善學啟進軍蘇城東北之蜆子山爲前驅是爲蘇州軍是月甲申翼升銘傳水陸攻楊舍城江陰常熟之間江海之交要隘也毀賊營三十餘遂偕鶴章松林攻江陰是爲關外軍江陰賊合僞侍王李世賢僞護王陳坤書僞潮王黃子隆僞章王普王衆十萬旌旗綿亘數十里經楊舍達於顧山聲言趨常熟蘇賊亦至勢頗熾五月丁卯我兵與賊鏖戰兩晝夜賊大敗毀其營百餘僞勳王廣王閉門誓死守六月丁亥學啟克花涇港戊子士奇克同里洞庭東山賊聞風遁己丑諸軍抵吳江賊開門降學啟入守辛卯嘉興賊至丙申蘇州賊至皆擊卻之秋七月總兵李朝斌既克九洑洲率太湖水師至滬鴻章與偕巡水

陸諸軍乙卯發上海自朱涇抵風涇入浙之西塘折而北遵太湖徑吳江達蘇州風涇者婁縣西界西塘者嘉善東界兩鎮毘連皆要隘也守賊各數萬時浦東軍秉璋鼎新楊鼎勳西人馬格里等方剿風涇丁巳鴻章至是日一鼓克之毀石壘三土營一賊卡七擒斬三千餘人進攻西塘獲偽王宗廖某等四酋自西塘至干窯賊連營二十里皆平壬申雲官犯蕩口營滕嗣武擊敗之鴻章在蘇郊卒王東華等馳救賊走追之破黃埭賊營復追至城下而還甲戌晦江陰合圍是夕有降人導我兵登城八月乙亥朔復江陰是役也總兵賴榮光死之鴻章往勞師令關外軍相機前剿後援又令諸軍進逼蘇城以兵少不能合圍議水陸各軍散布城四面首尾聯

接但俐平城外十壘即城可下十壘者五龍橋寶帶橋蠡口黄埭王瓜涇滸關觀音廟十里亭虎邱與沿濠土城而十部將既定鴻章還滬學啟進攻跨塘逼婁門諸將亦分四面駐軍八月戊寅學啟克寶帶橋癸巳叛鬼白齊文坐輪船率賊數萬水陸並出朝斌戈登迎戰學啟又自黄天蕩截擊之賊始退壬辰賊復出秀成由齊門紹洸由葑門我兵分拒之遂合而西北犯關外六橋銜黄中元營鶴章救之賊以輪船爲先鋒礮船當其衝者沈之奪之常熟降人錢桂仁更名周壽昌者兒事亟率數十人奪賊船一殺其人衣其衣駛近輪船以火箭射之船迸裂聲震天地焚大小賊船八鶴章乘勢進擊賊大敗退保黄埭癸卯嘉興賊元隆及僞榮王廖發受犯

七里橋營何安泰戈登擊走之九月丙辰學啟等克五龍橋嘉湖賊屯泥岡田學啟謂非大創之將爲蘇軍南顧憂屬戈登守五龍橋自率克根木馬格里大舉南剿己未抵八坼賊迎戰大敗擒僞貴王陳得勝追至平望盡毀所過賊營乃旋師癸亥學啟等克蠡口冬十月甲戌朔克黃埭壬午巽升學啟戈登合水陸軍自黃埭繞入滸關敗僞來王陸順得兵毀賊營數十克滸關乃分道戈登克王瓜涇學啟克觀音廟學啟又偕克根木克十里亭虎邱賊潰於是城外十壘惟沿濠土城存土城者蘇城外多水賊依水爲小城下作窟室以避礮遍於六門而婁門外尤高堅賊精銳聚焉甲申鴻章至軍責戰益亟己丑夜諸軍月霧中潛支浮橋垂成而賊覺戈登

發炸礮學啟等千槍齊舉殺賊甚多而守陴賊不動乃退辛卯秀成潛入城壬辰鴻章親督程戈兩軍分南北岸進攻婁門戈登以準望法發開花礮土城石壘皆飛動賊退伏窟室中我兵支浮橋以濟忠慕二賊擁眾萬餘出壘戰數十合且戰且退遂毀沿濠土城於是城外十壘盡矣羣賊膽裂不復出總兵丹連陞死之秀成知不可支癸巳率賊萬餘北去與紹洸慟哭而別雲官及僞比王伍貴文僞康王汪安均僞甯王周文佳僞天將范啟發張大洲汪懷武汪有爲等八人介鄭國魁乞降願縛紹洸爲贄鴻章許之戈登請學啟貰紹洸死學啟陽諾之而密諭國魁欲得死紹洸不欲得生紹洸丁酉紹洸登陴有爲突刺之遂入僞慕府縱火殺其黨千人夜

開齊門降戊戌獻紹洸首於軍己亥鴻章入城尋還營令入人入見數以要挾之罪而斬之學啟之謀也學啟匹馬入婁門諭羣賊毋動入人外不問二十餘萬衆咸讋伏壬寅全軍入城初常勝軍克一城必入城大掠鴻章先與戈登約毋入蘇城戈登頗恚至是責鴻章殺降招雲官子勝鑣與同起居爲募廣勇千人且助之反蘇紳潘曾瑋夙與戈登習鴻章令百端曉譬之乃以勝鑣付曾瑋反謀始寢關外軍自入無錫境十旬數十戰大勝者十有五毀賊營百餘冬十月己亥秀成自蘇州率賊萬餘及輪船洋鬼攻萬壽橋營我軍小卻諸軍進援賊始敗秀成北竄是日鶴章克新安連克望亭翼升松林周盛波各軍出關會之於是蘇州軍與關外軍始合十

有一月甲辰湖鴻章克惠山石卡樹聲克亭子橋乙巳賊潰走追之獲僞潮王及其子德桶遂復無錫進師常州辛亥樹聲盛波克白家橋壬子奔牛賊邵志綸降於銘傳軍丁巳破常州東北賊營十餘收降卒萬六千人是日克孟河戊午敗埤菁兵於城下癸亥句容賊僞章王合僞然王治王來援敗之追至西門外七里橋僞章王等竄孟河毀降人張邦佐營邦佐陣歿賊圍奔牛降人營銘傳馳救十有二月辛巳大敗之丙戌鶴章繼至毀賊營三十餘焚輪船一奔牛圍解浦東軍既克西塘進攻嘉善之張涇匯冬十月癸巳戰不利參將王玉林死之秉璋傷於足甲午賊大至秉璋裹創出擊卻之十有一月丁未克張涇匯辛亥平湖賊陳殿選降於鼎新軍

引我兵入城殺其不降者乙卯乍浦降丙辰海鹽及澉浦降戊午璵城賊犯鼎新營擊追之遂克璵城是月乙丑學啟朝斌攻平望丙寅嘉興賊來救王永勝龔生陽敗之毀平望石壘三獲船五百餘斬馘甚眾丁卯學啟克九里橋黎里進師嘉善於是蘇州軍與浦東軍始合辛未嘉善賊陳占榜余嘉鼇降學啟秉璋入城賊環跪郊迎市肆無改為他城所未有先四日丁卯鼎新亦克泖澱乙巳克新豐學啟進攻嘉興三年春正月秉璋鼎新先後至丙寅毀北城外石壘七斬馘千我軍傷亡亦半之守備姜寶勝不進斬之以徇又克秋涇橋吳淸橋丁卯克鹽倉橋庚午學啟督諸軍進攻內薄登城噴筒雨下乃退總兵何安泰死之會湖州賊僞堵王黃文金犯

盛澤令永勝往擊走之三月丁亥復猛攻礮聲三晝夜不斷於煙焰中築月牆浮橋礮臺發大礮裂賊十數丈己丑黎明學啟躍而上中槍仆部下士奇永勝等憤怒皆以筏渡簇擁登城賊大亂秉璋等亦拔椿過濠入東門斬偽挺王劉得功發受猶巷戰其下死殆盡乃匿井中鉤出之梟其首城遂復學啟傷重還蘇三月甲戌卒戈登之從復蘇州也

朝廷錫予甚厚以故謁鴻章願釋前憾助剿宜興許之檄松林鼎新等會之正月辛酉抵城下毀附城賊營松林傷於肘嗣武傷於足甲子敗賊於上江橋又敗援賊偽代王黃靖忠獲賊船千丙寅壞其城賊西走進師溧陽己巳敗賊於張渚沙港賊迎降庚午平張渚賊營擒賊千世賢退入城城賊吳

人杰梁伯和不納乃竄湖州二月癸酉人杰等迎降甲戌移剿金壇僞列王江某僞襄王劉官方迎戰敗之斬僞列王追至城下都司張榮魁死之會無錫諸城告亟鴻章檄松林等東援而以吳毓芬代之先是提督鮑超由東壩南剿前年冬復高淳溧水三月丁未復句容辛酉復金壇毓芬至適賊走追及之南渡戊辰斬僞直王林得英於陣初諸僞王救常州屢犯銘傳營不動二月壬申朔大戰殺賊以千計副將劉起守備彭昌諭等死之傷亡五百餘人屬霖雨連旬賊數萬薙髮裹械冒雨潛行東趨南閘沙山周莊華墅楊舍常熟福山遠近散布無知者壬午同日易巾豎旗攻卡圍城無錫江陰常熟皆大警鴻章聞飛檄金壇軍舍之去常州軍堅壁勿戰

餘軍分兵會援三日皆至癸未樹聲解江陰圍甲申鶴章解無錫圍常熟將符信魏承樾堅守戊子翼升至大敗賊圍解楊舍沙山屯聚自若乙未戈登令勇八百突圍入澄焉是月甲午浙撫左宗棠復杭州南境無事乃令士奇添勝北發三月壬寅鴻章至軍丙午翼升士奇會攻沙山賊敗緣山走追奔三十里平賊壘百餘楊舍賊亦出竄日暮鴻章自督國魁軍又檄諸軍分四面邀擊丁未賊西竄鴻章弟昭慶截擊之賊敗分爲二一南走一西走先後遇官兵於三河口擒斬淹溺者十之九餘賊歸常州己酉鴻章冒雨至常州辛亥督諸軍猛攻五晝夜毀城下賊營丙辰壞其南城僞誌王力禦不得入四月癸酉循濠築牆二百步牆下鑿一溝夜匿兵六支浮

橋三夕成丙子轟城戈登毀其南士奇毀其東皆十數丈翼升督水師入濠諸軍從之坤書率廣匯千餘出小南門拒戰永勝迎擊樹聲焚閶登南城坤書退見城破入城巷戰十餘合總兵張行科龔生陽共殲之盡殺寶匯而貰降賊七萬人行科死之貰四月六日未時距庚申四月六日未時城陷恰四朞云鴻章尋還蘇戊寅丹陽賊殺其酋陳時永而遁時永僞英王玉成之叔也於是江以南嘉興以北無賊初西南諸軍以常州未復按兵浙之湖州皖之廣德界上至是鼎新等進剿長興軍南潯五月丁未敗援賊僞樂王譚應芝僞襄王劉官芳等於殷瀆村戊申朝斌水師由太湖入長興之夾浦口毀濱湖賊壘松林亦至癸丑合圍丙辰敗湖州廣德四安

援賊僞輔王楊輔淸僞堵王等於城下朝斌水師登陸繞出
賊後自山脊疾馳而下沿山賊壘皆潰急攻城癸亥復長興
六月庚申朔鴻章至軍檄銘傳永勝士奇盛波率兵萬四千
助剿金陵甲申至乙酉曾國荃克金陵秀成就擒矣又牒諸
將攻湖州議先取兩要隘前曰晟舍以屬朝斌秉璋鼎新等
後曰尹隆橋大德橋爲廣德四安之大道以屬松林永勝等
丙申朝斌至晟舍錦山織里賊來救敗之秋七月己酉鼎新
造浮橋成辛亥合水陸師及浙兵會剿者五路並進大敗賊
賊走晟舍平總兵江福山死之松林等至尹隆橋六月壬辰
敗賊於呂山距橋五里遂與賊隔水而陳丁酉大戰賊敗提
督陳忠德窮追死之秋七月癸丑文金率賊數千出呂山後

截我饟道李長樂擊卻之戊午湖州賊傾巢出長樂等迎擊王平西以礮船助戰永勝等伏兵山巔下擊之賊倉皇四遁朝斌秉璋等先後入大錢口水陸會攻癸亥克大德橋甲子克尹隆橋湖州賊先遁丙寅入城是日吳毓芬克四安丁卯晨薄梅溪援賊至見我軍大驚棄械降銘傳等自金陵旋師出溧陽攻廣德丁卯賊棄城南走將追之諜告文金率賊三萬且至乃止戊辰文金至亦南奔銘傳盛波及弟盛傳分三路追之六月己巳朔銘傳及之孝豐擒斬無算盛波出甯國盛傳出安吉遇賊皆無多餘賊自此竄江右而閩而粵不復振逾年而滅平金陵之月

詔論功行賞鴻章先已加　太子少保銜至是

賞戴雙眼花翎封一等伯爵

賜號肅毅翼升朝斌以下擢敘有差

耒陽紀聞

初李金芝令耒陽邑民段拔萃以浮收控京師大府讞之坐不實予杖則再控大府坐以軍拘縣獄配有日矣其鄉之人聚衆劫之去時道光二十有三年二月也大府聞之撤李任以蔡爲珪攝縣事縣自是皆不納賦太守患之白諸縣四鄉勸諭且帥兵二百自隨以壯聲勢納賦者行大半會制府聞兵衡州懼生事誡撤兵民譁然謂總督右我縣有耒水西爲西鄉其渠曰陽大鵬東爲東鄉其渠曰陳覲光皆諸生倡衆斂錢數累萬用益贍日造兵械招募鄉愚習戰射設地受詞訟塞險隘自固官吏莫能往勢益張官爲之減稅貴且寬段獄議既定民自爲鐵碑造告示鐫其上遍立四鄉官遣人仆

碑拘立碑者遂作亂二十四年五月十七日進攻縣城時觀察太守皆駐縣中縣兵纔十數人距郡百五十里遣使告急成過害乃詐爲賣漿者以文書藏中始得達於是中丞廉訪皆至衡州檄永州游擊忠君祿帥兵百人赴援至入城偕守二十三日攻益亟登高樓觸城發巨礮三礮以松樹爲質實藥百餘斤先試演於平原之上山石皆崩壞聲震城中至是則三發三裂自殺數十人乃退越十餘日紳士縛西鄉首犯陽大鵬以獻而東鄉負固自若東鄉四面依山有隘口非是不得入廣十里袤七十里衆可二萬人既而提督鎮軍先後至大兵四集以七月二十四日進兵薄東鄉復勸諭紳士令縛首犯其所獲脅從三十六人罪皆釋之去八月十一日陳

觀光自首於軍兩年漕賦皆輸納事平

是年余以試差道出衡州江浙人之官楚者爲余言如此厥後李文恭公見此文致余書云非實事也此事罪在官不在民尊集卽史幸芟是篇余始而疑之繼乃悟文恭之言良是近時積習官與民相詬而官誣民尤甚文恭嘗爲余言吳民馴懦州縣已甚狀公可謂有平心而余幾爲官楚者所給矣遂不芟而附記文恭語於此 自記

上海紀事

咸豐十一年春二月賊大舉犯上海松江寶山中丞薛公檄馬德昭守上海城署方伯吳君縣令劉君謂德昭以不戰士聞持不可議未定德昭以六日初更統兵八百至東門外董家渡兵登岸叩市門強買物雜以馬數十多紅幞首時賊距城三十里是日亭午提右營方某兵敗逃歸民团已兇懼及是訛言賊至則皆走號號徹數里渡有天主堂法夷所謂神父者主之聞狀撞鐘召夷兵驅數卒禍之堂中乃息然遠近扶攜奔逃者遠旦比旦兵沿江奪民船則又大譁神父者麾士人發船掩捕搴其旗檢其藏以次及德昭船驅入堂神父者批其頰作中語數之曰汝毀蘇州城復將毀上海城邪又

指所撿婦人衣曰軍中安用是汝安所得之汝食
大皇帝祿紅其頂花其翎為盜邪為賊邪於是中丞遣弁請
之不許民久兩餉夾脰而驅之及所縛兵勇若而人付方伯
德昭為張忠武公麾下健將又蜀人與中丞同鄉故違衆論
用之及是慰以飯顧不能無譙讓固慚憤回館民又有以奪
板扉愬者果見弁某支扉為牀詢之曰假諸鄰遂手刃之尋
發狂矣會他軍勝賊法夷亦分援甚力賊解去初和春敗兵
趨蘇州騎千餘先至女兵居半謂是張玉良兵妻女是時德
昭亦至請中丞徐公爕城外民房公難之迨夜則德昭自發
令箭沿城縱火無何遠近亦縱火綿延十里外火中四面劫
掠民死傷無算蓋玉良兵及長洲元和兩縣所募廣勇為之

德昭知有變跳赴浙越二三日迄不見賊至十二日夜城外兵勇忽變服加紅巾廣勇啟閶門納之候補府李文炳同知姚某主其謀城遂陷玉良僅以身免通賊者玉良兵及廣勇不由德昭民間不知輒以德昭縱火爲首禍神父者習聞之故以罪德昭云又有向奎者亦蜀人戰輒敗敗輒大掠久之以疾卒有甯秉忠者營兵坐八槳船張旗幟行切至奪委員孫司馬豐官錢七十千以旗式蹤跡之得索還商民之敢以實訴者才十之一二而喋判滿中丞行館門迄無改秉忠署提督矣德昭自浙至不旬日以奪船賈辱亦不幸矣哉

顯志堂稿卷五

吳縣馮桂芬林一著

擬遣弁齎餉馳迎向帥啟

敬稟者本司頃接驛報知江甯已於二月初十日失守賊匪現踞省垣查江甯北距大江東並鎮郡南連句容賊匪陷城係自大江登岸繞出省城東南由陸路撲入賊巢聚於孝陵衞等處綿延及於湻化鎮地距句容僅四十里蘇常各郡界址毘連額兵無多加以承平日久民不知兵吳人脆弱恇怯賊蹤相距尚數百里而滿城兇懼如在比鄰數日之間氣象大變工停其業民棄其居通衢闤闠之間皆壅其戶提攜襁負之狀不絕於途本司等諭之以理旣不信繩之以法又不

忍兼之地勢要衝五方雜處寄居游匪以及本地莠民種類不一雖本司率屬晝夜嚴防尚不致滋事頤藏奸既易內應堪虞目擊情形實有危於累卵之勢蘇垣為財賦重地現尚完善之區萬一經其蹂躪將來大兵糧餉從何取辦所關於
國本者甚大非獨江蘇數郡之安危已也竊維賊匪肆逆以來獨麾下鋒車所到必聞風奔竄日下東南半壁百萬生靈翹首跂足幾於望之如歲刻聞前驅已過池郡惟有籲請大兵星夜由甯國高淳等路進屯丹陽一帶既與歷奉
諭旨繞出賊前之意相符且駐兵東南則蘇省糧餉可以源源接濟前奉札調餉銀本司業已陸續籌解而道途梗塞文報不通恐有疎虞是以寄貯中途未敢前進一聞旌麾南指

則解運既便指日可達行轅且本司等臆爲揣度琦陳兩星使
前奉
諭旨馳援安省一得江甯之警即使移師東指必在大江北岸是北路已可無虞東路又有廣艇可恃是單弱吃重正在南岸得麾下重兵移駐則三面兜拏賊必窮蹙西竄亦可一鼓殲擒殄滅么麽在此一舉而長城萬里江浙安堵自不待言本司等一面探明大營所駐迅將已發餉銀星速迎解不勝雀躍盼跂之至

公啟曾協揆

天禍吳民陸沉一旦焚燒夷戮之慘遠接宋建炎四年金阿朮之禍爲吾吳七百有三十年未有之大刼然阿朮自南而北五晝夜卽去如疾風暴雨之一至非若今日之賊之竊宅蹲踞兩年之久而未有已也幸

先帝聖明睠然於江南天下之重舉而畀之執事是天未絕

我吳民之命而使執事更生之也惟是措置必規大局攻取務求萬全移兵則形勢不宜分兵則調遣不足執事遠猶碩畫所見者大某等具有一知半解不勝欽佩故一年以來未敢輒以浮詞輕瀆清聽近諗鋒車收復安慶沿江州縣次第肅清前驅已達蕪湖聞者無不額手稱慶翹首跂足於旌旗

之至不獨某等私幸已也夫三郡財賦之衍沃兩年倒懸之困苦萬戶壺簞之悃忱凡茲皮傅膚受之說執事心知而飫聞之概不敢以進惟是江蘇今日之情事有可乘之機而不能持久者三有僅完之地而不能持久者三敬爲執事陳之一曰鄉團去年各城被陷鄉團抵死拒賊有相持至數月之久者以蘇府言之永昌徐佩瑗黃土橋馬安瀾其尤也所居在蘇州常熟之間縱橫三十里內水陸勇數千附近鄉團一呼四應不下數萬嗣受中丞密檄與送款之賊首熊國荃約盟而壁壘如故大軍一至必可爲郛許之助遲之又久萬一事洩則糜爛及於鄉黨故屢請此間進兵不應則流涕以去此不能持久者一也一曰槍船江浙間向有之船小而行捷

槍準而心薺其始弋鳧鶩爲業繼爲開賭演花鼓戲之淵藪官不能捕爭興轉受雇防堵吳江陷其渠沙鍋阿四者死難次渠費玉孫四喜亦受中丞密檄覘賊各船來往飄忽靈爲賊患賊畏而招之許不薙髮出入賊中陽陽如平常此輩顯持兩端而一狎於寬大之政一戀於毛土之恩實委心於我大軍一至必可爲嚮導之助惟賊明知彼之不爲用而羈縻之彼亦明知賊之不相容而暫受其羈縻日復一日必且中變此不能持久者又一也一曰內間鬪賊中送欵中丞者不少蘇州李兆熙至以母子爲質春間李大舉來犯先期而漏師交綏而旋遁當非無因大軍一至或可爲倒戈之助遲之又久亦必中變更易賊將益復牢固不可收拾此不能持久

者又一也然此猶其小者也請言其大者此猶其虛者也請言其實者其數亦有三焉一曰有兵無餉之鎮江馮鎮軍子材所統多張忠武舊部艇船等水師亦號稱勇銳賊兩攻之輒大敗今揚通一帶安堵固由賊志在南不在北亦未始非鎮江障蔽之力及今而大軍一至可保全之以爲北路一面之師然餉欠鉅萬孤城無依兵心已搖潰可立待此不能持久者一也一曰兵單餉乏之杭湖兩郡爲賊所注意之地兩年來以全力制之乃靈光巋然百撼不折可謂難矣及今而大軍一至可保全之以爲西南一面之師然精銳無多師久而老仰給過鉅餉久而匱比聞蕭山紹興相繼不守四面受敵文報不通湖州更逼賊氛四鄉瓦礫幾無人煙若無援師

終於潰散決裂而後已此不能持久者又一也一曰有餉無兵之上海上海爲餉源重地江浙餘燼所萃商民輻輳兵籍數萬可恃者不過數千及今而大軍一至可保全之以爲東路一面之師且可籌備水陸糧餉然勢居下游無險可阨蕞爾之區孤懸浮寄數十里外皆賊兵勇雖多或爲近地游民選懦而不能前驅或爲大營潰勇獷悍而不知循律雖孫吳復生亦不能爲功幸賊不大至視息偷安日復一日總非長策此不能持久者又一也由前三者言之果使大軍破金陵而來即鄉團盡散槍船歸賊內間無闇不礙其爲破竹之勢由後三者言之則金陵既下賊且徜徉南徙自兩浙而皖南而两江繞出上游甚且蔓延江北以躡大軍之後而執事自

西北控東南之議不復可行恐纔風沐雨正無已時而吳中之果能出水火而登衽席尚在可知不可知之間也某等借箸籌之及今三兩月之內可乘者未盡潰散僅完者未盡決裂但請奇兵萬人以一勇將領之間道而來旬日之間蘇常唾手可得大軍一至則朽株枯木亦助聲威大軍不至則鐵郭金城將淪灰燼及今不圖後悔必矣聞大軍以一軍圍蕪湖以一軍趣甯國上游布置已密所謂奇兵萬人者宜由江北渡福山襲常熟或出長江直薄江陰以執事之威挾疾雷迅霆從天而降之勢各路兵勇民團人人奮發內外應合即一萬可抵十萬之用一面檄鎮江兵南攻丹陽西次高資檄揚州兵截江要擊檄艇師沿江助戰爲北路之軍一面檄寶

山兵攻嘉定松江兵攻青浦爲東路之軍一面檄杭州兵攻嘉興湖州兵由太湖復宜興以會甯國之師爲西南路之軍同時大舉下游各賊必將自亂自潰執事堂堂之陣正正之旗由蕪湖太平以薄金陵雖有智者不能爲賊謀矣蕭淸江南在此一舉昔梁王僧辯敗侯景景奔吳郡僧辯遣侯瑱追之景南趨嘉興勢復熾幸趙伯超力拒之乃退奔松江而死明祖平吳廖永安先以偏師入福山港徐達常遇春自宜興入太湖趨湖州守將李伯昇降嘉興松江繼降然後進圍平江二者皆上游進兵殲賊吳地之證然皆先以下游一軍牽制之如出一轍傳所謂譬如捕鹿晉人角之戎人掎之與晉掊之是也敬陳芻說願執事采擇焉至師行以糧食爲先執

事拔營有日卽飛札吳方伯預爲籌備方伯善籌餉一以委

之必不貽誤昨已臚陳大略籲之

聖主其有奏牘所不能盡者覼縷如右特遣錢戶部鼎銘齎

呈屬以包胥秦庭之事願聽執事無衣之賦如不得命江南

億萬姓從此死無日矣惟執事進退之

啟李宮保論減賦

減賦分數必宜請益正義具疏稿中更以餘義言之夫論歷年比例不特一百二十萬不能辦即一百萬亦并不能辦然究竟一百萬較之一百二十萬爲易辦而少一分則民受一分之福又不待言且就鄙見衡之實有不能辦一百二十萬而能辦百萬之道亦不離乎比例之說也一百二十萬之數二十年來所不行一百萬之數則數年前王壯愍即行之此其證也禮曰酌三十年之通制國用孟子曰校數歲之中以爲常今日凡事皆用比例何獨於漕賦而疑之或以完善與殘破不同爲慮固也顧竊謂今之視昔有較難者二亦有較易者三較難者何一業戶之窮也一佃戶之窮也較易者何

減額數十萬每石注荒費三洋計得銀百萬已奪之奸蠹留之民間民力稍紓一也現議大小戶均價爲數必減民力又稍紓二也而更有一事非通知吳民情性不能知者新章不注荒不分大小戶斷絕一切趨避出路此爲辦漕第一中肯處吳民甚馴良而亦甚浮巧凡事聞有旁門仄徑可稍得便益者必趨之如不及可注荒即求注荒之路可包欠即求包欠之路往往所託非人虛擲浮費仍復追完不知悔悟失之此人而彼人復信之失之今年而明年又爲之此隱微深痼之疾也從前紲收半由出路太多之故今一一斷絕不得不安心完課而所完者又田所能入力所能出之課吾知不完者少矣此又其一也郡人沈氏歸愚有力駮寬免處分之說蓋乾隆時民情已如是近金太守以誠

復創此議正背道而馳此不知民情之故所謂有較難者亦有較易者如此至於
被難之後富戶百無一存獨業田之戶有田卽有租有租卽
能完糧此又難易相去不遠者也然則進而一百二十萬何
遽不可曰此於數太遠也王壯愍以前六七十萬習以爲恒
殘破後轉欲倍增恐如童子日讀十行書强以二十行必并
十行而荒落矣駑馬日行百里强以二百里必不及百里而
顚蹶矣何如稍益之令讀十一二行行百一二十里之可跂
及也大抵定數在不多不少之間猶冀實得此不多不少之
數若多多益善正恐求多反少且愈求多則愈不得不少外
間漕蠹甚幸新額仍不可辦卽出路仍不能絕而若輩利源
自若因借

國計以爲名昌言不必再減議論娓娓可聽頗有惑於其說者但以兩語詰之將求實徵耶抑仍留虛額耶果得實徵則伎倆且在王壯愍之上恐未敢自任也幹吏如方太守老辭如曹愷堂僉謂斷不能行曹有說帖云雖神仙亦辦不到然則亦留虛額而已留虛額何用亦爲若輩潛利源爲小民竭膏血而已戶部之言曰流亡未盡復田禾未盡墾已明明代開一出路此後將以用荒易歲荒蘖芽已伏官吏紳衿攢食於荒田之中而安分小戶獨完三分有二之實糧隱然從前獘政縮本鬬墾必不力逋負必加多歲運大遠於百萬永無整頓之望且萬一數年之後有如端華肅順者主其內

國初之朱國治者主其外即其次如王壯愍者復出藉口已

減必辨全漕民何以堪與言及此可爲寒心似不可不及今

言之言之於紅旗先後必蒙

俞允借庵下不世之功爲部民無窮之利此機不可失也樹

德莫如滋除惡莫如盡杜前弊之根株絕後患之原本三吳

幸甚萬世幸甚

再啟李宮保

嘉平肅繕賀牋亮塵靑覽比承勛祉萬安如頌昨得季玉書知減賦再疏方伯有異議執事猶屬其就弟參懷足徵淵抱沖襟不遺葑菲且感且佩方伯嘗見訪弟以疾未之晤也前者淸丈事已無足深論至減賦則關係我桑梓者甚大福星在上千載一時機無可失有不能不傾筐倒篋於大君子之前而冀得一當者竊以爲此時所爭者在奏疏立言之體而減分之多寡不與焉何以言之方伯曾示一單大指謂遵照部議一百二十萬之數收回常鎭所減一成亦歸蘇松太而常鎭則止減銀（似未畧銀數然有云原數與蘇松太相仿則減數自亦與之相仿）不減米以前稿五七折較之多徵米約十萬（連南米約十四萬）少徵銀約十四

萬（連正耗）差足相當故前書以此爲調人之法初不意方伯之猶未許也若如方伯之單誠恐有斷不能准者前書未盡欲言願爲執事畢其說所列漕數部中失之多（全漕一百六十六萬今減餘一百）二十萬（盖連給丁等耗入算）方伯失之少（全漕一百四十八萬今減餘一百七萬盖就交倉淨米入算）皆與原摺內比較單（單據漕督來文雖不言全漕若干然道光之初連數年皆一百六十餘萬石此卽全漕之數依此核算前摺請減五成半與部文並不甚遠）各自爲算不可强合方伯竟謂前摺請減並非六成止四成有奇是猶握官尺以繩匠尺得數不符謂人爲誤而不知自己先誤（已與局書究詰覆詞極爲支離）豈可孟浪入奏其不可一也以減餘爲一百七萬便見爲少似乎辦得到豈知列入比較單須申作一百十數萬方一例便見爲多斷乎辦不到（王雪翁所辦三年皆九十幾萬而言有給丁耗在內尚不滿一百萬亦一證也）其

不可二也奏疏體裁以直截了當爲貴所擬各節出入支離其不可三也以前稿減餘約之蘇松太畝徵銀六七分米一斗以下是爲米多銀少常鎮畝徵米五六升銀一錢以上是爲銀多米少互有輕重是或一道無事更張其不可四也指駁部文過甚惡聲至必反之其不可五也有人述喬鶴翁云常鎮賦輕無減理然久以七八折爲常今殘破甚於蘇松豈能轉辦全漕今得意外之減可爲大幸是收回本非揆時度勢之道其不可六也收回米五萬七千（連南米）償以銀二十餘萬（連正耗）未免轉虧其不可七也田賦以米爲主而銀次之減銀不減米民不感也（浮勒鬧漕皆因米而不因銀）雖已過當仍不免譁然失望是有虧帑之實而轉冒屯膏之名其不可八也事關收

回

成命必駁無疑既駁之後仍不足百二十萬之數歸入蘇松太邪再請另減邪其不可九也至於諸史所記封還詔書止聞行之於過舉不聞行之於德政爲屯膏爲反汗豈可以此

累

中興之盛且亦非諸葛大名所宜有其不可十矣挹彼注茲有詛有祝常鎮人且謂徇蘇人之請種種未安更在十不可之外甚不顧執事之出此也度執事亦無待鄙言而未必肯出此也又聞方伯以不減常鎮連類而及於次重各縣并及各縣次重之則凡原額一斗者一概不減在方伯意中謂可不減常鎮不失爲均平之道而不知不減常鎮之無其事也既減常鎮則各縣皆奉有三分減一

之
恩旨今議分別等差已屬通融辦理且原額固重於常鎮應
覩常鎮多減方爲公允況各縣向皆辦災三四成經難後轉
辦全漕逼之使不得不出於苟且彌縫非整頓之政也又杭
州賦額無過一斗亦將議減若奏定凡一斗以下不減浙江
亦因之不減是仁人之言其利溥之反也如其不然何越民
之幸而吳民之不幸耶機會難得可令此數縣獨不被
堯舜之澤耶至各縣次重之則五升以下自可不減高地蕩
田亦有完一斗者皆下瘠也上腴既減至一斗以內而下瘠
如故是上腴與下瘠同科以言民間舞弊難保必無以言
國家立法豈所宜有二者均不敢附和至減銀爲前稿所同

實以斡旋前疏遺漏而措詞之法固嘗熟思深計輾轉踟躕而後出之惟仍以減米爲重而附入減銀詞氣較爲渾融足以前稿備陳偏枯困苦情形跟定辦災成案將銀米併爲一談不分兩件順筆帶敘泯然無迹或可邀准若如方伯議無須減米尙須減銀是旣准一項又添一項近乎更端之請無厭之求轉難邀准而尤所切忌者減銀不減米一語此疏到部方甚慮其將銀米劃開豈可自己先行劃開以引其端正好以減銀不減米翻作減米不減銀以矛陷盾一概不准作文之法宜立定主腦一線到底此事總以賦重民貧援照災案爲主腦即使將來部駁之後仍可援案以爭如駁米可援案將南米發補爲言如駁銀可援二三年來成案從未辦過全銀爲言總歸一綫易於立言若先以一百二十萬爲可辦又作減銀不減米之語自決藩籬是不爲將來進言地步矣於是殘破之視完善米已增多

銀更半倍其爲糜爛不堪設想而不准報災等斷絕出路之法實自弟發其端是弟於滅賊大局無一毫之助而於斷絕出路有無涯之憾此則寸心内疚無術可以懺悔者也每一念及魂夢爲之不安不揣冒昧輒復披肝瀝膽虔爇瓣香爲東南億萬請命惟執事矜其愚誠諒其苦衷不勝幸甚

三啟李宮保

季玉回滬述方伯意在求多持論甚堅復與熟商所以調停遷就之者則惟改為六折之一法此時最要在減銀而專請減銀甚易招駮仍以減米為主順敘減銀進言之術為善一便也銀米統計所得多於方伯議（連南米少十萬而多徵銀十八萬）而民之感激反過之二便也所減無多易於邀准而畢竟稍減三便也二者並言斷不致二者並駮四便也方伯所議其不可從者三一不減常鎮也一不減次重各縣也一不減各縣次重之則也若議調停遷就之法於其議減者從之於其議不減者補之竊嘗通盤籌畫六折定額僅可敷衍（先儘方伯議減各縣所餘減分除崇明縣外皆分別一成二成核減儘數與之以期周徧）疏中暗以此議作骨明以六折

立言先陳所辦大略情形姑勿鑿定一俟奉准便將所議塡入設有推敲亦易修飾其便五也有此五便且覘方伯議所得轉多無可力爭而立言之體直截了當易於邀准因復殫思極慮酌易前稿數語並核出比較單（不過約略之數）錄呈教正再據方太守云最重者業經大減卽使次重在一斗內者與常鎭亦減一成（尚係太守之意非方伯意也）按諸部議之數僅不敷二三萬石而於上腴與下瘠同科一節則不之問此仍不可夫上腴而原額一斗尚可邀減下瘠而原額一斗轉不邀減其理安在總之就方伯議斟情酌理加以潤色敷衍成篇極少非六折不可又云現在單已開成便可作爲定案入奏鄙意亦不謂然凡事一經奏定設有窒礙舛錯之處將來斡旋必致費

盡氣力此等重大之事尤宜愼益加愼猝爾定案步驟亦嫌過早不如先陳大略作爲辦理範圍更覺立定脚跟顚撲不破耳如方伯議尤不可遽爾定案勢必至常鎭以愚言在先無庸更張餘則依議是常鎭終得減而重於常鎭各縣不得減天下不平之事殆無甚於此者矣彼時旣不能復請仍減常鎭并不能請減重於常鎭各縣爲之奈何聞方伯爲此議不謀於幕友不謀於屬僚卽糧道及減賦局總辦皆在一辭莫贊之列且謂季玉云勿令人知恐生異議是不但不聽人言且不欲人言弟卽病愈斷不能與之言弟與季玉極欲調停遷就合爲一議勢所不能止求執事一人主持而已

啟蕭毅伯李公論清丈書

清丈之役承手書慰勉獎借倍萬悃情讀之令人感義增氣弟方喜其不致辱命踴躍從事前月杪俶裝登舟候潮未發忽得方伯文意主停輟乃舍舟回寓別遣人往撤局昨歸覆計繪成者萬畝已丈未繪者亦如之糜錢七百數十緡頃讀大文屬爲核議見覆是停輟與否尚有待鄙人未議具徵執事虛懷下問之盛心不勝欽感當方伯之銳意清丈也議始夏五松郡官紳力阻之弟博采官幕議論殆無一人以爲能行者因是怠緩悅從者半年方伯持之彌堅以成此遷延之役受事之始惴惴焉以區畫無方累執事之明是懼馳至奔走連旬成效甫具方伯忽入人言乘弟不知飛文請罷有同

禎笑夫經費之逾原議爲弟誤信人言致書方伯已深自引咎矣乃復書從而諷刺照會更甚今見詳文滋益甚弟於方伯講席未洽曾忝賓師王人雖微不屬行省何遽阜隸使之股掌玩之顧虛文不足辨而事理所繫是非所關有不能默爾息者敢爲執事陳之照會以每畝三十文恐民力未能完繳可謂仁者之用心顧聞南匯空給印單並不丈量每畝名定六十文實出一百數十文不等何以於空給印單則六十文至一百數十文不傷民力於實辦丈量則三十文即傷民力此不可解者一也經費三倍弟則過矣至拙箸繪地圖議則事與繪田圖不同一縣之圖每方十里徑半寸已成巨幅河道幹枝寥寥數畫而已今繪田圖則一里中凡爲徑半寸

之方者一千二百九十有六縱橫界畫以百計蠅頭細書以千計其詳略奚啻千倍方伯比而同之豈第巨屨小屨同賈之說乎此不可解者二也竊嘗論之今法規重矩疊倍蓰於常法若行之則費等而事轉易常法易於量而難於繪算今法難於量而易於繪算常法易誤誤亦不知今法難誤誤即立見常法易舞弊今法難舞弊此其異也一縣但得能句股諳測望者一人以御山水間阻疑難之處自餘諸人能事不過三端一能分羅經一百四十四向一能作縱橫界畫一能乘除法其方田法卽在乘除中可臨事學之宜選諸生中能乘除者旁及地師畫師大難之後諸生多失所月脩數千已可大底歡顏一縣百人不難羅而致之又嘗熟籌深計需人過多雖輪掰亦不能無生手不如同時並舉方議博求知算者十

餘人又於川沙局練習丈繪好手十餘人爲蘇松太十餘城分辦之用期以甲春招董試丈甲秋開局乙夏斷手一年爲限至遲則一年有半而已方伯屢晤不一詢及乃自爲數十年五六年之說此不可解者三也淸丈正爲田有多少而設淸丈之後可以核實賦稅可以潛弭爭訟可以絕豪强之兼并可以絕鄖懦之爲人兼并其爲善政正在於是丈得十畝單署九畝或十一畝無是事也則以實丈數目爲準乃一定之理至賦稅因之而有贏縮贏而增賦民駴之矣方伯言洳湖之濱無糧之田連阡累陌自應升科又當別論縮而減賦可再瀆乎則用顧亭林之說以一縣之田畝攤一縣之糧科亦一定之理今曰川沙田僅及舊額十分之九將糧賦攤派通境恐民心未能帖服照會

則稱大拂輿情而賠則稱恐或控告夫願出無田之糧不願出攤派之糧非人情也田畝具在非有截之侵之者將誰之控告且縮於原額於民無增糧之害尚不帖服萬一贏於原額於民有增糧之害更何如其不帖服是必處處無贏無縮而後可清丈既處處無贏無縮又何用清丈爲哉此不可解者四也詳文以停止爲與民休息是以舉行爲騷擾不知騷擾者何在此不可解者五也詳文又言該聽委員可信何以不令與聞不派委員皆方伯自爲之乃層層指駮一似絕未與聞初議者此不可解者六也清丈之終必有按田派糧裒多益寡之事在平時究多不便獨行之減賦之時裒益無形毫無不便此亦千載一時之機會也今轉欲需之減賦既定

之後此不可解者七也惟是清丈不難墊費爲難繳費在有單之後需費在無單之先此必不合之道所謂司庫無欵可墊者乃近理之言稟請停止足矣何用斷斷辨論惟恐弟之欲辦一似弟有清丈之癖者然邪且方伯亦未之思也弟以遲暮之年疾疢之軀進則優游幕府飽食安坐退則咿唔斗室左圖右史不此之娛而周流異縣公中一飯之外具膏秣裹餱糧彳亍躂躂於草田霜露中夙無狂疾何苦而爲此哉惟川沙之行弟奉執事之命而往固應俟執事之命而撤今得方伯文而立撤者則有説州縣公事無不樂於糊塗而惡於清澈者於田賦爲尤甚其大者奸民豪戶句通丁胥吏役兼并隱匿久假不歸一經清丈無不水落石出其小者卽前

所謂單費官以下幕友紳董丁胥吏役皆有分焉今議由局給單不得絲毫增加空費是奪其食也故淸丈之役小不利於官以下一切人等大不利於奸民豪戶而獨利於鄉曲安分無告之小民丈董之下鄉也進茗飲爇香火者接踵喚渡則奉檝而來引繩則攘臂而助咸欣欣然喜色相告民情大可見而相隨之地保倔强骩骳形於辭色署內外人等皆追於執事之命萬不得已依違隱忍而從之如方伯以下同心并力不爲浮議淆不爲莠言惑亦不難底於成今得方伯一紙書爲若輩樹之幟即執事拒而不許若輩祇以爲此入紳士之言耳非執事意也有方伯在吾何懼從此筋弛脈懈觸手荆榛不第無成將貽笑柄故決計不俟命而輟也總之淸

丈一事別有淸糧簡法卽不必行更無淸糧簡法卽不得不行斷無計較於小費躊躇於改數而不行之理不淸丈不必問其法之善不善旣淸丈自當從其法之善斷無舍善而從不善之理無此詳弟本所樂爲有此詳弟卽不可爲斷無含垢忍辱而復爲之理況立法旣定盡亦能爲前聞執事有必辦之說果爾但下其法於各郡縣勒限一年如法辦竣不患不效且使人曉然於意出執事非人所能沮亦非人所能贊其得力必倍本無俟弟之𧖴其間也至取決於二者以爲可行則首發難端以爲可不行則阻撓善政其名皆不可居非下走之所敢擅議惟執事裁擇焉

上林督部師書 己酉

伏遠函丈歲星周矣相去萬里求一侍之緣而不可得不能奮飛祇增於邑伏承鈞候萬福政聲益遠聞近體小極度年來纚沐勤勞有以致之珍衛有方勿藥可卜頗聞夫子久懷遂初之志銜諸古人功成而退之義誰曰不宜惟

國步需人嚴疆寄重

聖明在上嚮用方殷不宜聽夫子之去即夫子亦豈宜遂決然乎桂芬服闋已逾年初意不復出山故應石梧宮保惜陰書院之聘客金陵十閱月既而家君意以近游而離轉不如就養而聚遂以冬末決策侍奉北行曩時俸籍已列二十有一離此四年退居三十有六年來署中人眾一切差使有求

而不得者無不求而得者桂芬讀書有年稍知義命求之一字所不能言雖座主同縣太傅抵京一謁後迄今半載不投一刺其他可知差試歸寓或索詩稿則婉詞謝之一不以示人亦不欲知其消息誠以得失有數非可以人力强也置身人海不殊山中窺竊陳編頗多暇日惟目力漸花記識大減心惢形茹頓異疇昔年才四十而衰苶如五六十雖驟畀以千里之寄已覺精力不能推行矧其大者乎夙夜寢興深以草木同腐有辜夫子當年國士之知爲懼近接家言吳中水災視癸未尤甚正誼書院不浸者半扉城闉惟閶門無水當事泄泄沓沓不惟芻牧之是求兩月以來流離滿野溝壑塡委而開賑尚俟諏日嗚呼其及待邪雖鄉曲婦孺莫不慨然

思夫子當日事至形諸謠諺益信德澤之入人心者深也東南漕事自夫子之去蘇變端百出鄉民折價石錢八九千視夫子時殆倍之民不能堪於是乎不得已而議減幫費又不得已而議行海運又不得已而議均糧戶卒之動輒掣肘蔵歸不行惟有增多災分以爲出路始則閭閻之脂膏可竭而奸蠹之囊橐必飽繼且

朝廷之正供可減而丁胥之定數必盈州縣斂怨於民深入骨髓一旦有事人人思逞大水以來數郡之間毀衙署辱官長者比比此非一朝夕之故矣非大有以振刷而挽回之吏一二十年流弊尚可問哉夫子之惓惓於吾吳久矣當亦爲之長太息爾

復朱蘭坡師書

文選頭陀寺碑文李善注引顧微吳地記曰魯莊七年夜明佛生之日也瑞應經曰到四月八日夜明星出時佛從右脅墮地即行七步說者謂依厤法推算或得四月五日六日皆不合八日之說大子命桂芬以算術推之桂芬退即演以今時憲及三統授時三術皆不得八日因考佛入中國在東漢明帝永平八年據續漢志以三統後天待詔張盛等議行四分術正當其時竊意彼中別有紀年之法如後世回回太陰年之類非中國人所知其始入中國必以臺官見行之術推算得何日遂相沿稱之於理爲近爰按四分術求之果得四月八日似可無疑義演草各數繕呈鈞誨

復許滇生師書

不侍函丈者又五年於茲遭變流離未嘗以一紙書叩請起居鄭生斗南來乃蒙手翰先施慰諭綢繆存問周委十讀三復且感且慚桂芬愚戇無知獲罪權要南歸之日便擬鍵關戢影不與外事庚春賃一椽於鄧尉山麓東崦之濱移硯其地以藏書數萬卷自隨避囂非避難也初夏粤匪突至眷屬倉猝下鄉一身行李而已以故桂芬之被難家具蕩泯而書籍獨完可謂奇幸嗣是輾轉播遷於具區左側凡六易地而至滬上四孫喪其二客春重以悼亡肝疾屢舉心緒益無聊賴遂辭曾帥之招而少荃中丞來滬復有差遣委用之命會疾作逡巡次且者半年既思東南漕務積獘桂芬三十

餘年來宏誓大願欲效移山之愚未嘗不欲藉手賢大吏以成之七世叔撫吳時功虧一簣汔於無成天邪人邪至今爲恨曾李兩公似皆可與言者萬一能行吾說不特前此見忌宵小一官蹉跌事非無謂而桑梓之受益不少故以中冬移榻大營區區苦衷惟我夫子深知之至桂芬引疾來早不作重望觚棱之想惟鰥居而後父子相依如命兒亦倖一第不能不牽率北行重侍春風中亦未可知之事耳

與李方赤太守書

方赤公祖閣下比奉諭承閣下以城中失竊之案屢出思有以弭之勤勤焉爲芻蕘之詢意甚誠芬不揣固陋輒以禁夜行之說進匆匆未盡所欲言退則買櫂婁江蓬窗無事敢伸紙以畢其說惟閣下裁之吾吳之積習甚矣明而動晦而休民之當道也吾吳不然其起也以巳午夕飧以二更甚則中夜街巷行人雖三四更不絕城門之啟閉無時夜過半有肩輿至者輒列大炬數十步外傳呼某巷某家門卒應如響詰旦詣其家取直闔門一夕必得錢一二十緡故守閶門之弁尤爲美缺城中柵欄不修終夜行人往來莫問坐是宵小竊發肆無忌憚報竊之案夕或數十家北寺一帶夙爲丐藪竊

緝挖包搶帽之事日不絕聞芬以爲惟嚴夜行之禁足以弭之芬不敢遠引京師也浙之杭州同省之江甯以與將軍同治城門昏分而閉民不以爲厲今縱不能如其制以二鼓爲率何遽不便城內外大小街巷凡兩歧之處率令以徑三四寸大木編爲栅欄令本巷更夫守之亦以二鼓爲率一律鎖閉無論大小衙門官親幕友長隨吏役人等不得擅啟有公事或巡查之員必示以符信始許前行至旦查明本巷無失事乃啟栅如是則行竊者枝枝節節無非羅網往來且難何況搬運而謂竊賊不少衰者無有也先王井田之法縱橫溝洫以限戎馬之足處家守門戶時其出入謹其啟閉所以防盜賊也事無大小理一而已至於鄉鎮窎遠間有刧奪之案

亦令仿此行之盜必遇柵毀奪則已鬨動一鎮鎮人羣集未成而逐之固易已成而擒之亦不難矣然則民無不便乎曰有嫁娶也救火也綳兒也夜作之工也不知諏吉之法重日不重時不妨卜之於晝救火非可諉言鬨有火則啟火息閉如故偶然事耳恤孤乃仁政所先綳兒無可緩應令本柵夫詢明居址名姓記之仍伺其返無他則已至夜作之工令就工所住宿不得藉口墮業舍是何不便之有且夫為一事而止辦此一事者利猶小為一事而不止辦此一事者利則大賭博之羣聚在夜酗酒之滋事在夜押頭店及禁煙之交易莫不在夜其夜行而彼善於此者紳富子弟及官親幕友之為狹邪遊者耳夜行之禁嚴則若輩斂迹未始非風俗人心

之一助夫夤夜往來非盜即姦亦何嫌何疑而不急爲禁止哉昔毛河右頌湯文正公之政曰閶樓夜鳴瑟游娼貴富皆嚮晦闔外巷私有望於繼起者矣歸櫂不遠容纔見不宣

此書作於己亥之秋太守得書遂嚴夜行之禁即用書中語出示太守之虛懷若此柵欄一節以議費未果越二年辛丑逆夷內逼始議修柵如書中言丙午臯銜恤歸里見之爲之慨然自記

與張詩舲尚書書

昨寺僧言英夷旦夕來假館促移寓弟雲鶴閒蹤家具少於車何憚一遷徙之煩亦無費焉且計屋付值與寺僧無德不必爲作說客惟竊以爲子城之側非他族所宜處又彼夷習天主教丈六金身疾之如寇讐寺殿供奉諸佛神像一作豕牢羊圈損及莊嚴未必非意中事弟栖依逾歲於龍象不爲無緣既有所見用敢言之執事爲萬一護持之望乞與鹽卿京兆熟思而審處之前一節爲龍王堂作說客後一節并不獨爲龍王堂作說客也一笑

與當事論捐辦防堵書

竊謂捐辦防堵與捐賑不同放賑若干有一定之期防堵則賊一日不平防卽一日不撤募捐之法宜常不宜暫宜零不宜整宜先定各捐户每日若干文一月一支至撤防日止始可一勞永逸此不同一也捐賑必甚有力者始可爲之小康之户無與也防堵則苟有身家卽應保衛凡百產業凡百貿易似無一項不在應捐之列廣有田房者固宜捐稍有衣食者亦宜捐與捐之類必應廣所捐之數不妨少此不同二也捐賑多一文卽貧民多一文之食雖有冒濫實惠亦十得六七至防堵而捐錢太多取之則逆水行舟用之則乘風揚土事甚無謂且益爲出錢者所藉口此不同三也鄙意以圖捐

爲主即入勸募於稽查保甲之中多其途以集之少其數以卹之分其期以紓之定其式以均之各圖中舉一公正紳耆生員爲圖董開列本圖爲巷若干爲戶若干某戶某業屋幾椽上下幾人務極詳盡即其家之貧富可得大略如遇店鋪則視坐落之荒枯生意之大小以爲等差大抵以房租三四日之數爲率店主房主各出其半房租以一年計之即與一月之數不遠如二三月即停爲數便無幾已產則以鄰居爲準不得減半各典則城內外一律定爲每日若干文則有房主者則量增房租亦以鄰居爲準有兩宅者分捐有宅有業者業與宅分捐宅須保衛業亦須保衛人無辭也一圖彙爲一冊送局總核數不如法者駁正之乃統計城內外共數其本圖捐數用數相當者無庸挹注

外有餘則歸諸局不足則資諸局或令有餘之圖兼轄不足之圖惟不足之圖必人煙寥寂之區恐其藏匿奸宄巡查更不可不嚴而經費卻不可過減宜嚴核其數以杜濫支之弊每圖仍以捐數用數或歸局領局之數榜之通衢令人人共見以示大公若是者出既易爲功用非難爲繼亦以地力略盡尚非竭澤而漁斯亦折衷之道矣

與曾撥帥書

違侍十餘年世變一至於是而執事以經術理學文章之業從容指揮撥亂世反之正將躋國家於中興之盛誠不欲以三代下期執事而有商伊陟臣扈巫咸之屬政績無可考獨傅巖以典學成相業佐高宗服鬼方朝重譯厥勳爛焉亦越成周則召穆公其人乎詩曰江漢浮浮武夫滔滔匪安匪游淮夷是求箋言於江漢水上命將帥遣士衆使循流而下來求淮夷所處也又曰于疆于理至于南海箋言至於南海而功大成當時所謂南海蓋今江浙地越世家所謂濱於江南海上者是句吴於越之名特其自號不通上國故但曰南海宋洪邁以吴越爲東海閩粤爲

南海則後世語也執事發迹兩楚東征之師將達海上正與之合又穆公嘗諫止謗在內爲直臣在外爲勳臣尤前後如一轍詩又曰民亦勞止汔可小康惠此中國以綏四方序亦謂穆公詩則又江南北億萬戶所望於執事者矣晚道籍之初亦冀尺寸建白不欲以等儕自居咸豐之初潘文恭相國將以講官薦事不果行晚尋以憂歸會軍興與團練之役許洵臣前輩撫吳屬以大小戶均賦事晚任之力州縣遷怒於某大戶之族無何某當路遂中蜚語窮治無所得猶以回京失期開缺嗣次年餘得肝陽上升之疾乃歸疾或間月作或月間作作則耳不聽目不明百事俱廢今年才五十有四而鬚鬢斑鬢白精神記識減曩時十之七頹然如七十葦世康云

霜早梧楸風先蒲柳年不待暮有疾便辭竊自念腳樺手板
則夙願不及抽毫進牘則目力不勝內外無一可出山之志
長此已矣日者錢戶部李中丞先後述執事招致之意良厚
極思借階前尺地一吐胸中所欲言迄以疾未及赴比中丞
復登之薦章且優之以不令遠行不與專責所以慰勉衰孱
者甚至而復瘍生於項攫又成邅篨不能俯之疾纏綿藥裹
兩月餘矣少差當就營背秋涉冬體中可支何飛輪之便上
謁麾下固所願也長夏養痾檢校劫餘舊稿將拙議四十首
繕成兩帙郵呈是正籌筆餘閒撫覽及之如不以爲巨謬敢
乞賜之弁言託青雲而顯附驥尾而彰榮幸多矣方今
兩宮堯舜

朝局清明願執事遂成大勳軼周宣而媲唐虞菰蘆退士敢以一瓣心香爲左右虔祝至江漢末章所謂秬卣圭瓚者不足爲執事頌也

與陸督部書己酉

維揚道中順寓數行度早塵覽伏承台候萬安宜春多吉如頌晚臘初登車積潦新涸黃塵不興復無朔風雨雪之阻奉籃輿安穩抵京卸裝會館不日僦屋移居可以告慰前遇石梧前輩舟於寶應道中談及都門方爲折漕之議移浮收作正供頗承虛懷延訪晚力言其不可行甚以爲然顧猶冀廷臣或有爭之者泊抵此數日聞遂定議自主議數公外多知其不便而不能言惟牲舫前輩手增損會議中字句使之渾融而已竊謂此即耗羨歸公之舊法而浮收之耗羨與他耗羨有間他耗羨爲有定之數歸公與否一舉手間耳浮收則無定不特各直省之數不同即同一省而各郡縣之數不同

同一縣而諸色人等之數不同以吾鄉言之大小戶數旣不同大戶中數亦不同卽小戶中數又絕不同大抵最多者輸錢直三四石當一石稍少者輸米二石有半當一石更少者若元和之章練塘等二石當一石州縣隨地隨時可進可退或得或失事畢而統其大凡裒多益寡始有此羨餘之數故浮收之數卽石四兩有餘而可幸暫安正供之數卽石三兩不足而亦難無事浮收之盈大戶難而小戶易正供之盈大戶易而小戶難難在大戶者糾訟挾制其患小難在小戶者稯樹棘矜其患大蘇松重賦沿官田租額爲糧額故常六七倍於同省一二十倍於他省此時議折意在多多益善自不能如周文襄之金花銀一兩準米四石及雍正間奏准之每

米一石徵銀一兩聞依漕尾例價每石銀二兩四錢之數猶以爲不足有二兩八錢之說是米二石有餘之平價也夫天下莫重之賦方人人有希恩望澤一朝量減之心乃非惟不之減且驟舉二三十倍者而更三四十倍之也句容徵糧民間自守相沿一定之錢數銀價倍長而不增增卽滋事歷有舊案今議若僅行之民馴之縣而不行之民悍之縣茹柔吐剛無此政體一律行之變可立待至江蘇非產銀之區蘇州上海而外鄉縣皆用洋錢持銀入市無問者每繳錢糧各縣齎錢至蘇市易銀交藩庫越日兵餉發而銀仍入市市中流轉止一二十萬金鴉片煙則各處藏元寶來購當別論裕蔣節之權蘇藩也趣奏銷期盡六月縣遣候補一人監之逾期卽以其人代州縣

囊攫爭趨之數日間銀價驟貴至二三百錢是役也四郡積
虧帑增二三十萬靖節尋亦悔之若行折漕則銀且數百萬
裒聚更多騰踊必更甚銀日求日貴米日棄日賤以米準銀
數益懸絕民困而官與之俱困此必然之勢何以善其後以
鄙見揆之實不可行比來京朝官有問訊者晚告以江南有
執事與石梧前輩在事必不行願操左券既明知執事之必
不行而輒爲此喋喋者亦知無不言之意云爾石梧前輩處
亦附一函如石閘義壩已塞積水就平江北嗸鴻尚資安輯
諸仗紆籌勞勤可想祇請台安不具

與許撫部書癸丑

蘇省漕務至去年亦殆哉岌岌矣近歲已來折價台米價直以三四石當一石刑驅勢迫莫敢枝梧非一朝夕之故粵匪內犯民心稍稍動矣即如去年吾蘇屬江震二邑佃戶齊心不還租官無如之何糧戶大半不納賦官仍無如之何松郡尤甚青浦首倡聚衆拒捕毆官南匯倉廒爲民所火官僅以身免華亭錢漕家丁下鄉鄉民積薪繞船四周逼令縣差舉火頃刻而燼灰流無蹤今上海又有折毀公廨之事孟子曰夫民今而後得反之也此之謂也將繩之以法乎是速之反也將置之不問乎是教之抗也二者無一可加以寇在於垣警報迭至大憲懼州縣之滋事知催科之不效遂有展緩上

忙之請以冀目前無事而終非了局也杞人之憂方惴惴焉忽聞執事奏准歸局捐輸抵完上忙始知裕

國便民以取為與未嘗無善術也蘇屬勸捐三月之久僅得銀二十餘萬兩即竟是役四郡不過四五十萬止矣考蘇松常太四屬上忙錢糧為數不下八九十萬兩（此本年除災緩外應徵之數）若果行此即十得八九一兩月間數十萬金可坐而致也籌餉之捷無逾於此向來各屬錢糧折價約每錢二百九十文內外今歸局捐輸即使量增雜費不過加一計每錢二百二十文而止人情不甚相遠願早二三月而出錢二百二十乎願遲二三月而出錢二百九十乎（二百九十就常數而言若晦日稍遲發票拘戶則船錢飯錢惟所需索或遇丁書易人即如數追繳實出兩倍）不待智者而辨焉特恐阻撓過

衆終於不行耳大氐此法一行大利於國小利於百姓小不利於慣欠之紳衿大不利於分餘之州縣及受規之官幕自糧道本郡以及署幕向有忙規松屬之數尤鉅尤大不利於多方中飽之丁書差役何以言之妖氛未殄設更有青浦等縣之事小則糜餉大則從賊皆國家之害此法行而一切可弭故曰大利民間向出十文者今出六七文故曰小利平民踴躍爭先則慣欠之紳衿相形之下不能過遲故曰小不利漕利歸於州縣者十二三歸於丁胥吏役者十七八此法行而一掃空之故曰大不利州縣即願之丁胥其願之乎令其言曰此例一開將來二百九十文之數不可復徵是數十年已固之藩籬一旦而毀之也其不便一也此次踴躍輸將適以

形前此後此徵收之紕爲上司所藉口其不便二也儘徵儘解無可挪移其不便三也其阻撓之法亦有三胥吏昌言緩徵有詔難以沮格一法也紳董有資師之道未可責以吏事二法也定識定力不造串不給串逡巡而秋期已屆啟徵如故三法也執事痌瘝在抱誠欲繼睢州桂林之業自非風行雷厲恐無以溥實惠而挽頹風謹擬增入章程兩條一給串宜速也丁書向以串爲奇貨雖交銀亦不遽給此時銀由抵劃無耗可圖銀已歸官無弊可作斷無反肯給串之理倘如憲札事竣由局造冊送縣給串是永無得串之日如必得串費必數倍百姓知之熟矣雖至愚亦不入其彀當此官民不信之時自非銀串兩交斷不能辦應勒限州縣派書造串送局一

面局董收銀給票一面縣書憑票給串隨收隨給勿踰本日一限期宜準也胥役既不樂從曉諭必不肯徧且希冀轉瞬秋後便可自行開徵今即不能先行給發易知單亦必先期協董徧出傳單窮鄉僻壤咸使聞知限兩月爲期捐局將串還縣之後仍由州縣催徵之一面札諭州縣此事已會星使奏定萬無沮格不行之理如造串稽遲秋後已居仍須送局兩月之後方准州縣自徵而稽遲之員必以貽誤軍需論罪不貸則州縣之望絕矣伏祈台鑒

與許撫部書 癸丑

來書過承獎借以桂芬前書稍涉漕務諄諄下問疑義相析實事求是可謂仁人君子之用心得賢大吏如此江南億萬戶之福也桂芬雖書焉無知曷敢稍存忌諱以負虛懷蘇松漕務至今日不可問矣向來州縣匿荒不貼謄黃此古之道也今則謄黃高揭拘甲戶則曰乙丙荒而汝則否拘乙丙亦如之向來開倉多派丁壯守護大斛此古之道也今則斛不必甚大公然唱籌計數七折又八扣斛自五斗四升起約至六斗止兩次七折八折即一石變爲三四五斗而淋尖踢斛捉豬倉役格外任取米數囊入倉鄉民拒之聲如豬故曰捉豬樣盤米貼米挑除米色不出私費即講貼米等猶在其外又有水腳費定例每石五十二文今或三四倍花戶費驗米費灰印費篩扇費廒門費廒差費

合計約米直一二斗總須二石五六斗當一石道光初元御史王家相疏云官以其私徵米一石當正供七斗民不堪命不知三十年間何以遽增至此然此之勒折猶爲懸絕矣向來刁生劣監包完倉糧此古之道也今則不但包完而且包欠不但生監包欠而且丁胥差役無不包欠向來州縣辦漕爲一勞心勞力之事今則大概由丁胥包辦卽不包辦亦止政由甯氏祭則寡人今日發串若干惟其所取明日收銀若干惟其所與今日比某差明日拘某戶今日具某稟明日出某示惟其所使州縣頫首聽命雖上司有所不畏矣向來辦災若干分卽徵銀米若干分今則年年辦災年年倒箱將串全數發出催徵能徵若干惟力是視但以疲戶不完者入災分不謂之倒箱

復論分數矣向來已完數若干已掣串若干有堂簿可考今
則不設堂簿實徵數目惟一二丁胥知之雖本官不與聞矣
向來開倉之前散給易知單憑單完糧原所以稽查舛誤今
則易知單特爲糧書需索舞弊之符或索錢每畝百文數百
文或竟不給蓋不給則不能自完必由糧書代完或代完米
而令償五兩之長價或代完銀而令償漫無限制之長價聞
有米三合而取錢百文者甚或包令不完矣向來銀米既交
不過數日後給串今則有先借銀而數月後得串者亦有繳
銀而終不得串者更有已借已繳之後官忽易一丁書前銀
概不承認逼令重繳者更有慣欠之戶本不欲得串但於追
呼之頃付銀十之一二以幸無事丁書等亦利其爲額外之

獲而歲以爲常者此中句稽之數雖神仙不可測識前書所謂利歸州縣十二三利歸丁胥差役十七八每辦一漕以中數言之門丁漕書各得萬金書夥以十數共二三萬金權差正副三五十人人二三百金又一二萬金糧書二三百人人一二百金又三四萬金受規上下諸色人等在外民膏安得不竭國課安得不虧此其大較也前見伯厚前輩有平徵平解之議又述執事書有曰不奉法者經徵官軍法從事督徵官屏之遠方得古人用重典之意居今日而言整頓誠非此不可惟是用刑宜峻而立法宜寬江蘇州縣自然之利甚少非如他省有落地稅等之入如錢漕絕無盈餘實不足以贍公私之用平徵平解斷不能行爲今之計既不能損上以益下復不能損下以益上惟有損中飽以益上下以全縣萬戶之衆詎不能供億一縣主特不宜聚丁胥以下

千百無賴之徒以有限之脂膏恣無涯之耗蠹補偏救弊莫如紳民均賦之一法又本年情形於折色爲宜謹就管見別爲一議並章程八條奉寄附狃區區用副詢蕘盛意惟執事采擇焉

與許撫部書 癸丑

再啟者蘇城官募糧船水手及廣勇二種頗為民害而廣勇尤甚輒以與賊同鄉一氣恫喝鄉愚巢窟在閶門外一帶製成尖黃旂及大鐙揚言有此則賊來不殺索價百洋富戶有購之者居心叵測道路以目近復手持各衙門製造刀鎗到處殺人刼物有為鄉民拏獲送官者官不得已梟示五人越數日其黨取其首公然衣冠斂之官不過問訛言四起不第患其賊來而內應直患其賊未來而遙應稍有知識無不寒心某等深知廣勇之凶惡此等係上海保送煙土之人實凶惡中之尤桑梓見聞較切曾於未募之先力言於藩臬二君嗣以蘇民脆弱無人應募問有無識之人或言廣勇壯健可

用遂爾招募多人此時當事未嘗不知未嘗不悔而忽招忽麾亦屬爲難惟閣下鋒車初莅雷厲風行且能洞照一切務懇飛檄吾郡以上海海口緊要爲名飭令星速全數遣還上海無許一名逗遛仍舊給發口糧或上海籌欵或仍歸蘇局俾不致陽奉陰違爲害更甚上海同屬王土同屬子民而若輩相習已久民情較悍不致兇懼又有吳觀察尚能駕馭不致如蘇垣之聽客所爲倘荷施行以免蘇城旦夕意外非常之變吳民幸甚頃又在局見探報知賊踪北抵黃河同人聚論或以決隄爲患某等因思我兵與賊同在隄下則決隄之害彼此同之固無足慮或又以賊登南隄而炮轟北隄爲患不知北隄既決河北被水野無可掠且決流在前追兵在後

非賊之利也所可慮者我兵躡賊之後而賊驟登下游隄上
卻於上游決河使追兵被淹賊即於斷流處北渡萬一有此
關係非小閣下洞曉機宜自必早爲計及而某等獻曝之誠
知無不言亦有不能自已者尚祈與河上諸公秘密商防爲
感

與吉撫部書

遠林孝廉旋里述執事明諭將以楞香副憲及賤名專疏敘勞副憲例不邀敘某內則講讀外則道府聽所自擇濡毫以待留敬無遲云云某何人斯獲與此數此蓋大君子一藝必庸小善必錄之盛心而自不肖者得之乃循省涯分而直無以自處焉惟有戰兢慚悚於無窮而已至某等皆樞要所不喜執事顯與立異毅然不為所撓屈斯其居心雖古大臣何以加之感戴之餘尤深欽佩惟是賞從其重者大吏鼓舞之微權也而量而後進者鄙人出處之大節也以某揆之有不可敘者五不願敘者二而又有不敘而不啻其敘者一敢為執事陳之將敘勸捐邪凡在鄰里鄉黨罔非兄弟甥舅減彼

之財增己之秩於情安乎其不可一也將敘團練邪儆郡風氣柔弱習與性成某等奉
詔以來三年於茲雖備用其訓練申警之方迄未改其茶靡隋窳之習萬一有警斷不足恃不遑引咎詎敢計功其不可二也將謂省垣安堵邪蘇州南北距賊恒二三百里大軍保障其南向營屏蔽其北高枕而臥何功足錄其不可三也孝廉述執事之言曰上海之不滋蔓在早復青浦青浦之早復在某等所募撫勇之力上海之復亦撫勇功最且兩年中士飽馬騰支應不匱亦有微勞此特執事歸功之說夫論軍功者其上運籌帷幄其次躬冒矢石若峙芻茭鍛戈矛皆下焉者也其不可四也孝廉又云癸丑三月之事若無副憲與某

不特省垣蒙垢亦且辱國宜上聞以旌此兩人聞之不勝駭汗此事特一二市儈所爲間及搢紳名氏半出假借據實言之必與大獄且恐難成信讞若隱約其詞萬一
聖天子震電含怒詰責主名爲事更大某某兩人雖皭然不汙亦將坐不能舉發之咎尤不願執事之爲之也其不可五也至於某自知無外任之才前在都門保送御史史館總纂一切辭之近復蒲柳早衰藥石不輟無叔夜七不堪之傲有康節四不出之疾簿書鞅掌所不能任此不願外敘者一也本署遴擢計資者半大考前列者半至軍功議敘二百年來所未有驟創其名必且駭人觀聽徐考其實更恐滋人疵議或者不察濫列知兵將令駕輕就熟旣挾持之無具貽隕越之

堪虞此不願內敘者又一也惟某奉詔團練在服闋之先衡諸吏例此時北行本非所禁祇以執事與洵臣撫部先後挽留遂爾感激馳驅遷延濡滯瞬息之間又逾三載中屢陳辭未承聽允今者賴執事之力掃蕩海隅賊氛較遠似可聽某回京供職某科既甚深資非甚淺回京之後坊局一階期亦不遠此則所謂不敘而不啻其敘者又一也以上情事一一皆肺腑中語恃執事知我且曩嘗聞執事推誠相與言無不盡之教用敢披肝瀝膽而出之惟執事鑒其至誠俯如所請幸甚

與趙撫部書 丙辰

昨奉鑒教辱承執事虛懷大度勤勤焉爲芻蕘之詢具見執事容保爲懷廓然有古大臣風非尋常所可跂及曷勝欽佩尋具公牒一扣亮邀清電承諭一切利獘有公牒所不能盡者續以函陳用敢爲執事畢其說竊謂倍征無藝他省尚不可何況江蘇以江蘇浮糧最重也平時尚不可何況有事以有事民心易動也有事固不可有事而遇旱蝗相繼如今歲則尤不可兵荒交迫民不聊生血杖淋漓敲骨吸髓小則轉於溝壑不忍言矣大則鋌而走險尤不忍言矣今日漕獘不外兩端一在長價一在注荒大戶既出短價又能注荒是再益也小戶既出長價又不能注荒是再損也去長價之獘曰

均賦除註荒之弊曰均荒固宜同時並舉庶可弊絕風清顧或者謂江蘇州縣無地税派徭之事不能不於漕務中與以出路則於二者先行其一雖非除惡務盡之道尚不乖於變法以漸之説因思均荒而不均賦厥弊四短者必加短一也長者必加長二也全荒亦須完糧三也欠戶勢且益衆四也均賦而不均荒厥弊二大戶必更少完一也小戶必致全完二也兩者相形似以先行均賦流弊較少而又名正言順也前牒中專言均賦而於註荒不及一字蓋行其二與行其一待執事之爲之矣而特不可一不行也一不行常年之弊已衆著本年之弊更難言前癸丑年亦嘗折充軍餉每石銀一兩四錢幸是年喬鶴儕太守與桂芬公議折價大小戶一律

四千彼時銀價每兩二千餘文解銀外所餘無多不致流弊若本年而聽其自然仍如歷年完米石加一兩石完折石錢八九千皆合銀五兩州縣所餘之利不可億計其中官得十之一二丁胥以下千百虎狼瓜剖而豆分之各有千百之潤若蕭經此大獲後將求繼口腹既大饜饜更難諺云一次情下次例竊恐變本加厲東南糜爛將自本年始而執事適當其任竊爲執事不取也執事爲楚北循吏仁心仁聞遠邇共知謂執事愛吳民庸不如愛楚民乎用是延頸企踵以待執事且待執事之卽眞非面謏也紳士同此數人何不請於前撫軍何不請於今漕帥是其明證執事不來固不敢請執事來而事勢未如本年之甚猶將請之況適值本年乎明史載

周文襄撫江南召父老問逋稅故皆言豪戶不肯加耗并徵之細民乃創爲平米法出耗必均又通志載景泰間陳泰撫應天時富室田多輕額而重者多在貧下泰均之令五升之田倍其賦而官田之重者止取正額澤均而賦不損上下便之是前事之師也有此一舉積年弊竇一旦廓清江南億萬生靈再生之機皆仁人之賜執事政績軼侯官而媲睢陽固不待言藩臬府縣諸公無不附靑雲而顯於某等無與也或冀郡邑志乘私家傳記謂是役也某某與有贊助之力其榮多矣執事不能任並世誰能任之者喁喁赤子翳誰是望執事其能恝然乎夫裒小戶而益大戶小戶之利而大戶之不利也某等亦列於大戶顯然損己利人而嘵嘵焉爲此瀆請

者誠體執事愛民之心愴然於閭里編氓之罹於水火不忍獨受其利而已夫損己利人之事宜非盡人所願爲今執事有衆議未必僉同之說當有所指牒中乎牒外乎某等亦不必知其名氏執事固不以願爲損己利人之事爲非而以不願爲損己利人之事爲是也宜問是非不宜問同異願執事之無聽之也何緩餉墳憶昔年先文恭公在京邸時以桂芬猶知漕務嘗與商變通均賦之法桂芬以當時幇費過重辦公爲難未有以對今者幇費去而浮數如故節省免而浮數又如故海運經費遞減甚至動支漕項不惜減損祭祀體卹州縣而浮數花如故州縣出數年少一年州縣入數年多一年財盡民窮伊於何底適聞今茲折餉之事若不及此整頓

貽害更鉅不得已而爲是請猶是庭聞師訓也願邀福於執
事適覩厥成以遂文恭公未竟之志而留綏二三昆季感激
涕零更出尋常萬萬矣再州縣動以起運津貼爲説不知其
中大有區別白糧最重石銀二兩糙糧半之兵米運費無幾
行月不價論折恤孤多用灰米至糶變之米既經刪除即無
須分支顆粒不得概以糙白糧爲藉口而徵之於民同一石
自一石縣中通盤牽算四字重言申明者以此至本年有折
餉之欵更無須貼錢不可爲例前諭逐欵細核幸飭各州縣
將本年起運糙白各若干留備營米若干節省及兵行月卹
各若干開具淸摺爲執事持籌計之即可了然癸丑年喬太
守與諸紳會議均價四千之日長洲向公柏齡護持濫觴不

遺餘力桂芬爲言諸帳俱在足敷辦公卽與君訟之刑部堂吾官可去吾算不可易向公默然而罷今猶昔也嫌怨二者非桂芬曾綬等之所畏矣郡志載尹文端公撫吳禁收漕官吏陋規浮費每石加費六分以三分給旗丁三分給州縣郎是此法今殆十倍過之而州縣又以爲不足今古人不相及豈不遠哉所謂公牘不能盡者大略如右惟執事採擇焉

復潘少宰書

手教敬悉承示書合葬一節考黃氏金石要例以爲起於王愼中自唐至元無書暨配某氏者堯峰文集有與某書意略同徐氏讀禮通考近王惕甫碑板廣例皆歷舉唐人合葬雙標之文以糾黃汪之疎是從俗雙標未爲無本而施諸宰相大臣雖明人集中亦未之見鄙意終不欲襲之也昌黎集中合葬之誌不可枚舉文內詳述夫人事實而題則不列黃氏舉張說楊炯文未及昌黎與元少尹房君誌云公之喪自興元至夫人之喪自江陵至遂以某月日合葬雖同時合葬而題仍不列葢合葬不雙標自是正例而葬之同時不同時並不論也若依俗例即非同時合葬亦必雙標今文恭公誌應兩夫人並列方

爲諧俗否則恐猶有議之者不如竟从興元篇爲是與其从
俗而爲人議不如从古而爲人議也惟執事教之

與友人書

比奉手翰過承獎飾萬不敢當此時某方負疚之不暇何功可言至謂三分之一宜普減不宜遞減謂某附和方伯則不能無辨大抵宜遞減之說有三一曰論理蘇省賦額輕重不論肥磽而以各縣舊時官田之多少爲差郡縣志載之詳而又詳曹愷堂云蘇松田肥常鎮田瘠此不讀書之謬論也且無錫膏腴惟常昭可比肩迥非各處所及道路皆知則曹君又不但不讀書矣明建文詔略云各省畝稅有輕至數勺者江蘇亦有輕至數合者獨蘇松畝稅數斗百姓苦之夫畝收以一石爲中數準古什一之義畝稅一斗不爲少嗣今一斗以上浮糧皆除之此非與朝事不欲援引而其理不可易也

乘此
殊恩大沛之時乃泥於三分減一之部文令蘇省仍有畝稅一斗三四升之縣有明粃政除之不盡似可不必此論理之宜遞減也一曰論事減賦不獨利民生亦以利
國計何則民力既紓則辦公自易也向來嘉寶川沙額稅較輕之處辦漕獨易今又減三之一則易者更易徒令缺分增肥吏役益飽是謂非徒無益而又害之長元江震等處減三之一尚餘一斗三四升則難者仍難於事無濟龍子所謂貢取取盈之說其弊正同此論事之宜遞減也一曰例案周況減賦之案有一斗以上四斗以上之別原因本數懸殊故爲此裒益之法至今傳爲善政不聞有非之者今之懸殊猶昔

也獨以遞減爲非耶
先朝特詔減銀亦蘇多松少即二三十年災緩分數無不重額州縣多輕額州縣少皆不聞有畫一之說是論例案之宜遞減也至爲普減之說者大指亦有二一曰立法簡明胥吏無從上下其手此似是而非之論某縣應減若干成此非胥吏所能主既定若干成之後不得不授權胥吏此亦與普減同病盖上下其手總在上中下則之分而不在每縣總數也一曰既須合本縣若干成之數又須令通屬合三分之一之數畸零緐瑣小民難曉此說爲近之然如顧子山觀察所議一斗以上減爲一斗一斗以下減去一成既簡且賅何嘗不婦孺皆知也某於故樞相某尙不附和致開罪而不惜豈肯

附和方伯然亦不能違心而與之立異也幸知己諒之

與錢映江書

承示大箸言貢助徹改數不改地自是確義王制古者以周尺八尺爲步今以周尺六尺四寸爲步古者百畝當今東田百四十六畝三十步古者百里當今百二十一里六十步四尺二寸二分雖算數謬舛不合亦不知所謂古者何代今者何時要爲古今步法無一定之證步法既無定卽畝法隨之而變卓見極是惟蒙竊有獻疑者孟子今海內之地方千里者九與王制凡四海之內斷長補短方三千里語正同顧考之經傳相去有懸絕者禹貢紀五服臯陶謨曰弼成五服至於五千鄭康成曰禹治水敷土旣畢廣輔五服而成之至於面各五千里是爲方萬里得方千里者百也周禮職方氏九

服鄭注要服之内爲九州爲方七千里七七四十九得方千里者四十九合之要服之外亦爲方萬里得方千里者百也國策蘇秦之說六國於齊曰地方二千里吳師道補注云史三千里今史記蘇秦傳亦作二千里於楚曰地方五千里於趙曰地方三千里（史記二千餘里）於魏曰地方千里於韓曰地方千里（史記九百餘里）於燕曰地方二千里張儀曰秦地斷長續短方數千里墨子曰宋方五百里范睢曰中山之地方五百里本書又言今魯方百里者五（計爲方）皆與齊地千里之說不合果如孟子之說步百爲畝三百步爲里（王制方百里者爲田九萬畝）周尺一尺當今工部尺六寸六分以六尺四寸爲步計之得一步爲今尺四尺二寸二分有奇一里爲今尺一千二百六十七尺有

奇於今里法爲一百與八十八之比例是所謂方千里者九
直今之縱橫二千六百四十里耳有是理乎以今地證之西
自東昌東至萊州盡海一千數百里北自蒲臺南至蒙陰亦
五百里皆齊境也謂之地方千里豈自來沿革之表皆不可
據乎且禹貢職方又何以云然或亦尺法步法不同之故還
質高明何以定之

復莊衞生書

嘗讀書爲文三四十年所作實不少而才力荼靡不能振天實限之亦何敢侈口論文顧獨不信義法之說竊謂文者所以載道也道非必天命率性之謂舉凡典章制度名物象數無一非道之所寄即無不可筆之於文有能理而董之闡而明之探其奧賾發其精英斯謂之佳文故長於經濟者論事之文必佳宜公奏議未必不勝韓柳長於考据者論古之文必佳貴與考序未必不勝歐蘇文之佳者隨其平奇濃淡短長高下而無不佳自然有節奏有步驟反正相得左右咸宜不煩繩削而自合稱心而言不必有義法也文成法立不必無義法也反是言之魏叔子爲昭代名家而序梅氏歷算全

書不知所云梅伯言亦近時能手而序郝氏爾雅義疏開口便錯無他强以所不知困於所不能也以彼其文豈不周規折矩尺步繩趨佳乎否乎惟碑版之作前賢成式具在身處後代不宜偭規矩而改錯故金石不妨言例而他文不可言義法於乎詁經者以例說春秋而春秋晦必非游夏一堂之論也爲政者以例治天下而天下亂必非唐虞三代之法也操觚者以義法爲古文而古文卑必非先秦兩漢之作也瞽論如是藉求是正如有以發我曚固所願聞耳執事躬儀轍徽王路馳驅際茲

國步艱難方當撥亂反正別有經天緯地之大文爲同譜光榮又豈僅區區翰墨爲勳績邪

致姚衡堂書

清丈之爲弊藪前人備言之安右方田固巳明張江陵清糧時士有詩云量盡山田與水田止餘滄海其靑天世間安得閒洲渚寄語沙鷗莫浪眠其繹騷可想然亦有行之無弊者子產伍田疇孟子正經界不必言朱文公之於漳州海剛峰之於瓊山

國初李公澈修之於我長洲至今猶稱之然則清丈非必弊亦視行之何如耳顧從前之所謂清丈雖有弊有不弊而某固不敢任之也朱子經界無可考剛峰之法令民以灰畫地六尺爲一眼即一步當時便以爲癡算後人又有創棕綳之法一格爲一步亦癡算之類也李公魚鱗冊方向之不分長

短之不別有并零爲整之數無由整化零之法淸而不淸者也大氐古人無眞知淸丈之法者故地理無準圖土田無實數行淸丈則耳目寄之胥吏期會及於業佃證佐又旁推之里書糧長而百弊叢生矣昔年李申耆先生爲某言前宰鳳臺欲淸丈而不得其法近始知用羅經之法以不及用爲憾某法葢受之申翁繼又殫心竭慮變通之使加精焉可謂創前之所未有此有利無弊之淸丈非猶夫從古一切之淸丈也約而言之有七利焉按田科糧而有田無糧田多糧少之弊絕利一荒區廢壕槪予豁除而有糧無田糧多田少之弊絕利二高低衆著科則至公無從上下其手利三實田實戶實糧飛灑難施詭寄易辨利四土田爭訟按圖可斷不待履

勘利五高下有度旱潦易稽利六高亢者尋戽水之源低窪者籌築隄之法按圖易瞭水利可興利七及今行之更有一利此法行之平時免糧之額彌補綦難增糧之戶怨咨必作今適値

恩旨減賦之時不特免者無迹卽增者亦終於有減無增不爲民厲此又千載一逢之機會於此舉尤宜者也至近代論清丈之害者無慮十數家莫切於楊氏自西之疏陸氏桴亭之二論以今法核之楊疏言七害一僉報之害今由局自丈自繪不關業佃無所謂僉報二供給之害今經費限以每畝四十文無所謂供給三造冊之害今總在四十文之中無所謂造冊四差役之害今一切由局經 無所謂差役五弓式之

害今局董自袖一輭步弓無所謂弓式六比較之害今圖成而事蕆無所謂圖長比較七覆丈之害今一丈無不準無所謂本官覆丈陸論言四弊一縣官無才今不問縣官二吏胥作弊今不關吏胥三豪强横肆四小民奸欺今憑田得數無可增損横肆奸欺技無所施而陸氏論末則云惟立大小標竿之法簡明無弊陸氏不知用羅經之法而此二語先得我心此法若行起陸氏於九泉當亦撫掌稱快矣是議爲某四十議之一姑妄言之衰病之軀憚於從事實能言而不能行陳子晉茂才精通算術謂確有把握遂有試行之議某則終恐其不能成蓋未有能成而反以爲弊者聞貴郡官紳不甚謂然撫藩屬某赴郡面論以釋所疑某已許爲一行既而思

之成之於某何加不成於某何損何必觸暑襱襳以冀必行故趦趄者月餘特先將章程寄上但細審規條便知此之清丈有利無弊並乞傳觀諸君子或習聞從古一切之清丈而不知今之清丈耳知之度可釋然如有發我矇者固所願聞也

致李伯相書

再桂芬年來病邁久不問時事前月偶見邸鈔有黄河挽復故道之議不覺前此熱腸怦怦一動爲之長太息者累日繼又聞

朝廷已以此事付執事則又忻然喜不憚力疾操觚縷陳管見惟執事鑒之竊惟創爲此議者必誤會一復故道即可復河運不知故道即復河運仍不可復且故道亦不可復何言乎故道不可復也試以徵今言之桂芬兩經齊河所見之河居然由地中行之水也水漲時即有漫灘亦由地上行之水也至如淮徐故道河身高於平地二三丈兩隄架乎其巔合之高四五丈是由城上行之水也無端以由地中行之水忽

欲載諸四五丈高城之上果何理也此一流覽而知其不可者也以考古言之自來論治河者無慮數十家惟紹聖諸臣及金元主東流餘無不主北流者近人如顧亭林胡朏明錢竹汀孫淵如諸人皆是猶曰書生紙上空談也至如孫文定裘文達皆任事名臣亦有復千乘故道之議且其時河未必能北流尚將挽使北流今河方北流轉欲挽使南流又何理也此一引證而知其不可者也又以今昔彼此兩兩權衡言之大禹至今四千餘年中南北分流者四五百年南流者自明迄今三四百年餘皆北流試問南北經流久暫如何近溯嘉道兩朝至咸豐之初六十年中河決不下二十次口高堰潰昭關開壩在外北流十八年不聞多事如此試問南北受災輕重如何

南流堵築一次通牽約費七百萬歲修約六百萬合計六十年河費不下五萬萬北流十八年侯家林工費如干又無歲修試問南北度支多寡如何此時估費兩下卽或相若而北可分年酌辦南必一氣呵成（原議分四五年必致彼成此壞此成彼又壞）試問南北需費緩急如何此一比較而知其不可者也何言乎河運仍不可復也桂芬弱冠後南北奔走潞河淮揚奇跡頗久往事猶記仿佛大氐河務運務至道光末年有岌岌不可終日之勢矣河身日益高歲增幾及一尺自袁浦洩黃入湖以後湖身亦頓高清黃交漲情形父老皆言前此所無灌塘本尋常之事一年難於一年漸若登天然莫不以上閘爲入刼過淮爲更生高家堰無年不險昭關壩閒歲時開淮揚萬衆惴

恐時時有其魚之慮在事諸公艱難憂懣情狀如在目前蓋河淮合流潘靳之時頗嘗其利後漸無利有害至此而極天時人事之交窮萬無不思變計之理於時李文恭引退傅秋坪中丞請折南漕不允旋亦去陸立夫制軍始創改海運豈厭故喜新惡平樂險避易趨難異於人情哉亦出於不得已也距今祇二十餘年惟以工員四散軍興多故遂邈如曠世知之者絕少創議者但見二百年來南漕四百萬安穩河運多以復故為然既不知今之河淮作何狀又不問河運何以改海運之故故有灌輸甚便猶易設法不慮隔閡等語今河身之高自若也（河身自必修濬然限於經費必不甚深）貿貿然挽河東行一復道光末年之舊此眞柳州所謂永若復吾賦不幸之甚者也

竊謂果欲復故亦必如裘文達未止齋所議海口稍北與淮別行又於灌塘外別籌良策始可舉行而枝節更多工費益鉅且上游由城上行之水終不可倚以為功恐亦終歸無濟然此猶善後之說尤可慮者十八年棄置之河身即加修治必有受病不易見之處萬一上游放溜下游隨決是二千六百萬已去又須別籌堵費奈之何桂芬於目下北流形勢未敢懸揣妄言惟兩害相權取其輕實有見於害之重無出迴東之上者不必與他害相權而期期知其不可者也桂芬在揚州時嘗與魏默深劉孟瞻諸君縱言河事僉謂非令北流不可未幾而有銅瓦箱之事固禱祀以求而不可得者乃竟得之自非

國家洪福彼蒼默佑何以致此孫淵如云河名大清百川朝
宗美瑞也東北流環拱
神京地利也桂芬又謂大清橋坊聯有嶽色河聲千古壯之
語蓋借用韋莊詩以泰山爲嶽濟爲河而不知濟之不可名
爲河也以今觀之則又吉讖也從此百年順軌利孰大焉若
爲濟運起見但就目前一二十萬石言之因勢利導豈遂無
方何必發大難之端若以全漕言之談何容易恐未可以復
故一語了之也原議以南流爲一勞永逸無論此四字神禹
不能爲盍一思六十年中二十決卒至變河運爲海運逸乎
永逸乎他如糧地鹽場則南北所同至大清河稍進而北可
復禹舊迹又禱祀以求而不可得者更進而北則地勢絕高

從古無逆流之水而謂北衛

畿輔耶游侍御疏味嚅不出而所見甚長其指挑沙設廳顧亭林已言之包慎伯中衢一勺語更痛切此事實宜慎重套塘三難無不扼要特未暢所欲言耳桂芬於河事水米無交縱三瀆合一患不及吾吳本無嫌疑江北秋初即穫七月前開昭關壩吾吳必辦留養災民八月後則否道光中辦留養者再若河復故道必更辦留養此則波及吾吳者耳而事關海內大局恃執事知我敢貢其愚備高明之采抑桂芬尤有進焉者近代治河總爲漕運牽掣以致兩難以局外旁觀言之無論黃河復故不復故而東境清水絕少運一二十萬石之水猶不足安所得運二三百萬石之水將來恐不能不出於河自河漕自漕河專主安瀾漕專主海運而後定海運沙船不敷用洋船不許用恐不能不出

於津門采買而後定雨生中丞推廣海船疏可謂善於立言然尚有痕迹不如但言采買更覺渾融惟必得多備一年始無疑慮移河費歲修一款購米二百萬石已足不難也此時恐尚不能質直言之然試辦采辦羈縻東省運道三年後采買有效再議進止是亦默轉潛移之一術執事以爲何如

致曾侯相書

又年來士大夫動有復河運之議宣南尤衆問其故曰外海而已試思揚子津門非可飛渡何河運海運之異不待智者而知之又或謂潞河一帶居民近益貧苦河運一復可資調劑不知乾隆以前清漕無弊之時漕項各欵故籍具在並不能潤及沿途嘉慶以後幫費無藝至每石二兩外白糧三兩外於是幫官窮泰極侈提塘之費一處或至五十金沿途莫不有所沾溉果若所言是不但欲復乾隆以前無幫費之河運直欲復嘉慶以後有幫費之河運尤爲謬論然以今日事勢言之華情習爲寛大重以物力昂貴凡百需用數倍往時卽不爲潤及沿途之計已萬不能復乾隆以前無幫費之河

運而止能復嘉慶以後有幫費之河運果爾即使南北河通行無滯帆檣雲連篙師林立泊河干待發而海運各費全還漕項勢必別籌幫費以徵米一石起運約七斗幫費每石二兩核計今日所定南漕徵米一石之外加錢一千文者必加至三千數百文折價三千數百文者必加至六千餘文能行乎不能行乎而況乎所謂通行無滯雲連林立者猶不知有此一日否也要之河運即或能復一切舊獘立與俱復東南受復之害西北不受復之利且恐

國帑民膏糜費萬億迄於不能復或一復旋廢甚或水手牽掣求其廢而不可得爾生中丞與鄙見合惟疏中意主三板助運適中眾忌此事似宜以天津采買并移所籌濬河造舟

之費爲先一年采買之費是爲正論若居今日而眞欲復河運雖謂之譫語可也執事一言九鼎或有以息其議甚善即不然不爲之推波助瀾亦無有能舉之者
國計幸甚民生幸甚

復應方伯論清丈第二書

承詢清丈事前已具復適頃有一友詳述局中情事知是舉實有損無益不得不再爲剖晰凍之承許改弦更張此吳閶億萬戶之福也甫行忽輟誠非政體稍緩其期爲費不甚多爲害不甚普且炎夏本宜停丈過此再議極是極是惟此節弟以硕公語誤會局章先丈邊後實丈爲兩節故慫恿删去前節昨友云局章並無此說昨友云原詳無按坵冊丈之文局中亦無此意現在經造呈冊不編號數不列積步者一概不收實欲据爲藍本將來擇一二大不合式之圖抽丈而已弟則以爲無一圖能合甚且無一坵能合安所謂抽丈耶則前請未免冒昧乃荷執事從之如流毅然轉圜尤爲欽佩至承示密查擾累一節日來三局並開輿圖局友所到接艣連檣書吏差役簇擁成羣丈量三人一起足矣不知若而人者相從

何
事聲勢赫然儼如大工大役十甲輟耒以聽指揮聞經造倩人丈綸多
邀十甲辦湊錢文將來不知如何歸欵萬戶典衣以供訛索十百豪強之經造
則張牙舞爪一二馴良之經造則婦泣兒號此卻變局係光福李巡檢所言
蓋以十甲暫充經造不諳訛詐者眞百中之一二耳數月前
偶遇此巡檢詢以清丈事云我見各處丈田須用重修聘好
手爲之經造不知書算不能出重修鄉下亦無好手可聘過
令給冊豈能合式不過白費工夫白費錢而已因問以何不
白諸堂翁則曰不敢數語簡當賅括鄉民何辜遭此荼毒清丈不自吳縣始長
元皆有前事長洲郎吳委廉所辦與論翁然今則權所不屬耳不聞有此也弟前在
川沙殷譜經姚衡堂皆專函援引經世文編所載文數首言
擾累之弊者來相勸阻弟力辨其無有今始實見之所聞實
蹟前已略舉一二皆有職之人至平民則所在皆是昨與金
溆芷觀察各舉所知指不勝屈所索自數千文至數十文不

等[有人住屋二間例索二十文家中止有朝飯米錢三十餘文遂致改爲啜粥聞之酸鼻]罪止枷杖若輩視如三爵之罰且可代飲[此間代杖每百止八十文]毫不介懷法有時而窮誅無可誅亦誅不勝誅弟不欲指名密啟者以此似止有不令與聞爲釜底抽薪之法尚乞垂鑒昨友又云原詳丈邊定限一年是年底可畢約費一萬緡實不能無大疑矣凡事莫不有理試以千畝之圖計之圖形方者邊五里有奇圖形長者邊六七里兩人爲耦[一能丈者一不必能丈者]一地保引導周走五六七里又周走河邊荒基邊亦如之兩日必畢工夫止此乃開費二十千有是理邪準若所爲此千畝之圖按坵實丈弟嘗身在行間兩人爲耦一地保引導非二十日不辦大約視丈邊十倍然則開費且二百千每畝二百文通境十二萬

事有此理耶賢大吏軫念民艱際此經費支絀之時不惜假
甚似亦非理 庫儲以濟之何乃用等泥沙不計多寡至於此此
可以時計之三局同時開丈鋪張揚厲護從多人若
用二十起四十日可畢即用十起八十日可畢何至一年之
久準若所爲按址實丈將需之十年有是理耶以此觀之實
亦不能按址再丈於是始悟輿圖局之取巧爲不可思議也
今使緊語人曰丈田可令經造爲之又曰我但丈十分之一
即可了事人必駭之乃創立丈邊新奇名目令人不測其所
辦者僅止十分之一工夫而以十分工夫全委之經造卻安
受三分之二辛俸川沙丈費每畝三十文今二十文一年之後即以經造冊
搪塞若再令按址實丈又須辛俸即不十二萬亦必數萬巧
詐亦甚矣哉即不然輿圖局算學本淺惟繪圖蹊徑較熟尚

能丈田實無大識見或妄意經造冊可以改削合式代已費心如太倉黃贇階舊事而已招各圖董來局敎以丈法繪法以爲捷徑孰知無一圖合式一州譁然又以弓步不合冊亦未用空費萬緡然其爲貽誤則同也經造冊之不可用譬之有錢一宗已知大數欲知其足否與否是所差本止二三文之數其錢又有大小厚薄不等但一五一十數之立見今乃用尺以度其長短用秤以權其輕重再令五六歲兒數之能定其爲足否與否乎此理甚明人所易曉昨友又云原詳有疑大戶隱匿語夫自種田有隱匿管業田無隱匿人所其知即如薄產但所缺僅百中之二三此尙儘少說司帳者則云所缺一二成願全數充公決不食言不獨一家然家家盡然乃疑所不必疑此亦不聰不明之一端也因思丈田自以四面規方爲上策分圖按址爲中策長元舊事爲下策若經造送冊是謂無策今輿圖局既巧詐不可恃將來改弦更張必得憲諭嚴切

要約按址實丈不准經造與聞議定包辦每畝若干文痛芟護從排場一切浮費全歸實用官捐二十文民派三十文視川沙增加已多斷無不足價諧則開丈如前不諧則另簡能手擇於三策之間雖下策亦必在經造冊之上乘此費尚不多害尚不普之時定計秋涼舉行不為遲也如竟以經造冊充數則流毒梓鄉百世無已既承垂詢不敢不以實陳惟執事鑒之

吳縣馮桂芬林一

振威將軍　贈太子太保一等輕車都尉世職霍羅琦巴圖魯幫辦軍務江南提督高要忠武張公小傳

公姓張氏名國樑初名嘉祥廣東高要人年十有五賈廣西貴縣三載爲土豪所辱怒率衆毀其家官名捕亡命爲羣盜盜有道人爲之語曰濟弱鋤强張嘉祥撫部勞公崇光聞而招之道光二十有九年公隻身詣左江鎮受撫檄剿土匪顏品瑤潘七大李樹青等事平還報勞公奇賞之令執贄門下爲改今名字之曰殿臣示期望意洪秀全反公始屬向公榮部下檄率二百人破賊數萬於新甯捷上授守備　賞戴花

翎咸豐二年三月從剿湖南敗賊於道州蛇皮嶺克永安州追賊自湖南至湖北破洪山寺賊壘升都司　賞給霍羅琦巴圖魯勇號無何賊陷武昌衆數十萬蔽江東下不十旬連陷九江安慶太平江甯大軍由陸路追之抵九江賊去城空湖口無船不得渡留十有五日始渡比至江甯而城先十日陷矣進攻之軍鍾山久之復江浦洊升福建漳州鎮總兵六年夏五月蘇撫吉勇烈公敗於鎮江死之未幾而有向軍鍾山之潰諸將震恐公從容指麾始得全師退次丹陽尋復進向公奏以公總統南北諸軍旋解金壇圍奉　旨幫辦軍務乘勝復句容　賞穿黃馬褂復鎮江　與騎都尉世職擢湖南提督復秣陵關　賞換雙眼花翎調江南提督復揚州儀

徵　晉三等輕車都尉復九洑洲　晉一等公受知向公倚
如左右手大營先後奏捷數十皆公功也江南北數百里內
有警輒單軍馳援無虛月所至輒大捷迭荷
先帝褒旨　賜上方珍異嘗傷於指　賜御用藥散尤異數
旣向公卒某帥驕愎不省事又忌公事事齮齕之公度不得
行其志誓以身殉抉一指寄家示無還期公築長圍困賊期
年而成攻益力城垂破各路援賊四至某帥方以不破城不
發餉激軍軍屢譁不爲動公跪諫繼以泣不聽檄調副帥某
回營七往返總督留自衛不遣公尋以追賊至鎮江賊突出
犯大營某帥遁軍大潰公聞變馳至丹陽東遇賊大戰傷重
下馬向　闕再拜曰臣力竭矣復進望賊營而馳渡河人馬

俱没時十年閏三月晦也公從軍十年與士卒同甘苦士卒愛而畏之大營饟絀而譁至矛傷向公臂萬衆洶洶公聞率小隊馳至乃散公令曰罪人吾知之諸營盡今日縛以來則已不者張某且殲其營日晡得三十餘人殺之卒無事軍令嚴所過秋毫無害身經數百戰未嘗敗北賊畏之如虎既薨鎮江營多公舊部賊至假公旗以出賊披靡陰雨中賊輒望見公旗故賊猶傳公不死神矣哉公戰陣出新意善察地勢動合古兵法向公以六合新勇隸公公試之曰若未能戰也雖然宜令若立功將職公匹馬環視數十里中得一僻地令營之曰旦日賊零星過若營若出盡殺之已而果然故勇人人自奮願從公其援六合也相賊船所泊岸數里外令土人

曰若爲我築土牆自某至某內外各一外長二里許內倍之而斷其中牆成以告吾爲若殲此賊及戰賊大敗奔所泊岸皆循內牆左右走出牆斷處見外牆則大驚亂追騎及之無一逸者九洑洲之役公作背水陣四眼狗率衆數十萬迫我軍於江滸公徙舟去岸令曰私渡江者斬賊連踹我營數十周提督天培殁於陣衆頗懼公手刃一人以徇曰今日進則生退則死叱咤衆而前無不一當百賊大敗走遂復九洑洲其布置多此類又善以少擊衆其復太平也以五百人從至則賊酋觀劇城外公突至大呼殺賊賊奔入城公麾兵隨之而入城遂復往返七日耳軍中歌曰張國樑走馬取太平其援鎮江也比至而賊退將歸金陵吉勇烈餞之九華山酒中

報賊至出擊不利公飲啖自如呼其屬曰賊近以告俄而四山鼓譟槍礮若雷公起更衣曰請從此別出營門立而指揮分兵作數隊揚旗出公潛由僻路下山抄賊背急攻之與勇烈夾擊賊大敗死者無算公遂歸金陵是役也賊數萬公卒僅數百云公之過丹陽也周走四城召父老謂曰此城無守法若等速東去我留待若公植立城上賊望見之不敢近盡一日城空乃行往歲蘇州設撫卹局公書來云貴局多一難民即敝營少一死賊公在軍殺賊以萬計而仁心爲質有如此公長身力舉千鈞而狀貌如婦人好女待人以謙尤重儒士稱於我輩曰晚生公軍出溧水縣令供帳南門公率親軍百餘人至北門時漏三下叩門求宿無應者得一古寺小憩

公以下皆藉草臥黎明縣令倉皇至謝罪公曰吾愛此寺僻眼甚適不及至南門耳遂馳去卒無芥蒂其大度又如此軍暇輒作虎字大徑丈巾直墨半枯屹如鐵柱名書家所不及廉俸盡以分士卒不名一錢訃至粵一子蔭病幼四壁蕭然勞公方督粵厚賻之始成禮可敬也已公薨江南皆賊地後數月始得公死事狀以 聞

先帝震悼 與優卹 贈太子太保晉一等輕車都尉祀昭忠立祠蘇粵 賜謚忠武

上卽位

特詔加祭一壇

舊史氏曰癸丑春賊陷金陵長驅南下有席卷江浙之勢矣

得遷延至八年之久者公力也公死逾月而江南數十州縣忽諸詔有曰東南半壁倚爲長城尙冀該提督不死出爲國家宣勞又曰若張國樑尙在蘇常一帶何至糜爛若此然則丹陽河之溺非公一人溺也江浙億萬生靈胥溺焉天乎不已酷乎

南韶鎮總兵桐城程忠烈公小傳

公諱學啓字方忠安徽桐城人世業農縣城失守陷於賊尋逸去又追得之僞英王陳玉成奇其勇多方羈縻之不得脫咸豐十一年四月曾公國荃圍安慶公密通款曾公許之公夫人及一子在賊中猶豫未決夫人促之行曰君去吾母子死爲榮多矣孰與終身作賊邪公遂行賊猶善視其母子旣見公於陣乃駢戮之懸其首城上無何復安慶公功爲多又平無爲運漕賊授參將賞戴花翎同治元年春李公鴻章援上海曾公國藩令公從行將發親送之登舟拊其背曰江南人譽張國樑不去口君去亦一國樑也行聞君克蘇州矣勉之至滬立開字營夏五月僞忠王李秀成等率賊十萬犯泗

涇連營百公以孤軍數百人駐新橋當其衝賊圍之數十帀
公登營牆發劈山礮抵禦賊進偪則開壁門衝擊賊退旋至
自辰至申如是者九會李公親勒兵救之公用遠鏡望見李
公旗始出全隊內外夾擊賊大敗回泗涇凡殺賊三千人生
擒四百人事聞
賜號勃勇巴圖魯擢副將秋七月會常勝軍復青浦九月僞
慕王譚紹洸大舉犯北新涇圍況文榜等營公馳救之大敗
賊於七寶八月復從李公連破賊得
記名總兵九月李公大破紹洸等於四江口擒斬萬餘人公
功最
賞加提督銜尋授江西南韶鎮總兵二年春二月偕李鶴章

攻太倉僞會王蔡元隆誘我兵至城下伏發鶴章傷公殿軍

而退越七日復攻之破其西門元隆棄城遁夏四月進攻崑

山僧戈登環視崑境四面多水獨西面一隄通蘇州進義居

隄之中有賊營四策崑賊敗必奔進義聯絡蘇州爲後患不

如先踞進義斷賊歸路賊兇懼城必舉且賊可盡己丑誡諸

軍急攻城潛以偏師繞而西踹進義四營半居守半復東是

夕賊傾城西走我兵追之與進義軍夾擊生擒七千人餘賊

南北竄皆阻水殲焉是役也始終未用西人大礮戈登上李

公書云程某自足辦賊不假人助云捷上

記名提督予正一品封典遂從李公攻蘇州率所部軍蜆子

山爲諸將先李公檄令先取吳江六月統水陸十三營進攻

破花涇港薄城賊迎降尋蘇嘉賊馳救皆擊卻之還軍唯亭無何進軍跨塘與諸將謀盡毀城外賊壘十即城可圖也諸將然之先後克寶帶橋五龍橋蠡口黃埭滸關王瓜涇觀音廟十里亭虎邱與附城石壘而十公兵所克居多於是城中賊尚二十萬皆奪氣人無固志李秀成知有變先遁惟譚紹洸誓死守於是偽納王郜雲官等八酋潛送欵於鄭國魁國魁以告公願縛紹洸以獻戈登知其謀請貰紹洸死公許之密謂國魁曰願得死紹洸不願得生紹洸冬十月丁酉雲官等殺紹洸以降公又密請李公殺八人不許公以去就爭且曰所殺者八人所生者奚啻八百八千人李公乃許之八人既死公單騎入城呼曰八人許降已殺之餘不問若等毋動

勳者斬皆崩厥角稽首無敢枝梧者遂定蘇州敘功
賞穿黃馬褂予雲騎尉世職十一月督諸軍克平望九里橋
進師嘉善賊迎降三年正月攻嘉興賊守甚固庚午公親督
各軍轟城募死士登陴賊屹不動乃退二月戊子夜築沿城
護礮月牆三及浮橋一賊槍礮雨下令勇持彭排縛草膝行
且築且避而成之己丑發大礮壞城百餘丈公麾衆作登陴
狀賊橫守缺口卻於旁近數步外連開砟礮於烟焰中別支
浮橋賊見之舁礮列城下作阻截計入夜令徐佩瑞乘小划
奪其礮庚寅晨熹公擐矛躍過浮橋登陴額角中槍而仆部
將劉士奇王永勝見公傷重憤甚皆率大隊以筏渡由城西
北角簇擁而登人聲鼎沸礮彈縱橫賊大亂諸將亦破他門

而入遂復嘉興斬偽挺王劉得功偽榮王廖發壽公創甚回
蘇
上優詔褒卹者再越二十日三月庚戌卒年三十有五遺表
聞
贈太子太保三等輕車都尉謚忠烈祀昭忠安慶蘇州嘉興
並建專祠
舊史氏曰余於公而知曾公之能知人也公固良將然曾公
所見良將多矣何以知公之必能克蘇州且比之張忠武卒
之以死勤事先後一轍而功獨偉果何術以知之耶公嘗為
余言廉訪某公口中言愛民心中甚不愛民時某公有循譽
聞者咸駭之後果以事貽害我江南甚大一如公言不特曾

公能知人公亦能知人也噫異哉

職方韋君家傳

兵部四司之官凡百許人莫劇提調職方之官凡二三十人莫劇總辦非通敏練達才足以整紛剔蠹而無觝滯者則不得居道光之末山陽韋君實總辦職方司事兼提調君諱坦字竹坪號恬齋世爲江蘇山陽縣人河決失其譜上世無可考曾祖文斗妣熊祖景龍妣黃父杰妣余祖父兩世咸贈如君官贈公六子君居四年二十有一補諸生道光十二年舉於鄉十六年成進士以主事分兵部武庫司尋調職方二十一年丁余太恭人憂歸其明年逆夷內犯駛蒙衝長驅大江陷丹徒瞰金陵江北戒嚴當事聞君名請君練義勇其守禦內緝土匪外遏間諜汔乎賊退郡以安堵服闋敘前勞加員

外郎銜補主事逾年遷員外郎總辦司事充則例館提調二十六年

上謁

西陵次年謁

東陵君再與扈

蹕是秋河南饑

上發帑金百萬賑之

命尚書文慶公侍郎柏葰公往視焉舉君及同官四人偕抵豫分道按部君得尉氏等十縣時君疾甫汗日進粥一甌遂發會大風雨淖方沒車轢天驟寒縣令或進狐裘君笑卻之退而嘆曰吾豈有失德聞於人與無因而至者何也歷四千

五百餘村爲戸二十有六萬至則按冊審戸必覈實乃已廉得考城洧川長葛三邑浮冒狀請之尙書劾令如律郡縣肅然外省相沿凡典試視學爲循例馳驛弗責也至奉
詔視師若讞獄則禮之特異曹郎與卿貳惟鈞所至大吏遣弁迓境上負弩矢先驅州縣拜道左就舍帳御飲食必珍異百官問起居候伺顏色惟恐失其意輿馬人徒薪芻之屬徭役及問左君一切謝去買車而行休舍一飯而已誡僕從緜毫無所染日必驗其餼厥後使綏遠城使浙江亦如之浙江之役相國者英公侍郎季公芝昌以大閱行兼按南河事抵袁浦有
詔大閱易人君白相國曰坦所爲從公來以軍政也淮人南

河事宜避不與聞願先還相國許之單車襆被不復過驛館矣自綏遠城歸攜靑鹽一裹寄公子曰此差囊物可佐饘粥也君素羸弱善病軺車四出蒙犯霜露無虛歲職任繁委性復習勤以足勞勩倍於衆今年春疽發於項猶力疾入公署逾月遂篤竟不起君之使浙也遣眷歸泊還

朝期春暮北上未至季弟爲視含斂云君性孝友侍父疾衣不解帶者兼旬居喪盡哀後官京師余恭人卒於家以不得送死爲恨毀瘠幾殆嘗隨兄應省試兄疾偕歸季弟明經壻相依京邸愛惜調護甚至疾革恐傷弟心猶忍痛不言自奉儉約而推解不吝尤重鄉誼淮人至京無親疏咸厚禮之留滯者輒資之歸衛師某卒君援於我殯之義爲位而哭之自爲之棺斂而

致其篋中金於家職方掌軍政武職譴罰悉主之吏因緣爲
姦利與吏部之考功等君在部十有五年馭吏持大體不苛
小過遇弊必發之吏無敢欺者賢能冠其曹長官倚以爲重
按事直省必請君俱
上卽位
詔行舉賢之典先後大司馬爭欲薦君奏未上而君卒少工
詩文通籍後銳意治官事不多作旣渡桑乾逾長城盡覽居
庸倒馬之勝登鷂兒嶺望靑冢壯遊所至偶寄吟咏益磊落
有奇氣稿藏於家君生嘉慶六年三月十三日年五十先生
日一日卒疊遇
覃恩加三級階中憲大夫配張恭人有婦德子二福臻庠生

福英皆婚仕族女二一適庠生丁壽辰一未字孫女一
馮桂芬曰余與君同鄉舉越八年同官京師始識君未習也
居頃之君遭太恭人之喪君兄弟走急足赴君愳驟驚君齎
封二先遞病書君闋已趣駕以旦日行裝訖見赴書一慟幾
絕甫七日而全家南矣京朝官奔喪無如君速者竊心異其
人君家淮安河淮所交也邇來水行歲多故余有聞輒從淮
人問狀類不能舉其說惟君言之燭照數計曲折如繪又心
服君留心時務爲不易得也益樂就君上下議論馳騁今古
語累日不厭乃有以窺君之深君負經世略郎署小試耳詎
足竟其用顧所表見已卓卓如是於虖世方需才如君者有
幾人方期君以遠大爲天下蒼生福而竟止於是命也如何

公子福臻等謂知君者莫桂芬若以狀請立家傳爲詮次復之兩公子並少余嘗見其試文贍逸絕流輩於虖君巳矣意天之所以厚君者將有在邪

劉觀察傳

君諱存厚號仲山四川榮縣人祖廷選父光德叔父某無子以君爲後早卒母曹淑人撫之榮爲幗匪出没之地君家恒結砦自衞故自幼習武事試不中以例得刑部主事咸豐三年軍興侍郎王公茂蔭以知兵薦奉

旨參大城向忠武公榮軍務從圍江甯忠武亦蜀人顧以文臣故不甚見禮副帥江蘇巡撫錢塘許公乃釗獨奇之幕府長洲馬中書釗尤與君善是夏中書與程中丞庭桂暨余謀以下游鄉兵不足恃請之副帥捐貲募勇別爲一軍屬蘇撫名曰撫勇下游無事則從勦有警則馳援以君領之軍甫成秋八月上海劉麗川反青浦嘉定寶山南匯川沙六城相繼

陷君聞築馬倍道來援夜薄靑浦城未至數里誡人持一營
潛行登陴而爇之至則君一躍登城擭數賊殺之投城中火
烈具舉賊大驚潰遂克之分兵徇嘉定等四城賊皆走無何
副帥至遂進師上海圍攻凡十有八月更許公暨長白吉勇
烈公兩帥始克之君之功居多君先留江蘇以同知用敘靑
浦功擢江甯府知府上海平
記名以道員用五年春二月從吉公攻鎮江郡西南多高山
君霧夜進兵盡埽山下諸賊壘遂壁其顛賊始不敢輕出城
六年正月江甯賊數萬援鎮江屯下蜀街君偕提督張忠愍
公欒之屢戰屢捷殲賊以萬計河水爲赤三月瓜洲兵潰江
北賊南渡犯高資君從吉公馳援吉公陣歿君護其屍賊麋

至奪尸去君還求之馳突萬賊中所殺數十百人馬陷於淖遂死時六年四月晦也事聞

賜卹如令中越二年官軍克鎮江君部卒夢君示死所旦而迹之信乃擇地鎮城外竹林寺側葬之

舊史氏曰君之攻上海也。制軍檄君屬於署臬使吉公。公以令箭招君。君不受。詣公以冠提地下。謂公曰。吾不能爲此官。內司外司同官耳。縱吾忍之。如辱

朝廷何。公負荆謝乃已。公嘗謂余曰。此軍無劉某且殆。吾爲

國事屈也。已而交大驩。至以死從公。君固絕特。吉公亦可謂知人哉。

陳太守傳

君姓陳氏諱宗元字柳平系出漢太邱長文範家潁川若干傳至循三隨宋高宗南渡徙揚州又數傳至文英元末避兵徙吳江之同里又數傳至王道明嘉靖間進士由御史出守邵武又五傳至沂震康熙庚辰進士刑科給事中君五世祖也高祖士任舉人曾祖毓泰生子二兆鯨郡學生無子兆星太學生是爲君之祖一子興雨君父也遵令甲兼祧生子六君居長年十有七游庠尋食餼道光十有一年膺鄉薦十有三年成進士

廷試二甲得吏部主事丁内艱會夷艘起主兵者爲君長官知君才調赴軍和議成還部補驗封司主事升考功司員外

郎文選司郎中咸豐三年京察一等授江西吉安府知府四年春履任郡嘗陷於賊至是又新被泰和土匪之難君撫循瘡痍殫心竭慮歲餘無事五年秋九月賊連陷永新安福漸偪郡城君隨方堵剿會臬使周公玉衡率師來君從復永安二縣賊退日短至君方集文武僚佐行朝賀禮忽報賊至一由袁臨來一由泰和來號數萬周公兵留駐者僅千人城中兇懼君據要守禦二十日賊犯城君開大礮斃賊無算賊乃築長圍日夜攻撲君語周公曰事急矣。非戰無以爲守。乘風雨夜開城奮擊。毀賊營十餘殺賊數千人賊遂不敢逼久之糧盡殺犬爲食前後赴省告急十有八援兵至泰和不進忽一日賊送石達開書有某日從東門而進城上勿開砲官民可西門逃去語君斬之有頃又一賊求覆書君曰吾有以用之矣屏左右諾而遣之至日賊果薄東城君令士卒施空槍賊見計行蟻附登城城上鼓角一聲槍礮交下賊不及退死者四五千人越五日攻益急君守東門周公守西門西門地雷發城裂賊擁入周公死君在東門猶與長子世濟族父鈺揮刀巷戰力盡不支皆遇害時六年正月二十五日也計守城凡六十有五日君卒年五十有一事聞

賜卹如例君先以勸捐勞加道銜至是　贈某官雲騎尉世職君配周恭人郡學生鎔女明吏部尚書恭肅公用之十二世孫女忠毅公宗建之族孫女兄以衡在君署賊入冠服罵賊死長子世濟城陷前數日君遣赴省曰駢死無益若爲我

奉母挈弟妹歸以慰大母望世濟具舟載其母與弟妹去已復返繞城號哭求入乃納之遂跬步不離側其至性如此次子世樑女四余大森卯同治阮亮其壻一未字

舊史氏曰鄉勇劉六者自城中逃出云親見賊割君父子首懸東門又有云吉民陷賊者醵錢賂賊渠得其首合於體藁葬城中亦足見君居官之有恩也余與君同在京師甚習君胷懷坦直和而不流爲人謀力所能及必盡居選司十年有聲一麾出守卒成大節偉矣哉

程中書傳

君姓程氏諱𢿯字澤雲先世自安徽歙縣之篁墩遷婺源又遷江南今爲江甯縣人曾祖永清妣俞祖世懷監生以某官贈奉政大夫妣汪宜人考珠監生以某官　封朝議大夫妣俞恭人君兄弟五人行第二性孝友居兩喪毀瘠稱於人叔父某早世子幼以從兄教養致成立與同患難視之如子自奉儉約案無重味㡚無新衣屏珠玉玩好弗蓄藏書甚富教子嚴子詒孫在塾君日從外歸必就塾問所課乃寢以貿遷往來蘇甯間而甯城義濟堂施材局收養幼孩局水旱賑卹防夷團練當事以君篤誠必延君董其事王都轉鳳生趙明府本敭尤重君迨粵匪陷江甯君遂爲蘇州寓公官軍進剿

屢就君借木植製雲梯造浮橋値鉅萬久之當事代去。不償。君亦不自言。比詒孫官蘇州始以先後文劄上之大吏得給扁奬勵君善與人交。嘗謂人或薄待我。我不可薄待人。見義必爲江甯陷之四月有胡某者賄賊得支木箄自賊中出髮毿毿寸許官軍獲之將置之法君以百口保其無他總兵李公德麟曰程某正人言必可信得釋其軼事多此類咸豐九年四月十六日以中風疾卒於蘇年五十有八議敘中書科中書

授徵仕郎配單孺人婺源監生濃誥女子四鍾貢生候選縣丞銘先君卒詒孫附貢生見任吳縣訓導鐸監生孫四朝佐朝伯朝佑朝位

舊史氏曰昔人謂福善禍淫理也善不必福淫不必禍數也至於刼則無善無惡有禍無福余嘗題其言自歷庚申之難。見免禍之家。淫人恆少。善人恆多。始知理有不爽。雖刼與數不得持其權。而前言爲未盡也。金陵陷賊十有二年境中比閭族黨死亡流離以十萬數君之家雖喪其貲克昌厥後詒孫功名未有量誰謂善不可爲哉

馬中書傳

吾吳古多文學士而羽林期門佽飛之選或代不一人文武才尤罕雖范文正胸有甲兵而西事未盡愜於論者越在有明惟韓襄毅號知兵餘無聞焉今所見以經生知兵者中書馬君一人而已君諱釗字遂林號燕郊世爲江蘇長洲縣人十世祖鐸明贈太僕少卿始自合塘里遷入城崇禎閒有全永巡撫名光者有政績著兩粵夢遊記彙刻荆駝逸史中君之七世從祖也曾祖元宰祖成龍父培著有吳門徵信錄母某宜人生子三君其長也幼慧四歲入塾讀書倍常童九歲識星象年二十有二始入泮問經於同縣陳徵君奐爲高足弟子壽陽相國祁公來視學奇君文面試之詢所用書出處

講論經義移時遂食餼大興李侍郎嘉端視閩學聘校試卷逾年航海歸入闈以孟藝用訓詁爲主司所賞登甲辰秋榜丁未取宗學教習出今協揆湘鄉曾公門公夙重樸學尤器君厥後公督師東征招君往封君以道遠辭之遂辭焉道光二十八年江北災饑民行乞入吳次年吳中大水君皆與賑郵之役君究心水利撫部沔陽陸公屬君視江陰壽興沙築圩貸蓄洩逾年工成至今無水患又監修東壩尋陸公督兩江行淮南票法欲廉察商情而無其路謂君通達正直遂慫恿君運鹽揚州君赴之越二年粵寇東下公奏調君募勇桐城濟師行至樅陽安慶陷無何金陵陷大城向忠武公代爲督師錢塘許公乃釗副之君還至金陵許公奏君留營君以

難民多死倡議撫卹公然之全活無算會自營歸曰川楚兵所帶餘丁率健兒而吾鄉空虛甚盍捐資募為一軍進可助剿退可回援余與程副憲庭桂韙其議為請於許公募千餘人以榮縣劉刑部存厚領之號曰撫勇甫集而粵匪劉麗川反嘉定匪周立春繼之不數日連陷上海青浦等六縣勢張甚向公令君與刑部卷甲趨之至青浦夜漏三下銜枚薄城遲明克之越十餘日後隊始至敘功得內閣中書是役也脫無刑部一軍賊蔓延且不可問君有功桑梓甚大而曲突徙薪知其事者絕少逾年復上海君駐滬支應與之終始而不再敘八年夏許公復招赴金陵營十年春浙江告急君偕總兵湖南熊公天喜赴援復四安鎮廣德州奉調馳回遇賊丹

陽戰於寶塔灣中彈死焉時三月二十九日也年四十有八

事聞

賜卹如功令娶某氏某女子文藻國子監典籍銜家居後君一月殉難君性孝友接平人以謙遇達官貴人往往以氣淩之故人或以爲狂膽氣絶人單舸浮江海若丙夜孤行盜賊藪惝然無所畏喜談兵金陵陷上書大帥造戰船橫絶江流上下斷賊首尾綜列條目凡數千言不能用君於武事頗土苴儕輩高自標置雖於向忠武張忠武亦多所不滿卒皆如其言博覽羣籍先嘗爲疇人之術三年演弧三角三邊求角一術心動得怔忡疾顧性所喜不能廢也治經尤深手斠經義叢鈔三十卷於一切經音義法苑珠林並有校本細入毫

士多所心得皆於軍幕失之惟集韻校勘記若干卷以友人錢副得存仲弟銘乞陳徵君爲之序俟事平而刊之

舊史氏曰君少時朝野歡娛江表無事獨喜閱兵書儳然懷積薪厝火之憂人或哂之無何軍興而君以知兵名稍稍聞於諸將帥故多訪君者君亦未嘗不與委蛇俯仰先後十年不得售一策統一旅徒以身殉之何邪論者謂君耿介剛傲直道不容致然顧曾公幕府以能得人重海內所薦達文武士致大官者以數十計君早出曾門能容君必矣乃歷游諸公間而獨辭其招又何邪太史公於李將軍傳曰數奇曰不遇時曰相不當侯一篇中三致意焉有以夫有以夫

方恬庵先生家傳

先生姓方氏諱玉璞字理巖號恬庵系出漢黟侯儲至宋侍郎游自赤橋遷休甯歷三十世至景蕃遷定遠實先生高祖也曾祖文葳貢生祖建極附貢生父熊麇貢生母淩封公生子八人先生居長幼穎悟年十有七遭淩恭人之喪哀號幾滅性嘉慶九年以例得主事觀政刑部湖廣司封公性仁厚以西曹用刑之地出入生死雅不欲先生居之十年復以例改員外郎選遷他部遂分戶部廣東司十七年補山東司員外郎其明年七月

皇帝狩木蘭先生從以校射中鵠四

賜花翎時教匪林清作亂戶部諸司隨

扈止先生一人竟事無所遺長官重之二十有三年管捐納房及寶泉局屏陋規不納是年升雲南司郎中戶部之屬十有四司山東主鹽雲南主漕號尤劇先生之在山東司也有議增鹽價者先生持不可而止其在雲南司某省請留漕糧辦賑長官願從之顧非例也先生曰某年某省有故事如言檢之信遂定議二十五年秩滿記名繁缺知府道光五年丁父憂歸遂不出其後十年吾師鐵君先生

召對時猶

清問及之十有八年就養湖北學政官舍逾年吾師以足疾乞歸奉先生旋里又逾年微疾一夕卒年六十有四先生內剛而外和與人無貴賤言無不盡人有疑難事謀諸先生輒

數言而決親屬以急難告應之無吝色縣有大役必先輸爲
眾倡早失恃諸弟幼友愛甚至泊官於京招潤之勉亭兩先
生至聯牀話舊極怡怡之樂少工舉業先後試京兆者四一
取謄錄三薦汔不售旣補員外郎例不得與試先達咸惜之
而鐵君先生未弱冠登科旋入詞林歷掌文衡皆先生之教
也旣居養舍訓吾師以閱文釐弊之法甚備試畢必進佳卷
閱之曰奇文共欣賞吾樂此不爲疲也配吳恭人別爲傳子
三長卽吾師鐵君先生名錯翰林院編修記名御史歷充
國史館纂修湖北學政丙申會試甲午乙未順天鄉試同考
官次鑄庠生爲潤之先生後次錙庠生孫三澤長廩生澤深
澤春孫女五曾孫二嘉樹嘉禾

馮桂芬曰古無文武官之分也兵農分而無士文武分而無將久矣士大夫優游太平口不讀韜符手不習弓矢一旦有事輒相顧喚奈何不已晚乎我　朝戎事開基乘輿以時獮狩雖文臣亦得於引强蹶張之倫分耦較獲算意至深也先生之才雄矣顧其從容於簿書錢穀之間又何其靜深而有識也所謂文經武緯者邪為郎不調莫竟其施惜哉先生既歿之十年吾師命桂芬立家傳竊用漢碑門生坿名之義謹詮次如右以備他日宬室之采

陳君若木家傳

唐時幕職爲進身之階名臣碩儒起家佐軍從事致大官者居半今此法廢而幕途積輕江南官吏尤驕貴視如門下食客官不知重幕幕亦不知自重習爲阿比奸私而吏治受其獘久矣近年以來所見官不敢輕幕而幕亦能自振者有之自陳君若木始君諱時若木其號江蘇宜興人系出隴西始祖侁仕宋靖康朝扈蹕南渡占籍吳江十六傳至五世祖孝若十歲而孤偕兄孝基事母張氏至孝值明末兵起從孝基及嫂陸氏奉母避難舟出爛溪遇賊孝若拒賊死孝基大哭乞以身代母賊果殺之而母獲免賊擘陸氏裾裾絕赴水死孝若配沈氏以甫生子未行不及於難事載縣志道光二十

八年君始籲當事疏請　旌表入祀孝弟節孝祠高祖中黃妣沈氏曾祖汝明震澤縣庠生　貤贈修職郎妣周孺人祖師集乾隆庚辰　恩科舉人通州訓導歷署宜興荆溪學事有遺德厥後君故卜居之妣王孺人父卓震澤縣庠生　例贈儒林郎妣張安人同縣文學獻南女生子四君其季也君不屑習舉業究心　朝章　國故輿地水利河渠鹽法漕運洞悉源流利弊精於名法家言浮沉州縣幕二十年道光初撫部歙縣程簡敬公閱其所上讞大異之招入幕有加禮聲譽驟起自是三十餘年更十數督撫莫不以得君一顧爲榮生平關節不到頗高自標置於所主不稍假辭色公事外不他及所主遷去君必先歸代者必遣使數輩逆之始至其在

長白吉勇烈公幕也會余稱
詔籌防於鄉以局事參懷勇烈知余與君雅故輒邀君其語
君坦然曰某事可奏某事可行某事否余往復辨難迄有應
有不應一決於君勇烈唯唯曰余治軍外不暇問他事兩君
定之斯定矣勇烈又謂余曰吾為藩司有請於撫部輒為陳
某所梗深銜之今承乏是官則又不能不任陳某余為畢因
策陳紾語一笑而罷蓋君於賓主之間類如此君雖遠在幕
府而邑官紳重君有公事輒函訪之宜荆山中棚民為盜藪
胥吏又魚肉之積不能自通遂與化外等咸豐三年君與官
紳議簡其中誠實者為棚頭給軍功頂戴令眾有所隸集義
倉廩其窮餓者禁花會懲無賴棚民帖然歐行迄於城陷無

一從賊者。十年春君自故督某所歸里四月宜興陷君轉徙洞庭山菱湖而至上海病甚撫部敘州薛公強起之入行館數日而病亟三閱月竟不起時十一年二月十四日也年七十有六娶蔣安人文學廷佐女妾孔氏子皆殤以妹夫任培風之子儀爲子更名任暘宜興附貢生女三皆適士族君性孝友慷慨好施伯仲兄早世家宜興招叔兄詩同居又以門祚衰薄族子炳既孤撫之如己子戚屬待以舉火者十數家君有負郭田數頃不能給晚歲猶力疾就館穀以濟之君入貲得布政司理問銜程簡敬之平臺灣也君籌筆之力居多簡敬手屬稿請賞戴藍翎俄御史有以不宜保幕友爲言者簡敬將爭之君闖力請撤銷乃許焉軍興十年來各省敘幕

友右職不勝計江南獨否則君實持之長白裕靖節公鎮海
兵潰僚屬將擁之走君曰吾無官守可不死公不死則萬矢
集公終一死死西市死此孰愈百代瞻仰在瞬息間勿悔靖
節以爲然則酹酒生奠之伏地哭曰公從此千古矣靖節意
遂決論者謂庚申之禍君去早某督不得聞是言使聞之或
不走蘇常未必不完然則一人之關於大局豈淺鮮哉
舊吏氏曰余與君同客裕靖節所君年長以倍爲忘年交嘗
爲余言吾人宜爲一二有益民生之事庶不虛生天地間蘇
屬重賦困民浮收更困民安得一賢大吏挽回之摩厲以須
不敢一口忘咸豐三年撫部錢塘許公乃釗疏行捐抵上下
忙法平價徵錢由紳士理董蓋君意也是秋余請於許公及

太守今皖撫山左喬公松年行大小戸均賦法亦君陰主之於是大戸之居要路者不便許公所爲胥動浮言明年遂復故厥後許公與余以此事中傷君亦自是不能行其願可慨也比公子任暘來曰吾父遺言許公喬公及先生知我我死家傳非三人筆不可今兩公在遠敢以請遂不辭而詮次之噫君殆猶惓惓前事邪亦足以見君之志矣

卹贈知州銜雲騎尉世職候選從九品長洲健庵馬君家傳

軍興

詔舉團練於是乎紳若民咸得與兵事雖以吳民之脆弱釋鋤耒擁戈矛頡頏作氣勢遍於坰野大都賊至則靡耳獨蘇州北鄉團練以能殺賊聞　贈知州長洲健庵馬君其一人也咸豐十年閏三月金陵兵潰總督遁賊徜徉而南夏四月丁丑蘇州陷君先受檄主黃土橋團練集七圖義勇三千人朝夕訓練庀水陸戰守具聞變嚴陣以待明日賊果至君迎擊於金巷橋斬首十餘級又明日賊大掠八字橋君赴援之斬首二十餘級擒虜四人越四日癸未賊分兩路至一出齊門至宜橋一出閶門至禪定橋君率勇千人自常宜橋賊斬

首數十級獲馬一遣子安瀾率勇數百當禪定橋賊捕虜二人獲賊船一甲申諜言賊將竄常熟夜遣安瀾率千人潛至八字橋盡括右側灰窯遺磚瓦塞遠近橋下時居民已空無知者越數日賊船至不得過爲徙期焉丁亥城中約許闗賊至青黛湖合宜橋禪定橋三路並進君分兵拒之而自擊之青黛湖失利傷勇十有六人民團三十餘人賊亦退五月乙未賊大至君設伏青黛湖畔遣弟增子安瀾誘賊入湖伏四發賊亂君督全隊並湖進擊大勝之斬首二百餘級獲賊船十俘賊首攀天福梟其首賊爲奪氣僞忠王憤不得逞丁未大舉來攻君盡銳禦之自辰至午殺傷相當賊退團勇歸局午餐賊忽掩至君獨率親兵迎戰斬首數十級手刃騎馬賊

三人傷於胷猶疾呼殺賊俄飛鏃中頭角而踣賊喜君死圍勇亦四集乃去公子覲瀾侍母北莊基安瀾赴常熟請軍火聞耗馳歸收君屍而色如生君諱善字遇臯健庵其號曾祖某祖長發父鴻洲祖父例贈如君官母殷宜人生子二君居長與弟增友愛甚篤析產十之七與之復貧遂仰給於君幼習舉業從金匱孫文靖公問字甚賞之膂力過人沈毅有智略喜談兵臨陣瞋目大呼橫矛策馬爲各勇先故各勇無不踴躍用命守黃土橋币月大小二十餘戰賊輒多創去阻遏賊路蔽遮常昭君之力居多少以計然術起家輕財好施無吝容道光二十九年大水郡振捐貲二千緡議敘從九品先後撫卹濬河捕蝗助餉無役不從晩建義旗立一軍峙數月

糧費累鉅萬罄私財應之不捐人一錢所謂毀家紓難者非邪死事聞

卹贈知州銜雲騎尉世職入祀昭忠祠史館立傳如令甲卒年六十有九配殷宜人子二觀瀾監生軍功議敘同知銜

賞戴花翎安瀾軍功議敘五品銜候選布政司理問

賞戴藍翎孫七芹藻禮孝禮德禮志禮門禮容

舊史氏曰比者余周覽蘇鄉東西南三隅。敗垣斷壁。彌望皆是。殆無一村完者。獨北郊十里外無恙。雖數有前定。亦烏得謂團練無效哉。君之死也觀瀾等收合散亡左右支吾又三閱月汔於常熟不守腹背皆賊始崎嶇間道達於大軍新撫部合肥李公東下安瀾相從嚮導卒復蘇州雪戴天之恨李

公嘗爲余言安瀾能戰公當代大將所許必不謬君可謂有子矣

顧茂才傳

茂才姓顧氏名一鳴字純和號石蘅吾吴之顧遠有代序系出陳黄門侍郎野王曾祖廷標祖春濤父培芝母畢氏生無兄弟幼端重不好弄日隱几作讀書狀比入塾記識過人稍長喜爲考證之學尤熟

國朝掌故爲詩文振筆千言不屬草年二十有二補博士弟子員學使爲仁和龔公守正越六年學使壽陽祁公寯藻科試拔君卷高等於古學尤奇賞君旋食餼先後五與省試不售自以青年不爲意方肆力於詩古文辭學日益進無何得心疾意鬱鬱不樂食日少貌日瘁顧力學不輟居數月侍尊甫墓祭於石湖登岸數武猝仆地扶歸舟抵舍遂不起時道

光二十有六年三月二十有七日也君生於嘉慶二十年八月二十六日年三十有二君善事父母承歡無違色出必告反必面雖親知家一飯必使歸稟命得請而後留與人交能久敬待僕隸有恩能容其過軀幹肥偉乘肩輿役夫爲喘汗君見之曰吾不忍也自是徒步以爲常其仁心多此類生平無一字入公牒惡狹邪言不及諛食不兼味椸無新衣館穀所獲輒以置書籍習舉業有聲顧非所好日治經史泛覽百家言尤深於詩原本三唐於近人宗沈歸愚尚書蒐輯

國朝人詩得二千餘家手自選錄於尚書別裁集未及者補之後來者續之顏曰所好集十餘年精力實在於是感從祖俠君先生選元人詩詩魂來謝事歲除辦香茶果陳册祭之

所著有蔗境書屋稿若干卷藕花窗下談詩若干卷藏於家元配余氏春圃君女結褵兩歲卒繼配滕氏翰香君女性端莊能詩早失怙養於外家外祖母黄嚴於相攸久之始得君亦君閨閣中一知己也女一殤子一鍾圻君卒之歲纔四齡

論曰今世以八股試帖取士士之求試有司者率束書不讀并心畢力於斯二者經里塾閒咿唔聲莫非是也坐是人才不振說者遂謂立法使然夫科目取士舊矣名臣碩儒何嘗不以此進士則自域於法何咎茂才不溺於制舉業自以所嗜成一家言而無損其爲名諸生可謂卓矣使天假之年益充所學致之承明著作之庭勒爲雅頌鼓吹

休明豈非一代大手筆哉吁可慨也君父沅鄉文學痛君之

亡以余備員史館習爲傳屬詮次如右備他日修文苑傳之
采焉

張繼庚傳

張繼庚字星垣江甯人父介福道光丙戌科進士湖南保靖縣知縣繼庚有文武才游庠食餼家貧幕游湖南咸豐二年秋粤賊圍長沙巡撫潘忠毅公鐸城守爲君同鄉知君才使延君君慨然許諾縋城入佐守禦謀及圍解度賊且東犯急歸省母祁方伯宿藻聘襄保衛籌防兩局事無何江甯陷託其母及方伯眷屬於友先出城君陷城中賊脅入僞北典輿衙變姓名爲葉芝發君故善言語佯與賊昵因盡知大小賊目姓名頗得賊中要領久之結賊爲內應賊多願從者時

欽差向忠武公榮駐兵城外君令同謀金和李鈞祥何師孟三人先出言於向公公未之信也書先後七上向公亦訪知

君爲人始許之以入告冬十有一月二日潛出謁向公言賊事繼以慟哭向公留宿定約會大雨雪不果君志不少衰復往來爲期日四年春二月十三日同謀賊目張沛澤中悔執君自首於僞東王楊秀成秀成因之不殺也而同謀之賈鍾麟與城外金和等仍密訂大兵於二十四日由神策門進先引田玉梅及官兵三十餘人入伏城中約三更殺城上下賊啟門事頗洩是夕賊令門內加堅柵重鎖玉梅等刃柵有聲城堞賊驚起大譟乃急登城手刃數賊賊吹角羣賊麕至玉梅等逾城逸官兵亦退次日賊大索無蹤乃出君窮治黨與搒笞刺爇身無完膚終無所言最後僞官中有曾任知府某考甘言餌君君曰此何等事江南人脆弱若之所知誰肯爲

之我同謀皆粵中老兄弟忠義人也我固一死累之何爲賊喜益誘君使言且以僞官冊示之君乃指其悍者三十餘人皆立斬之既而悟乃趣磔君君上向公書及賊獄所作詩未佚又作絕命詞有云拔不去眼中鐵喔不盡心頭血吁嗟窮途窮空抱烈士烈殺賊苦無權罵賊猶有舌江甯人傳誦之君無子以從子承豫嗣同治四年得卹於朝

舊史氏曰江甯多奇士曩余主惜陰講席院生有蔡比部琳者計偕至京聞甯城陷不試歸則母陷城中遂作乞兒裝入城凡五閱月輾轉得其母負之而出有當塗馬明經壽齡上元孫茂才文川失其父亦如之又有夏茂才宗銑者賊脅就試終卷罵賊語賊寸磔之即君同謀之金茂才和亦惜陰

生也至如君尤奇之奇者矣

贈騎都尉世職候選道劉君家傳

崛起儔人中提一旅師遏強寇屹然爲行省屏蔽全活億萬

命功在

國家名在人口復父子繼忠孝大節軒天地視兼圻專閫頡頏作氣勢竊爵位自尊大聞警蹶踣奔竄者曾不犬彘若斯亦人傑矣哉君姓劉氏諱廷璜系出宋龍圖閣直學士某十一世祖庠生傳越始居廣東潮州潮陽縣西岐鄉華殿六傳至高祖光祿封股療母疾舉孝子妣翁曾祖明高妣鄭蘇祖錦川妣方以孝婦稱於鄉生子六季朝璜君之父也母陳生母洪幼孤有膽略學於從兄庠生文修家鄉有盜魁夜劫掠官不敢捕君密謀率健兒出不意擒付官斬之一鄉以靖文

修喜曰是子智奪人先有用才也字之曰子才比長賈於上海爲潮州會館董事咸豐三年粤匪陷江甯蘇撫知君名檄君帥潮勇遂偕子守正從子守田守業守仁赴之時欽差大臣向公榮軍江甯令提督鄧紹良攻鎭江君扼丹徒爲自鎭入常之衝夏六月鄧營潰賊南下君摩厲久聞賊至一軍喜躍援桴而前麾下無不一當十鄉團亦從後奮呼助聲勢賊敗卻既諜知君兵少復進與戰復敗之且戰且守相持三晝夜賊來日益衆終不敢越以南而向營兵至賊宵遁當是時君以孤軍三百人當萬千乘勝之賊卒能遏賊足不得躪尺寸以會援師微君蘇常早不支僉謂數年來下游無事皆向公榮張公國樑之力而是役也君之功不在向張下

代鄧者爲余公萬清尤重君檄赴鎮江軍潮勇之在行者千有六百人皆屬焉其明年秋九月鎮圍益亟江甯賊救之君從總兵德安公迎剿於高資分三路進君當北路沿江行至馬步橋賊逾嶺來君急擊賊半迎戰半退君亦分兵之半繞山足躡賊又遇賊敗之會兩路兵亦至賊殲焉又明年春正月大舉攻城君先登礮發傷於股越兩旬卒時五年二月六日也君在軍二年大戰二十有一小戰數十手擒賊三十餘斬馘二百餘論功輒爲諸將最君篤鄉誼旅於滬者無論識不識有急難輒傾橐佐之其得人心久故臨事樂爲用又持法嚴違令誅無赦用能秋毫無害於潮勇中爲異軍性喜子姓讀書從子炳文濟清勳等數輩君衣食之使專於學皆有

聲於庠君由監生捐都司銜敘功儘先補用尋改道員雙單月候選又以功
賞戴花翎死事聞
詔優卹視三品　贈騎都尉世職生嘉慶某年某月日年五十有七配莊淑人妾顧孺人子三守正候選都司從君於軍先以三年九月歿於陣　卹贈雲騎尉世職守祖守道孫一某君卒之次年夏顧孺人率兩子歸君喪於潮

舊史氏曰傳稱不易民而教豈惟民哉治兵亦然軍興以來民苦賊復苦兵而勇視兵爲甚潮勇視他勇尤甚顧丹徒一役翳維潮勇之力豈君所部獨馴歟亦馭之得其道焉耳先是遺余書有死而後已語余訝其不祥無何赴至殆君之以

身許國志在必死邪抑逆知諸公之無足與成功不得行己志止辦一死邪惜哉

龔生傳

余之主講江甯惜陰書舍也見某生卷楊嗣昌論云有公罪十有八有私罪七據本傳者十之三會通穿穴他紀傳者十之七大奇之謂眞能讀書人旣詰非某作龔生丙孫代爲之於是始知有生名越九年余家居生業師馬生鶴船具言生被難來吳狀余爲致之家凡三年而卒生字子韋號祖望上元人先世回回籍父元藻諸生嗜古多藏異書君幼慧偏讀之善鉤稽同異下筆斬斬有辟易千夫氣概見賞於涇陽張侍郎芾以第一人游庠咸豐三年生兄弟先後病死賊陷城生逸出失其父乃爲乞兒裝朝暮過賊營習識數裨卒轉輾物色得之竊負而逃家有湖墅田三十畝傭者甚忠謹迎生

父子居之六年父卒無何向營潰賊蹂躪數十里生一妻二子至吳余有田舍數椽在郊西鄧尉山下藏書存焉延生挈家往居之兼主鎮之一仁堂計簿出入不苟以其間校說文韻譜頗樂之善病三年中瀕死者再卒年三十有三時八年十月二十一日也葬蘇城外回回墳妻某氏某參將女子若干人皆幼陷賊其長者得贖歸顧不肖年十有一輒私取父母物鬻之市以易肉餌甚且學吸雅片生既卒余在京師同事不敢留隨母入清節堂尋逃去凍餒死道上矣生清臞鶴立皙而瘢結喉露齒意氣軒然不可一世博覽經史爲詩文如其人時文不屑作間作亦岸異取科第有餘耿介兀傲經艱彌厲人以爲狂余獨以爲狷生之甫出也撫部錢塘許公

乃創爲食於路別諸生之館試以詩文奇生作延入幕。他日屬以檄公牋焉。生拂然起。跡之逸矣。潘公子曾瑋介余乞誄母。久不應。謂人曰。公子不投一刺。豈可爲作誄乎。余亦不敢強也。余作某銘。屬生錄寄。且曰可節者節之。生具言數處存十之三耳。余無以難之。呼余予曰世叔。顧評斥詩文不少假寓鄧尉自署聯曰日課惟楚金韻譜石交有天監經幢其風節有如此者著作甚夥皆佚校韻譜未竟他日付刊當備采其說以存吉光之羽余所見文人之厄殆至生而極焉生爲之傳頗略故以所知補之噫斯人可多得哉

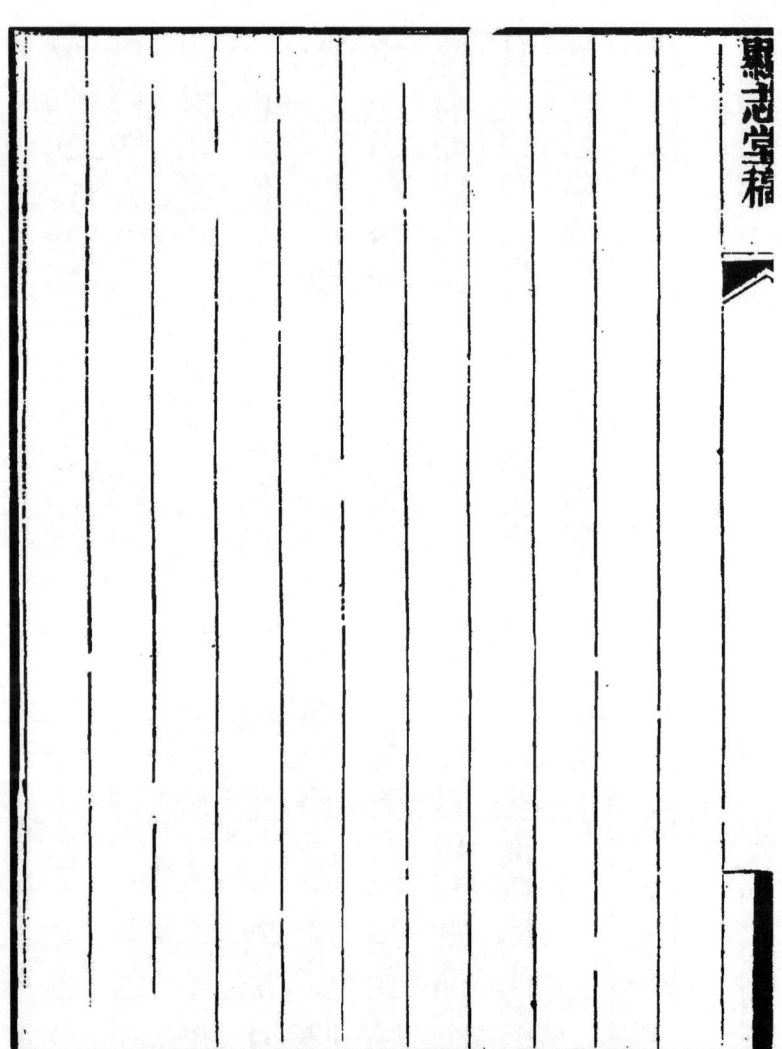

陳君傳

陳君諱瑒字子瑁江甯人祖國楨父昌緒仍世名諸生家小康藏書甚富母鄒孺人生母汪孺人君有異稟讀書數過終身不忘能會通而貫串之經學史學小學天文輿地詩古文詞旁及詞曲武備方術靡所不習而尤精於算學惟不工制蓺試帖楷書屢躓大小試年二十有七始受知於廖公鴻荃入江甯學咸豐十年粵賊東下金陵戒嚴君故能爲陶宏景圜光術不輕試試輒有驗知城不可守亟出城葬其親旣封而城陷配張孺人君兄庠生大紳及其子會熙等五人皆自焚死先數日制軍陸公建瀛聞君名檄辦團練君已出城至是復有言於大城向公榮者檄君往君固有殺賊志遂應之

向公令募一軍軍寒昭山當賊衝屢有斬獲或告向公君書生不任兵事向公素不喜文士意頗怠君乃辭去渡江僑居滁州涇陽張侍郎芾項城袁副憲甲三爭欲致君君懲於前事皆辭之無何賊犯滁州乃挈家來吳門余之主惜陰書舍也院生以七十人爲額若君與龔生丙孫皆不在額中輒作他人卷應課亦無定名而有作輒前列余旣招龔生館余家龔生亟稱君所學勝之十倍余爲延繪蘇州地圖因得益知君所學之廣且深信龔生言不謬君以文字之知執弟子禮惟恭余不敢承而意甚誠要必受其刺乃已蘇城旣陷余避地衡山君與覺阿禪師湘鄉左司馬仁皆居山中晨夕相見司馬以覺阿言延君課其孫至館之次日生徒不出詢之則

曰屋窄欲罷讀君翩然去致束修不受余與覺阿貸之則炊烟斷矣相與伙之僅得不饑先是偶與君縱論西人代微積拾級一書初譯奥澀不可讀遂與君商榷凡例各日課二三條聞警而輟至是復續之四閱月成其半而賊蹤益偪余挈家赴上海君留衡山獨爲之其明年君亦來滬則全書成矣名之曰西算新法直解君既至左司馬前卒其子樞知前事舉禮往謝因復聘君坦然赴之合肥蕭穀伯李公耳君名余亦爲之介紹湯泉使雲松又故賓主也君皆不一謁一日余與劉方伯郇膏言及君方伯曰吾舊識也在此邪余以告汯不往其風節如此余爲薦入廣方言館課算學與君同鄉姚拔貢必成同館姚病利驟卒君猶爲屏當其喪有頃亦利是

夕時加亥逝矣時同治二年秋七月二十有二日也年五十有八配張氏先殉難子二鴻鈞鴻峻覩含殮其明春奉喪歸葬越二年鴻鈞游庠君篤於行誼崎嶇患難饔飧不繼女弟及甥葉庭瑤相依不去生平無疾言遽色犯而不校與人交貴賤平等無纖毫之別粥粥若無能隨事叩之殆無一物不知廉而不矜和而益峻有以非義干者必拒之雖饑寒不顧生平著述甚多皆燬余所知者算學發明二十四卷算學一得十六卷亦未及見存於家者礮規圖說一首鴻鈞已付刊此外惟與余同著之西算新法直解存他日當付梓難中何心箸書而君所學轉藉是存百一可異也夫

儔史氏曰余生平所經萬里所閱萬輩所遇一材一藝之士

無不形於詞色未見有不自表襮如陳君者。然以君之學而久不甚著。未始非不自表襮之故。可慨也。至其敦品勵行尤非等儕所及元和陳戸部倬與聚處半載歎爲吾吳無此人祇就其文學而言耳合德行觀之殆今世聖賢之徒矣。

浙江升用知縣候補府經歷　贈雲騎尉世職吳縣王君家

傳

君姓王氏名熙恩字濟美號仰之江蘇吳縣人世居洞庭東山十四世祖逵明贈光祿大夫柱國少傅大學士爲文恪公鏊之祖若干傳至君高祖奕組

皇贈江西進賢縣縣丞曾祖世鎰陝西商南縣典史祖友伯贈如父官父仲鑾安徽滁州大槍嶺巡檢母葉孺人君幼秉封君之訓篤於操行以忠孝自矢咸豐二年以例選奉天復州吏目居職三年有循名尋以親老地遠改指府經歷分發浙江六年至浙解甯國餉有勞得六品頂戴八年從克灣址黃池南陵涇縣敘功補缺後以知縣升用九年七月署紹興

府照磨十年九月受代時粵賊踞蘇州浙省尙完奉檄赴上海偵賊勢會封君避難川沙廳之顧家路距上海數十里君省之居月餘浙省陷無所歸遂留侍與鎭人會辦團練同治元年正月官軍克高橋鎭敗賊竄入顧家路與鎭人禦之君所斬殺若干賊一賊被創逸去越五日復至又與戰失利前逸賊識君擁君入川沙城是夕賊目某天義者坐堂呈令君跪君大罵曰我

大淸官員豈跪賊邪賊黨解之弃尸北門之隍賊之初去也封君挈家還上海至是有自川沙逸出者見君殉難狀以告封君以君孺人葉氏性明決秘之先令挈子仁震歸里八月始馳書言之爲擇十八日招魂發喪孺人得書慟哭不復食

十七日辰時卒。十八日殮。設雙帷焉。其明年四月大帥以聞
奉
旨賜卹贈雲騎尉世職如例君生於道光十一年九月二十
三日殉難於同治元年正月二十八日年三十有二娶葉氏
例贈宜人子仁震
舊史氏曰君死難之後三年君兄撰行實請余立傳余曩見
君族父惕甫學博所為弟波餘少尹行實未嘗不歎文恪公
忠孝傳家其貽澤遠也以兄狀弟古不多見而於君家再見
之後先如一轍君無守土責毅然一往克完大節加以夫忠
婦烈二難克并視波餘少尹為尤難嗚呼偉矣哉

副將華爾小傳

華爾美利堅高要人初仕本國爲將以罪廢來上海國人欲殺之會賊陷蘇州上海將治兵候補道楊君坊愛其勇匿之家介上海道吳君煦言於美領事獲免以是德吳君願效死咸豐十年夏五月賊陷松江吳君令華爾募西勇數十人爲前行我數百人半夷服半常裝繼之華爾誡曰有進無止止者斬賊迎戰槍礟雨下令皆伏無一傷者頃之突起手加額爲號百二十槍齊發凡三發斃賊數百追之遂與敗賊偕入城匿一梓中鬫登之黃衣賊五輩乘馬來接戰斃其四最後傷其一賊呼曰走城遂復初吳君與華爾約克城盡賊所有畀之比華爾至賊館空矣蓋我勇入城覬華爾方酣戰先攫

之吳君更與華爾五千金西勇不與多怒跳去或轉從賊華爾移師青浦如前法華爾登城槍中其股墜復登回視我勇已退乃還華爾旣病創西勇亦遣去久之松江再陷再復華爾病瘥吳君乃令守松江練洋槍勇五百名衣服器械步伐皆夷也同治元年正月賊犯松江廣富林衆數萬華爾率五百人與之賊圍之數十重華爾乃分其衆爲數圓陣陣分五重人四嚮最內者平立其外遞俯至最外者幾踞地矣皆以槍外指望之者如猬首刺以針然將居中吹角爲號一動無不動數十槍齊舉始徐行漸疾行所至賊披靡圍自解且爭退去華爾乃撤陣起追之至辰山飛彈斷一指不爲止賊大敗遂平辰山及天馬山賊營事聞

賞四品翎頂命其軍曰常勝是時賊自浙東聯絡金山蕭塘南橋以達於浦東之高橋皆有悍賊守之會西人願助順新設會防局於是華爾會英提督何伯法提督卜羅德攻之高橋平是役也賊凡三萬華爾與英法三軍各五百人卜羅德死之二月朔進平蕭塘

詔以副將補用夏四月復合西兵克嘉定青浦五月克浙江之甯波以常勝軍四百人守之華爾往來策應以為常賊之圍松江也調甯波軍回援大敗賊於豆腐浜圍乃解嘉定既復賊復圍之洎西兵至則突圍入城挾中西守兵偕走城復陷青浦亦如之至是巡撫李公鴻章議復青浦七月檄程學啟由北簳山進兵而令華爾薄南城並駛小輪船逼城濠以

大礮裂城麾軍冒烟上遂克之先是華爾所分兵守甯波者進克餘姚賊至益衆告亟復令華爾馳援未至賊再陷慈谿翌日華爾至立復慈谿登城時中槍丸洞胷達背而出乃歸甯波治創八月戊寅卒李公令以中國服葬松江詔立祠祀之喪歸吳君檢其篋得金陵城圖凡賊酋所居百十處距城垣丈尺方位纖悉皆具亦不知何時何人所繪可謂有心人也已

舊史氏曰余在李公幕府見常勝軍支應之籍西將薪水月百金以上者百數十人視他軍數倍口糧軍械稱是主者吳君煦立意以爲我將我勇猝無賴城旦暮不保而府庫充實與其豢無賴終且貽賊不如與此軍一時權宜不爲無見始

僅五百人後增至四五千人功不細費亦不貲李公從容指揮次第減撤中外無一言蓋於此幾費紆籌矣先後置將四白齊文背畔不必論奧倫之闒冗戈登之驕蹇不能不以華爾爲最馴余嘗見其練兵居中吹角有聲卒皆魚貫至又有聲或左或右或橫或縱或直或斜或八字或十字或環或圭或玦或鉤或梅花或蝴蝶隨角聲而變其行也雁行進舉足如一兩跨間射以矢十發十穿無所滯斯尤長技蓋泰西傳法如是頗得古人不愆步伐之意焉

孝婦單孺人傳

孺人徽之婺源單氏諱福字節容父關惜國學生　贈奉政大夫母陳宜人生子五女四孺人最長年七歲許字元和王睢園君遂養於夫家年十有六成昏舅遠輝君嫡姑侯孺人先後卒事姑曾孺人至孝姑婦若母女曾孺人非孺人居側不悅遇怫逆事或家人有過孺人爲解之輒色霽猶子珊瑜喪其母保抱如己出夫兄繼娶俞氏待之一以和久之生子炳曾孺人曰吾家賴婦而和遂乳名曰和時家中落僦居蘇之北城下東匯爨汲箴紉煩閒之事皆躬爲之以其閒刺繡佐饔飧侵曉起至丙夜暑汗寒皸瘃不休如是者數十年奉姑必豐腆夕必進粱酒一卮自食齏醬而已姑疾侍湯藥累

月不安寐疾亟禱於神願以身代比卒哀毀幾殞無何陳宜人亦卒孺人泣曰吾蚤歸於王母恩未報今無及矣遂矢志長齋日誦金剛經資母冥福咸豐三年寇警避居路城村夏秋之交桑禾被野顧而樂之曰田居吾願也遂卜宅木瀆十年春正月二十三日疾卒卒之日有異徵孺人事睢園君和而敬君好施與家貧不能徧也然皆愜其情時不繼孺人以典衣簪請君喜曰吾意所動汝無不先及既歿訓炳曰汝宜繼父志又曰讀書宜記書中事學書中人又曰汝不聞范文正爲秀才以天下爲己任乎時事方棘宜講求經世之務爲異時報

國地至用不用命也又曰士必能自給始可不求人傭書之

外惟治生爲可餘皆非分毋妄冀女歸訓之曰婦道以順爲
正世俗嫁女用厭勝術制夫家何悖也瀕卒令炳操管榻前
口授遺訓二十則多名言孺人生於嘉慶六年八月二十九
日卒年六十才先一年大吏疏孝行以聞
詔旌其廬子一即炳縣學生女四皆適士族孫一家棟
舊史氏曰比者王君炳敂門來纍乎其服慼乎其容衂乎其
言問之距毋殁半年矣居喪能戚所見莫踰君既出孺人行
述遺訓請立傳始知其爲孝婦之教也惟孝婦能生孝子固
有自來哉抑予重有感焉先謝恭人孝慈溫良食貧畢世今
棄養且廿年迴憶半生愛日蹉跎翫愒曾未伸一朝之養此
恨曷極乍與君接固已怦怦焉迨考孺人行事乃一一與先

恭人類尤異者先恭人歸浙不及與姑葬比至墓一慟幾絕遂病羸終身孺人之卒以省母墓致疾其事又如一轍也輯傳竟不禁哽咽淚漬紙矣

吳恭人家傳

恭人姓吳氏世爲河南光州名族祖福建巡撫士功父兵部右侍郎玉綸侍郎中娶任夫人實生恭人性至孝十二歲能詩侍郎命學古文議論多越常識今署江蘇按察使紅生先生名葆晉以文學名於時恭人季弟也幼嘗從姊氏講聲音訓詁之學年二十有二歸戶部郎中定遠方先生諱玉璞事君舅如事父母隨先生之官治內有條理時以北方物寄舅必手葺完固歷舟車數千里不壞其處事精密多類此教子不以煦嫗爲愛長子爲吾師鐵君先生幼多疾憚嚴師晨起必口授所讀書數十過始命入塾夕則然鐙課之恒至夜分爲文抉摘疵累不少寬有過必痛繩之嘗曰父嚴母慈罔也

然童稚依母時多有過父不必知母知之而縱之不可爲矣人以爲至言又訓吾師曰學問以虛心爲第一義治己必嚴交友必愼吾師之視學湖北也又訓之曰自處宜刻待人宜寬諸生無大過先宜爲

國家愛護之以是終吾師任未嘗扑一人人亦鮮犯律者自奉儉約祭品必潔塾饌必豐贍親戚卹孤嫠不遺餘力平生尤深於史學著有詩文若干卷諸子請付梓不許曰闇闇知名非福也最後就養湖北逾年吾師引疾歸會恭人亦病留九月始發至巢縣卒年六十有二時道光二十年也子孫詳

恬庵先生傳

馮桂芬曰劉子政傳列女首母儀次賢明次仁智而抑辨通

於第六。歷考古來賢媛率不以文章重豈優於德者果絀於才邪。易曰在中饋無攸遂。詩曰無非無儀。惟酒食是議。噫婦職固在此不在彼也。觀恭人知名非福一語。旨深哉旨深哉

蔣孝婦傳

孝婦蔣孺人蘇之吳縣人父錫辰附監生母唐年二十有三歸於同縣　贈修職郎潘君遵範年三十有二而寡越七年卒孺人在室孝事父母比歸事姑繆宜人如事母宜人愛之如女夫歿誓以身殉宜人曰若不念白頭姑乎子女幼何以慰若夫乃涕泣從命自是長齋奉佛終其身家不中人產以十指供甘旨暑汗寒皸瘃不休姑老病坐臥一樓形影相依中夜飲泣不使姑知疾作不服藥曰姑病不能奉參餌況我乎或曰斷齋疾且已孺人曰未亡人一餐多矣奚敢恣口腹聞母疾力疾歸則母與兄相繼卒越四月姑又卒病中扶掖佽牀側汔不能成禮而病益殆曰而今而後可以侍吾姑吾

夫子地下哀號支離七旬有五日而歿年三十有九時道光
十年四月二十三日也咸豐七年大吏以行義聞
詔旌其門子三鍾瑞吳庠生有文名某某女一適某
舊史氏曰先祖妣錢恭人苦節撫孤三十餘年以署年不合
例不與　旌典今觀孺人行事老而節者也而　旌孝不
旌節則亦例爲之例以年三十以下爲中格而孺人羸二例
以守節十年爲中格而孺人又不及三夫例之設。誠出於不
得不然。顧天下瑰異絕特之行。湮闕遺佚於幾希之間者。豈
少也哉。

龐烈婦傳

龐烈婦江蘇常熟縣人龐爲縣望族父某母某氏女兄弟三烈婦其季弟一廷鑑今江南團練大臣侍郎公鍾璐其從弟也在家以孝聞教廷鑑識字姊而兼師年二十有三歸同縣楊英茂孝事舅某姑某氏生子二彥淦彥澄女二越若干年舅姑歿逾年英茂又歿家貧子女幼烈婦孑身持門戶飲食於十指子稍長令入塾曰家世讀書不可以貧故廢學咸豐十年夏賊陷蘇州時烈婦長女已嫁率次女及二子避於鄉秋八月縣城陷賊四出大掠或勸避之烈婦指其子女曰未亡人質死久矣所不死者以此今計決矣遂匿其二子挈女偕赴水頃之賊退女遇救得生而烈婦死矣時八月二十五

日也年若干歲事聞得

旌如制

舊史氏曰傳曰慷慨赴死易從容就義難趙程嬰曰死易立孤難耳杵臼先死爲其易嬰立孤爲其難厥後自殺下報則嬰又兼爲其難與易也烈婦從容以立楊孤復慷慨以殉賊難殆亦所謂兼之者邪烈婦之死也廷鑑方從侍郎公練兵上海聞耗哭之慟謂非尋常袒右之悼也手爲節略乞傳於余爲詮敘如右以俟史乘之采

葉節婦家傳

節婦姓葉氏諱淑貞字灑琴旣寡更名積貞字鐵琴江蘇吳縣人世居洞庭莫釐峰下宋石林先生三十三世孫女鹽運司運同銜承銑之次女也母劉淑人節婦生而淑順六歲母疾竟日不去側九歲濡筆寫生輒肖運同君奇之延鶴湖老畫師高元眉於家授以畫理數年超詣逾其師丈許巨幅作墨荷三四莖蒼勁奇偉見者不能測爲十數齡女子所作顧或亦以是知其非福乞畫者日衆乃爲之例一箑易米券三斗歲暮積數十石饋貧以爲常年十有七歸同里候選同知周世璿生一女殤越三年世璿卒遺腹生女又殤以夫從兄世瀚之子候選同知德槃爲後年纔九歲家故相亞父母愛

之不忍遣數日一至而已節婦子身持家養翁姑從此長齋繡佛矣又八年翁卒姑性嚴厲聞於族黨節婦百計委曲承順卒相安無事族黨益賢節婦頤夙有肝疾時時鬧作日以繪事消遣夜輒吞聲泣淚痕漬枕上聞者憐之能詩不多作有題梅花句云品節實從冰雪鍊芬芳不與李桃爭他作稱是不存稿惟畫稿四巨冊存節婦家富甲山中會軍興官中需餉亟節婦謀之運同君曰世事如此家事如此多積財何爲願助餉十萬報二百年食毛踐土之恩於萬一建義莊五萬贍族之貧者餘不下十萬與嗣子某若得行亦今世席太僕矣何如運同君以爲然力慫恿之席太僕者明末山中素封毀家輸餉衛鄉里得太僕卿銜里人至今傳誦故云節婦

遂以其間請諸姑不應無何賊至質庫若而所蕩焉泯焉姑婦轉徙湖濱賣衣食易米者兩年舊疾益亟運同君聞之迎之歸調撫未帀月一夕晨熹呼母曰天曉未今日大冷兒篋有厚絮衣母可取衣之無何遂瞑猶手醫書一帙云節婦以道光九年九月二日生以同治元年十月二十四日卒年三十有四守節凡十有四年運同君哭之慟且請

旌於

朝節婦爲余冢婦之女兒運同君故屬余傳之如右

舊史氏曰節婦女弟又有適天津金剛愍公子厚增者寓吳中庚申之難避居郊西之跨塘賊突至罵賊不屈死姊妹節烈其咸可敬也顧忠義激發蹈刃如飴須臾間事耳節婦處

萬不堪之境歷十數年之久辛苦艱難卒歸一死則節婦之所處有倍難者矣能詩工畫非女子之福信矣哉

許烈姬傳

姬姓許氏名德蘋字香賓自號釆石仙子本揚州鄧氏六歲失怙恃從母嫁蘇州許某早寡無子挈之歸以爲已女篤愛之家貧猶令入塾讀書性慧遂能詩詞越七年從母卒慟哭不絕聲許嗣子啓鬻姬籍中紿令游某戚家姬信而從之至則知其故屢投繯求死不可得顧不肯輕見人惟日事吟咏以見志保母無如何欲更鬻之吳縣朱君子鶴隱居莫釐峰下工詩會喪偶願得爲簉室以詩令保母通意欣然許諾始相見於吟花館成唱和一絕定情焉以咸豐三年歸朱氏布衣操作煩擱紉箴一身任之暇則鉛槧不輟久之粵賊陷洞庭晨熹掩至家人奔告咸倉皇披衣起四出避之姬與君子

婦及孫踣宅後石家塢有頃賊至次第搜財物及姬欲汙之刃擬於頸不從大呼罵賊賊斬姬右臂姬左手拾石投賊中賊面賊刃其喉嗚咽而絕時十一年二月朔也年三十有六次日賊稍遠一家復聚君子婦以姬死狀告趨視之面色如生手猶握石作投賊狀人以其自號爲讖云大吏采其事以聞

詔旌其廬姬工詞所著和漱玉詞已刊淵南詞經亂失其稿君摭拾得二十三闋將附梓焉

舊史氏曰稗官載明末楊龍友中丞得閩中姬曰珠玉耶并得其書畫古玩後殉甲申之難孫克咸監軍姬葛嫩被執嚼舌噀血某帥面帥手刃之兩人者君子重其烈而未嘗責其

初芝之草無根。醴泉無源。王侯將相無種。節忠義豈有族耶。軍興以來。滇池反正。綠林起家。一旦臨危抗節。炳日星。軒天地。不乏其人。視彼職官汙偽命死而民不憐者。相距奚啻霄壤。烈哉嫄乎。可以風矣。

顯志堂稿卷七

吳縣馮桂芬林一著

贈太子太保　武英殿大學士華陽卓公神道碑銘

稽古唐虞股肱耳目策之以翼爲明聽申之以予違汝弼曷嘗有宰相諫官之分秦漢御史大夫爲宰相階猶爲近古唐宋而後臺省始截然爲二甚則水火顧或起家諫垣累階政府類能詳明憲令閑練程品執法無屈撓　國朝自御史爲大學士者七人武定李文襄臨桂陳文恭功名尤著道光咸豐間則推華陽文端卓公公諱秉恬字靜遠號海帆先世廣東嘉應州人曾祖諱上儁遷安岳縣又遷四川之華陽遂占籍焉曾祖妣周祖諱德秀妣謝考諱廷瑋妣王三世皆以公

官
誥贈光祿大夫妣皆一品夫人廷璋公六子公其長也年十
有九游庠其明年登賢書聯捷成進士選庶吉士授檢討丁
母憂服除改山東道監察御史升吏科給事中巡東漕轉工
科掌印給事中巡中城擢鴻臚寺少卿順天府府丞調奉天
丁父憂服除授太僕寺少卿歷遷大理寺少卿太僕寺卿太
常寺卿宗人府府丞內閣學士禮部左右侍郎吏部左侍郎
都察院左都御史兼管順天府尹兵部戶部吏部尚書三署
兵部尚書以吏部尚書協辦大學士拜　文淵閣大學士
晉武英殿大學士管兵部調管戶部三庫又調戶部工部
賞戴花翎六旬　賜壽　紫禁城騎馬咸豐五年九月三日

疾薨邸第遺疏上
天子憫悼　遣官致奠　贈太子太保　賜祭葬　予諡文
端　賞景濂景洵舉人先後典會試一典江南陝西試各一
視學奉天浙江各一典武會試一監臨武闈一　殿廷試讀
卷閱卷以十數
上謁
陵留京辦事者七隨扈
慕陵讞獄陝西者各一充
高宗實錄館分校　國史館正總裁　玉牒館副總裁稽察
欽奉　上諭事件處　文淵閣直閣事稽查宗學東四旗覺
羅學公性孝友待諸弟若一與人交義以誠為學有體有用

所條列規畫皆可見諸施行巡東漕時謂東省臨河以疏濬泉源爲第一義親履泰安兗州諸境得四十三處命名勒石至於今無廢其查宗學也疏言月課人少有名無實蓋以無獎勵之故請將連列優等者記檔序補副管關　廷議從之宗學文風爲之丕變又疏陳川陜楚三省老林事自陜西之略陽迤東至湖北之鄖西曰南山老林自陜西之甯羌迤南而東貫四川境至湖北之保康曰巴山老林縱橫千餘里邃閟而磽瘠嶨嶂重巒深林密箐厥種三品苞穀蕎豆燕麥三省無業游民出錢數百賃種一溝一嶺僑居其中遷徙無定蹤謂之棚民屯聚既多良莠莫辨攘奪矯虔所在多有遇凶饑一二奸民爲之倡蟻附蜂起三省地方官輒以華離交錯

互相隱諱釀成大案莫職其咎請專設一監司治之議下督
撫雖不果行而三省皆派員守邊云公當官執憲抨彈無所
避入西臺首劾南陽府辦賑不善事又劾臨清軍營保員過
濫知府金潮趙對墀以營私獲咎不宜捐復膺方面又奏大
名滄州衛輝青州東昌武定徐州各屬官取財於捕役捕役
取財於盜賊謂之月規是官取盜賊之財也請嚴禁
仁廟皆韙之陝西革生徐登元以知縣王以銘侵帑冒賑狀
於　朝公以宗丞借侍郎恩特亨額公奉
命往訊復言以銘捐修隄工輒以甫築復衝所糜之銀牽合
冊報轉得議敘又失察鄉約購篠木索鋪戶錢皆不合而偷
減城工事不實請褫以銘職而坐登元以誣兼京兆一職號

難治公初以左都御史涖事迄於大拜凡十八年先後居是職無如公久者不動聲色羣吏肅然百度具舉無纖毫過差人以爲難往時九卿會議一二王公樞相主之以下率占位畫諾惟謹公在列必侃侃正辭知無不言言無不盡於是國家承平既久蘖芽萌伏而恬熙無改　朝列以雍容揄揚爲職雖名御史得卿寺即噤口爲六曹長貳無建言者公由科道洊登揆席封事無虛月往往危言悚論不爲用事者所喜而始終無易行蓋鯁直敢言其天性也

聖主亦知公深恩禮不少衰公工詩古文有集若干卷藏於家門下士屢請刊行不許尤長奏議輒焚其稿雖家人子弟不之見故不傳精於衡鑒乙未南闈爲名榜今詹事殷公兆

鏞其尤也愛士尤摯駐防壽生昌亦乙未榜考据詞章儕輩罕儔匹未弱冠登賢書無何駐防停文試幾於禁錮桂芬主江甯講席奇之抵京言於公慨然代輸金得筆帖式援駐防京官子弟例與試遂中式入翰林其成就後進多此類公生乾隆四十七年四月二十四日壽七十有四崛起田間弱齡通籍歷事

三朝垂六十年功建名立生榮死哀可謂全德元配張夫人父諱繼祖國學生生於乾隆四十三年十月十七日年二十三于歸卒於嘉慶十九年四月二十日年三十七生子楨殤穟庚子進士翰林院編修歷官吏部右侍郎女一殤繼配何夫人曾祖諱烱　太子太保總督銜河南巡撫祖諱裕誠安

徽巡撫父諱金　召試舉人貴州按察使以乾隆五十四年五月四日生道光十二年閏九月六日卒年四十四歸於公凡十五年側室褚宜人生椿正一品廕生刑部員外郎女二一殤孫九景澄山東候補道　賞戴花翎景濂丙辰進士吏部主事　玉牒館議敘候升員外郎景洵　欽賜舉人　國史館謄錄景沅候選縣丞景涵兵部員外郎景瀛國學生景淮景洙景汶孫女一曾孫二煦然曾孫女四咸豐五年十月二十五日橒等奉公殯葬於直隸昌平州黃土村聚福莊之原以兩夫人祔禮也桂芬以考取教習出公門下又與公子少宰橒同年公之葬也少宰寓狀吳門以隧道之文相屬狀過略馳書求其詳未獲而少宰病卒逾三年桂芬入都公孫

景澄等述先志又以請桂芬尋以疾歸又逾年始得爲公銘

銘曰

南陽褒德中興輔翼冠冕東京越二千年纘復前賢惟公繼

聲井維岷絡會昌建福蔚爲秀靈遂甯開先公實比肩瑞我

聖清爰在齠歲嶄然早慧露爽英英鵬起扶搖鸞翔慶霄一

舉蓬瀛人中屈軼相百相十榻坐獨橫華蟲七章槐棘兩行

迪簡升廷偉姿闓議斂心強志大猷是經封符指期赫赫熙

熙枹鼓稀鳴

聖明嘉奬洊陟師長金甌覆名貞厥素履以翊

天子羽儀承平世習洪溶依違廉謹公獨錚錚矯然不阿坦

然不頗砥柱崢嶸安危密疏遠謨長慮敷納詳明弼亮

三朝不磷不彫老成典型宜躋遐紀修塗遽巳
九重悼驚宰樹藹春崇岡鬱雲護此佳城生維依
日殁猶戀 闕慰公丹誠刻飾龍螭發揚聲詩萬古永貞

榮祿大夫　贈太常寺卿鹽運使銜福建興泉永兵備道會

稽秦公神道碑銘

同治三年秋七月庚寅鹽運使銜福建興泉永兵備道會稽秦公卒於里第於是公將攺官江南赴部引見道里門會越郡大水東西兩江塘決千餘丈山會蕭三邑成巨浸公請開楝樹堰洩水築聞家堰等柴隄以免內灌月餘水始退僉謂兩塘之決二百年來因循憚興作所致失今不治禍且無窮乃叩當事奏免新賦並借帑十萬興工暑暍中規畫相度積勞疾作遂不起後數月塘成事

聞卹贈太常寺卿

子祭葬廕孫祖均官知縣公子曾熙以七年三月葬公平水

鄉游龍坂之原朱夫人祔禮也越五年以行狀來請刻銘於
神道余與公同年曾熙復從余游不敢辭公諱金鑑字厚齋
世爲會稽人曾祖惟仁候選都司祖文奎候選州同知父溥
山西太原縣典史三世皆以公官加四級　贈榮祿大夫曾
祖母高祖母王母俞皆　贈一品夫人兄弟三人公其仲也
以監生舉道光甲午京兆戊戌考取覺羅教習庚子成進士
以知縣籤分山東補高密癸卯甲辰兩充鄉試同考官修城
敘勞加知州銜丁內外艱服闋咸豐二年例選福建建甯府
知府以勞績保道員七年護琉球貢使入
朝拜蟒衣之
賜七月調福州八年夏署鹽道籌餉議敘加運使銜賞花翎

先後檄署延建邵道興泉永道以省局冗要皆未赴六月再
署鹽道十月授興泉永道未赴十年四月署糧道明年六月
署按察使
詔舉賢才公被首選記名軍機會制府奉
命援浙以厦門賦稅總匯檄公督理浙餉遂赴本任旋因鹽
道任失察商虧鐫級閩省肅清論功復職卒年五十有九
授中議大夫加四級晉榮祿大夫公居官清勁自矢開誠布
公而機牙肆應遇事立斷高密車網魴鱗二村素頑梗公威
德並施獎俗以革鄰邑膠州豪管大成繫獄自裁其家以杖
斃訴上官褫州牧韓某職有鍛鍊之者檄公覆訊公廉得其
實爲申辯復韓官時貴有族女適濰縣劉氏女少寡無子家

鉅富爭嗣久不決大府檄公鞫之兩造皆輦金相覬覦一日將訊有董弁者來謁公延之坐而自出定讞以判詞入示董董逡巡退在高密五年挑五龍河修夷安書院士民德之再與分校能得士江督馬端愍公新貽其尤著也其知建甯也時粵賊初起距閩遠官吏泄泄然公下車即籌團練親赴崇浦修治隘口未幾土匪四集公會延平各軍平之終公之任建無賊警公去賊始長驅入岑陽關兩攻建城衆數十萬皆賴公所練勇擊退人由是服公慮患之早松溪匪吳葉奴糾衆謀變爲期攻縣城公偵知之星馳勒兵入其巢穴諭以順逆禍福脅從皆散渠魁就縛事立定建甯崇安諸路皆產茶公請開出洋之禁益課數十萬建鎮平關於大武嶺以爲延

建屏藩閩省局票病民
上命將軍督撫治其事會公知福州以委公公議局票民不
樂用致銀米騾貴十倍請停罷
報可民患頓除厦門俗悍地沿海無屏蔽公之任首禁械鬭毀賓場獲洋盜楊岸等誅之執土豪三十六人置諸法籍嘉禾鄉勇二千人日夕操演成勁軍民心大安永春州陶某縱役殃民民鬨於州求殺役不許遂被戕州佐以竊發告公知其故曰是驅之叛矣手示令獻罪魁餘不問首惡遂得州以無事歲旱禱雨夷目妻過壇左與民爭道民以瓦石擊之夷目大恚將搆兵公怵以衆怒難犯事立解公之隨機張弛多此類公性孝友敦睦嘗以宗祠未立卽故居改爲祠廉奉所

餘悉周親串歷官三十年起居如寒素自號强恕居士具經
世才晚際時艱慷慨許國壯心未巳中道徂謝不竟厥施海
内惜之元配朱先公十七年卒　贈一品夫人繼配陳　封
一品夫人側室申蔣江皆以曾熙官　貤封宜人子一即曾
熙同知銜江南高淳縣知縣　賞戴花翎女二壻郎中王文
謙一未字孫二祖均三品廕生候選知縣祖塄孫女一銘曰
種山嶷嶷鑑湖湜湜鍾德美兮巍峩起家民望國華譽鵲起
兮政成齊魯旌移彰武歌樂只兮定策決疑方圓具宜隨所
履兮棠陰有頌柏臺無訟臻上理兮金隄亘虹我稼屢豐福
桑梓兮康衢方騁羲輪促景命遄巳兮化蝶招魂游龍返根
永千祀兮

奉直大夫內閣中書加四級常熟叔巖曾君墓表

君諱熙文字酉生號叔巖系出宋右丞相魯國公懷始自福建路晉江縣遷常熟世爲縣人曾祖立誠縣庠生　敕封文林郎妣仲孺人祖濟乾隆甲辰進士河南羅山縣知縣　敕授文林郎妣張孺人父豫謙嘉慶辛酉舉人直隸清豐縣知縣在官有聲總督長白松筠公稱爲畿輔第一循吏手書中正二字以贈之　敕授文林郎妣錢孺人祖父兩世復以君官皆　晉贈奉直大夫妣皆宜人清豐君五子君第三年二十有三游庠道光壬辰舉於鄉乙未大挑二等候選教職尋以例得內閣中書君素恬澹春官屢薦不中第遂絕意進取家故在虞山下山水之窟也葺小園鑿池壘石蒔花種竹取

水經注語顏曰明瑟山莊課子讀書其中閒集里黨耆舊作詩酒之會以爲樂意泊如也無何粵賊陷金陵難民東下縣戒嚴於是有團練撫卹諸役當軸以招君君慨然偕仲兄仲才明經受事無役不從心力交瘁旣見金陵軍將驕卒惰賊益張內地郡縣恬嬉如平常輒與仲兄相持而泣曰事不可爲矣我輩無從避理速死爲幸不然者且汙賊刃聞者以爲狂旣而君卒其明年城陷明經殉難一如君言君天性孝友事生送死盡禮兄弟歿逾時而慟經紀後事甚至宗族戚黨僚友孤寒急難靡不恃君以濟購屋百椽撥腴田千畝將置義莊規模粗具而卒誠之撰輩成之戊戌會試與中表歸君蘿汀偕抵淮歸疾篤南旋君將從之同人不許行數十里心

勳曰吾終不安也竟回車同返生平不苟取而服膺元儒許魯齋先生之說不廢治生故羅山清豐仍世宰縣不名一錢君不仕而家轉裕人兩賢之性嚴正絕聲色之嗜海虞俗素樸無狹邪閧臀以後有自他郡避難至者閭里靡然惑之雖士大夫亦不免或誘君往比至始覺之立拂衣出君於是愀然有人心世道之憂謂吾鄉數百年風氣醇謹不可及吾世而壞之作詩以規同人詩存集中噫可敬也已君詩文豪邁有奇氣著有明瑟山莊集八卷制藝若干首行世以咸豐九年正月卒年五十有八　誥授奉直大夫內閣中書加四級元配錢氏　誥贈宜人某女爲君母之姪生子二憲章曰章日章爲君弟銓文後皆前卒女一適八品銜季煃章繼配丁

氏　誥封孺人某女生子二二之撰候選郎中寶章庠生女四一殤二二未字一字岕某之撰等以同治七年冬十有二月某日奉君及錢宜人櫬葬於縣之拂水岩東北之原齎行狀請表其墓余與君同郡同鄉舉又夙重君爰爲詮次君行事舉犖大者俾道諸石云

光祿大夫東閣大學士文恪王公墓志銘 代

道光二十有四年四月戊申晦　太子太師東閣大學士蒲城王公薨於位於是公自河上還　朝僅逾月請假不視事養痾園邸行愈矣卒以不起遺疏上
天子軫悼
命王大臣賜奠者再　贈太保謚文恪入祀賢良祠飾終之典視常例有加孤子沆將以明年某月日奉公柩歸葬於邑城之西南忽家村先期賫行狀踵予門再拜䭫首泣而請銘無以辭按狀公諱鼎字省厓系出山西太原好古公信以孝廉官陝西宜君縣教諭爲遷陝始祖占籍蒲城世以科第顯曾祖垣乾隆丙辰舉博學鴻詞辛酉舉人祖夢祖恩貢生考

授直隸州州判舉孝廉方正祀鄉賢父鎮太學生封贈皆如
公官曾祖妣路祖妣原趙妣原皆贈一品夫人公年十九補
諸生乾隆五十七年舉於鄉嘉慶元年成進士選庶吉士與
修
高宗實錄請亟歸旋丁母憂服除授編修遷右贊善歷洗馬
侍講侍讀左右庶子侍講學士侍讀學士少詹事詹事凡十
遷至內閣學士時十八年也其明年授工部侍郎明年調吏
部旋調戶部禮部刑部嗣是迭居五部爲戶部右侍郎者三
爲刑部左侍郎者再二十三年管順天府尹事充　經筵講
官二十五年
仁宗崩開　實錄館公爲副總裁道光二年擢都察院左都

御史是年秋出署河南巡撫閱三月以父憂去官五年服除以一品銜署戶部左侍郎尋充軍機大臣
賜紫禁城騎馬署工部尚書六年授戶部尚書七年西陲用兵
上以公運籌行勞加 太子少保明年事平 賞戴花翎十一年出署直隸總督還兼管刑部事十五年協辦大學士十八年授眞二十年 晉太子太保二十二年出署東河河道總督以塞河功 晉太子太師公爲人謙退而臨事侃侃謇直不阿起家寒畯登相位歷事
兩朝以端方正直結
主知入贊樞密垂二十載歷四考皆蒙甄敘雖造膝陳詞轉

闈密勿外人莫由聞知而立朝大節嘖嘖在人口一視學江西一分校會試再主浙江鄉試四主順天鄉試三主會試所得多傑士在戶部十年綜核出入吏莫能欺軍機百政之總旰夕入侍不暇問他事故事樞臣領部職者視成而已公筦刑部最久總覽鉅細閱常牘必竟多所平反疆吏有疑獄輒命公馳傳案問先後歷九省讞獄三十餘多得其實有所彈劾雖大吏無少瞻徇浙江德清民婦甲與乙私爲乙婦丙覺懼洩殺丙賄官吏以免丙母家訟冤獄三年不決公之再典浙江試也陛辭

上以獄付公入境偵知其家故豪於貲以訟耗大半公曰是賄據也訊之具服官吏皆抵法浙人頌神明焉兩淮鹽務徹

壞積虧正雜課以千萬計至歲將盡而前歲綱未集
上命公往勘公疏請節浮費革根窩裁總商定桶稱編船號
疏運道散輪規酌帶銷數事大恉謂商本輕則鹽價自賤私
販不緝而自消舊欠紓則新綱可淸積壓無因以藉口且以
疏銷巡緝責在州縣汛弁而鹽政非所屬令或格不行請裁
鹽政由總督兼轄
上皆允其請十數年來淮綱得稍振者公之力也二十二年
秋河決開封公奉
命往視時議者以水勢方張不宜塞且請遷行省以避其衝
公持不可疏言河水方灌歸德陳州安徽宿潁合淮東注洪
澤湖湖底日受淤萬一宣洩不及則高堰危高堰危則淮揚

一帶盡成巨浸江之北河之南數百萬生靈飽魚鼈矣無論舍舊址築新隄自豫達海將數千里工費不可數計且自古無任黃水橫流南趨之理請飭戶部速具帑期以冬春之交集事不效願執其咎且具陳民情安土重遷省垣可守狀初公至汴城四面皆水旦夕且圮公率僚屬禱於神躬督吏卒晝夜巡護獲無恙洎工興親駐工次星宿露飯披閱案牘鐙熒熒達曙倦則寐肩輿中未返行館者八日先後六閱月而蕆事糜帑金六百萬有奇僉謂財用之節成功之速前此未有也時公舊疾屢作憊甚或以節勞諷公不聽及隄成而公疾殆矣悲夫公性至孝甫通籍而太夫人薨常恨不逮奉養光祿公居京邸承歡無違色少食貧既貴不改寒素奉入所

餘輒以贍親友薨之日廩無餘粟櫃無新衣清操介然外吏入都或公輶軒所至餽方物雖故舊不受生平不受人請託亦不請託於人公餘必讀儒先書撫碑帖爲娛著作甚富不存稿蓋不欲以文字見也公生於乾隆三十三年二月三日薨年七十有五母弟紱廩貢生光祿寺署正元配原夫人次配徐夫人今夫人孟氏子三人麟駒海宵殤沆道光庚子科進士翰林院編修女三人長適庠生崔光笏次適河南候補同知屈文台季適原敞文孫男三人琭珵瑩孫女一人銘曰峩峩太華西陲是障嶠嶠我公中朝之望公忠篤棐外和內剛溫溫燕處諤諤朝堂維誠維一上格我

皇入佐

萬幾調護維匡造陛敉沃外延莫詳功在天下不耀而章歎
關英錫簡書不遑九州歷半騑牡周行往秋八月命塞宣房
單車河堧載塗雪霜忘餐廢寢心悴形尫狂瀾手挽蛟龍遁
藏鉅工既蕆臣精則亡粱木遽壞輔星斂芒
天子曰嗟失我元良愍飾之賵有逾典常梧楸葱蔚龍原之
陽
聖清賢相卜是崇岡幽宅云吉奕葉永昌

光祿大夫太傅　武英殿大學士文恭潘公墓志銘

咸豐四年夏四月己巳朔越二十日戊子太傅大學士吳縣潘公薨於京第疏聞

上震悼

命怡親王致奠卹典視例有加入祀賢良祠謚之曰文恭是秋公子少宰曾瑩等奉喪南還冢孫儀鳳逆江上既歸用吾鄉宋文恪韓文懿故事入城殯於第治喪逾三月夫人汪氏繼薨將以五年三月丁丑合葬於元和縣二十三都四圖貴字圩光祿公塋之次啟謝夫人兆而同窆焉曾瑩等齎公年譜汪夫人狀授桂芬援漢陳熾立楊太尉碑之例屬銘不獲辭謹案公諱世恩初名世輔字槐堂號芝軒潘氏系出唐歙

州刺史逢時居官有惠政秩滿父老攀留遂家於歙越若干傳至公六世祖諱仲蘭明末遷於吳

皇贈內閣中書五世祖諱景文錢塘縣歲貢生以商籍故隸浙江高祖諱兆鼎歲貢生松陽縣訓導曾祖諱暄貢生祖諱冕候選布政司理問考諱奕基附貢生　四庫全書館議敘州同知始自錢塘改籍吳縣曾祖以下　贈封皆如公官曾祖妣戴祖妣汪妣黃皆一品夫人封公二子長諱世榮乾隆甲寅舉人內閣中書爲仲父乾隆甲辰進士刑部陝西司郎中諱奕藻後公其次也大父夢一麒麟墮地化爲嬰兒俄而告公生年十有六應童試郡守胡公世銓拔第一評其卷有安排作狀元宰相語是年補諸生越二年食餼乾隆五十有

七年舉於鄉次年成一甲一名進士授修撰六十年留館嘉
慶二年大考第二升侍讀時故相某當國公既以青年上第
負重望及是試館職又高等益有意招致之令所私道指公
拒不與通會學士闕公於次當遷屏其疏六閱月不上
仁廟親政得其狀立擢公侍講學士轉侍讀學士洊升少詹
事詹事內閣學士一年中自五品驟登二品嚮用自此始矣
六年遷禮部右侍郎嗣是真除權攝周於六官十有七年授
工部尚書尋調戶部十有九年丁黃太夫人憂服除以封公
春秋高不忍遠離即家具疏乞養
聖主鑒其孝思不深譴也降侍郎仍允所請道光四年丁封
公憂七年服除補吏部左侍郎遷都察院左都御史十年再

授工部尚書先後迭署吏禮工三部其明年改吏部十有三
年拜　體仁閣大學士兼管戶部尋調兵部其明年充軍機
大臣又明年充翰林院掌院學士調管工部進　東閣大學
士復調戶部十有六年充
上書房總師傅十有七年加　太子太保十有八年進武英
殿大學士　賞戴花翎二十有八年晉太傅其明年引疾乞
休疏三上
溫旨慰留僅解機務逡巡至今
上朝又三疏始得　予告食全俸仍就養公子邸凡五年薨
公生乾隆三十有四年十二月二十一日壽八十有六公前
後典會試四典順天試二浙江試一視學雲南浙江江西各

一分校會試一教習庶吉士五　殿廷考第文字無役不從
經筵日講各館之屬所領職年除歲改以數十計初
賜紫禁城騎馬繼
命乘轎
賜第海淀　內廷給扶
賞穿黃馬褂用紫韁再
賜壽重與鹿鳴恩榮兩宴先後廷賞子若孫有差
賜御筆熙載延祺三朝耆碩瓊林人瑞三額楹聯二歲時
頒上方珍異不可勝紀歷五考上敘大拜不階協辦樞廷不
始學習一出於異數　國朝以來生加太傅者五人重宴瓊
林者八人　廷試第一官大學士者八人惟公兼之至歷事

四朝則　昭代一人而已厥惟我　國家太和元氣絪縕磅礴之既久蔚爲人瑞委祉於公亦惟公鉅人長德爲足以逢將而承迓之俾無顛隮於乎盛矣公爲治贊元經體不爲聲章不苛細微其所設張舉措務持大體而要於不欺所取士以千數名臣碩儒相望視學有治聲在雲南革新生紅案銀在江西絕替考之弊所部肅然時擔匪邊錢會匪蹤跡出沒無已公廉得其實密以聞在浙江值蔡牽黃葵之亂亦如之繼以樞相總戶部最久中外條列農政

上以付公所持論務見其大黑龍江將軍請增都爾博特六屯公議地寒游牧開墾非利也不可許言官奏山東鹽課請歸地丁公議山東場竈半毘連淮境一歸地丁聽民自運自

銷官私漫無稽覈必爲兩淮引課之累請寢其奏公之卓見多此類性厚重不泄洎入樞垣益慎密十有七年之間不與疊吏交一牘上前所陳奏或有所論薦非宣示終不以告人雖家人子弟不聞不知故公相業之大者人莫能窺也道光之末粵匪始蘖芽擾嶺以西諸郡會

上即位詔舉人才公疏薦林文忠公姚公瑩才可辦賊時公已在告須去位猶力疾繕疏薦賢爲　國若是卽公生平可見矣既而

上起文忠督師尋道病卒姚公亦游擢廣西臬司繼沒無何賊益横籌兵籌餉時事日棘公雖退閒見邸報日夕憂憤寢食俱廢後以不起口授遺疏惓惓　君國聲淚俱下悲夫公

事親孝居兩喪年且老日作孺子泣中閒奉封公家居嚴蓋夕膳色養怡怡若將終身春時梅花盛放從封公御藍輿郊外徧探鄧尉西磧天平萬笏林寒山千尺雪諸勝或泛舟山塘偕子姓扳封公步虎阜薄暮載花而歸如是者十餘年爲學一本程朱而不爲門戶之見嘗取周子至李二曲四十三家之言擷精擧要爲正學編一書與讀史鏡古編皆歸養時作經封公鑒定者餘事爲詩文卓然成家公存心澤物公子曾沂居鄉承公之志糾族立義莊歲小歉輒弛佃租至以饋貽盡公之產與吾吳麥舟故事後先輝映公平居貌慊慊若不及而當官嶄然不可干以私絕苞苴謝請寄門闌悄然退食簾閣據几手一編爲常服御如平人薨之日邸無儲餘至

稱貸以歸其喪可重也已著有有眞意齋文一卷思補齋詩集六卷正學編一卷讀史鏡古編三十二卷　熙朝宰輔錄二卷思補齋筆記八卷公初娶候選州同知謝公長源女贈一品夫人淑愼其德稟命不融歸公僅四年生於乾隆三十有七年九月四日終於五十有七年四月四日年二十有一以嘉慶二十年十一月從葬姑塋至是四十年矣後娶候選知府汪公爲仁女　封一品夫人公及第後歸娶時年十有七生而貴富相莊六十載夫榮子繼重封極品醕德備祉克儷於公爲人孝撫慈惠居卑尊間莫不法式視子女如一無纖毫厚薄天資好善賙卹人恐不逮在京邸捐金建蘇太義園他善舉稱是曾瑩曾瑋同時爲刑部堂司誡之曰刑官

可造孽亦可造福愼之哉以乾隆四十有三年九月二十九日生以咸豐四年十二月二十九日薨享年七十有七公子五曾沂嘉慶丙子舉人內閣中書議敘光祿寺署正謝夫人出曾獻殤曾瑩道光辛丑進士翰林院編修歷官吏部左侍郎曾綬道光庚子舉人內閣侍讀　賞戴花翎汪夫人出曾瑋

特旨賞員外郎升刑部福建司郎中側室張恭人出女五謝夫人出者一汪夫人出者三側室黃孺人出者一汪學源汪嘉森汪權汪嘉梓汪德英其壻也孫十二庭詰殤承重者儀鳳正一品廕生祖同四品廕生　欽賜舉人考取國子監學正學錄　欽賜進士祖蔭　欽賜舉人咸豐壬子一甲三名

進士翰林院侍讀祖福殤祖喜光祿寺署正祖保　欽賜舉
人國子監學正學錄祖楨祖謙祖均祖疇祖頤孫女六孫女
壻韓文和汪廷標蔣鎔經汪克昌其一字汪乃昌一未字曾
孫一成穀曾孫女一銘曰
繄周季孫畢公之子食采于潘因地爲氏望分河南吳由歙
徙潛久而光乃復其始
聖清紹統垂二百春秀孕川嶽靈降星辰元氣和會篤生偉
人翊我
鼎祚鬱爲寶臣公起田間早端始進捷徑終南拒之惟峻鯢
入紺居冰山、、瞬泰華巖巖壁立千仞爰贊機務爰正台端
以第一人爲第一官威鳳不搏瀛海無垠崇閎廣大沖夷粹

温有煒

綸言一心一德維匡調娛嘉謨造辟嵩勿論思外廷莫測霖
雨天下雲與無迹公在中歲孺慕不移陳情一表養志十稘
變除再起遂許驅馳式是
聖訓忠孝無歧古三師官位宰相右瓊宴重來黃扉龍首得
一於茲盛事不朽美具難并曠代誰偶惟公勳業肩袂皐夔
惟公文章胚胎書詩懸車依　輦養邸棲遲皤皤黃髮憂
國成繇天不憖遺山頹梁壞
至尊悼之飾終典最
四朝元老千載一會風度典型邈矣難再貴圩原敞譚經水
淙和陽沖陰

賜阡在中潔齊萬善賢相之宮韋平繼武慶流無窮

按察司銜署安徽廬鳳潁道天津剛愍金公墓志銘

粵賊所至旁近數百里間輒自亂自潰如蜩螗沸羹而賊亦旋至汔於不守雖吳越馴弱之地皆然矧江之北淮之南民風剽輕平時所稱盜藪哉乃癸丑之變劇寇蔓延而於四境羣盜蜂起獨能以偏隅展轉枝梧五年之久廣袤千餘里中屹然不可動搖者誰之功與曰故署廬鳳道天津金公公諱光筯字念直號濂石系出漢中山王劉氏世居浙江山陰縣五代時避錢鏐嫌名爲今姓七世祖諱士英明季官北直薊鎮標守備殉闖賊難子諱士芳八齡隨母家天津遂占籍焉再傳至曾祖諱承基曾祖母徐祖諱畟祖母胡父名鎔道光乙酉舉人知州銜江蘇睢甯縣知縣母田三代皆 贈封如

公官公屢困童試家貧授徒自給封公官江南公奉胡太夫人就養廨齋留心吏治箋注律例成帙爲法家所服尋以例得通判發甘肅署巴燕戎格通判往時回番爲民害官卒不問公獨往捕之傷於臂蓋公愛民嫉惡爲性一生建樹兆端於此久之改安嶽知縣會大水青陽民以督賦急將爲變撫部檄公往視之公單騎至呼父老曉以大義陳說利害民感畏事遂解署定遠縣故多盜公巡鄉甚寒暑若小疾無間捕治輒滿品盜風稍戢民安之尋補建平復調定遠鑪橋土匪陳小嗅子暴鄉里公下車手刃之民大快移壽州公見獄囚衆晝夜讞鞫旬日結案九十餘獄一空咸豐二年冬旌德呂文節公薦公才

命赴軍營大吏以冦近州劇留之明年春安慶陷州聞警奸民聚語將爲亂公自鄉馳歸夜漏三下入城始不敢發獄囚有逾垣者手戮數人詰旦集紳士議團練不數日戰守之具皆完定遠匪陸霞林自安慶獄逸出糾黨數千大掠於壽州合肥定遠之邊撫部周文忠公親剿之檄公堵截公率勇入賊巢擒霞林父子五人其黨四十餘人送行轅迎謁文忠突出抱持公褫其冠易以花翎藍頂冠曰好朋友公大驚文忠曰霞林巨憝吾慮其南連粵匪爲大患故星夜督兵來君乃探囊取之吾何憂遂專疏薦舉奉

旨賞戴花翎以知府用既而賊連陷臨淮鳳陽懷遠皆距壽百餘里民一夕數驚公令兩河口以東植竹籤置水營八公

山以北雜張旗幟嶺腰林杪皆徧爲疑兵山隘分列礮石州匪談家寶鳳臺匪張茂皆嘯聚數千人公降之後皆效死是冬廬州陷江忠愍公死之四年春六安繼陷州於是乎四面皆賊距城六十里有正陽關爲自南而北之門戶賊大舉犯關公據關爲營迎擊戰酣雨大至火器不爇賊又一軍自旁來公曰天也欲死之左右曰公死城必陷今退入城城陷死未晚公然之多設疑陣聲東擊西且前且卻遂退經一水無舟不得渡頃之居民挐小舟來曰小人有母妻及子買此舟以避難也子號哭不行而止天殆遺此舟以渡我賢父母乎遂全師而濟賊疑有伏亦退賊先後凡五犯關公輒截之大軍攻廬州無後顧憂者公力也于家園匪李學盛集衆數千

聯絡數十里儼然巨寇公先後七閱月督兵再舉始殲焉時又有馬四馬五陳常四汪履祥吳雲程尹傳貴等在州境及定遠六安霍邱合肥境者不下數十股皆劇賊蓄黨千百計兩年中公不分畛域次第討平之次年大軍復廬州大府選公為守壽民請留公宵分輕騎出城廟燈火熒熒見公去多泣者公亦為之淚下一日抵暮廬城火起公馳救令曰譁者斬一人譁擒之又指跣足婦四令并擒之皆賊諜合肥匪顧四匿城中公丙夜潛出署至其處誅之無知者民咸以為神六年大旱蝗亦地千里公設局平糶下其法於新復之無為巢廬諸處全活以十萬計剿巨匪王亮彩鄧三虎三虎尤悍煽飢民為亂公手刺之馬上既誅威震遠邇奸民無復逞者

撫部福公濟列治行以聞奉
旨以道員記名冬〻署盧鳳穎道至臨淮張捻等已破周鎮王莊犯三十鋪公渡河賊遁無何賊數萬騎千餘大至縱橫四十里公背水爲陣令曰進則生退則死死於敵不勝死於水邪衆曰然遂分三路迎戰公手燃大礮誤擊地地陷祭礮復發血流二三里賊佯走公傳令勿追賊旋從左右兜圍公令中軍截擊之賊後隊踵至又令左右軍合擊之呼聲動天地無不一當百賊大敗死者無算是役也俘云起事來未經此大創公兵纔八百人無一傷者衆以爲有神助頃之無爲巢縣復陷其明年春撫部檄守柘臯柘臯廬之屛幛也會疾作檄回臨淮二月龔捻蘇捻大掠正陽關左側公扶疾出師追

剿半日行七十里至霍邱與賊戰於郊援賊大至呼城中兵力不應乃退未幾霍邱陷桐城賊突圍出破六安水陸並進直抵關眾議多寡不敵守壽州恐不支不如退保臨淮全廬州後路公曰是怯也賊且輕我必守壽州賊必懼我攝其後若不支有死而已遂入壽公是時已統帶陝甘壽春四川各營兵而在部下則僅千人民望見公旌纛迎呼聲滿山谷公曰無恐吾與此城存亡耳入城賊圍之數匝城中知公至皆攘臂登陴輸芻糧治守具不令而集令勇目李士甲等縋城出賊方食譟而乘之敗賊南門外眾以賊地雷爲憂公用地聽法應之果驗地聽者掘深塹置水甕浮銅鉦其上令聾者伏聽之賊穴城外即銅鉦作水漾聲始見墨子蓋古法云一

日藥局火公從容偵獲數十賊諜斬之賊攻城多死公令城上多列旗幟而數易之時募死士夜入賊營取一二首級賊輒夜驚有聲公曰懼我矣圍城之八夕星暗雲迷銜枚出師設伏八公山爲應分三道襲賊營賊驚逃而八公山火起賊自相踐踏轉戰終夕賊壘悉平遲明見積尸滿野遺屣百車敘功加按察使銜公遂進攻正陽自唐家店至枸杞園毀賊營三擒逆首吳守剛張定邦楊得應等進師三十鋪令知縣劉錫齡守備黃鳴鐸游擊戚桂吉昌率水師會於黃天澗毀賊營四十餘殺四千餘人淮水盡赤水陸環攻五晝夜三登三卻平旦復登遂復正陽關

賞鏗色巴圖魯勇號無何張捻等自三河尖東犯公沿淮拒

戰互有勝負粵賊偵公在外潛師復陷正陽公聞馳還至沫河口屠家窑見賊營四一鼓下之直擣北關屢戰屢勝會都統勝公保師抵八里垜隔河而軍公晉謁議造浮橋渡騎兵未成賊突至勝公檄公迎戰公在舟中左持矛右握纛一躍登岸兵凡千人自辰至未戰不利左右奪公冑請走公不許轉戰渡河而歿時咸豐七年閏五月四日也公生於嘉慶二十一年某月某日春秋四十有二公尸屹立水中顏色如生弁兵護之歸壽民皆縞素哭失聲前一夕營西北有大星隕公曰不日恐折一大將乃自應之悲夫州有童謠云小將不如老將勝西風吹斷壽陽橋及是果應事聞

上嘉悼

命視布政使陣亡例賜卹世襲騎都尉謚剛愍祀昭忠建專祠公忠孝本於天性嘗謂弟思度耀庚曰時事日棘吾必死雙親春秋高侍養事汝二人任之矣言訖淚下又謂幕賓汪君榮桂曰吾自英夷兵起便以身許

國何待今日哉節儉廉潔守正不阿軍與廳事不設讌妻子或彌月不相見在軍食藜藿藉草蓐與士卒同甘苦錙銖一切陋規所至卻供帳曰我取於彼彼取於民民方倒懸不救之轉累之乎大帥行營距不百里不通一東以是失大帥心在壽州某觀察巡河從者求站費公欲寘諸法乞哀乃釋之初至廬廬新復大兵未去或奪民財公懲以法卒結隊入城公亦率兵與巷戰卒不能勝始服罪翼日負荆大帥門大帥笑

謝之舉僚屬極愼曰中人以下無不以得失爲心稍靳之使有所羨斯可盡其力用兵善持重多勝少敗賊畏公比之黑虎追賊正陽關外所過隘口賊皆粉書畏服君威幸勿窮追字公之入壽州賊首陳玉成聞跌足曰事不濟矣令其下裹糧而宿夜聞風葉聲輒起覘云其論兵有曰上則操必勝之術次則立不敗之地上雖高於次次實要於上兵法所謂先爲不可勝以待敵之可勝也上書大府論時變略言大兵宜攻不宜守地方官宜守四境不宜守孤城時皆以爲名言戰勝歸輒愀然不樂曰死者皆民也甘心爲賊者十之一二耳軍暇賦詩見志有古名將風愛民如子壽民感之誕日萬家香火以爲常丹旐出臨淮五河送祭者凡數千人蓋功德入

於人心有如此配郭夫人津庠生象謙女子厚增候選直隸州知州襲世職女二長字張郁昌次未字先是封公侍胡太夫人寓蘇州道梗未北歸厚增奉公殯至蘇卜以某月日葬於吳縣某原以祖命賚行狀來乞銘墓余子芳緝與厚增爲僚壻表章忠義又夙志也不敢辭銘曰

雕捍之俗崇遂之區貔虎一縱先之羣狐沸騰煽熾蔓不可圖硍硍金公傲若有餘指揮料量苗薅髮梳博碁九子轉之覆盂握蛇騎虎目瞢口荼隻手撐拄五載崎嶇在垣有寇幷里晏如功在江淮豈惟鳳廬壽城十雉箕稈空虛焦炊戶汲粱欐松芻薰以穳火偵以瓶壺凡八晝夜法墨窮輸開關延敵起痍奮呼峩峩正陽雄絕當途懸布一躍拉朽摧枯婪婪

羣兇嫉公剗膚蜂屯蟻聚有億其徒牽圍鋒林雨矢星珠彼淮之陽萬隊貔貙齊雲嚙指援濶力孤張脅慷慨盪決先驅在險彌亮臨危不渝俛身飛鏃誓命清渠大星宵隕陽曦晝糊街號巷哭幼攜老扶公之矢志與捧檄俱龍淵太阿謂汝知予雙門並擬乃白不朱長城既壞

至尊悼吁飾終之典常儀有逾北行道茀營窆之姑蘇九龍蜿蟺環護幽墟忠魂毅魄聿安厥居英風萬古重我三吳

四川候補道嘉定府知府李君墓誌銘

宣城李兵部之鄃來余門爲其先人我同年雲生觀察君暨周太淑人行述請銘墓且曰先大夫之卒也先太淑人卒之鄃將扶匶歸葬侍先大父於家尋聞先大父卒又賊陷宣城不得歸兵燹中斂匶南下僅得至吳門旅厝石湖之濱嗣侍母宦京師未六年復棄養之鄃今奉喪來先大父暨前母陳孔兩淑人皆前葬宣城茲卜地某原將以某年某月日葬我先大夫而以先太淑人祔當世知先大夫者無逾先生敢以請余辭之不獲按述君諱文瀚字蓮舫號雲生系出宋忠顯公芾以節度使隱居宣城横岡橋遂占籍焉十三傳至曾祖諱元妣俞祖諱學孝庠生妣馬考諱光照庠生妣方徐三世

皆以君官加四級　贈資政大夫妣皆夫人兄弟二人君其
長也年二十游庠道光八年舉於鄉充覺羅正黃旗教習期
滿以知縣分發陝西補岐山調長安歷署郿城固鄠大荔縣
事充己酉壬子陝西同考官敘修城勞加六品銜舉卓異又
獲鄰境盜以知州用升鄜州直隸州知州咸豐初元
詔舉賢才巡撫華亭張溫和公疏薦
召對乾清宮稱
旨擢四川成都府遺缺知府補嘉定署夔州府升道員留川
補用遂卒君居官清介多惠政機牙肆應遇艱鉅立斷鄠縣
修城故事責諸民間君至而革之捐廉從事又籌欵為歲修
資鄠人德之邠州煤井傭蜀人輒不得脫并親屬不與相見

君廉得其實出童子四人抵主家罪岐山旱舉賑罄社倉穀不足捐廉爲倡紳富應如響驟得錢數萬緡邑以無饑又上書巡撫侯官林文忠公言賑事凡萬餘言附以新樂府數十首代監門之繪文忠深納之洎嘉定時粤匪再陷武昌全蜀戒嚴君至葺濠塹儲糗糧庀器械激勵兵民凡旬日壁壘一新大吏覘而異之以夔州尤要隘檄署夔州治戰守具畢回嘉定會猓夷犯郡南峩邊一帶君立督兵掩擊斬渠魁五人餘衆棄甲降凡五日事平夔州瞿塘灘歲溺人無算君創設救生船數十行李賴之君料事有遠識將去秦作關中戰守策二十八條留上大吏所言多驗岐山之饑創議以工代賑浚池築堡厥後回匪之警賴以無虞君既卒賊圍嘉定經月

不得逞而去守兵多君所遺也君馭吏嚴無敢舞文者盡心緝捕所至萑苻屏迹喜延攬後進分挍能得士幼食貧有至性年十有二失恃哀毀如成人稍長爲畺吏司牋奏以養弟文浚卒於京邸君視含殮一慟幾殆官秦中迎封君養於署三年以不習水土歸厥後僅一歸省會中原多故桑梓烽烟迴首黯然思慕成疾以捐升開缺爲歸養地而疾已亟臨歿猶以爲憾少以詩古文詞雄於時餘事知音律工畫尤善寫蘭朝鮮人有以百金購之者君卒以咸豐六年二月八日年五十有二　授中憲大夫以之郇官加四級　贈中議大夫箸有味塵軒文集四卷詩集二十四卷樂府二卷詞二卷治岐撮要二卷守嘉州紀要二卷鄠縣修城記一卷傳奇四種

行世配陳淑人湖北麻城縣知縣諱詩女繼孔淑人廪生諱某女繼周太淑人先世自濠州遷常州曾祖諱溱祖諱情皆贈奉直大夫考諱儀暐嘉慶甲子科舉人陝西山陽縣知縣太淑人生而端穎山陽君以詩名江南目擩耳染不學而能尤究心內則女誡山陽君先爲宣城校官識君諸生中以太淑人妻之年二十有四來歸隨入秦孝事君舅躬親中饋率婢媼於廨舍隙地劃桑種菜課蠶紡績以爲常凡紉箴施裘之事必自爲之節儉逾寒素一布裙十年不易而戚鄙稱貸未嘗辭爲山陽君梓行夫椒山館集課之郎讀佐塾師所不及亦工畫有甌香館遺意著詩詞若干卷藏於家同治五年十月五日卒於京邸年五十有三　封恭人　晉封太淑人

生子二午生殤次即之郇兵部武選司郎中君箎室邢生子
一世禧殤孫二同壽殤元凱孫女一銘曰

君才槃槃世絕特早歲詩名滿南國文章經濟原本一三秦
兩蜀振厥職乃恬乃謐萬口溢長衢方騁日西匿旣固旣安
君之室更千百年銘不泐

奉政大夫安徽補用同知直隸州署六安州事卹贈雲騎尉

世職元和金君墓碑銘

咸豐七年春二月賊陷六安署知州事元和金君死之

詔贈雲騎尉世職

賜卹如例將葬孤肇元等治碑請銘余與君同里同鄉舉肇元爲余女夫不能辭君諱寶樹字仲珊號吟香系出宋將仕郎璹二十有一傳爲君曾祖嘉禮議敘州同祖景祥吳庠生從父勉之無子承兩祧始遷郡城花谿占籍元和篤有文選音義二卷春暉堂文集四卷君始刊行之以君官　貤贈奉政大夫考守樸監生　貤奉政大夫妣王宜人無子妣汪太宜人生子三君其仲也年十六游庠道光十二年舉於鄉十

八年成進士得湖北即用知縣十九年署興國州事君以仁愛爲治待士如生徒儀門舊累石爲樓以形家言不利於官毀之顧十餘年不發榜君復其舊卒無他而春闈有捷者二十一年補利川邇年調通山邑在萬山中民蓺麻植茶爲業茶以充貢老幼負筐筥簇擁南縈下相忘如市集歲時張燈滿城鼓吹達旦君以舊俗聽之戒官人無擾民益喜男婦熙熙有上古氣象日判牘一炊頃衙散門庭如水吟咏外無事解故即山爲亭問率家人輩奉太宜人板輿升眺鞠膝上壽蓋君於是時爲[illegible][illegible]俄以捐米議敘加知州銜二十四年調署蘄水其明年調署蘄州無何丁太宜人憂歸里以賑饑勞加同知銜尋由順天捐輸得知州咸豐三年揀發安徽是秋

署和州堅守年餘屢卻賊無何聞賊大至乃請援於是總兵吳君全美率水師廬鳳道張君光第總兵劉君玉豹劉君鶴翔率陸師先後至州君合練勇三萬人會剿分六班番上敗賊駐馬河復敗賊張家集軍香泉賊不敢犯者數月會水師西援賊犯香泉迎戰偏敗二劉沒於陣君與張君全師退賊見有備乃去君在和三年首免賦稅以是得民心官紳民勇如一家人君衣食有缺爭獻之比去鑪香繞道不絕六年移六安州役蘇明等潛納捻首王守沅入城爲反期事覺掩斬之獲鎗礮無算論功以同知直隸州留安徽補用

命下而君已及於難是歲大旱蝗人相食七年春皖撫奏撥豫糧六千石送桐城營舟及穎上捻首李招壽將自鳳臺闞

曈集截之舟退而桐城營糧盡兵潰秦提督定三收殘卒退次六安君趣治廬帳五百具他軍裝稱是迎謁境上曰賊旦夕來某書生方愳無以辨賊將軍至天生我六安民也願駐軍十五里鋪過賊衝資糧屝屨惟某之責俄聞舒城賊且至秦一昔拔營去二月庚寅賊至君與參將喜瀛君懷甯縣長楓巡檢駱君秉彥等率五百人出城迎剿甫交兵聞城陷乃還次三十里鋪招合馬頭木廠鋪各鄉練勇畢集得萬數千人聲容甚壯丙申平旦進師二十里鋪賊迎戰敗之捡斬數百人轉戰而前至十五里鋪日昃止炊忽有萬餘賊自河西斷我後城中又出千騎衝我中權遂不支君親兵百人死者半賊望冠服所聚鎗矛坌集君落馬遂與喜君駱君同遇害

隨丁張林逸距麥田數稜猶聞君厲聲呼殺賊云州人崔際唐等潛瘞君尸時肇元聞耗奔赴賊踞城不得前慟哭返其明年某月官兵收六安後刺史茅君念劬易棺斂之面色如生又明年正月肇元等乃克奉君喪歸丹旐及於淮而六安復陷既還吳以某月某甲子葬某縣某都圖某地之原君天性孝友弱冠失恃兄弟相繼逝洎奉太宜人之官盡室偕行一庭怡怡早歲以詩文名志趣高簡不樂外職既居之不爲習移政暇跌宕文史翛然風塵之表己亥庚子癸卯甲辰四分校鄉試中額必倍他房嘗曰十年州縣此事差强人意洎皖而後毅然以身許　國在軍磨盾賦詩義形於詞文檄肇元兩省君於和側室陳率文梁至六安數月君皆趣之歸家

故中人產以宦游滅之旣遂以身殉嗚呼君可謂無負矣君之死距城陷六日耳巳劾矣旣死乃復官君生於嘉慶五年五月甲申年五十有八箸有曼陀羅室文集二十二卷花溪草堂詩集三十四卷先難作一月文梁齎其副歸故得完配駱宜人署安徽懷甯縣丞昶女秉彥其姪也生子文榜縣庠附貢生爲伯兄某後肇元府庠附貢生襲世職文楣女一適直隸升用知州張際康側室陳生子文梓殤文梁遺腹希良女一銘曰

經術吏事端厥始累綰銅符楚江涘種棠成陰謳百里一朝儒巾易韃弭談笑險巇等平砥三年危難烏江水移旆渾沙吏疻痏錦纏紅帕帀四鄙因之滿山僮蠕闓禍父悲吟佩玉

蕊油囊大絜者誰子長驅貔貅去如駛南八當筵空斷指慨
慨窮城翳翳壘一呼瘡痍奮臂起枵腹殺賊賊披靡無何萬
賊聚蜂蟻兵單援濶勢不抵孤臣力竭辦一死
至尊震悼錫
温旨疏爵紀庸表績似祠之春秋載之史丹心大節懍千祀
賜瑩堂斧光有煒刻文貞珉華嶽峙

贈知府銜雲騎尉世職湖北揀發知縣無錫王君墓志銘

有纍然服喪踵吾門者視其謁則故人無錫王君之子庭楨也延以入手狀拜稽顙泣而言曰先大夫死難某自京師匍匐三千里入楚覓遺骸不得就殉難地招魂具衣冠奉之歸將以某月日葬於某原以先仲兄燮祔於昭惟念知先大夫能爲文肖先大夫生平者無逾先生敢請銘且語且泣余亦泣曰余尚忍銘君哉余始識君林文忠師節署越十餘年而余奉先恭人諱南歸命燮從余游問爲余言先人期望綦切時乖運蹇連擯十一試年且老度無以慰先人地下輒嗚咽無何余服闋君願偕行赴北闈余方爲子擇師年時一輩經師人師莫君若欣然許諾於是與君共晨夕者兩年余壽丁

內艱去君先已舉京兆教習　宗學留都又三年而君之官湖北道出吳門相見且曰余之得寸進者君力也未幾而君赴至追憶前語殆難爲懷余尚忍銘君哉雖然於義不宜辭按狀君諱恩綬字樂山號佩綸先世自金壇遷無錫給事中虛舟先生澍其族祖也曾祖家錦祖濬父鼎汾候選從九品祖父皆贈朝議大夫母趙恭人君幼慧年十有一隸試籍道光元年王縣令履寵拔第一游庠尋食餼肄業吾吳紫陽書院見賞於林文忠師招入署讀書公嘗謂余曰樂山古君子也二十五年充　恩貢二十九年舉順天鄉試考取教習補左翼宗學襆被學中三年訓諸生如家塾時惠邸奉命稽查歎曰此職人皆視爲具文實做教習二字者王某一

人而已咸豐四年秋奉
旨以知縣用頃之湖北請揀發時選人以被兵之省爲畏途
多謁假不往吏部爲之限假不得逾再君固新至得謁假吏
以爲言君笑拒之竟入選至則武昌方被圍不得入益陽胡
文忠公以藩司督兵城外留君營中君不可率公子燮及家
丁丁貴炎福壽縋城入巡撫陶文節公歎曰今世乃有此人
復令君就胡公營君又不可遂與武昌守多山君等五人誓
死守明日而城陷晨熹聞文節縊於黃鶴樓君率公子燮兩
家人往賊大至與巷戰皆死之時五年春二月十七日也君
生於嘉慶九年秋九月二十六日年五十有二次年冬官軍
復武昌督撫上其狀

詔與公子燮俱優卹　予祭葬雲騎尉世職祀昭忠祠　贈
君知府銜燮主簿銜娶楊恭人國學生綬章女子七亶翔繼
兄後燮原名燮和字理齋號理堂寄籍宛平入學　實錄館
謄錄議敘候選從九品隨侍之楚君之絕城也誡勿從燮涕
泣不可遂及於難性孝友家事一身任之不以累父兄諸弟
族黨服其才而廉謹則本於家教云庭楨乙卯科副榜世襲
雲騎尉賡陛既膺立坊光洽孫二鏡熙鏡煜世襲雲騎尉孫
女三君喜讀宋儒書以躬行實踐爲本一言笑不苟不取非
義財性好施家中落猶節嗇以拯人急工書畫詩文多散佚
殘稿藏於家秋捷之日館余寓竟夕泣有聲曰痛先人不及
見也在　宗學拜歲時衣米之

賜輒感激涕零慙無報稱人或哂之而君實出於至誠讀書文忠署某牧令相與論山陽泰興兩闕之肥瘠吾吳故有三陽泰興二肆君誤會爲二肆言文忠爲之撫掌有舟人兄弟三人壯不娶君曰有三子而令絕祀大變也捐修羊助之君之秩事多此類君之死也胡文忠聞跌足曰吾不能留此好官吾過也與督部官文公請卹會疏有履險蹈危毫無趨避父忠子孝足振頹風之語庭楨奔喪至奇賞之曰王君有子矣奏留楚燃待之甚厚君夙以忠義自矢賊之犯天津也京師戒嚴君方居　宗學鄉人招移外城不從嘗與人書曰大丈夫遇此時勢與其老死牖下不如埋骨沙場赴楚伯兄送之從容言有警勿徒死君曰誠然必手刃數賊而死人以爲

識然則君之志在必死久矣或者謂傳曰大夫死衆又曰謀人之軍師敗則死之又曰城存與存城亡與亡於君皆不合君之死得無在可以死可以無死之列耶余曰不然孟子蓋謂臨難時擇於二者如曾子居武城晏子入崔氏之類與君所遇異其後城之既陷無所謂可以不死其先城之未陷逆料其陷而不入趨避孰大於是君不爲也時當謁撫部則謁時當入城則入城陷賊至又時當死則死曷嘗於死不死有絲毫計較審顧之心耶軍興以來死節之臣萬數或倉猝死窮蹙死或輾轉遲迴死其死同即其忠同其有當死而死不待再計決者君子尤重之而君更出乎其上嗚呼至矣銘曰父死國子死父人畏途君樂土叱馭去餘勇賈衣冠墓九神

隖忠魂招何處所黃鶴樓屹千古

員外郎銜升用主事內閣中書潘君墓志銘

柳子厚之哭張後餘曰命之微不可知索於外者曰性與貌性良矣貌肅矣博碩宏裕宜爲大官壽老求其所以不然者而不得吾於同縣潘君補之之喪而歎其言之適合也君諱希甫字保生補之其號七世祖僎選主事景文晚明由歙遷吳再傳至高祖暄貢生妣戴曾祖冕布政司理問妣汪兩世並以太傅大學士文恭公貴贈光祿大夫妣皆一品夫人祖奕雋乾隆己丑進士戶部貴州司主事重宴瓊林加四品卿銜　貤贈光祿大夫妣史一品夫人君家自京卿公首以進士起家有弟二奕藻入翰林卒官郎中奕基貢生文恭公郡中謂之三潘蓋至是而族始大考世璜乾隆乙卯一甲三名

進士翰林院編修戸部浙江司主事祀鄉賢　授朝議大夫
妣陸封恭人無子生妣袁　贈宜人生子二長編修遵祁次
郎君年十有六入吳庠尋食餼道光十五年舉鄉試二十三
年以例得內閣中書二十八年補闕咸豐二年　實錄館議
敘升用主事次年歸又五年卒君稟上資胚胎前光不離典
訓著有花隱菴詩詞若干卷在閣掌內制値　國家慶典有
大制作多推君爲之經進文字裒然成帙典麗有法度執事
實錄　國史　方略　玉牒四館與校
宣宗實錄蒙古王公表傳蒙古回部表重修一統志大臣傳
畫一本讐勘精審遂得協辦侍讀覆通本覆通本者總閱通
政司各直省章疏也進而覆部本爲眞除侍讀之階當是時

君聲望蔚然更留一二年且擬歷中外而君翩然引去君器識端重懷抱經濟不表襮閒出議論咸職體要大用之必有所設施知君者惜之既歸會軍興與團練叙勞得員外郎銜久之例再敘君力辭而輟君幼有至性連遘三喪盡哀盡禮如成人友愛甚篤君歸孟兄方修支譜建松麟義莊君贊助之遂因墓廬之舊葺西崦草堂數椽蒔花木春秋佳日呼小艇從孟兄往來西磧鄧尉間以爲樂初京卿公戶部公皆年未老告歸君兄之歸也尤早祖孫父子兄弟聯翩館閣乃仍世恬退習爲家風可謂賢矣君襮順而裏方愼交游絕奔競興居儉素無蒲酒之嗜勤呂新吾理欲循環圖於坐右生於嘉慶十六年四月十日卒於咸豐八年六月六日年四十有

元配嘉興查蒸人掌貴州道監察御史嘉慶戊辰進士元爾女生於嘉慶十六年四月十一日卒於道光二十年五月二十八日年三十子六介繁壬子舉人誠貴辛亥舉人皆候選國子監學正學錄誠貴先卒撤寛殤念慈吳庠生思鞠殤勤先女六殤其三汪體椿吳乃健其壻也一未字孫三似穀宜穀志袁孫女四側室余　貤封孺人劉緒查蒸卒之明年葬吳縣十三都下二圖宿字圩雙橋之原及是介繁等將以咸豐九年月日奉君喪啟壙合祔先期遣信京師請銘於余不獲辭銘曰

奚養之遂不黄耇奚才之絀不紫綬君之優游亦上壽君之崇高天爵厚中年辭官繼廣受湛德凝栖侶金友一門清尚

古罕有蘊宏施淺積彌久延此餘慶錫厥後我銘君藏期不朽

浙江石浦同知張君墓志銘代

按狀君諱祖基字某直隸人先世自灤州遷滄州遂占籍至八世祖子行公以明經官威縣教諭自是世以儒業顯曾祖某考授州同祖某武庠生父某庠生祖父皆贈如君官母劉宜人贈君年四十始生君少有異稟年十六補博士弟子員充辛酉科選拔貢生

朝考以知縣用分省浙江親老改山東歷署榮城濟陽黃縣事尋歸養家居十餘年既連丁內外艱意不復出久之知君者勸爲之駕乃以道光壬午待闕浙江甲申補常山兩載循聲大洽旋引疾去去之日闔境皆流涕辛卯復起蒞麗水始至屬臺灣民張丙爲亂檄處州兵會剿須餉萬金諸營刀裹

以待官中無所措君議令民預輸本年地丁錢糧以充之延紳士勸諭明無強勒意民感公誠應如響不三日餉遂足將發主兵之弁或失於馭則又大譁君爲諭止之得安堵歲饑開倉平糶以狀上大府不俟報而行之甲午再補常山父老聞君至皆迎郊外常山民多以爭山致訟君善方田術有訟者輒親視得其實吏莫能欺故終君任無爭山者尤善鎗法江小光目者巨盜也君手擒之置之法羣盜刷迹縣西門達於玉山有大道爲浙閩豫章水陸交輳地久不治君至而新之行旅頌焉乙未大旱君多方籌濟故浙省所在流離滿野而君所治無饑奉檄修海塘獨君所受功蕆最早顧坐是賠累不貲丙申調烏程湖州爲漕賦要區自漕政積獘運丁多

方誅求於州縣州縣則取償於民吏胥因緣爲姦利豪猾從而持短長相告訐甚則譁於庭由來久矣君至慨然曰爲民父母而忍以爲利乎縱不能一一清積弊然減一分民受一分之福遂平減斗斛嚴束吏胥侵蠹民大悅丁酉秋調仁和戊戌計典尤吏以卓異薦己亥春題升寧波府石浦同知未之任九月大水君以勘災得疾卒於官君居官講求實用不收聲譽寬催科嚴緝捕凡有利於民者無不爲惟孝友敦睦嘗捐俸修族祠墓置祭田若干畝周卹親串惟力是視喜引掖後進先後教授於家中閒服官齊越所賞拔成就多知名士今山西巡撫梁公蕚涵其一也好經史性理之學晚頗涉獵於釋老之書久之覺其說終齟乃棄去嘗曰儒者當爲國家

興利除害於國計民生有所裨益不然則窮經研史發前人所未發植綱常維世教斯爲有用之學詩文其末耳噫足以見君之志矣君生於乾隆四十六年道光十九年十月五日卒壽六十有九初娶王宜人繼娶某宜人前卒子一某丁酉科挑取謄錄候選布政司經歷女五孫一王宜人先葬州之張古風莊祖塋之次孤某將以道光二十三年二月十六日奉君及某宜人之匶合窆焉先期奉狀走京師請余銘銘曰

種棠浙水謫其蹟萬口成碑屹千尺洞然渾樸無瑕璧甲乙方周反幽宅萬世之藏永無斁

資政大夫太常寺卿蕭山湯公墓志銘

惟蕭山湯氏遠有代序二十餘傳潛德不耀先師文端公始以理學文章經濟累踐大官洊躋揆席肇開厥宗而祇適紹衣克繼其美者有若太常公公諱修字敏齋晚自號泔翁曾祖成德妣王菲藏祖元裕妣來贈封並如文端公官考文端公金釗歷官吏部尚書協辦大學士　誥授光祿大夫妣來誥封一品夫人文端公二子長陝西鳳翔府知府寬公其次也以道光十九年舉京兆二十有三年例得內閣中書越三年補闕咸豐二年轉典籍其明年升侍讀記名御史補福建道監察御史轉掌雲南道尋遷順天府丞五年升通政司副使六年丁文端公憂變除補大理寺少卿擢太常寺卿無何

以疾去職訪醫南行自長沙至蘇州遂僑居焉同治十年四月辛巳卒年六十有一　誥授資政大夫公少端重不輕言笑善事父母侍立逾時不遷地文端公賢而愛之夫人之卒也聞訃於南歸道中馳至慟絕寢饋柩側者三月急人之難爲人如爲己嘗曰既爲之則善惡皆在己天下事豈有代人儆者耶時以爲名言林文忠收繳躉船雅片一時稱誦謂烟患從此可絕公獨以不先講武備爲憂人服其遠見自政歸軍機內閣之屬涉筆占署而已公獨實事求是多所舉正見賞於祁文端公遂以議軍儲上啟累千言祁公不能用顧益重之廣東馮某叛奴過市揚言其主與道員某通賊爲邏卒所詗逮馮某等下獄且置之死公以大學士撤與鞫無左

驗竟白其寃馮某來謝公叱之去曰吾爲公事耳非有私於
若奚謝爲在諫垣遇事敢言棘棘不阿劾皖撫某以失守革
員署缺奏
旨切責洎登卿寺疏陳各省團練事宜軍務各省變通開科
津沽戰守之策多格於部議最後庚申之警有以北巡之說
進者公聞之密疏力爭言詞激烈時尚書某與親王某相比
貴盛用事公嘗忤尚書又屢言事遂積嗛公而
上則不以爲忤公語及
先帝知遇未嘗不歎
盛世易爲直臣嗚咽流涕也公自以大臣子由中書不數年
躋三品世受

國恩奮身圖報以疾不久於位養痾中聞四方安危治忽輒憂喜見辭色巾道殂謝不盡其用朝野惜之疾革以遺疏授紀尚訖訓之曰孝弟忠信做人根本語不及他文端公之學訓詁宗漢儒窮理主敬以靜為本則宗宋儒而歸宿在明體達用公實承之嘗曰惟靜則艱難危苦時腳根立得定熟於古名臣言行書通知時務胚胎前光擩染典訓一變世俗貴介之習宋史稱司馬康云途之人見其容止雖不識皆知為司馬相公子也都門之於公亦然此必有睟然根於心生於色者豈惟是車馬服御之纖迹已哉箸述多散佚存者奏疏一卷古文一卷詩二卷隨筆四卷配定海葉氏　誥封夫人海州直隸州知州機女繼南昌周氏　誥封夫人戶科給事

中春祺女適室羅氏子二紀尙縣學優廩生學喬後公數月卒女三長適頭品頂戴
弘德殿行走內閣學士翁同龢次適舉人趙曾重次未字孫女二紀尙以某年月日葬公於某原以葉夫人祔禮也憶巳未歲余在都公以先師碑銘見屬匆匆南轅諸而未副迨今十餘年而以紀尙請泚筆銘公墓悲夫銘曰
公之系儒門相第一經引無替純仁得忠公其繼公之學探本閩洛不黜毛伏惟古訓是淑惟庭誥是服公之德玉瑩不飾石堅不防不矜於矩不變於寂惟道是則公之文漢賈董之倫衡諸宋人匪葉伊陳卓乎經綸吉光彌珍中年從政外柔內勁温温其敬嶽嶽其諍結

主知惟正伎窮儉佞九遷臺省聲方盛待濟民艱圖報稱長衢蹭蹬十年謝病憂時心獨怲謂公不遇官六命謂公已遇施未竟纔周甲子歸雲鄉潔齊萬善公之藏令聞孔臧奕世不忘我銘其彰之